JN271516

グループ経営論

その有効性と
シナジーに向けて

松崎和久 [著]
Matsuzaki Kazuhisa

同文舘出版

はじめに

　日本企業のホームページや発表されている資料を見渡すと，わが社の企業グループやグループ経営という記述や内容に数多く出くわすが，これは，単に株主や消費者など利害者集団に対する説明責任であるという理由ばかりではない。多少深読みすると，その背後には，企業集団や企業グループを形成して優れたイノベーションやビジネスモデルを生み出し，国際的な競争優位性を獲得したいとする熱いメッセージが込められているようにも思える。というのも，古の時代から今日まで，日本人は，個々がバラバラに動く際の個力以上に，集団を組み協力して生み出す総合力によって生活を営んできたし，また，絶妙のチームワークを脈々と育んできたからである。たとえば，歴史を遡ると，古代の日本人は農耕民族として漁業や農業によって生計を立てるため所々集落を形成したが，その結果，何事も集団で考えそして行動する下地がこの時点で作りだされた。また，大和朝廷が誕生した日本では，604年，聖徳太子が登場して十七条憲法を制定し，その中で「以和爲貴」（和を以て貴しと為す）という「和」の精神の大切さを説き，集団で生きていくために必要な戒めを残している。さらに，戦国時代の武将である毛利元就は，3人の兄弟を集めて1本の矢は簡単に折れてしまうが，3本に束ねればなかなか折れない。3兄弟が力を1つに結集すれば，お家は安泰であるとする有名な「三本の矢」の逸話もまた残されている。このような日本の史実からも，日本人には，昔から他人との協力や場の空気を読む能力がDNAとして深く刷り込まれていると考えられる。

　ところで，チームや集団を形成し和の精神を重視する日本人の気質とは，今日，日本の企業組織のなかで広くそして深く反映されている。[1]たとえば，日本企業では一部の優れた社員のアイデアより，現場で働く社員たちの総意や衆知の方をより大切にする傾向が強い。その結果，全社的品質管理（TQC），ワイガヤ，ノミュニケーションなど，現場発のやり方が次々に生み出され，日本的経営として高く評価されている。さらに，日本の特に製造業では，株式の相互持ち合いによって結ばれた「系列」という中間組織を生み出すことで世界屈指の高品質なモノづくりをこれまで実現してきたが，これもまた，農耕と同様に，企業同士が手と手をとって一丸となって問題解決に取り組む姿とほとんど同じである。

集団を好み和の精神を大切にする日本的な問題解決が浮き彫りにされた事実として，スポーツの世界を取り上げてみよう。ここ最近，日本人が好成績を残しているスポーツ競技を見ると，個人競技よりも団体競技の方が比較的良い成果を収めている傾向が強いように思える。もちろん，個人競技で秀でた成績を残す日本人が存在しないわけではないが，日本人が得意とする戦い方，あるいは民族的特長を活かすことができる競技からすると，団体戦のなかにそれを見出すことができるのである。たとえば，国際野球連盟が公認する野球の世界一決定戦であるワールド・ベースボール・クラシック（World Baseball Classic：WBC）において，体格やパワーの面で日本を上回るアメリカやキューバに打ち勝ち，日本チームは2大会連続して優勝を達成した（残念ながら，第3回大会では優勝を逃してしまったが）。また，サッカーでも，その後発国にもかかわらず，日本代表は男女ともここ最近目覚ましい結果を残しており，とりわけ，日本女子代表チーム（なでしこジャパン）は，FIFA女子ワールドカップで初優勝，ロンドンオリンピック銀メダルの偉業を成し遂げたことは記憶に新しい。さらに，圧倒的な身長差で勝負が決まってしまうバレーボールでも，日本女子代表チームは世界有数の小柄なチームという最大のハンディキャップを克服して，ロンドンオリンピック銅メダルという悲願を達成した[2]。

　これら世界で勝利する日本の団体競技に共通する知恵とは何だろうか。それは，主に2点あげられ，1つは，フィールドで活躍するプレイヤーだけでなく，実際に試合へ出場できないベンチの控えプレイヤー，コーチング・スタッフも含め，代表チーム全員が一丸となって目標の実現に向けて邁進するまさに総合力で戦っている理由をあげることができる。もう1つは，飛び抜けたエースプレイヤーが不在という弱点を直視しつつ，弱点を超えた戦法を編み出したことである。たとえば，ベースボールでは，外国チームがパワー野球で挑んでくるのに対抗し，日本の野球は，コツコツとつないでゆく野球を展開し勝利を手にしている。サッカーを見ても，男女とも徹底したパスワークで相手を撹乱しつつ，隙をついてゴールに結びつける戦法で成功している。さらに，女子バレーでは，相手が体格差を活かしたパワーで挑むのに対し，日本は，相手と味方のプレイヤーについて詳細にデータを収集・分析し，日本人の特徴である器用さ，緻密さを最大限生かすID（Important Data）バレーによって勝利を得ている。

　それでは，なにゆえ日本人がチームワークや集団を好み，また，日本企業がグループ経営を志向するのだろうか。この問いに対する1つの答えは，こうしたや

本書の構成

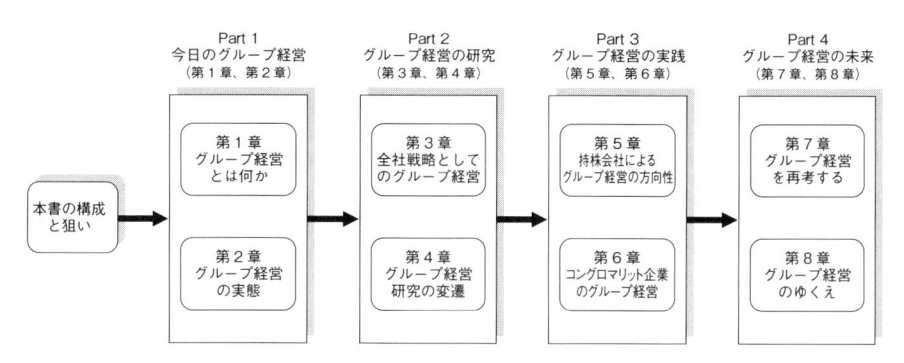

Part 1 今日のグループ経営（第1章、第2章）
- 第1章 グループ経営とは何か
- 第2章 グループ経営の実態

Part 2 グループ経営の研究（第3章、第4章）
- 第3章 全社戦略としてのグループ経営
- 第4章 グループ経営研究の変遷

Part 3 グループ経営の実践（第5章、第6章）
- 第5章 持株会社によるグループ経営の方向性
- 第6章 コングロマリット企業のグループ経営

Part 4 グループ経営の未来（第7章、第8章）
- 第7章 グループ経営を再考する
- 第8章 グループ経営のゆくえ

（本書の構成と狙い）

り方や考え方が日本人や日本企業にもっとも適した解決方法だからにちがいない。世界から見ると，異質であり，たとえ国際標準的な戦い方と大きくかけ離れたものだとしても，その国の民族が培ってきた思考力または文化力で戦うことが勝利への近道であり，むやみに自分たちの得意とするやり方を捨て去り，安易に他の民族が得意とする部分を追い求めることが決してベストな選択ではない事実を，最近の日本スポーツの躍進は，これを物語っているのである。

　このような問題意識から，本書では，主に日本企業のグループ経営に焦点をあて，その全体像を描き出すことを目的としている。そのため，本書では，次のような4つのパート（Part）とそれに含まれる8つの章を設け，その実態の解明に取り組んでいる。

　パート1では，「今日のグループ経営」と題して，グループ経営の意味と今日的実態について触れている。そして，パート1に含まれる第1章の「グループ経営とは何か」では，グループの意味や概念定義，会社法やアカウンティングにおいて定めるグループの範囲基準，実際の企業グループの諸形態，企業グループの国際化とオープン化，企業グループをマネジメントする企業グループの目的とその組織に関する論点について検討している。また，第2章の「グループ経営の実態」では，グループ経営とは外国発というよりも日本発である可能性が高いこと，そして，日本型グループ経営の特徴について議論している。パート2では，「グループ経営の研究」というタイトルで，グループ経営に関するこれまでの理論的，実証的研究の成果について考察している。まず，パート2に含まれる第3章では，全社レベルの戦略を振り返りながら，グループ経営の位置づけを明らかにした。

第4章では，グループ経営研究のこれまでの流れを確認しながら，グループ経営研究の切り口として，戦略，組織，人材，ナレッジそして知財という5つの視点を設け，各理論研究の変遷について明らかにした。パート3の「グループ経営の実践」では，具体的な組織形態下によるグループ経営の現状と実態について触れている。パート3に含まれる第5章は，主に純粋持株会社制によるグループ経営，第6章は，コングロマリット企業によるグループ経営について，それぞれ事例を交えながら考察した。パート4の「グループ経営の未来」では，改めてグループ経営とは何かについて整理しながら，今後のグループ経営の方向性や可能性を考察している。パート4に含まれる第7章は，各章のポイントと論点について再整理しながら，プラットホームモデルとリーダーシップモデルという2つのグループ経営について触れた。第8章では，グループ・ビジネスモデルの創造とトップ・マネジメントとその参謀組織の重要性とその論理についてこれを浮き彫りにした。

　本書は，基本的に研究者や学生を対象に書かれたものであるが，グループ経営に熱心な企業の方々にも読んでいただきたい。読者の対象を欲張って広げてしまったのは，次のような理由からである。1つは，これまでお会いしてきたグループ経営を志向する企業の経営者やスタッフ部門の方々と実際に話してみると，たとえば，今日的な動向である企業グループの再編など「表」の話はよく理解しているが，グループ経営の根底に潜んでいる競争優位性や活用方法などを論理的かつ体系的に把握できていないとするコメントをよく頂いたからである。もう1つは，グループ経営に関心の高い研究者または大学院の学生に対して，たとえば，有益なテキストや教科書として利用できるグループ経営論を総合的に取り扱った専門書が非常に少ないからである。

　このため，本書の体裁は，実務に携わる方々や学生諸君にも理解できるよう，企業の事例をなるべく数多く盛り込むよう心掛けた。そして，統計資料もまた，ふんだんに使用して今日的な実態を明らかにするよう努めた。また，本書の執筆にあたっては，グループ経営研究に関する先行研究や雑誌または資料について時間の許すかぎり調べた。そして，アニュアル・リポートや有価証券報告書等を通じて，グループ経営を志向する国内外の企業の経営戦略について分析を行った。その一方で，日本の企業グループを対象とするアンケート調査，経営者やコーポレート・スタッフの方々に対する聞き取り調査もまた実施した。さらに，グループ経営に熱心ないくつかの企業そして民間団体や公的機関が主催する専門の研究

会等において講師も務めさせて頂きながら，実務家の方々から刺激的なご批判や示唆に富むご意見やご指導を頂戴した。こうした紆余曲折を経て，なんとか取りまとめることができたのが本書である。本書がこれまでご協力を下さった多くの皆さまの期待を裏切らなければ非常に幸いである。

2013 年 4 月

松崎　和久

目　次

はじめに ─────────────────────────── (1)

Part 1：今日のグループ経営

第1章　グループ経営とは何か ──────────── 3

- 1-1　グループの意味 ……………………………………… 3
- 1-2　企業グループの範囲と性格 ………………………… 7
- 1-3　企業グループの形態 ………………………………… 10
- 1-4　企業グループのオープン化と国際化 ……………… 16
- 1-5　企業グループの目的と論点 ………………………… 20
  - 1-5-1　シナジーとは何か　20
  - 1-5-2　アナジーとは何か　25
  - 1-5-3　3つのグループ・シナジー　28
  - 1-5-4　「部分最適」と「全体最適」の統合　30
  - 1-5-5　「OR思考」から「AND思考」への転換　35
  - 1-5-6　「求心力」と「遠心力」のバランス　36

第2章　グループ経営の実態 ──────────── 41

- 2-1　日本発のグループ経営 ……………………………… 41
- 2-2　日本型グループ経営の特徴 ………………………… 50
- 2-3　グループ経営失敗の本質 …………………………… 55

2-3-1　親会社の立ち位置　58
2-3-2　親会社のグループ統制　60
2-3-3　子会社の立ち位置　62
2-3-4　子会社のグループ貢献　64
2-3-5　グループ経営と日本型親子関係　66

Part 2：グループ経営の研究

第3章　全社戦略としてのグループ経営 ─────────── 69

3-1　戦略観のジャングル ………………………………………… 69
3-2　全社戦略とグループ経営 …………………………………… 76

第4章　グループ経営研究の変遷 ─────────────── 83

4-1　グループ経営研究の流れと5つのアプローチ …………… 83
4-2　グループ戦略マネジメント ………………………………… 93
　4-2-1　グループ本社組織とは何か　93
　4-2-2　グループ本社組織の機能と役割　96
　4-2-3　グループ本社組織の規模　103
　4-2-4　グループ本社組織の経営原理　116
　4-2-5　グループ本社組織のマネジメント・スタイル　122
　4-2-6　グループ戦略本部の設置　125
4-3　グループ組織マネジメント ………………………………… 131
　4-3-1　財閥を起源とする企業グループ　133
　4-3-2　独立系企業集団を起源とする企業グループ　136
　4-3-3　企業グループと連邦経営　138
　4-3-4　グループ連結経営　142

4-4 グループ人材マネジメント ……………………………………151
- 4-4-1 準企業内部労働市場　152
- 4-4-2 グループ内人材移動　153
- 4-4-3 グループ内人材交流　161
- 4-4-4 グループ内共通基盤　166
- 4-4-5 グループ・コア人材の育成　168
- 4-4-6 グループ人材戦略の論点　173

4-5 グループ・ナレッジ・マネジメント ………………………175
- 4-5-1 知識とは何か　175
- 4-5-2 グループ・ラーニングとは何か　178
- 4-5-3 知識共有と知識移転　180
- 4-5-4 グループ・ラーニングの促進　184

4-6 グループ知財マネジメント ……………………………………189
- 4-6-1 知財とは何か　189
- 4-6-2 知財経営の展開　194
- 4-6-3 グループ知財経営と組織　203

Part 3：グループ経営の実践

第5章　持株会社によるグループ経営の方向性 ────211

5-1 事業持株会社によるグループ経営 ……………………………211
5-2 純粋持株会社によるグループ経営 ……………………………218
5-3 大手小売企業と純粋持株会社経営 ……………………………231
- 5-3-1 セブン＆アイホールディングス・グループの求心力経営　232
- 5-3-2 イオン・グループの遠心力経営　237

5-4 大手ビール企業と純粋持株会社経営 …………………………242
- 5-4-1 国内大手ビール企業の組織変革　242
- 5-4-2 キリンホールディングスによる純粋持株経営　248

第6章　コングロマリット企業のグループ経営 ―――251

- 6-1　コングロマリット企業とは何か ………………251
- 6-2　コングロマリット企業の現状 …………………254
- 6-3　世界のコングロマリット企業 …………………258
- 6-4　戦略的フォーカスのプレミアムとディスカウント ………265
- 6-5　多角化企業のプレミアムとディスカウント …………267
- 6-6　鉄道企業によるコングロマリット経営 …………271
    - 6-6-1　私鉄企業によるコングロマリット経営　271
    - 6-6-2　JRグループによるコングロマリット経営　278
- 6-7　韓国の財閥とコングロマリット経営 ……………285
    - 6-7-1　韓国企業の財閥経営　285
    - 6-7-2　サムスングループの経営と戦略　289

Part 4：グループ経営の未来

第7章　グループ経営を再考する ―――297

- 7-1　各章のポイントと論点 …………………………297
- 7-2　グループ経営のテンプレート …………………302

第8章　グループ経営のゆくえ ―――307

- 8-1　グループ・ビジネスモデルの創造 ……………307
- 8-2　グループ経営の革新に向けて …………………310

おわりに ―――315

注　記 ——————————————————————317

参考文献 ——————————————————————323

索　引 ——————————————————————345
　和文事項索引………………………………………345
　欧文事項索引………………………………………353
　和文人名索引………………………………………357
　欧文人名索引………………………………………359

Part 1：今日のグループ経営

第1章

グループ経営とは何か

1-1　グループの意味

　グループ（Group）とは何か。その意味を辞書で引いてみると「仲間」「集団」「群れ」「集まり」「種別」「種類」などと明記されているが，それでは，要素がいくつ集まれば，グループとして認められるのだろうか。たとえば，要素の数が2や3のようにあまりにも数が少ない場合はどうだろうか。実は，グループとは，ある空間の中にどれだけの数の要素が存在するのかではなく，これらの要素間に何らかの関係性や相互作用があり，全体として何らかの意味を持っている場合，グループと解釈すべきである。つまり，沢山の要素がただ寄り集まっていることは，単に密度が高い状態に過ぎず，これらの要素がお互いに何らかの関係性や相互作用を持つ場合，初めてグループと呼べるのである。

　企業グループの意味を詳しく理解するため，生物界の特性を事例に取り上げる論者は少なくない。生物界の構造やメカニズムと企業グループのしくみを比べると，類似点が多いからである。たとえば，伊藤（1999b）は，アリ，魚，鳥，鹿，ライオン，シマウマ，ミツバチのような生物の世界から，生物の群れと企業の群れの類似性として「部分の総和以上の全体」の創出をあげている。つまり，生き物の群れが自らの利己性によって行動しているだけなのに，全体としてはうまく秩序が保たれているのと同様に，グループ経営もまた，組織間の相互作用から創発を生み出すマネジメントなのであると指摘している。Iansiti and Levien（2004）は，企業が形成する「ビジネス・ネットワーク」とは，生物界のエコシステム（生態系）をアナロジーで用いると理解しやすいと主張している。「ビジネス・ネ

ットワーク」とは，生物界のエコシステムと同様，相互連結性，相互依存性を通じて集合知や共同資産をネットワーク全体で共有するビジネス・エコシステム（Business Ecosystems）のことであり，相互作用するネットワークにおいては，ハブ（中心）として機能するキーストーン（Keystone）が特別な役割を果たす一方，キーストーン企業が健全に機能すれば，エコシステム全体の富に恩恵をもたらすが，逆に弱体化するとネットワーク全体に決定的なダメージを与えてしまうと説明している。

　ここで，様々な生き物たちの群れる行動について少し掘り下げてみよう。Miller（2010）は，アリのコロニー，ミツバチの群れ，シロアリの塚，ムクドリの群れなど，これら賢い群れの原理について，次のように説明している。まず，アリのコロニーは，集団のリーダーやマスタープランが不在であるにも関わらず，個体を分散しながら本能的に相互作用することで問題解決を図るという自己組織化（Self-Organization）する仕組みを持っている。ミツバチの群れは，知識の多様性（Diversity of Knowledge）という原理が作用している。これは，新しい巣箱を選ぶ時，まず偵察バチたちが多様な情報を集め，それを8の字ダンスなどを通じて別のハチへ伝える一方，別のハチたちは，偵察バチが集めてきた情報を通じて調査を行いながら，選択肢を絞り込んでいるのである。シロアリの塚は，間接的協業（Indirect Collaboration）という原理が働いているそうだ。これは，個体同士が直接コミュニケーションするのではなく，構造物を通じてお互いの行動に影響を与えているのである。最後に，ムクドリの群れは，適応的模倣（Adaptive Mimicking）という原理が作用している。これは，個々のメンバーが互いの仲間の行動をよく観察しながら，同じような行動を起こすことで集団の行動が定まる同調行動である。

　また，上記以外にも群れる生き物たちは存在する。たとえば，イワシなどの小魚が群れを成して泳ぐのは，自分よりも大きな外敵から身を守るための防衛行動といわれている。長谷川（2010）によると，これは自分が食べられる確率を下げる「捕食回避」の効果と呼ばれ，外から襲いかかる捕食者に対し，小魚は集団の内部へ入り込もうと行動するため，密な群れが保たれると理解されている。これに対し，ライオンが群れを形成するのは，広大なサバンナの地でメスたちを中心に獲物を捕まえる捕獲行動のためである。すなわち，ライオンは集団で狩りをすることで捕獲の確率を高めているのである。このように，生き物たちが群れを形成するのは，動物特有の排他的な「なわばり」の形成，暑さ寒さのような自然環

境の変化から「身を守る」効果，自分の子孫を残しやすい「環境適応」，外敵に集団でもって対抗する「攻撃や自己防衛」の手段という主に4つの理由に集約されるのである。

　それでは，生き物が群れる理由に対して，企業がグループを形成する（群れる）本質的な理由とは何だろうか。おそらく，生き物が群れる理由と大して違いはないかもしれない。生き物と企業のグループ化の類似点として，たとえば，動物が自己防衛的ななわばりを形成してテリトリーを主張する行動は，企業が系列や集団を形成して仲間かどうか明確にする行動とほとんど変わらない。また，周りの環境変化に対して群れを作って適応する動物の行動は，連結会計や連結納税のような今日的企業を巡る環境変化に即応するため，グループ連結経営へ移行する企業行動とほとんど同じである。さらに，攻撃や守りの手段として群れを成す動物の行動は，企業が余剰資源の多重利用を目的に多角化戦略を展開したり，株式の相互持合いや相互融資の手段を用いて，グループ全体で敵対的買収に対抗する行動とほぼ等しいのである。

　逆に生き物と企業のグループ化に見られる違いとは何か。動物の群れは，いわば運命共同体のようなものである。群れる動物の多くは，単体として脆弱かそれとも不完全な場合が多く，このため，本能的に集団を形成して対処する必要がある。これに対し，企業グループとは，仲間同士のサークルのような関係に近いとも考えられる。企業グループの中には機能分担会社のような，いわゆる垂直統合モデルの場合は，確かに動物の群れに近い企業グループとなるが，これが水平統合型の企業グループの場合，各メンバーが一応独立したプロフィット・センターであるため，絶対的にグループを形成しなければ生き残れないというわけではない。つまり，動物の群れは，個々の動物と集団の目的がほぼ一致しているのに比べ，企業グループの場合，個別企業と企業集団の目的が必ずしも一致せず，どちらか一方が優先されることも有り得る。動物の場合，なわばり活動，環境適応，攻撃と防衛という集団の目的と個々の動物の目的がほとんど等しく一致しているのに比べ，企業の場合，たとえば，親会社の成果や企業価値の向上が企業グループの第1の目的となり，各メンバーの目的はその犠牲となるケースもまた，しばしば発生するのである。

　ところで，企業グループまたは企業の総合化という現象は，大きな動物の世界観という視点からも説明ができるかもしれない。小さな動物に比べ大きな動物の世界観の特徴とは「余裕がある」ことだ。動物生理学者の本川（1992）によると，

大きな動物が持つ第1の特徴とは，環境に左右されにくいことである。つまり，カラダのサイズが大きいため，体積当たりの表面積は小さくなるので，表面を通しての環境の影響は受けにくくなる。第2は，恒温性である。カラダのサイズが大きいため体温も高く，よって俊敏な運動が可能となり獲物を捕獲しやすくなる。第3は，乾燥に強いことである。カラダの表面から逃げていく水分量が少ないからである。第4は，飢えに強いことである。カラダに脂肪を蓄えることができるからである。最後に，第5は，長生きなことである。このように大きな動物は，安定性が高く余裕があるので，そうした余裕をたとえば，より多くの子孫を残す，新機能の開発，知能の発達そして学習活動に振り向けることが可能なのである。これに対し，大きな動物の弱みは，安定性が高いゆえ，逆に新しいものを生み出しにくい点が指摘される。つまり，大きな動物は，ルーチンには強いがドラスティックに弱いという性格を持つのである。一方，小さな動物の世界観の特徴とは，「小回りが利く」ことだそうだ。本山によると，小さな動物が持つ第1の特徴は，環境の変化に弱いことである。そして，第2は，寿命が短いことである。小さいことは，移動能力が小さく，そして蓄える機能が乏しいことを表すため，常に餌を食べ続けなければならず，もし，餌を見つけられない場合，飢えて死ぬことを意味するのである。第3は，変異を起こしやすいことである。小さいため変異を短時間で生み出し，脆弱なため誕生と淘汰を繰り返すたび新しい系統を創造していく可能性が高いのである。

　上記で触れた大きな動物の世界観から企業グループまたは企業の総合化についてフォーカスすると，大きな企業体は，余裕があるため，知識の共有や学習にエネルギーを振り向けられるものの，巨大なるがゆえ，環境の急激な変化に対応しにくい弱点を持つと説明できそうだ。

　これまでの考察から，動物などの生き物と企業がそれぞれ形成するグループ（群れ）を比較した場合，数多くの共通点があることが分かった。たとえば，生き物が形成する群れのメカニズムや生き物が集団をコントロールする際に発揮する能力などは，おそらく，企業によるグループ経営とかなり類似する点が多いだろう。また，コロニーを形成する社会性昆虫の行動は，一見するとランダムに行動しているように見えるが，実は，個々の相互作用から全体の秩序や協調が生み出されている（Meyer and Bonabeau, 2001）。これは，群知能（Swart Intelligence）と呼ばれ，社会性昆虫が高度な集団行動能力を持っている証左だが，こうした構成要素の相互作用から全体が生み出されるという考え方とは，どうすれば有機的

な企業グループを創造でき得るのかという，今日のグループ経営が抱える重要な課題を解き明かすために有効なヒントを与えるものである。生き物が生み出す集団のメカニズムに関する研究は，今後ともさらに進歩するであろうし，そこで導き出された新たな発見や知見は，グループ経営研究のさらなる精緻化に役立つものとなるだろう。

1-2 企業グループの範囲と性格

　企業グループの範囲を理解するもっともポピュラーなやり方は，資本関係から分類することである。そこで，企業グループの構成要素を資本関係から分類してみよう。第1の構成要素は，何と言っても「親会社」である。会社法2条4号によると，親会社は，「株式会社を子会社とする会社その他の当該株式会社の経営を支配している法人として法務省令で定めるものをいう」と定義されている。親会社は，企業グループを構成する1メンバーであると同時に，グループ経営を駆動させる中核的役割を演じる存在として，資本関係の中心に位置付けられる。

　第2の構成要素は，「子会社」である。会社法2条3号によると，子会社は，「会社がその総株主の議決権の過半数を有する株式会社その他の当該会社がその経営を支配している法人として法務省令で定めるものをいう」と明記されている。すなわち，子会社とは，過半数の議決権をその他の会社によって所有され，しかも財務や事業方針を支配されている会社と定義される。また，アカウンティングによると，子会社は，親会社の出資比率が50％超の会社と定義される一方で，主に2つのタイプに区別される。1つは連結財務諸表の対象となる「連結子会社」であり，もう1つは，連結の範囲からすると子会社として判定されるものの，①支配関係が一時的である，②重要性に乏しい，③連結すると利害関係者に不利益を与える恐れがあるなどの理由から，連結子会社とは認められない「非連結子会社」である。そして，すべてを親会社の連結決算に反映させられる「連結子会社」の中には，連結対象でありながら株式上場を果たしている「連結上場子会社」または「上場連結子会社」と呼ばれる形態が存在する。このような「連結上場子会社」ないし「上場連結子会社」は，いわば，グループ連結経営と自立した子会社経営の両立を追求するものであり，国際的にも日本企業特有の形態として知られている。

第3の構成要素は「関連会社」であり，これは親会社の出資比率が20％以上50％以下の会社であると定義される。そして，先に述べた「非連結子会社」と「関連会社」のうち，企業グループの業績に著しい影響を与える「持分法」が適用される会社は「持分法適用会社」と呼ばれている。これは，出資比率に応じて最終損益のみを親会社の営業損益に反映させるものであり，一種の"ミニ連結子会社"と呼べるものである。

　第4の構成要素は，親会社との資本関係が低いかまったくない「その他」である。具体的には，子会社が出資する「孫会社」，ライバルや競合他社といった「外部企業」，部品や原材料の調達先である「サプライヤー」そして主要な「顧客」などが該当する。

　このように資本関係から企業グループを考察すると，企業グループの範囲は，原則，親会社，子会社（連結子会社，連結上場子会社）そして持分法適用会社（非連結子会社，関連会社）までが含まれる。たとえば，2012年3月末における日立グループ（計1,122社）は，親会社に該当する日立製作所に加え，連結子会社数939社（国内340社，海外599社），持分法適用関連会社数183社（国内78社，海外105社）から構成されている。しかしながら，実際に企業グループの範囲をどこからどこまでと定めるかについては，各企業の思惑や基準に従うものである。たとえば，ある企業では，親会社＋グループ会社（子会社＋関連会社）を企業グループ経営の対象と定めながら，概ね議決権比率50％超を「子会社」，概ね議決権比率20％以上～50％以下を「関連会社」，概ね議決権比率20％未満を「出資会社」のようにそれぞれ区別している。つまり，企業グループの範囲を親会社，子会社，持分法適用会社までと規定する企業もあれば，連結子会社だけに絞り込む企業も存在するし，さらに枠を広げて「その他」までも含む企業もまた存在するなど，企業グループの範囲の特定化は，企業ごとにそれぞれ千差万別なのである。

　企業グループの範囲は，通常，親会社との資本関係の強弱から決定されるが，これとは異なる考え方として，グループ戦略に基づいて分類する場合もあげられる。すなわち，企業グループにおけるコアとの連動性からグループ経営の構成要素を分類することである。まず，コア（Core）とは，企業グループの中核である親会社がこれに該当する。このため，コアとの連動性とは，親会社が有するコア・コンピタンスとの関連性が強いか，それとも波及効果を伴う構成要素かどうかという視点から分類するものであり，実際にこうした分類方法を導入している

企業には，新日鉄グループや日立グループがあげられる。たとえば，新日鉄グループ（現：新日鉄住金）では，1992年にグループ各社（子会社，関連会社，その他）を3つのタイプに分け，それぞれの管理区分を明確化した。193社ほど存在するグループ会社のうち，経営戦略を共有する「中核会社」は11社，機能を分担する「機能分担会社」は87社，そして，それ以外の95社は「事業協力会社」のようにそれぞれ分類している。日立グループもまた，1990年代に親会社の日立製作所と連結対象企業との関係性からグループ各社を「マネジメント連結会社」，「ビジョン連結会社」，「フィナンシャル連結会社」という大きく3つのグループに分類・整理している。「マネジメント連結会社」は，シナジー追求のため戦略の立案や一部の事業運営で親会社と連携する会社と定義され，日立情報システム，日立ソフトエンジニアリングなど，連結対象企業全体の約6割弱がこれに該当する。「ビジョン連結会社」は，グループの一員としてビジョンやブランドを共有するが経営は自主独立する会社であり，日立金属，日立化成工業，日立電線など，上場子会社を含む約4割がこれに該当する。「フィナンシャル連結会社」は，単に財務面だけでつながっているグループであり，連結度合いが低いごく少数の企業群がこれに相当する[3]。

　最後に，企業グループを構成する主体である親会社と子会社の本質的な違いを明らかにする。たとえ同じ企業グループを構成するメンバーであっても，それぞれの立場や境遇の違いから，行動やふるまいそして考え方は基本的に異なるからである。まず，親会社に影響を与える第1の要素は，株主の存在である。とりわけ，上場企業では投資家という株主との関係がきわめて重要である。第2は，子会社の存在である。これも親会社しか持ち得ない関係である。第3は，取引相手の存在である。親会社は固有のサプライヤーとの関係を有している。第4は，顧客の存在である。親会社は，独自の顧客と関係性を構築している。次に，子会社に影響を及ぼす諸要素だが，ここで注意すべき点として子会社は，主に「連結子会社」と「連結上場子会社」に区別されることである。まず，「連結子会社」に影響を与える第1の要素は，言うまでもなく筆頭株主である親会社の存在である。そして，第2は，孫会社の存在であり，これは連結子会社しか持ち得ない関係である。第3は，取引相手の存在である。「連結子会社」は固有のサプライヤーとの関係を構築している。第4は，顧客の存在である。これもまた，子会社特有の顧客との関係を構築している。第5は，同じグループに所属するその他子会社である。子会社は，同じグループに所属するその他の子会社との間でお互いに影響

し合っている。一方,「連結上場子会社」は,親会社と連結子会社それぞれの諸要素を内包するものであり,関係性はさらに複雑である。まず,「連結上場子会社」に影響を与える第1の要素は,株主である親会社と一般投資家の存在である。つまり,2つの異なる株主が存在するため,資金調達等の面でメリットがあるが,敵対的買収のリスクが高まるというデメリットもまた存在する。第2は,孫会社である。そして,第3は,取引相手の存在である。「連結上場子会社」は固有のサプライヤーとの関係を構築している。第4は,顧客の存在であるが,これもまた子会社特有の顧客たちと関係を構築している。第5は,同じグループに所属するその他子会社である。子会社は,同じグループに所属するその他の子会社との間でお互いに影響し合っている。

このように見ると,グループを構成する親会社と子会社は,それぞれ異なる関係性を構築している。また,同じ子会社でも「連結子会社」と「連結上場子会社」を比較した場合,それぞれ異なる立ち位置を占めながら,関係する要素の数も微妙に異なる。こうした立ち位置や関係する要素の微妙な相違は,親子関係をより一層複雑化させる主要な理由にもなっているのである。

1-3 企業グループの形態

企業グループの形態は,グループ企業の数,グループ全体の事業の内容とバランス,総合化と専業化,事業持株会社と純粋持株会社などの違いから,どのようなタイプの企業グループが形成されるのか自ずと決まってくるが,おそらく,企業グループの基本的な形態としては,「垂直統合型」,「水平統合型」,「ミックス型」という3つのタイプに分類が可能である。本節では,分かりやすい企業の事例を取り上げながら,それぞれの特徴や性格について考察してみよう。

最初に,「垂直統合型」の企業グループとは,製品・サービスをマーケットへ供給する際,必要な業務や生産上の諸活動を企業グループへ取り組むことである。ここでは,「垂直統合型」企業グループの典型的なケースとして,トヨタグループを含む自動車メーカーの取引関係について取り上げてみたい。図表1-1は,トヨタグループなど自動車メーカーによる「垂直統合型」の企業グループの構造と取引関係である。

図表左側のピラミット構造は,トヨタを頂点として垂直的に結ばれた取引関係

図表1-1　自動車メーカーによる垂直統合型企業グループの構造と取引関係

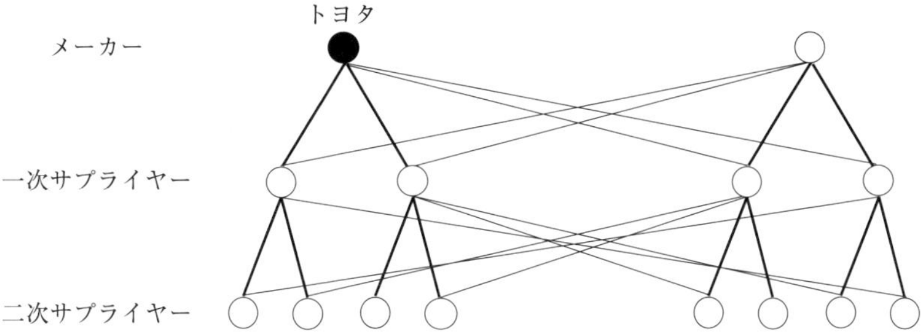

を意味するものであり、具体的に言うと、企業グループの頂点に君臨するトヨタは、デンソー、豊田自動織機、アイシン精機など、計13社から構成される一次サプライヤーとだけ直接、交渉、契約、取引を行い、それ以外とは基本的に関係性を持たない。これと同様に、一次サプライヤーは、基本的に限られた二次サプライヤーとだけ、直接、交渉、契約、取引する。同じく、二次サプライヤーは、基本的に限られた三次サプライヤーとだけ、直接、交渉、契約、取引する構造をなしている。そして、トヨタグループが形成する「垂直統合型」企業グループでは、セットメーカーであるトヨタと各サプライヤーの間、階層別の各サプライヤーの間において、資本出資、役員派遣、経営指導・助言、協力会の開催などを通じて、ヒト、モノ、カネ、情報という経営資源の共有化が図られており、これによってグループ全体の一体化が促進されている。また、併せてこうしたモノづくりの多層的ネットワークを通じて、自動車メーカーと一次サプライヤー間における「タテの学習」やサプライヤー同士による「ヨコの学習」が縦横無尽に展開されている（真鍋・延岡,2002）。このようなトヨタが形成する企業グループは、単なる垂直的な生産分業システムではなく、サプライヤー・ネットワーク全体で問題解決を図る高度な学習機能を搭載した知能システムとも表現できるのである（詳しくは、第4章　グループ・ナレッジ・マネジメントを参照）。

　ところで、トヨタグループは、基本的にグループ内の企業群から部品や原材料を調達しているが、図表1-1のとおり、最近の自動車メーカーにおける取引関係を見ると、異なる企業グループに所属するメーカー、一次・二次サプライヤーとも取引を行っている。たとえば、「トヨタ系」の特に独立色の高いサプライヤーが日産やホンダのようなメーカーと取引する一方で、逆に日産系、ホンダ系のサプライヤーがトヨタとも取引を展開しているなど、よりオープンな取引関係が進

図表1-2　富士フイルムグループ

```
持株会社
    ┌─────────────────────────────────────────┐
    │        富士フイルムホールディングス株式会社        │
    └─────────────────────────────────────────┘
          事業会社                          シェアードサービス会社
    ┌────────┬────────┬────────┐         ┌────────┐
   100%      75%      66%                  100%
    │        │        │                    │
┌────────┐┌────────┐┌────────┐        ┌──────────────┐
│富士フイルム││富士ゼロックス││富山化学工業│        │富士フイルムビジネス│
│ 株式会社 ││ 株式会社 ││ 株式会社 │        │エキスパート株式会社│
└────────┘└────────┘└────────┘        └──────────────┘
    │        │        │
┌────────┐┌────────┐┌────────┐
│ 関係会社 ││ 関係会社 ││ 関係会社 │
└────────┘└────────┘└────────┘
```

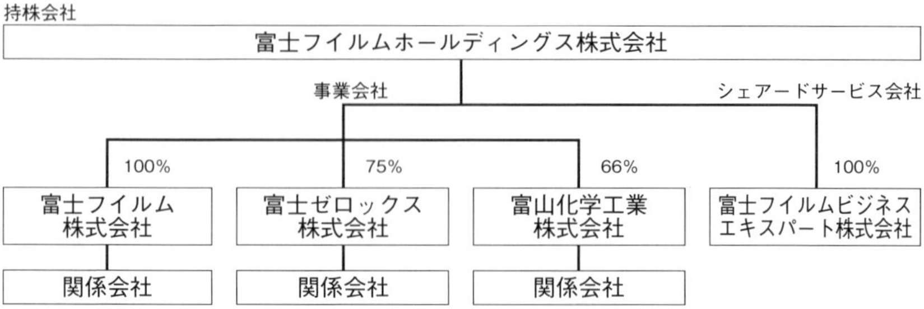

（資料）　富士フイルムHPから引用。

んできている。おそらく，この背後には，技術の高度化，競争のグローバル化の進展が潜んでいるからにちがいない。

　次に，「水平統合型」の企業グループとは，異なる事業を展開する企業群の組み合わせを意味する。たとえば，コングロマリットや純粋持株会社制を通じたグループ経営等が典型的なケースとしてあげられるが，ここでは，近年，グループ組織の再編を断行して成功を収めている富士フイルムグループを取り上げてみよう。2006年10月，富士写真フイルム株式会社では，富士フイルムホールディングスへ商号を変更すると共に持株会社制へと移行した。これは，90年代後半に進んだ写真のデジタル化によって同社の競争力が著しく低下する一方，長年，培ったフイルム技術をテコに新規事業を開拓して新たな成長戦略の構想に大きく舵を切ったからである。2012年3月31日現在，富士フイルムホールディングスの連結子会社は268社存在する。

　図表1-2のとおり，富士フイルムグループは，持株会社である「富士フイルムホールディングス」の傘下に100％出資子会社で富士写真フイルム株式会社の事業を継承する「富士フイルム株式会社」，75％出資子会社であり，残りの25％は英国のゼロックス・リミティッドが出資する「富士ゼロックス株式会社」，さらに66％出資子会社であり，残りの34％を大正製薬株式会社が出資する「富山化学工業株式会社」が3大グループ事業会社として並列的に設置されている。また，富士フイルムグループ企業とグループ従業員を対象に総務サービス，ファシリティサービス，人事サービス，エージェンシーサービス，間接材購買サービスなど，シェアード・サービス機能を集約した100％出資子会社である「富士フイルムビジネスエキスパート株式会社」がグループ全体のコストセンターとしての役割を

果たす体制を構築している。

　事業会社である富士フイルムは，もともと富士写真フイルムとして，1934年，映画用フイルムの国産化を目的に創業された。現在は，イメージングソリューション（カラーフィルム，デジタルカメラ，フォトフィニッシング機器，現像プリント用のカラーペーパー・薬品・サービス等），インフォメーションソリューション（医療診断用・ライフサイエンス機材，印刷システム機材，フラットパネルディスプレイ材料，記録メディア，光学デバイス，電子材料，インクジェット用材料等）事業を担当する技術開発指向型カンパニーである。同じく事業会社である富士ゼロックスは，1962年，米国ゼロックス・コーポレーションの100%出資子会社である英国ランク・ゼロックスと富士写真フイルムによる50%：50%の合弁会社としてもともと設立された。その後，2001年富士フイルムが75%，英国のゼロックス・リミティッドが25%の出資に変更され，現在のような富士フイルムホールディングスの連結子会社となっている。今日の富士ゼロックスは，ドキュメント・ソリューション（オフィス用複写機・複合機，プリンター，プロダクションサービス関連商品，用紙，消耗品，オフィスサービス等）事業を担う顧客志向開発型カンパニーである。

　富士フイルムと富士ゼロックスによるグループ・シナジーは，デジタルプリント出力システム，オンデマンド印刷システム，バイオマスプラスチックの開発などに結実し大きな成果を生み出している。また，富士フイルムホールディングスは，将来有望な医薬事業を強化すべく，富山化学工業を敵対的買収によって取得した。これは，富士フイルムが蓄積してきた約20万種類もの有機化合物のライブラリーおよび化合物の合成技術と富山化学工業の新薬開発力を組み合わせ高い成長と収益を期待した行動によるものであり，その成果は，近年，着実に向上している。

　最後に，「ミックス型」の企業グループとは，事業部門と子会社・持分法適用会社を通じたグループ経営であり，「水平統合型」と「垂直統合型」の両方をミックスした企業グループの形態なため，すでに述べた2つのタイプよりも複雑な構造と難しいグループの管理を有している。「混合型」の企業グループの事例として，ここでは，大阪ガスグループを取り上げてみよう。

　大阪ガスのグループ事業の歴史は，大きく6つの段階に区別することが可能である。第1段階である1971年以前は，都市ガス事業の周辺分野へ進出した。第2段階である1972年～1977年までは，LNG冷熱を有効利用した事業を模索した。

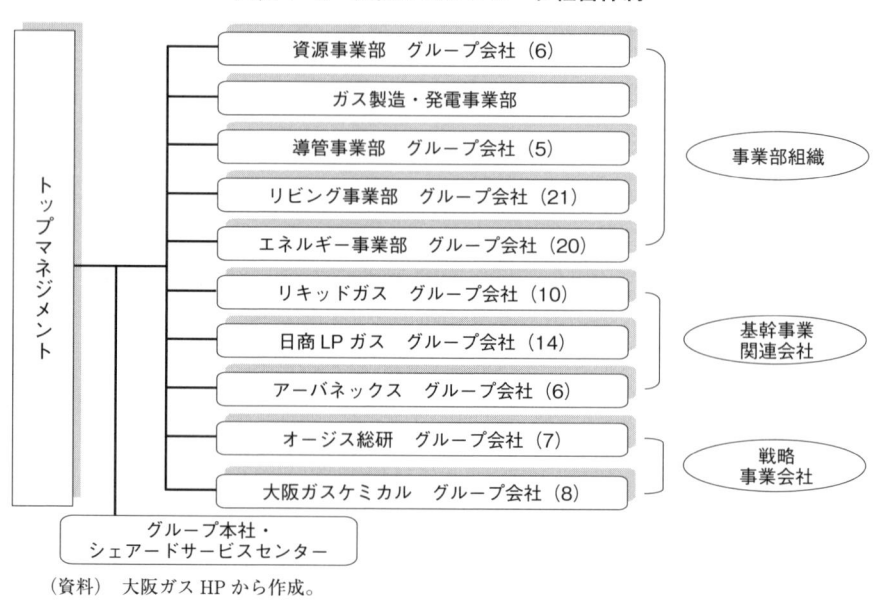

図表1-3 大阪ガスのグループ経営体制

```
トップマネジメント ─┬─ 資源事業部　グループ会社（6）    ┐
                　├─ ガス製造・発電事業部              │
                　├─ 導管事業部　グループ会社（5）    ├ 事業部組織
                　├─ リビング事業部　グループ会社（21）│
                　├─ エネルギー事業部　グループ会社（20）┘
                　├─ リキッドガス　グループ会社（10）  ┐
                　├─ 日商LPガス　グループ会社（14）    ├ 基幹事業関連会社
                　├─ アーバネックス　グループ会社（6） ┘
                　├─ オージス総研　グループ会社（7）   ┐
                　└─ 大阪ガスケミカル　グループ会社（8）┴ 戦略事業会社
       └─ グループ本社・シェアードサービスセンター
```

（資料）　大阪ガスHPから作成。

　第3段階である1978年〜1991年までにかけて同社は，事業領域の拡大と総合生活産業を展開した。第4段階である1992年〜1998年までの間，中核会社構想を推進した。第5段階である1999年〜2004年まで，大阪ガスと中核会社による連邦経営体制を構築した。第6段階である2005年〜現在は，大阪ガスと中核会社による連邦経営体制の充実を図っている（週刊ダイヤモンド，2006年1月21日号を参考に作成）。大阪ガスは，2005年7月にグループ経営体制を再編した。同社による企業グループの組織構造は，事業部組織（事業部門），基幹事業関連会社，戦略事業会社そしてグループ本社およびシェアード・サービス・センターという4つのモジュールから構成され，なかでも，ユニークなのは，天然ガスをバリューチェーン単位にビジネス・ユニット化された「事業部組織」と連結子会社数133社のうち，将来，上場の可能性が高い中核的な子会社から構成された「基幹事業関連会社」と「戦略事業会社」の2つのカテゴリーに分類しながら，役割と使命に応じた事業展開を図っていることである（図表1-3）。

　大阪ガスによると「事業部組織」は，大阪ガス本体の組織であり，5つの事業部門から構成されている。「資源事業部」は，LNG輸送，資源開発などを担当し，6社のグループ会社を傘下に置く。「ガス製造・発電事業部」は，生産設備など

を担当する部門である。「導管事業部」は，主に配管工事などを行い，5社のグループ会社を傘下に置いている。「リビング事業部」は，ガス事業，機器の販売・工事などを担当し，21社のグループ会社を傘下に置いている。「エネルギー事業部」は，電力，コージェネレーション，地域冷暖房などを担当し，20社のグループ会社を傘下に置く。これに対し「基幹事業関連会社」は，エネルギー事業と最大限のシナジーを追求し成長を目指す中核会社であり，3社の連結子会社によって構成されている。「リキッドガス」は，LPGの販売，工業ガスの製造・販売を担当し，10社のグループ会社を傘下に置いている。「日商LPガス」は，LPGの元売り・卸売り・小売りを担当し，14社のグループ会社を傘下に置いている。「アーバネックス」は，不動産の開発・管理・賃貸，施設の管理・運営などを担当し，傘下に6社のグループ会社を持っている。一方，戦略事業会社は，非エネルギー事業を中心に独立してグループ外からのキャッシュインを追求し，連結利益への貢献を目指す中核会社であり，2社の連結子会社によって構成されている。「オージス総研」は，ソフトウエア開発，情報処理サービスを担当し，7社のグループ会社を傘下に置く。「大阪ガスケミカル」は，環境材，電極材，ファイン材の製造・販売を担当し，8社のグループ会社を傘下に置いている。グループ本社および「シェアード・サービス・センター」は，企画部，関連事業部，財務部，経理業務部から構成された「経営企画本部」，技術戦略部，エネルギー技術研究所，エンジニアリング部，燃料電池システム部からなる「技術開発本部」および人事部門，総務部門，資材部門などのバックオフィス業務によって構成されるが，とりわけ，株式会社オージーキャピタルと機能統合された経営企画本部の関連事業部は，将来の中核会社を育成・強化する役割もまた演じている。

　本節では，企業グループの形態を浮き彫りにするため，実際の企業グループを取り上げ説明した。そして，「垂直統合型」，「水平統合型」，「ミックス型」という主に3つの基本的な企業グループの形態について，これを明らかにしたが，冒頭でも述べたとおり，企業グループの形態は，たとえば，グループ企業数やグループ全体の事業の内容とバランス，総合化と専業化，事業持株会社と純粋持株会社など，いくつもの諸要素から最適な企業グループの形態が自ずと定まるのであり，したがって，どの企業グループの形態がもっとも優れているかというような優劣を競うものではない。

1-4　企業グループのオープン化と国際化

　グローバル化というダイナミックな時代とコモディティ化という厳しい時代が同時に進展するなか，今日のビジネス環境は，企業成長に必要な情報や知識・ノウハウを企業グループ内からすべて調達することが困難になってきている。つまり，本当に必要な資源や能力は，内部ネットワークの外側に広く散在するようになったのである。そのため，革新的なアイデアや洗練された情報の源泉を最初から息のかかったグループ企業群（すなわち，内部ネットワーク）に限定するのはきわめて危険であり，むしろ，グループの境界線を拡張して相性のよい外部企業へアクセスする柔軟な発想とオープン・イノベーションがことさら重要となってきた。ここでは，企業グループ外部に点在する知識・ノウハウを効率的に入手するため，オープン戦略を展開して業績を伸長した企業の事例として，金型・樹脂部品の試作・製造を手掛けるアーク，世界最大の一般消費財メーカーであるP&G，コンピューターネットワーク機器開発メーカーであるシスコシステムズを簡単ではあるが取り上げてみよう。

　アークは，連結子会社124社（うち海外連結子会社88社），持分法適用会社23社（うち海外持分法適用会社16社）を有する金型の総合メーカーである。もともと大阪の中小企業に過ぎなかったアークが大きな成長を遂げた最大の理由とは，M&Aによる拡大戦略であった。アークは，中小企業をM&Aで買収しながら企業グループを拡大する一方，買収した中小企業群に自立性を与え尊重する連邦経営を通じて，グループ総合力を飛躍的に向上させ，成功を収めてきたのである。世界最大の日用消費財メーカーであるP&G（Procter and Gamble）は，魅力的な商品や技術を外部調達し，売り上げを伸ばすオープン・イノベーションを展開している。現在，新製品の25％は社外調達だが，将来的には，新製品の50％を社内から生み出し，残りの50％を社外から得る目標を掲げている。P&Gの基本的な考え方は，もはや大企業が単独ですべての技術を追い求める時代ではなく，社外で生まれた創造力・思考力を積極的に活用しながら競争優位性を獲得するやり方こそ，新しい時代の戦略であり，P&Gでは，このような戦略を連携開発（C&D：Connect & Develop）と呼んでいる。最後に，シスコシステムズ（Cisco Systems，以下，シスコ）は，ルーター（インターネット用データ中継機）など，コンピューターネットワーク機器を製造するグローバル企業である。

1984年に創立して以来，わずか30年足らずでシスコが大成長を遂げた最大の要因とは，これまで約130社もの優れたベンチャー企業を買収して，技術と人材の獲得に成功したことである。シスコでは，自社に足りない技術・製品と人材の両方を獲得するため，スタートアップ企業を次々に買収して企業成長を果たす方法を買収開発（A & D：Acquisition and Develop）と呼んでいる。シスコは，もともと独自技術が乏しかったゆえ，社員数が100名以下の小さな企業を次々に買収して短期間のうちに競争地位と業績向上という2つの優位性の獲得を図り，今日の地位を築き上げたのである。

　ところで，グループの境界線を拡張して外部企業とオープン・イノベーションに取り組む企業間グループ経営の構築は，誤解を恐れずに言うと，日本企業こそ有望な取り組みかもしれない。というのも，日本の大企業は，昔から水面下で企業間ネットワークの形成を継続してきた下地が存在するからである。たとえば，日本企業の中には，基本的に同じ冠を掲げる企業グループが複数存在する。そして，これらの企業群では，金曜会（三菱グループ），白水会（住友グループ）と呼ばれる社長会を定期的に開催し，文化，福祉，教育，政治，経済，ビジネス等に関する知識・情報の共有に加え，グループ広報等を図ってきた。日本の大企業は，歴史や伝統を同じくする企業同士が日ごろから企業間交流を通じて緩やかに連携する素地がすでに完成していたため，企業間グループ経営の形成と展開は，むしろ，やりやすい環境にあった。また，最近でも，鉄道，電力など新興国の遅れた社会整備基盤に対して，オールジャパンと呼ばれる日本の企業連合が政府や商社などを中心にプロジェクト単位で形成され大きな成果を収めている事実を見ても，日本企業がいかにネットワーク組織化に向いているのかすでに明白である。

　従来のグループ経営では，企業グループと直接関係を持たない外部ネットワーク（External Network）の存在は，ほとんど無視されてきた。というのも，これまで資本関係で結ばれた「内部ネットワーク」があらゆるコンピタンスの集まりと見なされてきたからである。しかしながら，近年，国境を超えた戦略提携（Strategic Alliance），規格を巡る競争を意味するデファクト・スタンダード（Defacto Standard），社外の知識を積極的に活用するオープン・イノベーション（Open Innovation）が活発化するなど，コンピタンスの源泉が企業グループ内から企業グループ外に拡張されつつある。そして，提携ネットワーク，コラボレーション，共創（Co-Creation）など，企業同士のみならず，顧客までを含んだ対象がまるで家族のように連結しながら競争する（Competing as a Family）という新

しい競争概念もまた指摘されるようになってきた（Prahalad and Ramaswamy, 2004）。これからの企業グループとは，資本関係による伝統的な「内部ネットワーク」と戦略的意図によって結ばれた「外部ネットワーク」の共創をどう生み出すか，そして，「内部ネットワーク」に「外部ネットワーク」をどう組み入れるのかという，これらの課題に挑戦することが求められているのである。

企業グループを巡るもう1つの新しいムーブメントは，おそらく国際化である。企業グループは，グループの対象が内部と外部のみならず，企業グループの範囲が国内か海外かを通じて，主に2つのタイプに分類できる。1つは，国内メンバーを対象に形成される「ローカル・グループ」であり，もう1つは，国境を超えて企業グループが形成される「グローバル・グループ」である。まず，これら2つのタイプの構成要素について触れてみよう。

「ローカル・グループ」は，親会社との連結関係の強弱を無視すると，子会社，持分法適用会社がその主な構成要素であり，なかでも「連結上場子会社」を含んだグループ化は，日本企業独特の経営スタイルとして広く認められてきた。これに対し，「グローバル・グループ」は，子会社と持分法適用会社に加え，グループ戦略上，重要だと認められた会社がその主な構成要素に含まれる。桑名・岸本・高井（1999）が実施した「日本企業のグローバル・ラーニングの実態に関する調査」によると，日本企業がグループ・ネットワークの範囲として取り込む海外子会社は，持株比率50%以上のいわゆる子会社（26.3%），持株比率25%以上の子会社（14.5%），連結対象会社のみ（7.9%）となり，これら資本関係をベースにグループ会社とみなしている企業の割合は48.7%である一方，持株比率25%未満でも親会社が重要と認めた会社（14.5%），出資比率に関連なく戦略上重要と認めた会社（26.3%）を合計すると，海外子会社が有する資源や能力をベースにグループ会社を選別している企業は40.8%に達する結果がすでに得られている。また，高井・山田・松崎（2002）が海外直接投資の割合が高い日本企業1,000社を対象にアンケート調査を実施した調査によると，日本企業がグループ戦略を策定する際，グループの対象とする海外子会社の範囲は，「持株比率51%以上の会社」が全体の43%を占めもっとも多く，次いで「出資比率に関係なく戦略上重要と認めた会社」が30%であり，これらを合計すると，全体の約7割にも達することを明らかにしている。つまり，本国親会社は，出資比率をベースとした定量的な判断基準と戦略資産の有無をベースとする定性的な判断基準の両面から，グローバル・グループ経営を構成する範囲を決定しているのである。

さて，ここで提示した国際的なグループ経営モデルは，一般にグローバル・グループ経営（Global Group Management）またはグループ・グローバル経営（Group Global Management）と呼ばれている。グローバル・グループ経営を巡るアカデミックな研究成果は，きわめて数が少なく，考察が十分になされているとはいえないが，こうしたなか，高井らによる一連の研究成果は注目に値する。桑名・岸本・高井（1999）は，本国親会社と海外子会社によって形成されたグローバル・グループ全体でワールドワイドなイノベーションを実現していく必要性を指摘しながら，日本企業の課題として，グローバル・ラーニングの対象を主に生産技術，コスト，品質を意味する「業務レベル」からグローバル・グループ企業間における「戦略レベル」の学習へと高めていく重要性について強調している。また，高井・酒井・岸本・桑名（2000）は，知識創造の視点からグローバル・グループ経営の重要性について，海外子会社は現地環境での事業を通じて親会社にはない独自の資源を蓄積しているため，子会社能力と親会社能力を連結したり，子会社同士の能力を連結することで新しい知識の創造が可能であるとも指摘している。さらに，高井（2006）は，グローバル・グループ経営を完成するため，海外子会社の経営資源や組織能力の向上・強化が必要であり，また，そのためには本国親会社の役割を再度見直すべきであると主張している。

　こうしてみると，グローバル・グループ経営は，経営資源の活用や配分をグローバル・レベルで考え，本社や子会社のような単体的発想を超えてグループ全体で高いプレミアムを達成し，持続的な競争優位性を実現する経営モデルだといえるが，残念ながら，グローバル・グループ経営に関するアカデミックな研究成果は，今のところ，その認識や重要性を指摘するだけにとどまり，詳細まで踏み込んだ議論はいまだ十分とはいえない。このため，今後，さらなる解明への取り組みが期待されている。

　最後に，グローバル・グループ経営という名称や概念の実務への応用については，すでに複数の日本企業のあいだで導入がなされている。たとえば，総合光学機器メーカーのHOYAでは，情報・通信分野，アイケア分野，ペンタックスの3つの事業部と日本，アジア，北米，欧州のエリアマネジメントを軸とするマトリクス経営を「グローバル・グループ経営」と命名している。総合家電大手の日立製作所やパナソニックでは「グローバル＆グループ経営」の推進を掲げている。日本水産（ニッスイ）では，グローバルに展開するグループ経営を最適化する機能として「グローバル・グループ経営推進会議」を設けながら，その専任事

務局を担う「グローバル・グループ経営推進室」を社長直轄として設置している。繊維を中心に多事業を展開する帝人では「グループ・グローバル経営」を担うべきコア人財の育成としてこの言葉を使用している。化学メーカーであるクラレもまた，グループの人事ポリシーとして「グループ・グローバル経営」の立場を鮮明に打ち出している。

　本節では，企業グループのオープン化と国際化について触れた。これまで観察されたパターンは，資本関係で結ばれたごく特定の企業群で構成された企業グループが一致団結してビジネスモデルを構築するというものであった。また，基本的に母国を同じくする企業群によって構成された閉じた企業グループであった。ところが，近年の企業間競争を見ると，国際的な競争優位を勝ち得ているアップルやサムスンでは，設計や開発，グローバル・マーケティングは自前で手がけるものの，製造や生産などの諸活動はすべて新興国の企業へアウトソーシングしている。また，世界中の多くの企業では，非生産的なバックオフィス活動を同じく新興国へトランスファーして効率化を図っている。さらに，グローバル・イノベーションの源泉は，先進国発のイノベーションが新興国で利用される伝統的なモデルから，新興国発のイノベーションを先進国で利用するリバース・イノベーションの段階へ徐々に移行しつつある。こうしたインソーシングとアウトソーシングのミックスモデル，あるいは，グローバル・イノベーションからリバース・イノベーションへの移行が今後とも有効なビジネスモデルとしてあり得るか（または成り得るか）どうか，現在の段階で結論を出すのは難しいが，少なくとも今日の勝ち組企業が採用する必勝パターンである以上，企業グループの構成についても，ローカルに限定されたグループ・ファミリーだけに止まらず，資本関係による連結を超えて，しかも国際的に拡張された新しい企業グループモデルを積極的に構想することが求められている。

1-5　企業グループの目的と論点

1-5-1　シナジーとは何か

　企業グループの最大の目的とは，おそらく，グループ・シナジーの生起である。それでは，どうやったらシナジーを生み出すことができるだろうか。ここでは，今日までのシナジーを巡る研究成果と企業グループ内でシナジーを生起するため

に必要な組織に関する論点を取り上げ，検討してみよう。

　研究者やビジネスマンに向けて「企業グループの目的とは何か」について質問すると，そのほとんどは，グループ資源をテコに活用するシナジー効果（相乗効果）やレバレッジ効果の生起であると回答するにちがいない。コア・コンピタンス概念で有名な Hamel and Prahalad（1994）は，企業を単体や関連のない事業の集合体ではなく，企業全体に付加価値を与えるかもしれない事業部門を連結する何かを見つけ出し，それを利用し尽すことであると指摘しているとおり，企業グループとは，単なる部分と部分をただ寄せ集めた部分最適の「集合体」ではない。それは，部分と部分同士が互いに有機的に結合された「統合体」（森本, 2002）あるいは関係性の中に存在する部分の「総和体」であり，これらの統合された組織体から生み出されるグループ・シナジーこそが，企業グループを形成する最大の目的であり最高の成果である。企業グループとは，シナジー効果そのものであるとの主張は，基本的に正しいし，誰もが理解しやすい。ところが，シナジーの具体的な意味や内容について正確に把握・熟知している者は意外に少ない。そこで，まずシナジーと類似する概念であるコンプリメント効果（相補効果）について検討し，その後，シナジーの効果について詳しく考察する。最後に，シナジー効果の反対概念であるアナジーについてあわせて議論してみたい。

　まず，コンプリメント効果（Compliment Effect）は，「補完効果」「相補効果」とも呼ばれている。伊丹（1984）によると，相補効果は「1 + 1 = 2」の効果であり，2つ合わせて一人前，1つだけでは有効ではないため，もう1つが必要であるとする考え方である。つまり，2つが補完し合うことではじめて完全となる効果である。たとえば，スキー・リゾートホテルの場合，冬場は商売できるが夏場は閑散期となる。このため，テニス・コートやゴルフ場を作り，年間を通じて安定した利益を確保しようとする。要するに，スキー施設とリゾート施設をあわせてはじめて通年安定した収益を確保できる施設となる。また，ホテルやファミリーレストランでは，季節や一日の時間帯別で資源の有効利用にムラが発生する。このため，異なる製品・市場分野を取り入れて安定した資源利用を図ろうとしている。これらもまた相補効果のケースである（伊丹, 1984）。

　一方，シナジー効果（Synergy Effects）とは，辞書で引くと「共力作用」「相助作用」「相乗効果」と訳される。シナジーの語源は，ギリシャ語のシナガス（Synergós）に由来し，その意味は，共に働く（Working Together）である（Goold and Campbell, 1998）。たとえば，トヨタ自動車のプリウスのエンジン・ユ

ニットには，ハイブリット・シナジー・ドライブ（Hybrid Synergy Drive）と書かれているが，これは，エンジンとモーターが相互に助け合って駆動する技術を意味する。シナジーは，もともとは「（器官の）共働作用」，「（薬品などの）相乗作用」を表わす医学用語であったが，この用語を最初に経営戦略論へ持ち込んだのは，おそらく，戦略論の父として有名な Ansoff であるにちがいない。Ansoff (1965) は，部分の総和よりも大きい結合利益としてシナジーを定義した。そして，共通のチャネルや物流から生まれる「販売シナジー」，設備や従業員の生産性のアップや間接コストの分散から生まれる「生産シナジー」，工場や機械，研究開発コストの共通利用から生まれる「投資シナジー」，成功した経営手法を使いまわす「マネジメント・シナジー」の4つのタイプにシナジーを分類した。シナジー効果はまた「1＋1＝3」または「1＋1＞2」のようにも表現されるが，その意味は，1と1をあわせると，より大きな効果が働いて3または2以上になるという概念である。つまり，換言すると，複数の事業ユニットや企業が協力することで個別に仕事をする以上に大きな価値を生み出すことである。

　Ansoff 以外にもシナジーの概念を用いて企業成長のプロセスを説明している論者は存在する。たとえば，日本の代表的な論者として伊丹 (1984) は，現在の戦略から生み出された見えざる資産を将来の戦略に使用する効果をダイナミック・シナジー（Dynamic Synergy）と呼んでいる。たとえば，カシオ計算機は，電卓事業で蓄積した半導体設計技術によって，時計，電子機器，OA機器などの新しい事業領域を開拓できたが，これはダイナミック・シナジーの代表的なケースである。また，ダイナミック・シナジーをより効果的なものにするため，現在の資源ストックと現在の戦略の間に「静的な不均衡」を作り出すこと，つまり，資源の裏づけを多少欠いた戦略の採用こそがダイナミック・シナジーを創造する原動力となり得るとする考え方をオーバー・エクステンション（Over Extension）戦略と命名し，動的な相乗効果を作り出すためにきわめて重要な取り組みであると主張している。一方，吉原 (1986) は，多角化におけるダイナミック・シナジーの重要な特徴として，①多角化の際，将来の次の多角化まで考えて実行するという「長期的思考」，②保有資源が部分的に不足しているにもかかわらず，あえて多角化に踏み切るという「部分的不均衡」，③多角化するにあたり，蓄積された技術資源の活用のみならず，新たな技術の蓄積を念頭に置くとする「技術蓄積効果」の重視という主に3点をあげている。

　これら日本の主要な論者たちに対し，欧米でもシナジーについて活発な議論が

なされている。たとえば，Porter（1985）は，ビジネス・ユニット間における相互関係（Interrelationship）には，共通の買い手，チャネルそして技術などを意味する「タンジブルな相互関係」，価値連鎖間における移転可能なマネジメント・スキルやノウハウを指す「インタンジブルな相互関係」，さらに，競争相手の買収や提携を通じて有形，無形な組織能力を獲得する「ライバルとの相互関係」という3つのタイプが存在すると述べながら，シナジーとは，これら3タイプの相互関係を通じた総合力である反面，この事実こそがシナジーの存在を抽象化させてしまう真因であると主張している。Goold and Campbell（1998）は，ビジネス・シナジーの形態を主に6つに分類している。第1は，ノウハウの共有（Shared Know-How）である。多くの企業がコア・コンピタンスやベスト・プラクティスの共有を重視しているとおり，複数の企業やユニットは知識やスキルの共有から利益を得ることができる。第2は，見える資源の共有（Shared Tangible Resources）である。製造施設やリサーチ・ラボラトリーの共用など，複数の企業やユニットは物理的な資産や資源の共有によって多額の資金を節約することができる。第3は，交渉力の共同（Pooled Negotiating Power）である。調達の共同により，異なるユニットはサプライヤーとの交渉力を高めるだけでなく，コストの削減や調達品の品質を大幅に改善できる。第4は，戦略の調整（Coordinated Strategies）である。2つないしそれ以上の戦略を一直線にあわせることは，企業の優位として働く場合がある。第5は，垂直統合（Vertical Integration）である。あるユニットからその他のユニットへ製品・サービスの流れを調整することは，在庫コストの低減，迅速な製品開発，生産能力利用の拡大，市場接近の改善ができる。第6は，新ビジネスの創造（Combined Business Creation）であり，そのためには，①異なるユニットのノウハウ結合，②様々なユニットから区別された活動を引き抜き，結合して新しいユニットにすること，③ジョイント・ベンチャーや戦略提携による促進が重要であるとしている。Eisenhardt and Galunic（2000）は，安定的なビジネス環境の中で特定の事業部や企業とタイトな連結する形態である「伝統的なコラボレーション」に代わり，進化するビジネス環境の中で網の目のように臨機応変にマッピングし直す共進化（Co-evolution）のよるシナジーワークの重要性について強調している（Eisenhardt and Brown, 1999）。そして，彼らは，ディズニーこそ，テーマパーク，映画スタジオ，ショップ，音楽，放送会社のような各事業を自由自在に組み合わせて共進化を実現する代表的な企業であると論じている。Walter（2001）は，GEでは各事業部のマネジャーが定期的に

集い，それぞれ個々に事業活動の状況を説明しながらコラボレーションワークの機会を模索しているが，とりわけ，GE の金融サービス部門として B2C 事業を支援するために設立された GE キャピタルサービス（GECS）は，GE 製の航空エンジンの製品寿命や故障率データを活用することで航空機リース事業の分野で他社が真似できない優位性を構築するなど，GE 本体との密接なコラボレーションを図りながら，今では GE グループ全体の 28% の利益を稼ぎ出していることを明らかにしている。最後に，Saloner.,Shepard and Podolny（2001）は，ある事業部門の活動がその他の事業部門の業績に影響を及ぼす現象を戦略的波及効果（Strategic Spillover）と命名しながら，部門間における相互作用の重要性について指摘している。それによると，戦略的波及効果とは，たとえば，ディズニーのスタジオ部門が制作した映画がキャラクター部門の売上に影響を与え，さらにテーマパーク部門の業績にも影響を与えるような波及的な相互作用だと定義している。

　さて，ここで各論者が何度も事例に取り上げているディズニーのシナジーマジックについて詳しく触れてみよう。Furrer（2011）は，ウォルト・ディズニーカンパニーのビジネス・ポートフォリオと相互関係を図表 1-4 のように描いている。

　ディズニーのビジネス・ポートフォリオは，コアビジネスである「アニメ映画」を中心に相互作用の強い層から弱い層まで，大きく 3 つの層によって構成されている。コアビジネスとの相互関係がもっとも強い第 1 の層は，アニメ映画と直接的に相互作用する「ファミリー映画」，「テレビ番組」，「書籍＆教材」，「レコード＆音楽」，「コンシューマー向け製品」，「テーマパーク」と「テレビ番組」を通じてコアビジネスと間接的に連動される「ケーブルテレビネットワーク」がこれに該当する。そして，第 2 の層に該当する事業は，第 1 の層の「ファミリー映画」と連動する「成人映画」がこれに含まれる。最後に，コアビジネスと相互関係がもっとも弱い第 3 の層には，「テレビ番組」との相互関係を有する「テレビ局」，「テーマパーク」と相互関係にある「リゾートホテル」と「不動産開発」及び「テーマパーク」，「コンシューマー向け製品」，「レコード＆音楽」，「書籍＆教材」と相互関係を持つ「小売店」，最後に「コンシューマー向け製品」と相互関係を有する「ダイレクト・マーケティング（インターネット販売や通販など）」があげられる。ディズニーとは，中核的ビジネスである「アニメ映画」を中心にそれと関連するビジネスへ次々に多角化を図りながら，インタラクティブなシナジー効果をグループ全体で生起することに成功した代表的なカンパニーであるが，

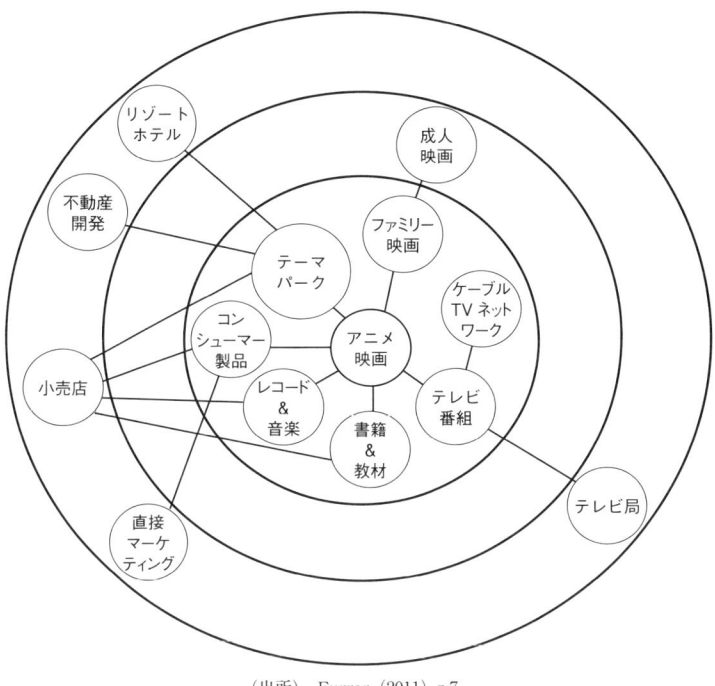

図表1-4　ディズニーのビジネス・ポートフォリオと相互関係

（図中のラベル：リゾートホテル、不動産開発、成人映画、ファミリー映画、テーマパーク、ケーブルTVネットワーク、コンシューマー製品、アニメ映画、小売店、レコード&音楽、テレビ番組、書籍&教材、テレビ局、直接マーケティング）

（出所）　Furrer（2011）p.7.

その背後には、いわゆるシナジーマネジャーのような仕掛け役、橋渡し役がビジネスやアイデアを組み替える重要な役割を演じており、シナジーを偶然ではなく必然の産物にしている。

1-5-2　アナジーとは何か

シナジーは、ライバルに対して大きな競争優位性につながる取り組みにちがいないが、これを無理やり推し進めたりするとシナジーの罠（Trap）にはまったり、あるいはマイナスの相乗効果を意味するアナジー（Anergy）に陥ってしまう危険性もまた指摘される。このため、良識のあるマネジャーが注意すべきは、シナジーが大きな効果を生み出すという甘い幻想や勝手な思い込みに取りつかれた結果、誤った判断を下してしまい、失敗することをなるべく回避するよう努めることが肝要である。

ここでは、過剰にシナジーを追求すればするほど、高いコストの負担を強いら

れ失敗すると指摘する代表的論者の見解を取り上げてみよう。

　Porter（1985）は，ビジネス・ユニット間における相互関係（Interrelationship）を統合する際に発生するコストとして，3つのコストをあげている。1つは，価値活動を共有化するため，予定，優先順位，問題解決方法について調整しなければならない調整コスト（Cost of Coodination）である。2つ目は，価値活動を共有化するため，異なるビジネス・ユニットの一方のやり方や仕組みにもう一方が併せる際に発生する妥協コスト（Cost of Compromise）である。最後は，とりわけ，ライバルの出方に応じた対策がとりにくかったり，一旦，価値活動を共有化すると，その後，撤退障壁が高くなるなどを意味する非柔軟性コスト（Cost of Inflexbility）である。

　沼上（2009）もまた，シナジーの実現にはコストがかかると述べ，その警鐘を鳴らしている。それによると，シナジーの実現には，担当者の「濃密な人間的相互作用」と「苦渋に満ちた相互理解」という苦労・コストが必要である。そして，これら人間的相互作用と相互理解のカギは，コア人材のネットワークが維持されることに加え，組織が重くなりコア人材の相互作用を阻害しないようにする2つの条件をあげている。

　Goold and Campbell（1998）は，マネジャーが陥りやすいシナジー幻想，つまり，勝手な思い込みというバイアス（Bias）の種類として，主に4つあげている。第1は，シナジー・バイアス（Synergy Bias）である。これは，経営者が利益を過大評価してシナジーのコストを過小評価してしまうことである。たとえば，コングロマリット企業のような形態を成すグループ経営を担うマネジャーのケースを考えた場合，株主に対する最大の貢献は，シナジーを開発して企業価値を高めることであると考える傾向が強いが，こうした勝手な思い込みや強迫観念が強引なシナジーの追求に伴う無駄な投資と愚かな決定を招く理由となっている。つまり，企業グループにおけるシナジー効果で注意を要すべきは，親会社の戦略スタッフがシナジーを労なく開発できるものとして捉え，多大なコストがかかる部分を見逃していることである。多様な事業やビジネスを持っていれば，グループ・シナジーが即座に生まれるものではない。流通チャネルやマーケティング手法を共同利用したり，知識・ノウハウをグループで横断的に共有するには，まず，グループ各社のコア・スタッフたちの濃密な議論や情報交換の場を設けることが必要である。そして，当然のことながら，この種の人的な相互作用は，タダで獲得できるものではなく，必ずある程度の費用は発生するものであり，このための費

用を出し惜しみしてはならない。また，グループ各社がそれぞれ蓄積してきた知識・ノウハウを横断的に多重利用する場合にも，知識・ノウハウの探索に加え，システム開発やドキュメント化に伴うコストの負担が必要となる。したがって，グループ・シナジーの開発を考える場合，生み出されたシナジーのみならず，そのために費やされたシナジーコストを十分に考慮するべきである。

第2の幻想は，ペアレンティング・バイアス（Parenting Bias）である。シナジーとは，ビジネス・ユニットを協力するようにおだてたり，説得することによってのみ獲得されるものと信じることである。経営者たちは，ビジネス・ユニットのマネジャーが自分の権限と利益のみを追求するあまり，お互いに協力するという考え方は持ち得ていない。このため，親会社が介入し，ビジネス・ユニット間の横断的な取り組みを促進しなければならないと勝手に思い込んでしまうのである。

第3の幻想は，スキル・バイアス（Skill Bias）である。これは，シナジーを達成するために必要なノウハウが組織内において入手できると勝手に仮定することである。経営者は，シナジーを生み出すノウハウは，自分にあるものと勝手に思い込んでいる。ところが，経営陣の中には，その肩書きにもかかわらず，コラボレーションに必要な知識，人間関係，指導力に欠く者，最後までシナジープログラムをやり遂げる根気や資質を欠いた人物も存在するため，取り組みが頓挫してしまうことも起こりうるのである。

第4の幻想は，アップサイド・バイアス（Upside Bias）である。シナジーの潜在的な利益のみを重視するあまり，マイナスの悪い面を見落としてしまうことである。これは「楽観バイアス」とも呼ばれ，経営者がコラボレーション，チームワーク，共同作業こそ，組織に有効であると勝手に思い込み，効果が曖昧なまま実施されてしまうことである。

Hansen（2009）は，シナジーワークの可能性を事前に評価測定し把握すべきであると主張し，それを把握する計算方法について提唱している。Hansenは，積極的な部門間コラボレーション（Internal Collaboration）によって，ビジネス価値が破壊されてしまうことも多いと述べながら，どうすれば，部門間コラボレーションをマスターしてビジネス価値を創造できるのかについて，具体的な計算方法を示している。その内容とは，部門間コラボレーションを通じて期待されるキャッシュフローから，機会コスト（部門間コラボレーションした結果，失われたキャッシュフロー）とコラボレーション・コスト（部門間コラボレーションを展

開する際に発生するコスト）を差し引くものである。そして，もしこの計算式から求められたキャッシュフローがプラスとなった場合，ビジネス価値の創造を意味するコラボレーション・プレミアム（利益）を達成でき，逆にキャッシュフローがマイナスとなった場合，ビジネス価値の破壊を意味するコラボレーション・ペナルティ（損失）に陥ってしまうものと論じている。

　このようにプラスの効果を意味するシナジーの対抗概念として，最近，アナジーという言葉が広く使用されるようになった。アナジーの産みの親である渡辺（2002）によると，アナジー（Anergy）とは，「1 + 1 = 0」を意味する相互マイナス効果と言い換えられ，たとえば，それぞれ異なる事業の無理な統合は，①協働意欲の喪失，②協働目的のあいまい化，③協働を調整するコストが高くつくという理由から，かえってマイナス・シナジーを生み出してしまい，シナジー活動が不振に終わるケースも少なくないと主張している。また，シナジー効果を目的とした企業買収（M & A）であったにもかかわらず，残念ながら失敗に終わり，企業価値を著しく低下させることもある。これは，買収側企業と被買収側企業における社風や企業文化の適合性があまりにも違い過ぎるため，組織統合が不十分に終わってしまったからである。こうしたシナジー効果を目的とする企業買収の失敗は，シナジートラップ（Synergy Trap）とも呼ばれている。

　最後に，アナジーやマイナス・シナジーは，なるべく避けるべき対象として考えてしまいがちだが，早急に悪いと決めつけてかかるのは，いささか性急過ぎる。というのも，短期的にはアナジーやマイナス・シナジーでも，長期的にはプラス・シナジーへ変化する可能性も残されているからである。したがって，アナジーまたはマイナス・シナジーとは負の効果であり，基本的に避けるべき対象だが，一時的または短期的なアナジーやマイナス・シナジーは，プラス・シナジーに到達するまでの過程として認識することもまた大切であり，簡単に否定すべき対象ではない。

1-5-3　3つのグループ・シナジー

　企業グループの最大の目的は，グループ全体でシナジーを生起することだが，それでは，実際にグループ・シナジーには，どんなタイプがあげられるのだろうか。ここでは，特に重要と思われる3つのグループ・シナジーを取り上げたい。1つは，リソースやコストを対象とするグループ・コストダウン（Group Cost down）である。これは，グループ各社が物流，エネルギー，通信費，保険，人

材派遣，購買などを共同して行い，経営資源の多重利用や間接費の削減を実現するものである。たとえば，グループ企業が所有する物流センターを相互に共用すれば，物流費が大幅に削減できる。また，物流センターから販売会社までの配送も共同で行えば，配送コストも大幅に低下できる。人材派遣についても，従来のように個別企業ごとの対応からグループで一括して契約すれば，コスト削減や効率化を図ることができる。さらに資材や原材料等を個別に対応するよりも，グループでまとめて共同購買すれば，調達コストを大幅に低減できる。一方で，総務や経理などバックオフィス業務を一体化するシェアード・サービス・センター（Shared Service Centre）の設置もまた，グループ全体でコスト削減とシナジー効果を狙った重要な取り組みである。最後に，近年，登場したユニークなグループ・コストダウンとして，グループポイントカードの導入があげられる。これまでのポイント制度は，グループ企業がそれぞれ独自に導入してきた。このため，コスト面で割高となったり，あるいはグループで共通した顧客の囲い込みが困難であった。ところが，グループ全体で統一されたポイントカードが展開されるようになり，コスト面におけるシナジー効果や顧客の囲い込みが実現できるようになった（青木，2010）。

　2つ目のグループ・シナジーは，コーポレート・ブランドを対象としたグループ・ブランディング（Group Branding）である。最近のマーケティングでは，ブランドの重要性が日増しに強まっている。というのも，最近の開発競争をみると，製品やサービスの同質化が著しく，他社にない差別化が非常に困難となってきている。このため，競争の本質が独自性の高い製品やサービスによる競争から，コーポレート（企業）の強力なブランドを巡る競争へと変化してきたからである。「ヒト」「モノ」「カネ」「情報・ノウハウ」に次ぐ第5の資源あるいは企業の無形資産とも定義されるブランドの1つの考え方にブランド拡張がある。これは，ある成功した製品のブランドをその他の製品カテゴリーまで広げて多重利用することだが，こうしたブランド拡張（Brand Stretch）の考え方は，そのままグループ・ブランディングに応用し適応することが可能である。つまり，グループ・ブランディングとは，親会社が所有する強いブランド・ネーム（ロゴやスローガンなど）を子会社群が親会社へ一定のブランド使用料を支払うものであり，これにより，親会社は，子会社群から一定の使用料収入を入手できる一方，子会社群は，親の強いブランドを活用して国内外の厳しい企業間競争で優位性を獲得できる。親会社が構築した強力なブランドをグループ全体で有効活用する企業グループの

事例としては，日立グループがあげられる。日立グループでは，日立のロゴやマークを使用する際，日立本体がグループ各社からブランド使用料を徴収している。そして，グループ全体から集めた70〜80億円もの徴収料は，日立グループの広告宣伝費として再投資されている。このようなグループ・ブランド戦略による主な効果は，親会社が一定の使用料収入を獲得できること，また，グループ各社は，強力なブランドを活用して競争できること，そして親子間で使い回すことで，日立ブランドそのものの価値をより一層強化できるのである。

　3つ目は，知識・ノウハウを対象とするグループ・ナレッジ・マネジメント（Group Knowledge Management）である。これは，グループが一丸となって研究開発を行い，優れたイノベーションを生み出したり，グループ各社内に眠っている知識・ノウハウを掘り起こして使いまわすことである。たとえば，トヨタグループでは，グループ全体で知識・ノウハウの共有化や問題解決を図るシステムとして「自主研究会：自主研」と呼ばれる自動車メーカーと一次サプライヤー間における「タテの学習」と「協豊会」に代表されるサプライヤー同士が取り組む「ヨコの学習」がグループ内の相互学習，相互信頼としてうまく作用し，日常的にグループ・ラーニングが実践されている。

1-5-4 「部分最適」と「全体最適」の統合

　企業グループを形成する最大の醍醐味は，グループ・シナジーの生起である。それでは，どうやったらグループ・シナジーは，生み出すことができるだろうか。おそらく，確実にシナジーを創造できる構造や仕組みなどは存在しないため，ここでは，グループ・シナジーを生起する組織に関するいくつかの論点について触れてみよう。

　第1の論点は，「部分最適」と「全体最適」についてである。まず，「部分最適」と「全体最適」の定義を明確にしておきたい。部分最適（Sub Optimization）とは，「個別最適」とも呼ばれ，それは個としての最適な行動が全体にもよい結果をもたらすはずだとする考え方であり，換言すると，木を見て森を見ず（Not See the Forest for the Trees）という思想哲学，あるいは現象を扱いやすいよう細かな要素に分け，分解したものを1つ1つ理解した後で足し合わせて全体を説明する要素還元主義（Reductionism）に立脚した概念ともいえる。これに対し，全体最適（Total Optimization）とは，森を見て木を見ず（Not See the Trees for the Forest）という思想哲学である。「全体最適」とは，部分が全体の振る舞いを決

定する「還元主義」に対して，全体が部分の振る舞いを決定する全体主義（Holism）ともいわれている。たとえば，企業の諸活動の流れから生まれる付加価値の連鎖を指す価値連鎖（Value Chain）や原材料や部品の調達から製造，物流，販売までの業務全体を供給連鎖管理として置き換えられるサプライ・チェーン・マネジメント（Supply Chain Management: SCM）等は，すべてホーリズムの考え方が適用される管理システムだといえる。

　それでは，企業グループにおいて「部分最適」と「全体最適」のいったいどちらを優先すべきだろうか。1つの考え方として，「部分最適」の総和は「全体最適」以上であるとする命題をあげることができるが，この考え方は，基本的に正しいとはいえない。なぜなら，実際に「部分最適」を追求すればするほど全体としては，むしろマイナスに作用してしまうからである。よって，「部分最適」の総和は「全体最適」と必ずしも符号せず，むしろ，過剰な「部分最適」の追求は，「全体最適」を押し下げてしまう危険性すら有り得るのである。経済学では，このような現象を合成の誤謬（Fallacy of Composition）と呼んでいるが，それでは，「合成の誤謬」の内容について，ここではいくつかの事例を使って紹介しよう。

　最初の事例は，個人の貯蓄志向の高まりが一国の国内総生産（Gross Domestic Product：GDP）を減少させるケースである。たとえば，世の中が不況期にある場合，我々個人が選択すべき最善の行動とは，銀行からどんどん借金を重ねることや可処分所得のほとんどを消費に回す行動を避けて，元本保証の商品や定期預金，消費の買い控えなど，より安全性を重視した行動を採用するにちがいない。そして，このような個人にとって最適な行動やふるまいである安全性を重視する姿勢や貯蓄志向は，必ずしも全体によい結果をもたらすとはかぎらない。なぜなら，個人がすべて貯蓄行動を選択すれば，GDPの約60％を占める個人消費が大幅に低下するため，結果として一国のGDPの減少を招き，さらなる経済不況の深刻化を生み出す原因ともなりかねないからである。

　次の事例は，昨今のアメリカ型資本主義の崩壊である。アメリカ経済は，1981年に登場したレーガン政権によるレーガノミックス以来，「市場原理」「自己責任」「自由競争」こそが，正しい経済政策であると頑なに信じて今日まで積極的に推進してきた。ところが，近年，アメリカ経済が直面したリーマン・ショックとは，「市場原理」「自己責任」「自由競争」という新自由主義思想によってもたらされた可能性が高い（中谷，2008）。とりわけ，自己責任や自由競争を賛美する思想や政策は，"稼いだもの勝ち"という徹底した個人主義の正当化を示す一方

で，アメリカ国内における所得格差の拡大，中流社会の崩壊，医療や福祉の大幅な後退さらに犯罪率の増加を含む治安の悪化等を生み出す真の原因ともなっている。つまり，現代のアメリカ経済が抱える不安や挫折は，自己責任や自由競争の名のもと，多くの国民が自己利益の追求という利己的な行動に走り過ぎた余り，相互扶助や協力の精神のような社会全体の最適化を重視する視点をあまりにも軽視してしまった当然の帰結なのである。

　最後の事例は，野球である。周知のとおり，野球は9人のメンバーによって構成されたチーム同士が攻撃と守備を相互に交換しながら点数を争うゲーム・スポーツだが，こうした野球において，チーム全体の最適化が重要視されるのは，おそらく攻撃面であると思われる。というのも，もし打者としての最大の成果がホームランを放つことであるとすれば，1番から9番までのバッターは，どのような局面でも，ホームランを狙ってバットを強振するに違いない。ところが，すべてのバッターがホームランを狙って強振した場合，実際の試合で勝利する可能性はきわめて低くなる。というのも，すべてのバッターがホームランを放つことができる確率は非常に小さいからである。このため，野球というゲームに勝利するには，チーム・メンバーが個々の最適化を追求するのではなく，たとえば，試合中，味方のランナーを進めるため自分が犠牲となって送りバントを試みたり，あるいは，味方のランナーと共謀を図ってヒット＆ランを断行するなど，個人行動よりもチームプレイを最優先した全体最適行動を心がけることが肝要とされるのである。

　さて，このような「合成の誤謬」の事例から得られた重要な示唆は，企業グループについても同じことがいえそうだ。まず，企業グループにおいて部分最適は，事業部門の価値を意味する「事業価値」，そして，全体最適は，グループ全体の価値を表わす「企業価値」にそれぞれ置き換えられるが，この際，「事業価値」を過剰に追求しすぎると，「企業価値」は逆に低下してしまう事態に陥る可能性が高い。企業グループ経営では，このような現象を「コングロマリット・ディスカウント」と呼んでいる。コングロマリット・ディスカウント（Conglomerate Discount）とは，企業価値（株式時価総額）が個別の「事業価値」の総和を下回る現象であり，「事業価値の総和＞企業価値」のように表現することができる。コングロマリット・ディスカウントの文意は，複合企業体ならではの割引（欠点）を意味するものであり，業績格差の異なる事業ドメインが数多く存在すると，本体そのものの株価が伸び悩んでしまう現象である。図表1-5は，コングロマリ

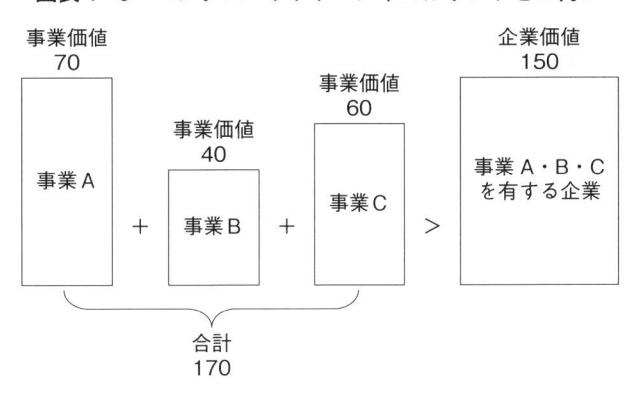

図表1-5　コングロマリット・ディスカウントとは何か

```
事業価値                          企業価値
  70      事業価値                  150
          40     事業価値
事業A            60     事業A・B・C
          事業B         を有する企業
          +    +  事業C   >
          合計
          170
```

ット・ディスカウントのケースを図で示したものだが，たとえば，個々の事業部門の事業価値を合計すると170（Aの事業価値＝70，Bの事業価値＝40，Cの事業価値＝60）になるのに対し，事業A，事業B，事業Cを有する全体の企業価値（株式時価総額）は150と企業価値が事業価値の総和を下回っているような場合である[4]。

次に，もう1つの考え方として，全体最適は，部分最適の総和以上である命題について考えてみよう。この考え方は，社会科学の分野だけでなく，自然科学の世界でも基本的に正しいとされている。たとえば，分子生物学者の福岡（2009）によると，生命という全体は，単に部分の総和ではなく，それ以上のものである。というのも，生命を分解していくと2万数千種類もの部品になるが，これらをどんなに合成したところで生命は立ち上がらないからである。つまり，1＋1＝2とはならないのである。ところが，それでも確かにこれらの部品の組み合わせから生命は成り立っている。これは，生命という全体が部分の総和以上の存在であり，すなわち，1＋1＝2プラスアルファ（＋a）が作用しているからである。つまり，このプラスアルファこそ，シナジーに相当するものであり，具体的には，部品と部品との間でやりとりされる際に発生するエネルギーと情報である。このように生命とは単なる部品の集合体ではなく，各部品と部品間におけるエネルギーと情報の交換を通じて，初めて立ち上がる存在として捉えるべきである。

それでは，「全体」が「部分」の総和以上である命題を企業グループにあてはめると，どうなるだろうか。それは「コングロマリット・プレミアム」と呼ばれる概念として説明できる。コングロマリット・プレミアム（Conglomerate

Premium）は，企業価値（株式価値総額）が個別の事業価値の総和を上回るような現象であり，これは「事業価値の総和＜企業価値」のように表わすことができる。「コングロマリット・プレミアム」とは，複合企業体ならではの割増（利点）を意味する現象であり，グループの構成要素がそれぞれ独自の暗黙的知識をすでに所有しており，このため，個別の知識を引き出して統合できれば，これまで以上の画期的な相乗効果やイノベーションが生起でき，「事業価値」の総和以上のものを獲得できるはずだとする考え方である。

　ところが，実際のグループ経営では，部分の総和以上に「全体最適」を追い求めたとしても，必ずうまくいくとは限らない。たとえば，90年代に複雑系の経営を掲げたソニーでは，グループ全体の企業価値を事業ユニットの足し算より大きくするため，日本で初めて社内カンパニー制を導入した。そして，コア事業であるエレクトロニクス部門に注力する以上に，株価を高めてソニーグループの企業価値の最大化を図るブランド戦略を推進した。その結果，ソニーの業績は，短期的には上昇を示したが，長期的には伝統的なモノづくりの衰退と喪失を招き，マーケットシェアは大きく落ち込み，今日でもその後遺症に苦しんでいる。ソニーが失敗を招いたのは，もともと不採算事業を組織内に数多く抱え込んでおりながら，選択と集中（Selection and Concentration）という取り組みが不十分であったからであり，このような状況下で，いくら全体価値を向上させる経営を推し進めたとしても，満足のいく結果は得られないのである。このように，全体が部分の総和を上回るとする命題は，生命現象では正しいと理解されても，実際の企業グループ経営では，「コングロマリット・プレミアム」が必ずしも駆動されず，かえってグループ競争力の弱体化にもつながる危険性をはらんでいるのである。

　それでは，「部分最適」と「全体最適」を超えた方法は，有り得ないのだろうか。実は，その解はすでに示されている。それは，「部分最適」と「全体最適」を統合して両立するアプローチであり，木も森も両方とも見る（See Both the Trees and the Forest）思想哲学である。ハンガリー出身でイギリス国籍の作家であり，哲学者であるKoestler（1978）は，部分と全体の中間レベルの概念をホロン（Holon）と呼んでいる。ホロンとは，ギリシャ語のHolos（全体）に部分を意味するonを付けた造語である。Koestlerによると，生物体の細胞や筋肉そして神経は，全体に対する部分として従属しているものの，同時に準自律的な全体としても機能している。たとえば，人間は自己完結的な独立した存在だが，しかし，自然や社会環境から見ると従属的な部分である。つまり，すべてのホロンは，大

きな全体の一部として機能する「統合傾向」と独自の自律性を維持する「自己主張傾向」という正反対の性格を同時に有しているのであり，企業組織のような集団もまた，単純な部分の集合体ではなく，1つの準自律的ホロンとして考えるべきである。すなわち，「部分最適」の総和や「全体最適」ではなく，その両方を統合するアプローチを追求することが重要なのである。

1-5-5 「OR 思考」から「AND 思考」への転換

　グループ・シナジーの第2の論点は，「OR 思考」から「AND 思考」への転換である。これまでの企業グループは，いわゆる「OR 思考」に立脚するものであった。「OR 思考」とは，AかBかどちらか一方を二者択一する考え方であり，このため，どちらか1つを選択するため明快で分かりやすい性格を持っている。たとえば，「親会社中心主義」あるいは「ヘッドクォーター・ヒエラルキー症候群」などの現象は，グループ全体の利益よりも主に親会社の利益を優先する考え方なので，まさに「OR 思考」の論理であり理解しやすい。それでは，何故，伝統的なグループ経営は「OR 思考」であったのか。それは，これまでの競争環境が比較的安定していたことに他ならない。たとえば，主要なライバルは，同業他社のため，お互いに手の内や先読みは比較的そう難しいものではなかった。また，産業構造や需要変化も静態的であり，このため，単純なトレードオフの発想でも正解を容易に導くことができた。ところが，これからの競争環境は，安定した環境からタービュラントな環境への転換を余儀なくされている。すなわち，異業種間競争の激化，産業構造や需要動向の動態的な変化は，今後，ますます活発化することは必至であり，いつまでも過去の「OR 思考」に囚われると，モノの本質を見失うだけでなく，重大な失敗を招く危険性もまた高くなる。つまり，AかBか無理やり答えを求めるやり方，そして，正解は1つだけしかないと考える固定観念は，ますます不確実性が高まる時代には，すでに適応できなくなっている。よって，これからは対立する2つの選択肢でも思考停止の状態に陥らず，また，安易に二者択一に走らず，むしろ相反する考えを並列させ，対比させ，検討する中から，それを上回る新たな解決策を練り上げる冷静な能力とプロセスが重要である（Martin, 2007）。

　従来の「OR 思考」に取って代わる「AND 思考」とは，いわば哲学における「弁証法」のような概念である。弁証法とは，ある命題（テーゼ＝正）とそれと矛盾した命題（アンチテーゼ＝反）を否定しながら，新しい概念である統合した

命題（ジンテーゼ＝合）を導き出す対話法であるが，この「AND 思考」を得意とする国は，まさしく日本だと言われている。たとえば，フランスの哲学者であるカトリーヌ・マラブー（2007）によると，日本はきわめて弁証法的な国であり，日本ほど統合思考をうまくオペレーションできる能力を有する国や企業は，他国には存在しないと論じている。それでは，日本企業における「AND 思考」の具体例を取り上げて見よう。まず，日本型のコーポレート・ガバナンスは「AND 思考」そのものである。というのも，経営監督を担う取締役が同時に業務執行を担当する執行役員を兼務する場合が多く，こうした経営と執行の未分離は，日本企業の特徴だからである。また，よく日本のモノづくりの強さは，乾いた雑巾をさらに搾りあげるコスト削減であるとか，現場における QC 活動を通じた品質向上といわれるが，しかしながら，その真の強さとは，コスト削減しながら同時に品質向上を図るパラドキシカルな統合能力であると言われている。つまり，日本企業の競争優位性とは，低コストの追求と高品質（差別化）の追求を両立できたことなのである（増島，1992；Porter.,Takeuchi and Sakakibara, 2000）。

　このような，AND 思考法に準拠する企業経営への転換を主張する論者たちは，少なくない。たとえば，Collins and Porras（1994）は，時代を超えて繁栄し続ける仕組みを内在する卓越した企業をビジョナリー・カンパニー（Visionary Company）と呼んだ。それは，矛盾する力や考え方は同時に追求できないため，安易に二者択一を選んでしまう「OR の抑圧」に負けることなく，異なる力や考え方を同時に追求する「AND の才能」を所有した企業であると主張している。Hamel（2000）もまた，従来はトレードオフと思われていた項目を AND で結ぶ考え方が新しい事業戦略の基礎となると述べ，これまでトレードオフと考えられてきたものが，今日では両立や共存できる可能性が高まってきており，トレードオフを超えたところに新たな事業戦略が見えると主張している（石倉，2009）[5]。

1-5-6 「求心力」と「遠心力」のバランス

　グループ・シナジーの第3の論点とは，「求心力」と「遠心力」のバランスである。自然科学の世界では，等速で円運動をしている物体に作用する外向きの力を遠心力（Centrifugal Force），等速で円運動をしている物体に作用する円の中心へ向かう内向きの力を求心力（Centripetal Force）とそれぞれ定義している。そして，「遠心力」と「求心力」のバランスと類似する概念として，Tenslie（引っ張り）と Integrity（完全）を合わせた造語であるテンセグリティ（Tensegrity）

図表1-6　遠心力と求心力のバランス

　　　　　　　　求心力　　　　　　　　　　　　　　　遠心力
　　　　　　　　←――――――――――――――――→
　　　　　　　　1　　　2　　　3　　　4　　　5

		1	2	3	4	5
グループ会社役員人事	現状		2.3			
	あるべき姿		2.3			
投資・資金	現状	1.9				
	あるべき姿		2.4			
計画・予算の立案・実行	現状		2.5			
	あるべき姿		2.9			
グループ組織の新設・変更	現状		2.5			
	あるべき姿		2.7			
コーポレート・ブランド	現状		2.7			
	あるべき姿	1.4				

（資料）　Business Research（2009）9月号より作成。

なる言葉もある。これは，生物学，建築，デザインの世界で使用される概念であり，その意味とは，引っ張る力と圧縮する力から均衡が保たれている構造または状態である。

　「遠心力」と「求心力」の関係は，一般にバランスが取れている状態がもっとも望ましいといわれるが，それでは，実際の企業グループに当てはめた場合どうだろうか。（社）企業研究会「第35期　企業グループ・マネジメント研究部会」分科会が実施した分科会参加企業10社を対象とするアンケート調査結果をまず引用してみよう。本調査は，調査指標として「グループ会社役員人事」「投資・資金」「計画・予算の立案・実行」「グループ組織の新設・変更」「コーポレート・ブランド」の5項目を設け，遠心力と求心力のバランスを1から5のスケールでとり「現状」と「あるべき姿」に対して測定し，これを加重平均値で算出したものである（図表1-6）。

　それによると「グループ会社役員人事」は，「現状」「あるべき姿」とも5段階中2.3であった。つまり，役員人事では，社長や過半数の役員人事を親会社が決定している結果が得られた。「投資・資金」は，「現状」が1.9に対し「あるべき姿」は2.4であった。つまり，投資や資金に対する決裁権限の多くは，親会社が握っている結果が抽出されたが，しかしながら，これは格別驚くべき結果ではない。グループ各社へ投資や資金の決裁権限を委譲すれば，個別最適の視点から決裁が行われ，その極大化を招くことは容易に予想されるからである。「計画・予算の立案・実行」は，「現状」が2.5に対し「あるべき姿」は2.9であった。「グ

ループ組織の新設・変更」は、「現状」が2.5に対し「あるべき姿」は2.7であった。最後に「コーポレート・ブランド」は、「現状」が2.7に対し「あるべき姿」は1.4であった。プロダクト・ブランドとは異なり、グループ全体を意味するコーポレート・ブランドは、親会社が統一的に管理するのが望ましい。というのも、グループ全体で使用可能だからである。このような5項目の結果から日本の企業グループの実態とは、「遠心力」に対して「求心力」のスコアがやや高くなっており、その意味ではアンバランス（不均衡）が生じている。この点における分科会が下した結論とは、グループ全体最適を目指すには、一定の「求心力」が必要だからであると分析しているが、とはいえ、「求心力」と「遠心力」が必ずしも均衡することがベストな状態とはいえないとする調査結果が得られたことは、非常に興味深い。

　ところで、これまでの親会社中心主義、単独決算の影響下においては、「求心力」の担い手＝親会社、「遠心力」の担い手＝グループ子会社のように理解されてきた。おそらく、企業研究会によるアンケート調査結果でも、こうした認識を踏まえた解答であった可能性が高い。ところが、グループ価値最大主義、連結決算の時代を迎え、これまでの伝統的な求心力＝親会社、遠心力＝グループ子会社という単純な区別の仕方は、おそらく有効ではない。なぜなら、こうした見方は、あまりにも現実を単純視し過ぎているからである。つまり、これらの考察は、親会社と子会社が織り成すパワーの創造という視点が大きく欠如している。本来、「求心力」の源泉は、親会社だけの行為とは限らない。とりわけ、グループ連結経営では、親会社と子会社が一体となってグループ価値の実現に挑むため、親会社に加え、グループ子会社もまた「求心力」に関する何かしらの役割を演じているにちがいない。また、「遠心力」の場合も同様であり、単にグループ子会社の行為に過ぎないというものではなく、実は親会社が重要な役割を果たしていると思われる。

　それでは、「求心力」と「遠心力」にとって親会社と子会社は、それぞれどんな役割を果たしているのだろうか。おそらく、親会社と子会社の利益を合算してグループの価値を求める連結決算の場合と同じく、「求心力」と「遠心力」の求め方もまた、親会社と子会社の相互作用ないし相乗効果のように考えるべきである。すなわち、「求心力」とは、親会社がグループを統合する力と、子会社によるグループへ貢献する力が相互に結集したパワーと考えるべきである。なぜなら、親会社によるグループを統合する力が作用しても、子会社がグループに貢献する

力が働かなかったら,「求心力」とは不十分となるからである。そして,「遠心力」は,単にグループ子会社による自立化へ向けた力を指すものではなく,子会社の独立や主体的な行動に対する親会社の支援する力が互いに合算されたパワーであると位置づけるべきである。というのも,グループ子会社が自立化する力を発揮したとしても,親会社による支援する力が不在であるならば,十分な「遠心力」は得られないからである。

　親会社中心主義,単独決算の時代における伝統的な「求心力」と「遠心力」のバランスとは,言い換えると,親会社とグループ子会社のバランスと表現されるものであった。そして,もし「求心力」が「遠心力」を上回る場合,親会社優位のグループ経営が展開される反面,「求心力」が「遠心力」を下回る(すなわち,「遠心力」が「求心力」よりも大きい)場合,子会社優位のグループ経営が実行されるという,これは二者択一やトレードオフの関係を指すものであった。ところが,グループ価値の最大化や連結決算の時代における「求心力」と「遠心力」は,つまり,親会社と子会社による力の結集またはハーモニーであるため,均衡した状態がもっとも最適だと再定義すべきである。

　本節では,グループ・シナジーとは何かについて,国内外において取り組まれた諸研究の成果について触れた。また,シナジーの反対の概念であるアナジーについても詳しく説明した。その一方で,企業グループ内においてシナジーの生起に伴う3つの組織を巡る論点である「部分最適」と「全体最適」の統合,「OR思考」から「AND思考」への転換,「求心力」と「遠心力」のバランスをそれぞれ提示して検討を行った。その結果,論点ごとに新しい物事の見方や考え方を浮き彫りできたと考える。

第2章

グループ経営の実態

2-1 日本発のグループ経営

　ここでは，日本と欧米におけるグループ経営を巡る相違点について，①グループ経営の認識の違い，②グループ資本政策の違い，③グループ経営の論理の違いという3つの視点から，これを明らかにする。

　第1に，グループ経営の認識の違いは，日本と欧米では大きく異なる。そもそも欧米では，グループ経営という言葉は基本的に存在しない[6]。というのも，100年前から連結決算が唯一妥当な決算方法とされてきた欧米では「企業経営＝グループ経営」が常識であり，あえてグループ経営のような言葉は使用しないからである（寺澤, 2000）。このため，今から10年ぐらい前の段階における米国では，グループ経営という言葉は通じなかったともいわれている（野田, 2005）。欧米の地でグループ経営の考え方が定着しなかったのは，いったいなぜだろうか。そもそも，欧米では専業企業を志向する傾向が強いことがあげられる。IBM，モトローラ，ゼロックス，シスコシステムズといった米国を代表する企業やシーメンス，ノキア，エリクソン，フィリップス，STマイクロエレクトロニクスのような欧州を代表する企業では，相対的に事業ドメインを絞り込み資源を集中化している。たとえば，PCのアーキテクチャーであるオペレーションソフト（OS）や中央演算装置（CPU）においてマイクロソフトやインテルは，特定事業にコミットして業界標準を獲得する戦略を通じてグローバルな支配構造を構築していることは周知のとおりである。また，アカデミックな領域でも，専業企業の優位性を示す結果がすでに得られている。たとえば，Porter（1987）は，アメリカの大手コング

ロマリット企業33社が1950年〜1986年にかけて進めてきた多角化について調査した結果，ほとんどの企業では，事業を途中で放棄してしまい株主価値を生み出すことができなかった実態を明らかにしている。Zook and Allen（2001）もまた，価値を生み出し続ける企業とは，1つか2つのコア事業へ絞り込んだ事業運営を展開する企業である一方，価値を生み出し続けていない企業とは，コングロマリット企業であったとする調査結果をすでに明らかにしている。欧米では，幅広い製品事業を展開するよりも，事業の選択と集中を通じて経営資源を特定事業に集約する傾向が強く，総花的な経営スタイルは好まれないが，その主な理由として，利益重視の経営が優先される事実があげられる。"企業は株主のもの"とする考え方が徹底されている欧米では，株主価値の最大化こそCEOに課せられた重要なミッションであるため，低い利益率に陥りやすい総花的な企業体を避け，利益率の高い専業企業へ転換または特化したものと考えられる。また，利益重視の経営は，換言すると，企業価値経営であるとも指摘される。すなわち，もし企業が高い利益を獲得できれば，株式市場における自社株の評価にもつながり，株主に対する配当やキャピタル・ゲインを通じた貢献もまた可能となる。さらに，M&Aが常態化している欧米では，自社の株価が相対的に低ければ，常に敵対的買収のリスクが高まる反面，逆に株価が高ければ，敵対的買収を仕掛けられやすくなるだけに止まらず，買収資金の確保や資金調達も容易となる。

　一方，日本においてグループ経営は，非常にポピュラーな言葉であり，たとえば「企業グループ経営」「企業集団経営」「グループ連結経営」から「グローバル・グループ経営」「グループ・グローバル経営」まで幅広く言葉が普及している。日本では，先の欧米とは異なり，数多くの製品事業を展開するフルライン戦略を伝統的に重視する傾向が強いからである。たとえば，日立製作所，パナソニック，ソニー，東芝，NECのような日本を代表する電機メーカーは，どれも技術または品質という質的な部分だけでなく，品揃えやバリエーションの豊富さなど量的な部分でも充実を図っている。また，世界の食品メーカーを見ても，ネスレ，ユニリーバのような欧州勢を除くペプシコ，クラフト・フーズ，コカコーラのような米国企業では，清涼飲料，乳製品，菓子という特定事業へ特化しているのに比べ，日本のキリンホールディングス，サントリーホールディングス，アサヒビール（現：アサヒグループホールディングス），味の素，明治ホールディングスなどは，アルコール，清涼飲料，乳製品，菓子，冷凍食品，薬品・健康食品，調味料など，複数の事業を取り扱い，フルラインで互いに競い合っている（日経

ビジネス，2009 年 7 月 20 日号)。それでは，なぜ日本企業は国際的にもフルライン戦略を採用しているだろうか。一般的には，フルラインを展開するほど，不採算事業を巻き込みやすくなり，全体としての業績は低下する傾向が強いはずだが，総合デパートのような事業展開が絶えないその主な理由とは何か。おそらく，複数の事業を展開すれば，いざという時にリスクを分散することが可能だからである。また，健全な赤字部門を意識的に所有することで組織内に新しい情報や緊張を吹き込む狙いもまた指摘されている。加護野・野中・榊原・奥村（1985）によると，資源配分の手法である PPM について日米企業を調査したところ，米国企業は，総じて「花形事業」と「金のなる木」に該当する事業に特化するのに対して，日本企業は，米国企業よりも「負け犬」や「問題児」に該当する事業を抱える傾向が強いとされ，この背景には，事業の選択と集中が不得意な日本企業という負の見方だけでなく，赤字部門を意図的に所有することで未成長な部門を育成する足掛かりとする効果について指摘がなされている。さらに，自社の電卓用として開発した液晶技術をテレビ，ディスプレイ，ビデオカメラなど数多くの製品分野へ使い回しているシャープのケースでも分かるとおり，コア技術の多重利用は，日本企業が複数の事業領域でビジネスを展開している重要な動機としてあげられる。最後に，日本企業がフルライン戦略を重視するのは，世界一厳しいと揶揄される日本の消費者の高い要求水準に対する企業としての対応であるとも読み取れる。すなわち，日本の消費者は，単に品質がよく低価格な製品・サービスを求めるだけにとどまらない。あれも欲しいこれも欲しいと要求のうるさい消費者が数多く存在するため，企業は特定の専門領域だけに特化できず，総花的な経営を余儀なくされているのである。その他，短期的な判断で折角育てた事業を赤字だからといって簡単に投げ出すことに対する抵抗感の存在もまた，フルライン戦略の長期化に何らかの影響を及ぼしている。なぜなら，事業を育てるのは大変だが，捨てるのは簡単だからである。とはいえ，日本の総花的経営については，特に欧米から苦言を呈する指摘がなされている。たとえば，Porter., Takeuchi and Sakakibara（2000）は，日本の半導体産業，アパレル産業，チョコレート産業を取り上げ，これらの産業内に共通した競争とは，ライバルの技術またはやり方を互いに真似しあう模倣戦略に終始し，このため，独自のポジションを打ち出して競争していないとする否定的なコメントを寄せている。このようにグループ経営という考え方は，欧米ではほとんど無視され，今日まで関心を持たれてこなかったのに比べ，日本では，長い間，独自のコンセプトとして注目され，その導入と

図表 2-1　グループ資本政策の国際比較

	日 本	欧 米
親会社の出資比率	薄 い	厚 い
子会社・関係会社への出資範囲	広 い	狭 い
出資ルート	開いている	閉じている

(資料)　寺澤 (2000) を参考に作成。

精緻化が積み重ねられてきた。日本ではグループ経営に関する数多くの研究の蓄積が進んでいるが、欧米ではほとんど皆無であるのが実態のようである。

　第2に、グループ経営における資本政策についても、日本と欧米では大きく異なっている。まず、「企業経営＝グループ経営」が常識と考える欧米のグループ資本政策は、親会社の出資比率が100％保有を基本としている（図表2-1）。子会社・関係会社への出資ルートも原則として親会社に限定されており、グループ内で上場する子会社・関係会社はほとんど存在しない。なぜなら、連結決算とグループ経営が常識である欧米では、子会社・関係会社の公開化および上場化は、企業の財産を公に売り渡す（Sell to Public）ことを意味し、親会社の利益や資金そして経営資源を自由に扱うことを難しくするだけでなく、株主たちの利益も大きく損ねるため慎重な対応が取られるからである（寺澤, 2000）。また、欧米では、原則としてグループの中で重要なコア事業は非上場化し、ノン・コア事業は、スピンオフまたは売却するのが一般的である（小河, 2001）。

　これに対し、日本のグループ資本政策の特徴は、親会社の出資比率が薄い子会社・関係会社を数多く抱えていることである。子会社・関係会社への出資ルートは、グループ内・外に広く開いているため、グループ内で上場する子会社・関係会社は、数多く存在する。日本では、親会社が子会社・関係会社を株式公開または株式上場を奨励する傾向が強かった。というのも、親会社は、子会社・関係会社を株式公開・上場化することで高いキャピタル・ゲイン（上場による売却益）を獲得して新たな成長分野に投資する元本としたり、子会社・関係会社が独力で資金調達や人材確保を実現できることを好ましいと考えてきたからである（寺澤, 2000）。ところが、近年における日本企業の資本政策は、ソニー、パナソニック、日立のような企業が上場子会社を非上場化したケースからも明らかなとおり、次第に欧米型のスタイルに近づきつつある。この背景には、国際的な企業間競争の激化から敵対的買収が増加しそれへの対策が急務な課題となったことに加え、グ

ループ連結経営をより一層強化したい日本企業の変化がこれに影響を及ぼしている。

　第3に，グループ経営の論理の違いをみても，日本と欧米では大きく異なっている。たとえば，三品（1997）は，日本と米国の企業経営について「蓄積」と「組み合わせ」という2つの概念を用いて説明しているが，それによると，日本企業はいわば「蓄積」の経営に該当する。つまり，これはヒトが時間の経過に伴い，経験（学習）を積み重ねて生産性を上昇させるプロセスである。このため，経験を蓄積する主体がヒトである以上，年功序列制度を通じて長期安定雇用が確保されると共に，現場がひと際重視される。これに対し，米国企業は「組み合わせ」の経営が当てはまる。これは，時間の経過ではなく，ヒトがトレードや入れ替わることで生産性を上昇させるプロセスである。つまり，既存のコア・メンバーの力を引き出し，化学反応を生じさせてくれるような他のメンバーを見つけるため，適宜，チーム・メンバーの入れ替えを図りながら，新しいチームの組み合わせを試す経営である。三品によると「蓄積」の経営と「組み合わせ」の経営には，次のような点で大きな違いがある。1つは，ヒトの流動性である。蓄積の経営では，ヒトが企業内に留まるため，企業はいわば経験を溜める器のような存在であるのに比べ，組み合わせの経営では，ヒトは企業の内外を出入りするため，企業はいわば殻のような存在に過ぎない。もう1つは，過去に対する態度である。蓄積の経営では，経験の積み重ねを重視するため，過去を肯定するのに対し，組み合わせの経営は，ヒトの入れ替えを重視するため，いわば過去を否定する違いがある。このような三品の指摘を整理すると，蓄積の経営とは，限定された構成員による経験（学習）を通じたイノベーション・プロセスである。つまり，特定のヒトたちによる経験と学習の積み重ねこそが競争優位の源泉である。一方，組み合わせの経営とは，柔軟にヒトを組み替えながら組織を活性化させるイノベーション・プロセスである。つまり，優れた人材をオープンに見つけ，そしてヒトの組み換えから生じる化学反応こそが競争優位の源泉なのである。

　さて，三品が提示した「蓄積」と「組み合わせ」という2つの概念を用いると，日本と米国におけるグループ経営の論理の違いについて，これを浮き彫りにすることが可能である。縦軸に新規事業の重要性，横軸に既存事業の重要性をそれぞれ定義すると，3つのグループ経営の論理が浮上する（図表2-2）。

　1つ目のグループ経営の論理は，新規事業の重要性が高く，既存事業の重要性が低いセルに該当する「組み合わせ型」のグループ経営である。これは，グルー

図表2-2　3つのグループ経営理念

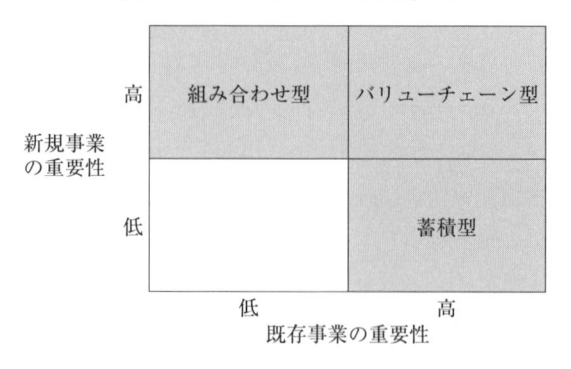

	既存事業の重要性 低	既存事業の重要性 高
新規事業の重要性 高	組み合わせ型	バリューチェーン型
新規事業の重要性 低		蓄積型

プを担う構成要素について，収益率が低下した既存事業や成熟した既存事業を切り捨てて，将来的に高いリターンや成長が見込まれる新規事業を新たに抱え込むフロー型のグループ経営である。つまり，将来性やリターンの見込まれる新規事業をベースにグループを構成する概念である。こうした「組み合わせ型」グループ経営という発想は，主に米国企業が採用するアプローチである。すでに指摘したとおり，米国企業は，ヒトや知識といった経営資源の組み合わせを重視する。成否はともかく，多角化戦略の考え方としては，既存事業の延長線上ではなく，高い利益が見込まれる非関連分野へ進出するケースが多い。さらに事業の選択，資源価値の見極めや資源配分の手法であるプロダクト・ポートフォリオ・マネジメント（Product Portfolio Management：PPM）を開発し最大限利用してきた。米国流の「組み合わせ型」グループ経営の代表的な事例として，デュポンまたはGEというコングロマリット企業があげられる。たとえば，GEは，もともと発明王として有名なトーマス・エジソンが白熱電球を実用化するために設立したエジソン・エレクトリック・ライト・カンパニーを起源とする製造企業であった。ところが，これまでポートフォリオ型の組み合わせ管理を展開し成長してきたことから，近年における事業構成は，伝統的な家電や重電という製造部門よりも金融や放送というサービス部門のウエイトが著しく増加している。同社における1980年当時の売上高に占める割合比は，製品が85％に対しサービスが僅か15％に過ぎなかったが，2000年に入ると，売上高に占める製品の割合は25％に対し，サービスの割合は75％まで上昇した。そして，現在のGEを見ると，インフラストラクチャー事業やキャピタル事業が新たな稼ぎ頭として浮上している。

　GEは，伝統的な製造企業からサービス企業へ，さらにはインフラストラクチ

ャー企業へ大転換を果たした数少ない企業の1つである。GEの組織能力とは，一言でいうと，強いリーダーシップを通じた新陳代謝能力である。これは，古くなった事業と新しい事業をどんどん組み替え，常に最適な事業構成を保つという能力である。[7] GEでは，プロフィット・ゾーンを最適に組み替える尺度として，ナンバーワン・ナンバーツー・ポリシーを採用してきた。これは，国際競争上，1番または2番の競争優位な事業を残し，3番以下の競争劣位な事業は売却もしくは撤退する政策である。また，GEでは，ビジネス・スクリーンという独自のPPMを開発し，事業の組み合わせの最適化を可能にしてきた。ビジネス・スクリーンとは，横軸に業界の魅力度，縦軸に事業単位の地位をとり，自社事業を9つに分類して資源配分を行うやり方である。「業界の魅力の度合い」の評価基準としては，①市場規模，②市場成長率，③産業の収益性，④循環性，⑤インフレへの対応，⑥非アメリカ市場の重要性設定する一方，「事業単位の地位」に関する評価基準として，①市場地位，②競争上の地位，③相対的収益性を設け，今後増強する事業や売却または撤退により利益を回収する事業をそれぞれ設定し，自社事業の分析を行う手法である。このようなPPMというモノサシを通じて，GEは，グループ事業のダイナミックな入れ替えを可能にしてきたのである。

　2つ目のグループ経営の論理は，新規事業の重要性が低く既存事業の重要性が高いセルに該当する「蓄積型」のグループ経営である。これは，グループを担う構成要素について，収益率が低下した既存事業，成熟した既存事業をやみくもに切り捨てたり，あるいは将来的に高いリターンや成長が見込まれる新規事業を積極的に抱え込むスタイルではなく，成長や成熟かを問わず，既存のコア事業をベースに企業グループを構成する概念である。ストック型のグループ経営という発想は，伝統的な日本企業に多く見られるスタイルである。伝統的な日本企業のマネジメントは，すでに指摘したとおり，ヒトや知識・ノウハウといった経営資源の蓄積がことさら重視される。そして，経験や蓄積がもっとも重視されるため，特に雇用の長期的な定着が求められる。結果として人材育成が長期化され，人材中心のマネジメントが競争優位性の源泉となるのである。

　たとえば，自動車メーカーのような伝統的な製造企業は，系列という垂直的なネットワーク（サプライヤーシステム）を形成するケースが多い。これは，組立を担う大企業と部品やキーデバイスを担当する特定の中堅・中小企業を中心に構成された生産システムであり，こうした系列取引が長期的に形成されるその主な理由は，経験や蓄積を重視する日本企業の特徴とまさに合致するものである。蓄

積を重視するグループ経営に該当する伝統的な日本企業として，トヨタ自動車（以下，トヨタ）があげられる。トヨタのグループ経営こそまさに蓄積型そのものである。トヨタでは，3万点とも言われている自動車を構成する部品やキーデバイス類を基本的に少数の系列企業との間で取引している。このようなサプライヤーシステムの特徴は，トヨタという自動車メーカーを頂点に企業規模や組織能力に応じて1次サプライヤー，2次サプライヤー，3次サプライヤーが垂直的に形成されている。自動車メーカーと部品メーカーの関係は，いわば運命共同体のように濃密な関係であり，自動車メーカーは部品メーカーを育成・支援する一方，部品メーカーのエンジニアは自動車メーカーのスタッフとして自動車の開発や改良に協力するしくみ（ゲスト・エンジニア制度）が存在し，両者は長期的に緊密な関係を維持している。サプライヤーシステムの基本的な性格は，常にサプライヤーのローテーションが行われるというよりも，かなりクローズドであり排他的である。というのも，自動車のアーキテクチャ（設計思想）とは，クローズド・インテグラルなため，ごく限定された優れたプレイヤーによる「あうんの呼吸」「ツーカーの関係」「濃密なコミュニケーション」「緊密な調整」「幅広い情報共有」など，統合型のモノづくりシステムが要求されるからである。

　3つ目のグループ経営の論理は，新規事業の重要性と既存事業の重要性が共に高いセルに該当する「バリューチェーン型」である。これは，事業間の相乗効果をベースにグループの事業が構成されるグループ経営の論理である。すなわち，新規事業，既存事業という単純な見方を超え，事業間が互いに濃密な関連を保ちながら，新規事業と既存事業が相互に影響し合うスタイルである。つまり，バリューチェーン型は，フローとストックが互いに混在し合いながら，グループ全体の企業価値の最大化を目指すグループ経営のスタイルといえ，おそらく，次のような特徴があげられる。まず，各事業が互いに密接に関連している。次に，事業間におけるシナジー効果が十分期待できる。また，全体を統合する本社の戦略的コーディネーションがきわめて重要となる。そして，事業間の連結により，たとえ不採算事業があっても本社は簡単にリストラクチャリングできない。最後に，グループ連結経営やコーポレート・ブランド経営の展開が鍵を握ることである（出井，2002）。

　バリューチェーン型に該当する企業として，ここでは，90年代のソニーを取り上げてみよう。ソニーによる当時のグループ経営は，同じコングロマリット企業であるGEのように成熟した既存事業を一挙に切り捨てる，あるいは自動車に

特化するトヨタのように限られたコア・メンバーによる長期的なグループ経営でもなかった。ソニーでは，インターネットの急速な普及やデジタル技術の飛躍的な進歩に伴い，「放送」「プロバイダー」といったプラットホーム事業を強化した。これは，既存事業であるテレビ，VTR，DVD プレイヤーといったエレクトロニクスを意味する端末と「音楽」「映画」「ゲーム」「ファイナンス」などのコンテンツをプラットホームの充実を図ることで顧客の手元に届ける意図が隠されていた。つまり，ソニーでは，エレクトロニクス，映画，音楽，ファイナンス，ゲームという事業と自社のプラットホームを通じて発信することでハードウエアとソフトウエアを連結し，相乗効果を高める目的が潜んでいたのである。

　本節の最後として，ここで取り上げた「組み合わせ型」は米国流，「蓄積型」は日本流，「バリューチェーン型」はエクセレント・カンパニーというグループ経営の論理に関する分類は，現実のグループ経営の展開と必ずしも符号するものではない。この種の分類は，あくまでも単純な分析から導き出された傾向を示すものであり，実際の企業のグループ経営は，ここで示した○○流という枠組みにすべて収まるものではない。たとえば，旭化成は，相対的に米国で開発されたプロダクト・ポートフォリオ・マネジメントを駆使する「組み合わせ型」グループ経営を展開する代表的な日本企業である。旭化成は，創業以来15年ごとに主力事業を転換させ，今日まで発展を続けてきた。そのあゆみとは，もともと繊維事業からスタートし，その後，ケミカルズ事業，住宅・建材事業，エレクトロニクス事業そして今後は，医薬・医療事業へシフトするなど，時代の変化に合わせてコア事業もまた転身させてきた。[8]このように実際の企業では「組み合わせ型」は米国流，「蓄積型」は日本流というような単純な見方では収まらない。むしろ，中核事業の競争優位性を通じて，コア事業が弱体化した企業は「組み合わせ型」となり，コア事業が強固で盤石な企業は「蓄積型」を採用するという考え方もまた可能であり，この点に関する詳しい検証等は，今後の課題である。

2-2 日本型グループ経営の特徴

　ここでは，日本企業のグループ経営の特徴について整理してみよう。それは，主に3つのポイントとしてまとめられる。

　第1は，グループ規模（企業数）が大きい（多い）ことである。有価証券報告書によると，たとえば，2012年現在，NECの連結子会社は265社，富士通の連結子会社は538社，そして，NTTグループは776の連結子会社を有しているが，なかでも，日立製作所やソニーが抱えるグループ企業数は突出して多く，日立の連結子会社は939社（国内340社，海外599社），ソニーの連結子会社は1,267社と1,000社を超える企業グループを形成している。さらに，親会社の配下にある各子会社が形成する孫会社を対象としたグループ企業数まで加えると，その数は数千社から数万社の規模にも達するものと考えられ，これらの企業のトップ・マネジメントは，常に巨大な企業グループのマネジメントに曝されているのである。

　第2は，親子上場である。親子上場とは，グループの親会社と連結子会社が同時に株式上場することであり，国際的にも日本固有のやり方だといわれている。たとえば，大坪（2008）は，米国では上場子会社はあまり見られず，日本企業に特徴的な経営行動であると指摘している。また，加護野（2004）は，アメリカでは子会社の上場化は親会社からの独立を意味するのに比べ，日本では親会社と紐帯を保ったまま上場企業でもあるケースが少なくなく，これは日本独自のコンセプトであると指摘している。さらに，親子上場は確かに英米では否定的だが，ドイツ，イタリアでは，親会社という支配株主が存在する上場子会社がむしろ一般的であるとの指摘もまたなされている（日本経済新聞，2007年12月03日）。それでは，なぜ英米では親子上場に否定的なのだろうか。牧戸（2009）は，親子上場の例があまり見当たらない理由として，英米では株式の買占めリスクや少数株主による訴訟リスクが存在する点を取り上げている。

　親子上場のメリット・デメリットは，図表2-3のように整理できる。

　まず，親子上場による親会社のメリットとして，子会社株式売却による多額の資金調達と売却益の入手があげられる。また，子会社の自立化や経営基盤の強化もあげられる。さらに，経営者の育成，優秀な人材の確保など子会社の経営活力が高まり競争力の向上が期待できる。すなわち，完全子会社化して本体に取り込

図表2-3 親子上場のメリット・デメリット

	親会社	子会社
メリット	・子会社株式売却による資金調達が可能 ・子会社の自立化・経営基盤の強化 ・経営活力と競争力の向上	・資金調達力の向上 ・知名度の向上 ・社員のモラールの向上
デメリット	・子会社のキャッシュフローを自由に使えない ・グループ一体化の低下 ・内部統制コストの発生に伴う負担増	・少数株主との利益相反 ・経営公開に伴う事務負担増 ・買収リスクの拡大

んだ場合，経営活力が失われ競争力低下を招く危険性も危ぶまれるのである。一方，親子上場による子会社のメリットとして，資金調達力の向上があげられる。また，知名度の向上に伴い優秀な人材を獲得できるのみならず，取引業者など対外交渉力も向上する。さらに，子会社マネジャーや従業員たちのモラールの向上が期待できる。

これに対して親子上場による親会社のデメリットとして，子会社が生み出したキャッシュフローを自由に使えないことがあげられる。つまり，子会社の親会社以外の株主を意味する少数株主利益の発生に伴い，連結純利益の減少を招いてしまう。たとえば，親会社が子会社の配当を望まない場合でも，少数株主の存在から高額の配当を余儀なくされるとき，資金がグループ外部へ流出する。しかしながら，完全子会社である場合，子会社から親会社への配当はグループ内における資金の還流となり，グループ外へキャッシュアウト（資金流失）するものではなくなる。次に，グループ一体化（結束力）の低下があげられる。たとえば，企業グループの統一や意思決定スピードの遅れが指摘される。さらに，内部統制コストの発生に伴う負担増があげられる。膨大な事務作業が伴う内部統制監査を親会社に加え子会社も監査しなければならず，その大変な負担となってしまうのである。一方，親子上場による子会社のデメリットとして，少数株主との利益相反があげられる。また，開示義務に伴う事務負担増の発生もまた指摘される。さらに，株式を買い集められ買収されるリスクが考えられる。

日本の親子上場企業数の推移は，1985年頃から2007年頃まで一気に増加したものの，その後は，急速に減少の一途を辿っている。西山（2012）は，全上場企業を対象に親会社も上場企業である上場子会社数を集計した結果，1986年度当時，わずか150社未満であったものが，2006年度末のピークには417社まで達し，直近の2011年度は304社まで親子上場企業数は落ち込んでおり，これは90年代

後半頃の水準に相当する数字であることを明らかにしている。1985年以降，親子上場企業が右肩上がりに増加した理由は，子会社の株式公開というグループ・リストラが1985年から急速に実施され，1987年には猛烈な勢いで加速したからである（原田,1987）。この当時，株式公開が増加した背景には，主に3つあげられる。1つは，連結決算を意識した動きである。2つ目は，株式市場の活況によるものである。そして，3つ目は，店頭市場など株式公開基準の規制緩和によるものである。つまり，株式公開を通じた子会社のひとり立ちとは，子会社による勝手な行動を期待するものではなく，むしろ，上場を通じて親離れを促す最大の療法として，日本の親会社が推進した取り組みであった（日本経済新聞社編,1991）。また，子会社の株式公開（Initial Public Offering：IPO）は，成長分野の子会社の独立性を高めると共に，子会社の企業価値を顕在化させ，事業そのものの成長を示すための手段であった（飛田,2007）。ところが，親子上場企業件数は2006年前後を境に解消の一途を辿り今日に至っている。たとえば，ソニー，日立，パナソニックなど大手総合電機メーカーでは，これまでの上場子会社路線を改め，TOB，吸収合併，株式交換などの手段を講じて完全子会社政策への転換を図っている。具体的に言うと，ソニーは1999年に3上場子会社を100%子会社化して上場廃止とした。パナソニックもまた，2002年にグループ5社を株式交換によって完全子会社化し上場廃止とした。さらに，日立は2009年，グループ5社をTOB（Take Over Bit）によって完全子会社化した。

　それでは，日本の大手企業による上場子会社の完全子会社化の動きが加速化している理由とは何か。おそらく，3つの理由があげられる。1つ目は，支配株主と少数株主との間で生じている利益相反である。たとえば，支配株主である親会社は子会社株式をできるだけ安く買いたいが，少数株主は逆になるべく高く売りたい。つまり，支配株主の立場からすると，少数株主が存在することでグループ全体の最適化を追求する行動が自由に実行できなくなるのである。2つ目は，少数株主が存在する上場子会社の場合，グループ全体の最適化よりも部分最適化が優先されるため，上場子会社間において事業ドメインの重複化が起こりやすく，企業価値を著しく低下させる原因ともなりうる。最後に，3つ目の理由として，上場子会社の場合，支配株主と少数株主の両方を意識した経営を余儀なくされるため，行動が中途半端となりやすく，グループ連結経営の強化にとって大きな足かせとなるからである（日本経済新聞,2009年1月21日）。一方，菊谷・斉藤（2007）は，計量分析を通じて完全子会社化はどのような場合に行われているか

について調べたところ，次のような結論を導いている。まず，親会社の要因としては，親会社の本業依存度が大きく，その本業成長率が低いような場合，そして，既存事業からの撤退，新規事業への進出など事業再編が大規模だが，その割に負債比率が低い親会社の場合，完全子会社化を進める傾向がある。また，子会社の要因では，売上成長率が高い積極活用型の完全子会社化に加え，逆に売上成長率がマイナスの場合を意味する救済型の完全子会社化も存在する。さらに，親子両者の関係性の要因としては，両者が製造業で投入補完的な関係が強いか，親会社の持株比率が高いほど完全子会社化されやすいと分析している。図表2-4は，上場子会社の多い日本企業を時代別に表わしたものである。これを見ると，日本企業の多くが上場子会社化から完全子会社化へ移行を果たしてきた事実が読み取れる。たとえば，東芝では，過去多くの上場子会社が存在したが，2000年度を境に上位銘柄から消えている。パナソニックもまた，同様な傾向を示している。一方，それ以外の日本企業を見ると，年々上場子会社の数が減少傾向にあることはもはや明白である。創業以来，自主独立を掲げて子会社の上場化政策を積極的に推進し先頭を走ってきた日立製作所では，90年度から95年度まで20社もの上

図表2-4　上場子会社の多い日本企業

1980年度	1985年度	1990年度	1995年度	2000年度	2006年度
日立製作所 11	日立製作所 12	日立製作所 20	日立製作所 20	日立製作所 14	イオン 17
東芝 9	東芝 9	東芝 7	キヤノン 9	ミサワホーム 9	日立製作所 16
松下電器産業 7	松下電器産業 7	松下電器産業 6	富士通 8	富士通 9	富士通 8
日産自動車 4	住友電気工業 4	住友電気工業 5	松下電器産業 6	キヤノン 9	伊藤忠商事 8
大成建設 3	大成建設 3	富士通 5	新日本製鉄 5	新日本製鉄 6	キヤノン 7
NEC 2	NEC 3	NEC 4	住友電気工業 5	NEC 6	古河電気工業 7
味の素 1	キヤノン 3	大成建設 3	ジャスコ 5	日立造船 6	住友電気工業 6
日石三菱 1	日立化成工業 2	日立化成工業 3	NEC 4	トヨタ 5	NEC 6
三菱電機 1	三共 2	キヤノン 3	ソニー 4	松下電器産業 5	ユニー 6
富士通 1	住友金属工業 2	日本水産 3	日立造船 4	日本電産 5	日本電産 5
伊藤忠商事 1	古河電気工業 2	三菱マテリアル 2	東芝 3		
三井物産 1	富士通 2	住友金属工業 2	大成建設 3		
イトーヨーカ堂 1	日立造船 2	古河電気工業 2			
コマツ 1	阪急電鉄 2	三菱電機 2			
大日本印刷 1	阪神電気鉄道 2	阪神電気鉄道 2			
	イトーヨーカ堂 2	ローム 2			
	東宝 2	イトーヨーカ堂 2			
		ユニー 2			
		東宝 2			
		住友化学工業 2			

（資料）日経金融新聞，2007年11月30日を参考に作成。

場子会社が存在したが，その後，2000年度には14社まで減り，2006年度には16社，そして，直近の数字では11社まで減少してきている。

　それでは，日立製作所がこれまで数多くの上場子会社を抱えてきた最大の理由とは何か。おそらく，金融機関の不在が大きいにちがいない。たとえば，三井住友や三菱のような旧財閥とは異なり，非財閥系企業である日立グループには金融機関が存在しない。このため，グループ内において事業拡大を図る際に必要とする資金について融資をあてにできず，グループ各社が直接金融を通じて自前で資金調達せざるを得なかったからである。ところが，2000年度以降，急速に上場子会社の減少をもたらした背景の1つには，いわゆる株主の視点が影響を与えた可能性が高い。すなわち，日立製作所による子会社の株式公開に対して，約4割を占める海外投資家たちの批判が殺到したことである。というのも，海外投資家の立場からすると，子会社も財産として投資したにもかかわらず，親会社の都合で子会社を上場化した行為は，株主の意向をまったく無視した行動であると強く非難された影響がその背後に存在したものと考えられる。

　日本企業のグループ経営の第3の特徴は，親・子・孫間のねじれ（逆転）現象である。これは，子会社や孫会社の時価総額が親会社の時価総額を上回る現象であり，「関係性の逆転」または「ねじれ現象」とも呼ばれている。親・子・孫間の「ねじれ現象」は，今日では否定的に解釈されている。というのも，親が子や孫を助けているステージでは，親の企業価値が高く競争上問題は生じないが，子や孫が親を支えるステージでは，時価総額のねじれが発生して敵対的買収の標的となり，グループ全体が危機に陥るからである。ところが，一昔前の日本では，むしろ分社化戦略の成功事例のように扱われてきた。たとえば，古河グループでは，伝統的に新規事業は本体に温存せず分離・独立して鍛えるやり方を採用してきた。このため，子会社や孫会社は，親会社の企業文化を否定し破壊することで親離れを実現してきたのである。富士電機-富士通-ファナックと続く分社化では，1935年，富士電機の電話部門が本体から切り離され，今日の富士通の前身に相当する富士通信機製造が設立された。その後，富士通もまた自身のNC部門をカーブアウト（Curve Out）し，1972年，ファナックの前身である富士通ファナックが設立されたが，そこで起こった現象とは，将来性の高い事業を本体から外へ切り出してしまうことから，株式市場での時価総額（株価×発行済み株式総数）は，親会社よりも子会社，子会社よりも孫会社の方がより高い評価を獲得する事態が起こった。しかしながら，日本国内では，たとえ親・子・孫間における

時価総額が逆転したとしても，株式の相互持ち合いや少ない外国人投資家という時代的背景から，それほど大きく取り扱われることはなかった。

　ところが，過去，肯定的に取り扱われてきた親・子・孫間のねじれ現象は，今日，否定的なものとして次第に疑問視されるようになった。その最大の理由は，現在のビジネス社会では，株式持合い関係の減少と外国人持ち株比率の拡大に加え，子会社や孫会社がM＆A（企業の合併・買収）の標的とされる可能性が強まったからである。つまり，グローバル競争の急速な進展に伴い，敵対的買収に遭遇する機会が飛躍的に増大しているだけでなく，企業の成長戦略もまた，高度な技術や知識を最初から社内で育て取り組む「自前主義」中心から，不足する知識や能力は，積極的に外部から獲得・調達する「外部活用主義」中心へ大きく舵を切ったため，親・子・孫間における時価総額のねじれ状態は，敵対的買収の格好の標的ともなりかねないという深刻な問題が顕在化したのである。このため，親・子・孫間の「ねじれ現象」や上場を解消する対策がグループ経営において重視されるようになってきたのである。

2-3　グループ経営失敗の本質

　多角化や分社化が進んだ日本企業の間では，グループ経営が積極的に展開されている。たとえば，パナソニック，日立製作所，HOYAではグローバルなグループ経営の構築を目標に掲げ実践している。また，ダイキン工業，富士フイルムホールディングスは自社のグループ経営モデルを「グループ連結経営」と呼ぶ一方で，東レ，新日鉄（現：新日鉄住金），日本電産，アーク，イオンでは，「グループ連邦経営」と命名している。また，最近になってオムロン，キリンビールは「グループ価値経営」なる表現を使い，自社のグループ経営のあり方を広く表明している。その一方で，これらの企業では，「グループ経営理念」や「グループCSR憲章」の策定やグループ経営計画の設計デザインさらに「グループ戦略本部」の設置などを通じて，グループ経営体制のさらなる強化に努めている。

　ところが，これらの日本企業は，長年にわたり，グループ経営に注力してきたはずなのに"全体最適効果の実感がない""イノベーションが生まれない""業績が上向かない""シナジーが創造できない""期待していたほど効果はなかった""グループ経営の理論を実務へ転用して生かすことは困難"など，当初想定して

いたグループ・プレミアムの効果や実感が得られないとの否定的な意見もまた寄せられており，それは，まさにグループ経営から得られる果実は，期待に反して少ない印象を多くの日本企業が抱いているかのようである。

いったいグループ経営の何が問題なのだろうか。確かに90年代後半,「グループ連結経営」はあれだけ注目を浴びたはずなのに今日では，ほとんどビジネスの議場にもあがらなくなってしまったのは，いったいなぜだろうか。本書では，その真因を日本企業特有のどろくさい親子関係に問題の核心が潜んでいるものと推測している。これまでのグループ経営研究を振り返ると，その多くは，グループ経営の意義または効果に関する議論が大勢を占め，グループ経営の実践への応用によって生じる不適応とそれに対する解決策に関する接近は，これまでほとんど無視されてきた。この背景には，研究者の多くが実践への適応を軽視したからではなく，グループ経営から生み出される効果や能力そして可能性の部分に注目が集まり，伝統的な日本型親子関係に内在する，いわゆる「固定化された秩序」への焦点化が見落とされてきたからである。加えて，このような「固定化された秩序」というシリアスな問題は，洗練されたグループ経営を導入さえすれば，自ずと改まっていくものだと勘違いしてきたからであるにちがいない。したがって，グループ経営の成否を握る重要なカギとは,「グループ連結経営」の精緻化に努めることではなく，日本型親子関係に潜む「固定化された秩序」の実態をまず浮き彫りにすることが大切なのである（図表2-5）。

本節では，グループ経営を巡る理論と実践に温度差が存在する前提を踏まえながら，グループ経営における失敗の本質として「固定化された秩序」とは何かについてその実態を明らかにする。この際，本書では基本的に「事業持株会社」によるグループ経営を念頭に議論を展開する。純粋持株会社制に比べて「事業持株会社」制の方が日本型親子関係の実態を色濃く反映していると考えるからである。

それでは，これまで「事業持株会社」によるグループ経営が失敗してきたその主な理由を整理しておこう。

最初に，グループ内における事業の重複化があげられる。グループ経営では，グループの各メンバーがそれぞれ所有する事業の内容が無造作に重複している場合がある。こうしたとき，相乗効果の生起や効果的なコストダウンという本来グループ経営を通じた組織力を有効に活かしきれないことがある。事業の重複化に陥っているグループ経営に共通する課題は，グループ企業内でなわばり意識が強かったり，あるいはグループ親会社のコーディネーション不足など，グループ・

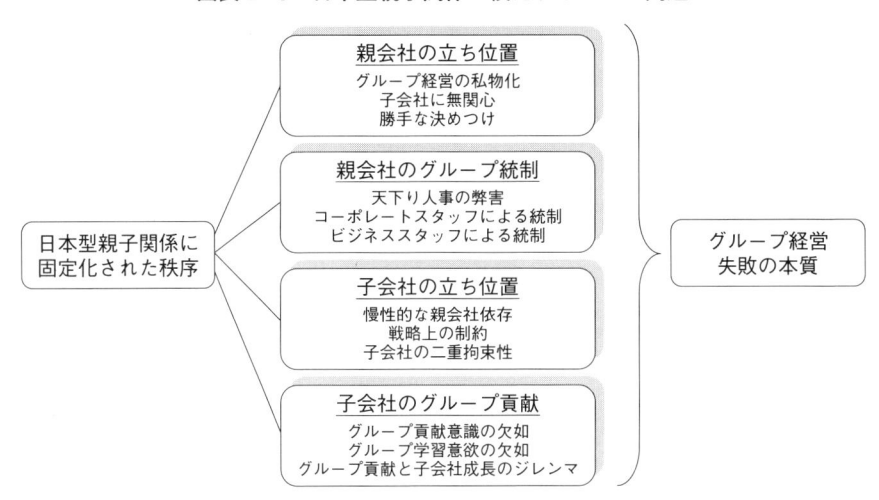

図表 2-5　日本型親子関係に横たわる 4 つの問題

日本型親子関係に固定化された秩序
- 親会社の立ち位置
  - グループ経営の私物化
  - 子会社に無関心
  - 勝手な決めつけ
- 親会社のグループ統制
  - 天下り人事の弊害
  - コーポレートスタッフによる統制
  - ビジネススタッフによる統制
- 子会社の立ち位置
  - 慢性的な親会社依存
  - 戦略上の制約
  - 子会社の二重拘束性
- 子会社のグループ貢献
  - グループ貢献意識の欠如
  - グループ学習意欲の欠如
  - グループ貢献と子会社成長のジレンマ

→ グループ経営失敗の本質

リストラクチャリングの遅れがしばしば指摘されてきた。また，その主な対策として選択と集中を常に実行することに加え，グループ間におけるミーティングや交流を頻繁に開催し，絶えずチェックと改善を施すことが有効であると論じられてきた。

　次に，グループ内における知の共有度の低さも指摘された。グループ経営がうまくいってない企業ほど，グループ内におけるヒトや知識の共有が著しく低い。このため，共有度を高めることが不可欠な課題とされてきた。一方，このような共有化の取り組みは，当初の段階では親会社が指導的に行うものの，時間の経過とともに現場同士で自発的な取り組みへ変化させていく必要があるとされた。

　最後に，グループ基盤の未整備もまた指摘された。たとえば，人事，処遇，賃金の各評価システムが親子で異なる場合が多く，総じて，子は親よりも待遇がよくないため，グループ経営が単発的となったり，あるいはグループ力が脆弱または緩慢となり，一体として機能しない原因ともなっているとされた。また，『エクセレント・カンパニー』や『ビジョナリー・カンパニー』による影響のせいか，多くの企業では，グループ全体で共有すべき理念やビジョン，哲学を高らかに掲げるケースが多いなか，グループのビジョンや理念など，ソフト面の統合や充実ばかり注力して肝心のグループ共通の評価や処遇など，ハード面の整備が不十分であることが主張された。たとえば，青野（2000）は，旭硝子の子会社である旭

ファイバーグラスのケースを取り上げ，子会社が自立経営すればするほど給与格差，ポジション格差など，グループ企業間の処遇に格差が生じ，社員1人ひとりのモラールに大きな影響を及ぼすことになるため，格差をなくし一律にすることがもっとも重要であると論じている。

さて，ここで取り上げた「事業の重複化」「知の共有度の低さ」「グループ基盤の未整備」は，グループ経営の落とし穴として，これまでも繰り返し議論がなされてきた論点である。このため，グループ経営を展開する企業にもすでに浸透し課題の解決が進んでいるはずである。にもかかわらず，今日的企業の間でグループ経営の成果に未だ十分な満足感を得られていないのは，いったいなぜなのだろうか。おそらく，それはグループ経営の考え方と日本型親子関係の常識がうまくシンクロされないがためであるにちがいない。そこで，日本型親子関係とは何かについて，その実態を明らかにしてみよう。

2-3-1 親会社の立ち位置

日本型親子関係に潜む「固定化された秩序」の1つ目は「親会社の立ち位置」であり，その主な内容として次のような3点があげられる。

第1に，親会社はグループ経営を自分たちの都合が良いように解釈し，これまで私物化してきた。とりわけ，終身雇用や長期雇用を重視する日本企業の場合，特に不景気時において人材削減という抜本的な対策を断行し辛く，雇用面ではどうしても人材が過剰ぎみとなる傾向は避けられない。このため，親会社は，必要なAクラス人材だけは組織内に温存するように努める一方，退任幹部のようなシニア人材やB・C級の不要な人材は，子会社や関係会社へ出向または転籍させて財務面における健全化を維持または推進してきた。つまり，親会社幹部は，自分たちの昇進ポストの確保や人事を回転させるため，子会社群を余剰人材の受け皿や緩衝器の如くフルに活用してきたのである。それでは，実際にどのような手口を使って親会社は，子会社へ出向させるのか。島本（2002）は，親会社のリストラ担当チームが余剰人材を出向させる手口について，次のようにありありと論じている。「チームには配役があり，泣き落とし型，ほめちぎり型，脅し型と様々である。強硬なタイプに脅かされたあと，温厚なタイプがやってきて「どうしたんだ」などと言いながら，リストラ対象者の本音を聞き出す。そして聞き出した情報をチーム全員に流して次の計画をたて，最終的にはその人をリストラしてしまう。その手法は，警察が容疑者を自白させるために使う手口とそっくりで

ある（pp.112 ～ 113）」。

　このように多くの日本企業の間では，親会社の社会保障制度として子会社が有効に機能してきたわけだが，その最大の理由とは何か。それは，欧米と比べ，役員報酬や社員給与の水準が低い代わりに長期雇用を通じて老後の保障にあてる日本独特の考え方が隠されていると見てよい。周知のとおり，失業率と賃金支払いの間には強い相関があるが，とりわけ，欧米では失業率も賃金水準も共に高止まりする傾向が強いのに比べ，日本ではこれが低い水準となる傾向が強い。欧米の人事管理では，賃金の支払いを引き下げない代わりに余剰人材に対するレイオフを断行するのに対して，日本では，雇用を維持する代わりに賃金を引き下げて対処する政策が重視されるからである。つまり，日本の親会社の長期雇用政策を下支える1つの機能として，子会社は存在してきたのである。

　第2に，親会社幹部たちは，子会社そのものに無関心である場合が多い。一般に，「兼務」や「兼任」が浸透している日本では，親会社幹部たちが一人でいくつもの職責を担っているため，子会社のことまで深く考える余裕はない。また，彼らは，仕事や職務に優先順位を設けるのが普通だが，本業部門を優先し，子会社の問題は後回しに考える傾向が強い。親会社幹部たちの子会社に対する関心の希薄さ，そして子会社のことまで手が回らない結果，グループ経営を通じた総合力の発揮やシナジーの生起が形骸化している可能性は少なくないのである。また，親会社幹部が子会社の存在に対して無関心なのは，親会社の株主たちが子会社を軽視しているその現われでもある。つまり，連結決算が導入され，親子合算で評価する考え方がすでに普及・浸透しているにもかかわらず，多くの投資家の目は，いまだ投資先である親会社の事業や業績に注がれており，子会社群にまで十分達していない可能性もまた指摘される[9]。

　第3に，親会社幹部は，子会社には人材がいないと勝手に決めつける傾向が強い。親会社と子会社のどちらにAクラス人材が集まっているのか，あるいは集まりやすいのかを単純に比較し検証するのは難しいが，一般的には，知名度や信用力の点から，子会社より親会社の方に優秀な人材やビジネス・パーソンが集まりやすいのは明らかである[10]。ところが，このような親会社による勝手な決め付けの裏側には，親会社に都合がよい論理が隠されている。それは，子会社には優れた人材が集まりにくいという暗黙の了解を逆手に取って，親会社はグループ内における天下り行動を正当化しているのである。

2-3-2　親会社のグループ統制

　親会社の態度・あり方と共に，親会社によるタイトなグループ・コントロールもまたグループ経営の成否に大きな影響を及ぼしている。

　第1は，親会社からの「天下り」人事の弊害である。「天下り」とは，一般に親会社としてもはや不要と化した人的資源を子会社がその受け皿として引き受ける人事行為を意味するものである。このような「天下り」人事が長いあいだ正当性を認められてきたのは，「天下り」を受け入れることで子会社は，多くの恩恵を獲得できるからである。たとえば，「天下り」とはいえ，親会社の優秀な人材が子会社へ供給されるその意義はきわめて大きい。通常，親会社が有する人的資源に比べ，子会社の人材力はどうしても劣るため，潜在能力の高い人材が子会社経営へ参加するしくみは，子会社の競争力を強化するうえで非常に有効かつ重要だからである。また，「天下り」を積極的に受け入れることで親会社との関係性が強化されるだけでなく，親会社が有する強力なブランドや信用さらにはコネクションまで最大限に利用できる。その他，資金調達の面でも子会社にはプラスの効果が働くかもしれない。このように「天下り」行動は，子会社経営にとって効果的な側面を有しているが，一般的には，グループ経営において弊害を引き起こす問題点としてクローズアップされることの方が多い。それは，「天下り」人事という制度的な問題ではなく，天下った人物の子会社経営に対する意欲・やる気がきわめて低いという精神的な問題である。つまり，日本の場合，中高年を対象とした「天下り」人事の多くはリストラ型であるため，これら「天下り」人材のモチベーションは当初から低く，子会社経営に対しても，現状維持活動，リスク回避行動に終始する傾向が強いのである。ここで，長年，「天下り」人事の弊害に悩まされ，抜本的な改革によってこれを克服した企業として，建設機械最大手のコマツがあげられる。以前，同社では多くの国内子会社の社長としてコマツの役員経験者を「天下り」させていたが，子会社の社長は3〜4年ごとにコロコロ交代するため，子会社経営の継続性の喪失や子会社社員のモチベーション低下を招き，子会社合計で毎年400億円もの赤字を計上してきた。その対策として，コマツは「天下り」人事の廃止を断行した結果，子会社の業績はみるみるうちに回復するだけでなく，子会社の社員のモチベーションもアップし，企業グループ全体の活性化に成功したとされる。

　第2は，親会社による子会社統制である。通常，子会社の統制の仕方には，「親会社の管理部門によるコントロール」と「事業部の管理部門によるコントロ

図表2-6 親会社による子会社統制のタイプ

親会社の管理部門によるコントロール

親会社 管理部門 → 事業部門A 管理部門 / 事業部門B 管理部門 → 子会社・持分法適用会社 / 子会社・持分法適用会社

事業部の管理部門によるコントロール

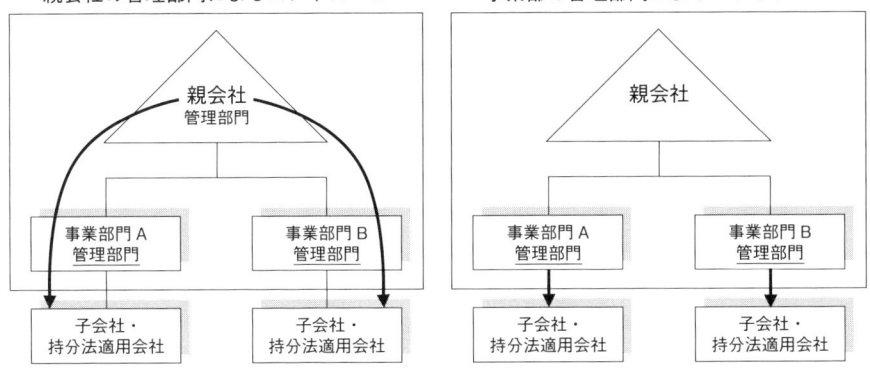

親会社 → 事業部門A 管理部門 / 事業部門B 管理部門 → 子会社・持分法適用会社 / 子会社・持分法適用会社

ール」の2つに区別される。すなわち，前者は，親会社のコーポレート・スタッフがコントロールの担い手であり，後者は，各事業部管理部門に設置されたビジネス・スタッフがその担い手として機能するものである。そして，結論を先取りすると，コーポレート・スタッフによるコントロールは，失敗する可能性が高いが，ビジネス・スタッフによるコントロールは，成功する可能性が高いといえる（図表2-6）。

　まず，親会社の管理部門による間接統制の場合，残念ながら，グループ経営を失敗に導く可能性が高い。そもそも，親会社に属するコーポレート・スタッフの多くは，これまで子会社経営に関与した経験が全くないか，あるいはきわめて少ない。なぜなら，欧米では，比較的早い時期からAクラス候補生を中心に子会社・関連会社のトップ層へ出向させ，実践的な経営ノウハウ，業務知識そして人脈等を構築するキャリアパスを採用しているのに比べて，日本では，同一企業内の配置転換を通じたキャリアパスが中心だからである。つまり，コーポレート・スタッフの多くは，実際に子会社経営という現場の空気に触れた経験に乏しい場合が多く，たとえば，関係会社管理において，それぞれの子会社の個別事情を十分に考慮せず，一律に共通の施策を押し付けてしまい，失敗を招くケースが少なくない。

　しかし，親会社の管理部門の人材が子会社へ天下る場合，事態はそれだけで終わらない。たとえば，親会社の管理部門から天下った子会社マネジャーほど，実戦的な知識，経験，人脈が不足しているだけでなく，子会社経営に対する情熱や

意欲が基本的に乏しい場合が多く，このため，たとえ子会社経営を負かされたとしても，数字のチェックのみに明け暮れる日々を送る可能性が高い。また，彼らの意識は，常に親会社の方向を向いているため，どんな状況下でも失敗を避けることを第1に優先する経営に埋没してしまうことが多い。さらに，親会社時代に学習した前例またはやり方をそのまま反復してしまう傾向や自分の周りはイエスマンで固め，自分と対立する人物たちは，排除する強引な手法を用いてプロパー社員の反発を買い，失敗を招いてしまうのである。

これに対し，事業部門の管理部門による直接統制の場合，相対的に成功する可能性が高い。というのも，親子のコア事業の類似性や人的コミュニケーション，日頃から傘下の子会社が対象とする顧客，供給業者，競争相手，ビジネス環境に関する情報に精通しているからである。しかしながら，ビジネス・スタッフによるコントロールも万能ではない。まず，事業部門のビジネス・スタッフに関しては，人事面における年齢や立場の逆転という問題が浮上する。事業部門の傘下にある子会社へ天下る人材は，通常，当該部門のシニア・マネジャークラスが有力な候補者であるため，子会社経営に取り組む側が先輩，そのような子会社を統括する側が後輩という年齢や立場の逆転がしばしば生じる。その結果，先輩と後輩の間で遠慮が強く働き，これが意思決定の遅れや混乱を招く恐れもある。

一方，同じ事業部門出身で子会社マネジャーとなった前任者と後任者の葛藤も見逃せない問題である。通常，先に天下った前任者とその後に天下った後任者では，同じ事業部門における先輩と後輩の関係，あるいは顔見知りの関係である場合が多い。その結果，後任者による子会社改革は，先輩または知人である前任者のやり方・考え方を真っ向から否定することになるため，前任者への強い配慮が作用して抜本的な改革ができず，中途半端な改革成果に終わってしまう場合がある。このような人間関係のシリアスな問題を回避するには，天下り候補者として事業部門内の中核的な地位にある人物を意図的に避けるか，あるいは本流から外れた傍流で優秀な人物を抜擢することが有効な対策であると考えられる。

2-3-3　子会社の立ち位置

日本型親子関係について，今度は子会社側から探ってみよう。最初に「子会社の立ち位置」については，主に3つの課題が指摘される。

第1は，慢性的な親会社への依存体質である。西山（1998）の著書の中で取り上げられている東京ガスからガスターへ出向した元社長の平野豊策氏によると，

グループ子会社内部が抱える深刻な問題として，次のような実態をあげている。「そもそも高い次元の発想が欠如している。そして，適当にやっていけばいいという風潮が社内に蔓延している。心を配るのはいかに親のすねをかじるかである。問題はすべて先送りにする。会社の将来ビジョンがない。物事を考えず，計画せず，自分で行動を起こさない。チャレンジしないため成功体験がないと共に失敗体験もない」。このように子会社プロパー社員たちの多くは，一般に高い次元の意識を持っておらず，常に親会社へ横たわる体質が染み込んでいるのである。

　第2は，戦略上の制約条件が付きまとう点である。ここでは筆者の拙いエピソードを紹介しよう。筆者は，大学を卒業後，大手重機械メーカーの100%子会社にあたる総合建機メーカーのスタッフ部門で数年間勤務した経験がある。ある日，今後の建機事業に代わる新しい事業チャンスについて議論がなされた際，これまで自社が培ってきたコア・コンピタンスを拡張可能な新規事業へ参入すべきとする企画が提案されたが，残念ながら，これら提出された事業の多くは，すでに親会社並びにグループ各社のコア事業と競合する可能性があるため，後発参入は不可能と判断され，計画そのものが頓挫した苦い経験を持つ。このエピソードからも分かる通り，子会社独自の新規事業戦略は，非関連多角化ならともかく，関連多角化の場合，親会社やその他のグループ企業のコアまたは周辺の事業に強い制約と影響を常に受けている。つまり，子会社は，制約条件下で物事を考え計画し行動することが暗黙に義務付けられているのである。したがって，よく子会社の自立化や主体性の獲得などが主張されるが，いくら美辞麗句を並べたとしても，そもそも多くの制約条件を有する子会社が主体的な成長戦略を自由に策定することなど，実は難しいのである。

　第3は，子会社の二重拘束性である。通常，グループ経営を担う親会社幹部たちは，連結の対象である子会社には積極的に関与するが，その下の層に存在する孫会社群については，基本的にタッチしないか，あるいは間接的に関与するのみに限られる。これに対し，子会社幹部たちは，親会社が形成するグループ経営に貢献する役割に加え，自らが形成する孫会社を対象としたグループ・ネットワークを運営する中心的存在であるという，いわば二重の役割を担っている。たとえば，日立グループの有力な連結子会社である日立化成工業は，日立グループの上場子会社11社のうちの1社であると共に，53社から構成された連結子会社を自ら束ねる親会社の立場でもある。このような場合の子会社マネジャーは，マクロなグループ経営の構成メンバーである立場とミクロなグループ経営のコンダクタ

ーとしての2つの立場を全うする重要な使命を担っており，その結果，どうしても企業経営上の優先順位が中途半端な状態に陥りやすい。このため，子会社の業績拡大が先かそれともグループへの貢献を優先すべきか，グループ全体の方向性と優先順位をはっきり示すこともまた重要である。

　ところで，子会社の態度・あり方の実態を踏まえ，今後はより一層子会社の自立化を進めるべきであるとの議論がしばしば論じられる。たとえば，先述した西山（1998）のなかで取り上げられた事例である。住友商事からサミットへ出向した元社長の荒川伸也氏によると，子会社が成功するには，親会社から完全に独立することが必要であると主張している。また，同氏は，親会社から子会社へ実行される経営資源の政策失敗について，次のように説明している。まず，親会社からのヒトの供給は，3年～6年で変わってしまうため，事業の発展が阻害されてしまう。親会社からのモノやカネの供給もまた，ほとんど役に立たず子会社の足を引っ張るだけである。さらに，親会社からの情報もまた，実務上のシステムがまるで違うため役に立たないと断罪している。しかしながら，ここで注意すべきは，子会社の強化にはリスクもまた伴う点である。たしかに子会社を育成・強化して自立化させる方向性は正しいし不可欠な課題だろう。ところが，子会社が大きなパワーを持つと，グループ全体に及ぼす影響度は必然的に高くなるため，もしも仮に子会社経営の失敗挫折，敵対的買収による買収，競争地位の低下などが発生した場合，グループが内包する競争力や組織力が著しく影響を被り，グループ企業価値に大きなダメージを与えかねない。よって，子会社の強化・自立化を闇雲に主張するのではなく，グループ経営にとって強化・自立化が適切かどうかを詳細に検証したうえで行動に移すべきである。

2-3-4　子会社のグループ貢献

　日本型親子関係に横たわる最後の問題は，子会社のグループ貢献であり，具体的には主に3つの課題があげられる。第1は，グループ貢献意識の欠如である。そもそも子会社の多くは，経営資源の脆弱性やアクティビティに限界があるため，自社のことで精一杯であり，その他のグループ企業を積極的に支援したり，グループ全体へ貢献する取り組みはとかく二の次となりやすい。そもそも子会社は，親会社と比較すると視野が狭く，とりわけ，水平統合型のグループ経営の場合，垂直統合と違って個々のビジネス・ユニットが独立しているため，その他の子会社経営にまで深く関与する必要性は低い。さらに，親会社と同様に子会社もまた，

自社が形成するネットワークの運営者なので，自身の企業グループの強化を優先することは，何ら不自然な行為ではない。つまり，子会社とは，自らの部分最適経営と親会社による全体最適経営の間で，常に大きなジレンマに苦しめられる存在である。もし，全体最適を優先すれば，自身の部分最適経営が疎かになるし，逆に子会社経営に力点を置けば，グループ全体の最適経営が不十分となる。つまり，その意味からすると，部分と全体のバランスが真に問われるのは，親会社でなく実は子会社の方であると言えるかもしれない。

　第2は，グループ学習意欲の欠如である。子会社は親会社に比べ，学習意欲はそれほど高くない。子会社を取り巻く組織間学習のその主な対象をあげると，「親会社」，「親会社が形成する企業グループに所属するグループ企業」，「外部企業」が主な学習主体としてあげられる。そして，このなかで子会社との学習頻度が高いのは，おそらく，①親会社，②外部企業，③グループ企業の順となるだろう。子会社は，設立時あるいはオペレーション段階に至るまで，親会社から有形無形の経営資源の移転とサポートを受けている。このため，親会社との組織間連携はもっとも強固となり，学習レベルは一番高いと考えられる。これに次いで学習頻度が高いのは，おそらく外部企業だと考えられる。何故グループの内部企業に比べ，外部企業の方が学習しやすいのだろうか。それは，子会社に必要な資源やノウハウは，グループ内よりもグループ外に点在する可能性が高いからである。また，グループ内からの調達には，あれこれと制約や制限が多く，このため，学習コストが高くなるからである。まず，子会社が求める資源やノウハウの多くは，通常，グループ内という狭いエリアよりも企業グループの枠を超えた世界に散在すると考えられるが，たとえ子会社が求める資源やノウハウがグループ内に存在しても，それを所有するグループ企業が簡単に知識提供に応じたり，あるいは学習支援をしてくれるとは限らない。なぜなら，多くのグループ経営では，メンバー同士の相互連携を促進する一方で，メンバー同士を互いに競わせ切磋琢磨するメカニズムもまた同時に内包されているからである。つまり，グループ・メンバーは，同じ仲間同士という関係と共に，互いにライバル同士の関係という両面を持ち合わせるため，子会社は，しがらみの少ない外部企業との組織間学習を通じてベストプラクティスの移転を図る方が，むしろ都合がよいと考えられるのである。

　第3は，グループ貢献と子会社成長のジレンマである。通常，程度の差こそあれ，親会社は，子会社群に各種のグループ貢献を押しつける。しかしながら，子

会社はグループ貢献に注力した結果，自身が成長する機会を失いかねない事態に陥る危険性もまた発生する。そもそも，グループ貢献は，親会社が描くシナリオのため，子会社にとっては最優先事項ではない。特に子会社がライバルと厳しい企業間競争を繰り広げている場合は，なおさらである。このようにグループ貢献と子会社成長は，必ずしも両立できるものではなく，むしろ，子会社がグループ貢献を重視したからといって自身の成長は，保障されるものではない。

2-3-5　グループ経営と日本型親子関係

　なぜ，日本企業の多くのグループ経営は失敗するのか。1990年代以降，グループ経営研究は，飛躍的に進展したにもかかわらず，数多くの日本企業が不満を抱えているのはなぜだろうか。本節では，日本型親子関係に横たわる「固定化された秩序」がその真因だと考えている。「固定化された秩序」とは，「親会社の立ち位置」「親会社のグループ統制」「子会社の立ち位置」「子会社のグループ貢献」という日本の企業グループが長い歳月と幾多の経験から形成してきた一種の体質であり，これは容易には変えられない性格を持っている。つまり，グループ経営失敗の本質とは，現実の企業グループの性格や体質と理想的なグループ経営の姿である全体最適経営との間に大きなズレが生じている結果によるものと考えられるのである。このため，現実の企業グループに内包する「固定化された秩序」が存在する限り，いくらグループ経営の精緻化や完成度を高めたとしてもミスマッチは解消されず，失敗を余儀なくされるだけである。

　このため，伝統的な日本型親子関係をベースにしてグループ経営モデルを構築するか，それとも理想的なグループ経営モデルをベースに日本型親子関係のあるべき姿を模索するか，問題はこの2点に絞られる。とはいえ，伝統的な日本型親子関係が普遍的であり続けるかぎり，今後ともグループ経営を通じて十分な満足を得ることはできない。たとえば，「親会社による私物化」と「子会社の慢性的な受け身状態」とは，日本型親子関係に広く観察される特徴であり，こうした日本型親子関係が有するある種のクセが存続する限り，今後とも日本企業がグループ連結経営からの果実を得ることは困難であるにちがいない。したがって，今後は，洗練されたグループ経営のあり方を追求するだけでなく，グループ連結経営の効果を最大限に享受できる新しい日本型親子関係の構築を検討することが肝要と考える。

Part 2：グループ経営の研究

第3章

全社戦略としてのグループ経営

3-1　戦略観のジャングル

　企業の戦略観は，過去から現在に至るまで多種多様な概念が創造されてきた。戦略観（View）とは，その時代ごとに支配的となった研究テーマや学説そしてアプローチと定義される。今日の戦略論は，「戦略観のジャングル」ともいい表わせるとおり，論者の数だけ主義・主張が存在する。たとえば，Mintzberg, Ahlstrand and Lampel（1998）は，多様な戦略学説を"戦略サファリ"と呼び，「デザイン・スクール」，「プランニング・スクール」，「ポジショニング・スクール」，「アントレプレナー・スクール」，「コグニティブ・スクール」，「ラーニング・スクール」，「パワー・スクール」，「カルチャー・スクール」，「エンバイアメント・スクール」，「コンフィギュレーション・スクール」という合計で10のスクール（学派）に分類・整理している。沼上（2009）もまた，戦略観を「戦略計画学派」，「創発戦略学派」，「ポジショニング・ビュー」，「リソース・ベースト・ビュー」，「ゲーム論的アプローチ」の5つの学派に分類している。さらに青島・加藤（2003）は，これまで単なる羅列に過ぎなかった戦略観の分類について体系的に類型化することに成功している。彼らは「ポジショニング・アプローチ」，「資源アプローチ」，「ゲーム・アプローチ」，「学習アプローチ」という4つの戦略観を明らかにしているが，ここで特に注目すべき点は，ライバルとの利益格差の要因を企業の「内部」と「外部」に求める従来までの静態的な接近方法に対して，これらを動態的な動きから捉え分析する新たなアプローチを開発したことである。つまり，企業の内部環境と外部環境を分析する伝統的なやり方は，その一

時点における要因を捉えるものであった。楠木（2010）は，これを「静止画症候群」と表現しているが，実際のビジネスや企業は，常に変化または蓄積を続けているため，スナップショット的な仕方では，実態を半分しか捕捉できない。そこで，内部環境と外部環境の流れや動きを動画（ムービー）として捉え，これによってダイナミックな戦略観，すなわち，内部環境と外部環境を動態的に分析する「学習アプローチ」と「ゲーム・アプローチ」を浮き彫りとしたのである。

これまで膨大に生産されてきた戦略観のうち，もっとも代表的な戦略観とは，何といっても「ポジショニング・ビュー」と「リソース・ベースト・ビュー」があげられる。80年代に登場したポジショニング・ビュー（Positioning View）は，企業の利益源泉が企業外部の構造にあるとする考え方である。「ポジショニング・ビュー」は，産業構造ビュー（Industry Structure View）とも呼ばれ，魅力的な業界や儲かるビジネスで戦うべきとする考え方である。すなわち，企業が「どこで戦うか」を重視する論理であり，利益を出しやすい業界を見つけ出し，もっとも都合のよい最適な位置取り（Positioning）をする戦略観であるといえる。そして，当該業界の魅力度の評価や最適な位置取りをどう可能にするかを明らかにする具体的なモノサシとして，5つの圧力分析（Five forces Analysis）がすでに開発されている。Porter（1980）が提唱したこのフレームワークは，「買い手の交渉力」「サプライヤーの交渉力」「新規参入の脅威」「代替品・サービスの脅威」「既存企業間の敵対関係」という5つの構成要素からなり，もしこれら5つの圧力が小さければ，業界の魅力度は高いと判断され，自然体でやっていけば自社が競争優位を獲得できるが，もし5つの圧力が大きいような場合，業界の魅力度は低いと見なされ，自然体ではますます苦境に立たされてしまうがゆえ，いよいよ戦略が必要とされるものである。

これに対し，90年代にブームとなったリソース・ベースト・ビュー（Resource Based View）は，利益源泉が企業内部の能力にあるとする視点であり，「資源ベースの戦略観」あるいは「コンピタンス・ベースト・ビュー」とも呼ばれる場合もある。リソース・ベースト・ビューは，企業が「どこで戦うか」ではなく「どのようにして戦うか」を重視する考え方である。つまり，これは，企業が長い間蓄積してきた知識・ノウハウを意味する見えない資源をテコにして競争し戦うことを意味するものである。そして，見えない資源の優位性を浮き彫りにするための分析的枠組みとして，VRIOフレームワークが有効とされている。Barney（2002）によると，これは，資源の価値（Valuable Resources），資源の希少性

(Rare Resources），資源の模倣不完全性（Imperfectly Imitable Resources），資源の代替可能性（Substitutability）を比較・検証することで，見えない資源を通じてどんなレベルの競争優位性が達成できるのかを判断し，そして把握する手法である。VRIO フレームワークに従うと，第１に，もしライバルと比較した場合，「資源の価値」が低いとき，企業は「競争劣位」に陥る。第２に，たとえ「資源の価値」は高くても「資源の希少性」が低い場合，企業は「競争同位」となる。そして，第３に，「資源の価値」や「資源の希少性」が共に高くても，「資源の模倣不完全性」が低ければ，企業は「一時的な競争優位」を獲得できるにとどまる。最後に，「資源の価値」，「資源の希少性」，「資源の模倣不完全性」，「資源の代替可能性」がどれも高ければ，企業は「持続的な競争優位」を手に入れることができ，もっとも効果的であると判定されるものである。

　「ポジショニング・ビュー」と「リソース・ベースド・ビュー」という２つの戦略観は，今日でも有効なアプローチであることに変わりはないが，近年，これらの戦略観の他にも，グループ経営に関連した新しい戦略観の提唱がなされている。たとえば，「関係性ビュー」は，組織と組織，企業と企業の関係性にこそ，重要な戦略が隠されていることに着目したアプローチである。また「人的資本ビュー」は，企業の人的資源を重要な戦略資源として捉えるアプローチである。そこで，これらの新しい戦略観について，既存の「ポジショニング・ビュー」や「リソース・ベースド・ビュー」と対比しながら，主張する論者の見解を取り上げてみよう。

　今日のビジネスでは，「関係性」という概念がきわめて重要なキーワードとなっている。組織間ネットワークに注目する「組織間関係」，顧客との関係を重視する「関係性マーケティング」，売り手や買い手との間を管理する「リレーションシップ・マネジメント」など，経営やマーケティングの領域では，すでに重要なテーマとして精緻化が進んでいるが，このような「関係性」という概念は，戦略論の世界でも導入と応用が進んでいる。たとえば，Dyer and Singh（1998）は，関係性こそが競争力の源泉であると主張している。彼らは，業界を分析単位とする「業界構造の戦略観」，企業を分析単位とする「資源ベースの戦略観」に対して，企業のペア（２つの企業同士）やネットワークを分析単位とする関係性（Relational View）の戦略観という概念を提唱している[11]。というのも，企業の競争優位の源泉である中核的な資源や能力の生成は，企業の境界を超えた範囲にまで拡大しており，企業間におけるルーチンな取り組みから資源や能力として生まれ

図表 3-1　関係性の戦略観

	業界構造の戦略観	資源ベースの戦略観	関係性の戦略観
分析単位	業界	企業	2つの企業 またはネットワーク
高収益を生み出す 主要な源泉	相対的交渉力 共謀	希少な物的資源 (土地、原材料など) 人的資源／ノウハウ (管理能力など) 技術資源 (プロセス技術など) 財務資源 見えない資源 (評判・名声など)	関係特殊資産 企業間知識共有 ルーチン 補完的資源能力 効果的統治システム
利益保護のメカニズム	参入に対する 業界障壁 ・政府の規制 ・生産性／埋没原価	模倣に対する 企業レベル障壁 ・希少な資源／財産権 ・因果関係の曖昧性 ・時間圧縮の不経済 ・資産ストックの相互 　関係	模倣に対するダイアデック ／ネットワーク障壁 ・因果関係の曖昧性 ・時間圧縮の不経済 ・組織間資産ストックの 　相互関係 ・パートナーの希少資源 ・資源の不可分性 ・制度環境
所有権／プロセス／資 源を生み出すレントの コントロール	集合体（競争企業）	個人企業	集合体（取引パートナー）

(出所)　Dyer and Singh (1998) p.674.

るようになってきたからである。つまり，換言すると，企業の内部で生み出した資源や能力と企業間そして事業間ボーダーから生起された資源と能力を統合する重要性が高くなったのである（図表3-1）。

　Dyer and Singh (1998) によると，「業界構造の戦略観」における高収益の源泉とは，業界の5つの圧力に対する「相対的交渉力」や「共謀」の可能性であり，また，利益保護のメカニズムとしては，「政府の規制」や「規模の経済性」など，外部からの新規参入者に対する業界障壁の構築が有効であると指摘している。そして「資源ベースの戦略観」における高収益の源泉とは，ヒト，モノ，カネといった「見える資源」と評判や名声などを指す「見えない資源」であり，また，利益保護のメカニズムとしては，「資源の希少性」，「因果関係の曖昧性」，「時間圧縮の不経済」，「資産ストックの相互関係」など，ライバルの攻撃や模倣に対して企業レベルで参入障壁を高くすることが効果的だと論じている。[12]　これに対し，Dyer and Singh (2000) は，「関係性の戦略観」における高収益を生み出す源泉

として，次のような4つの項目をあげている。第1は，知識共有ルーチンの創造（Creating Knowledge Sharing Routines）である。これは，提携パートナーとの協力や協働を通じて，暗黙的な知識・ノウハウの学習を指すものであり，相手から知識・ノウハウを移転する際，受け手側の吸収能力の充実が求められる。そして，「知識理解能力」と言い換えてもかまわない吸収能力を高めるには，パートナー間の知識基盤の重複化を図るなど，パートナー間の相互作用の最大化が重要なカギを握っている。さらに，知識共有ルーチンの創造から関係優位性を構築するには，パートナー間の透明性を高めたり，パートナー同士がただ乗り防止に心がけることが何よりも大切である。

第2は，補完的パートナーの選択（Choosing Complementary Partners）であり，自社資源や能力と比べて補完性の高い資源または能力を持つパートナーを探し出すことである。もし，補完的なパートナーが見つかれば，大きなリターンを生み出すことができるが，逆に補完性の低いパートナーを選択したならば，マイナス・シナジーが働き大きな効果は期待できない。補完性のある資源や能力を有するパートナーを選ぶための秘訣とは，相手の資源や能力の価値の把握に加え，潜在的な補完性を評価する能力の開発である。また，補完性については，資源や能力の補完性を意味する戦略的補完性に加え，意思決定プロセスや調整システムという組織的補完性にも十分配慮すべき必要がある。

第3は，相互特殊化資産の構築と管理（Building and Managing Co-specialized Assets）である。「関係特殊化資産」とも呼べる「相互特殊化資産」は，それぞれのパートナーと明らかに結びついている資源や能力のことであり，これらの資産を生み出しうる的確なマネジメントが求められる。「相互特殊化資産」は，市場の不確実性が解消されたオペレーション効率を達成する状況下で特に重要である。また，この種の資産は，個々の企業の資産が組み合わされ，カスタマイズされた資産のため，ライバルに対する模倣困難性を高める効果もある。

第4は，効果的なガバナンス・プロセスの確立（Establishing Effective Governance Processes）であり，これには，次のような2つのメカニズムが考えられる。1つは，公式のメカニズムであり，正式な文書を通じた契約，協力業務の進捗を監督する委員会の編成などである。もう1つは，パートナー間における社員同士が個人的な信頼関係を構築するという非公式のメカニズムである。そして，これら2つのメカニズムのうち，関係優位性（Relational Advantage）のための戦略として優れているのは，非公式のメカニズムとされる。というのも，非公

式のメカニズムの方が市場の不確実性へ柔軟に対処できるが，公式のメカニズムは，最高の努力と資源を引き出すインセンティブとはならないからである。

　一方，関係性の戦略観における利益保護のメカニズムとしては，「因果関係の曖昧性」，「時間圧縮の不経済」，「組織間資産ストックの相互関係」，「パートナーの希少資源」，「資源の不可分性」，「制度環境」など，ライバルや模倣者に対するダイアデック／ネットワーク障壁の構築が有効であると指摘している。

　次に，組織を構成する人材の夢や才能に準拠する戦略観は，人的資本ビュー（Human Capital View）と呼ばれている。このアプローチは，伝統的な財務資本や組織能力に対して，「人的資本」および「知的資本」を主要な戦略資源とする考え方であり，これまでも，数多くの論者によって意見がなされてきた。たとえば，伊丹（1987）は，株主のための経営，カネのネットワークを重視する，いわゆる資本主義の欧米企業に対して，社員のための経営，ヒトのネットワークを通じて見えざる資産の蓄積を重視する考え方を「人本主義」として捉え，日本企業による独自の経営スタイルであると主張した。Pfeffer（1994）は，伝統的な企業の成功源泉は，製品・プロセス技術，保護または規制された市場，財務資源へのアクセスの良さ，規模の経済性であったが，しかし，これらの要因の重要性は，すでに低下の一途を辿っている。そこで，新たな企業競争力の源泉として「人材」を重視すべきであり，これからは「人材」をどうマネジメントするかを通じて企業の競争優位性は大きく左右される時代が到来したと論じている。そして，人材を優先にする戦略的な効果として，「雇用保証」，「個別採用」，「自己管理チームの編成と権限分散」，「広範囲な社員教育」，「職階差の縮小」，「情報開示」，「高給と報奨制度」によって社員の能力を発揮させる経営を実行した場合，模倣の困難性や様々な効果（変革，柔軟性の向上，顧客サービスの向上，生産性の向上，コスト削減，組織学習と技能開発など）が生じて，高収益や競争力を得ることができるとしている（Pfeffer, 1998）。Bartlett and Ghoshal（1997）は，これまでヒトや人材については，マイクロ・マネジメントが重視されてきた。しかし，これからは「管理」ではなく「エンパワーメント」，すなわち，現場の裁量を拡大して自主的な意思決定を促しながら，行動を支援またはモチベートすることが肝要だと主張している。そのうえで，過去のパラダイムでは「戦略－構造－システム」を意味する3S（Strategy-Structure-System）が大切だとされてきた。つまり，戦略の策定を通じて組織構造が形成され，社員たちを管理するシステムが形成されたならば，企業の業績は確実に高まるとする考え方であった。ところが，

図表3-2 戦略論の進化

	製品と市場を巡る競争	資源・コンピタンスを巡る競争	人材・夢を巡る競争
戦略目標	防衛できる 製品―市場の地位	持続可能な 競争優位	絶え間ない 自己再生
主要なツール・視点	・産業分析：競争相手分析 ・市場の細分化・位置づけ ・戦略立案	・コア・コンピタンス ・経営資源に基づいた戦略 ・ネットワーク化された組織	・ビジョンと価値観 ・柔軟性と革新 ・最先端の起業家精神と実験
主要な戦略資源	金融資本	組織能力	人的・知的資本

（出所）Bartlett and Ghoshal (2002) p.35.

これでは，トップが実際の知識や組織の現場から乖離してしまう。加えて，管理階層の増加という副産物の発生もまた生み出してしまう。さらに，長期間にわたる組織構造の複雑化・細分化に伴う官僚主義や複雑な階層組織と高度なマネジメントが柔軟性と成長の足かせとして働いてしまう。そこで，新たなパラダイムとして「目的－プロセス－人材」という3P（Purpose-Process-People）モデルへ転換を果たす必要があると論じている。これは，企業目的を明確化して学習やイノベーションのプロセスを作り上げれば，従業員を組織人から企業家へ変身できる考え方である。つまり，豊かな夢のある企業目的の構築によって効果的な経営プロセスによる活性化が実現され，社員の能力開発と視野の拡大ができ，企業の業績を向上させることができるとする考えである。[13] 最後に，Ghoshal and Gratton (2003) は，ヒューマン・キャピタルの構成要素として，個人の学習能力，知識，スキルを指す知的資本（Intellectual Capital），社会的ネットワークとの社交性や信頼を意味する社会資本（Social Capital），野心，勇気，行動力を意味する感情資本（Emotional Capital）であり，なかでも，意志（Volition）の力（Willpower）を意味する「感情資本」こそ，もっとも重要な構成要素と主張している。[14]

このように近年のビジネスでは，人的資本こそ企業の競争力の源泉であるとされ，実際に世界的な「人材獲得競争」は，激化の一途を辿っている。このため，戦略論でもポジショニングや資源ベースに続く新たな競争展開の進化であると指摘されるようになった。Bartlett and Ghoshal (2002) は，図表3-2のとおり，戦略論の進化を明らかにしている。まず，伝統的な製品と市場を巡る競争では，防衛できる製品と市場の地位が戦略目標とされ，この際，主要なツール・視点として「産業分析（ライバル分析）」，「市場の細分化と位置づけ」，「戦略立案」があげられ，さらに，主要な戦略資源として「金融資本」を取り上げている。一方，

資源・コンピタンスを巡る競争では，持続可能な競争優位性が戦略目標とされ，このための主なツール・視点には「コア・コンピタンス」，「資源ベースの戦略」，「ネットワーク化された組織」があげられ，さらに，組織能力が重要な戦略資源に取り上げられた。これに対して，人材・夢を巡る競争は，絶え間ない自己再生が戦略目標とされ，それを実現する具体的なツールや視点として「ビジョンと価値観」，「柔軟性と革新」，「最先端の起業家精神と実験」が取り上げられる一方で，この場合における主要な戦略資源とは，「人的・知的資本」であると主張した。

3-2　全社戦略とグループ経営

　周知のとおり，企業の戦略論は，「経営戦略」「企業戦略」と呼び換えられる全社戦略（Corporate-Level Strategy）と一般に「競争戦略」という名前の方が浸透している事業戦略（Business-Level Strategy）に大別できるが，それでは，「全社戦略」と「事業戦略」のそもそもの違いとは，いったい何だろうか。第1の違いとして「全社戦略」は，企業が複数の市場や業界における活動を組み立て調整することで価値を創造する方法であり，企業優位性（Corporate Advantage）の獲得を目指す行為であるのに対し，「事業戦略」は，企業が単一の市場や業界における活動を組み立て調整することで価値を創造する方法とされ，競争優位性（Competitive Advantage）の構築を追求する行動と定義される（Collis and Montgomery,1998）。第2の違いとして「全社戦略」は，事業領域というドメインを定義すること（Domain Definition）であるのに対し，「事業戦略」は，ドメインを走行すること（Domain Navigation）であるという違いがあげられる。つまり，「全社戦略」は，どんな業界や事業を選ぶべきかを問うのに対し，「事業戦略」は，選ばれた業界や事業でいかにして競争するのかを問うものである（Bourgeois, 1980；Grant, 1991）。第3の違いとして大雑把に言うと「全社戦略」は，見えない資産（知識・ノウハウ）を巡る競争であるのに対し，「事業戦略」とは，見える資産（製品・サービス）を巡る競争というものである。つまり，「全社戦略」は，見える資産の背後に潜む見えない何かが存在するはずだという部分に注目するのに対し，「事業戦略」は，実際の市場で対応可能な製品・サービスという見える資産そのものに関心が注がれる点に本質的な違いがある。さらに，企業の業績は，資産の獲得や活用を意味するアクションと企業の資産や業界環境（全般的環境）

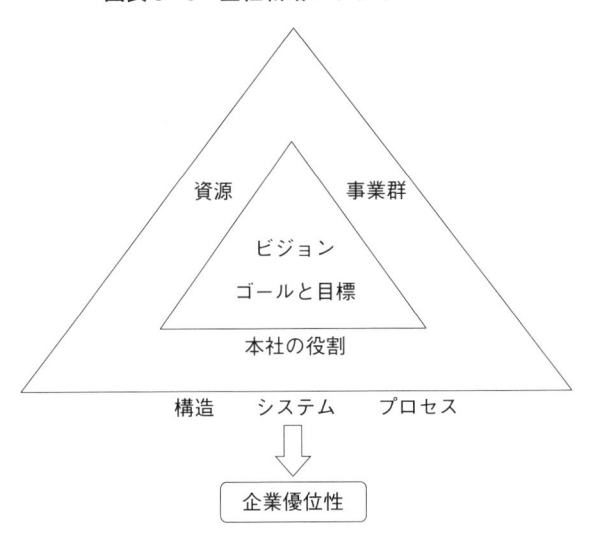

図表3-3　全社戦略のトライアングル

```
                  ▲
                 ╱ ╲
                ╱   ╲
               ╱資源 事業群╲
              ╱  ┌─────┐  ╲
             ╱   │ビジョン│   ╲
            ╱    │ゴールと目標│   ╲
           ╱     ├─────┤    ╲
          ╱      │本社の役割│     ╲
         ╱       └─────┘      ╲
        ╱ 構造   システム   プロセス ╲
       ─────────────────────────
                  ⬇
              ┌──────┐
              │企業優位性│
              └──────┘
```

（出所）Collis and Montgomery (1998) p.72.

を指すコンテクスト（状況・環境）の組み合わせから決定されるが，そのうえで，第4の違いとして「全社戦略」とは，複数の事業内におけるアクションとコンテクストの組み合わせと個々の事業のアクションが他の事業の業績に影響を与える戦略的波及効果（Strategic Spillover）をマネジメントであるのに対し，「事業戦略」とは，単一事業内におけるアクションとコンテクストのマネジメントである違いがあげられる（Saloner., Shepard and Podolny, 2001）。

次に，「全社戦略」に的を絞って議論してみよう。というのも，グループ経営（戦略）は，おそらく，「全社戦略」の領域に含まれるからである。まず，Collis and Montgomery（1998；2005）は，「全社戦略」の枠組みとして「資源」，「事業群」，「組織構造・システム・プロセス」，「ビジョン」，「目的と目標」から構成された「企業戦略トライアングル」を提唱している（図表3-3）。

そして，優れた全社戦略とは，これらトライアングルにおける個々の要素の質ではなく，すべての要素が調整され統合されたシステムとなり得ていること，つまり，構成要素が互いに依存し，支えあい，互いに補強しあうという内的一貫性（Internal Consistency）が確保されていることが重要であり，これらの要素の組み合わせが最適化されたとき，企業は企業優位性（Corporate Advantage）を構築で

きるものと主張している。それでは,「企業優位性」とは,どうしたら測定できるのだろうか。この点について, Goold., Campbell and Alexander (1994) は, 3つの測定方法を提示している。1つは,その事業を所有することで他の事業の利益につながっているかを調べる方法があげられる。つまり,この方法は,事業間における「戦略的波及効果」の有無を検証することであり,全社レベルの戦略における重要な尺度である。2つ目は,その事業から創造される利益は,その事業を所有するコストに比べて大きいかどうかを測定するものである。つまり,特定事業の利益がそれを所有する費用を上回る場合,「企業優位性」は高いと評価できる。3つ目は,その事業から創造される利益は,他の企業がその事業を所有した場合や今と異なる企業統治を採用した場合に比べて大きいかどうかである。これは当該企業がその事業を担うべき本当の所有者であるか否かを問うものである。

それでは,「全社戦略」を戦略階層のレベルから考察した場合,いったいどのように位置付けられるだろうか。De Wit and Meyer (2005) は,戦略のレベルを4つの階層に分類している(図表3-4)。

最初に,「ネットワーク・レベル」とは,自社と他社のように企業同士のつながりを指すレベルである。たとえば,競争相手やサプライヤーそして出資関係にある子会社や関係会社等が該当するものと考えられる。図表3-4のとおり,会社X,会社Y,会社Z間におけるネットワークQを問題とするレベルであり,一般的には「企業間関係」または「提携パートナーシップ」と呼べるものである。このような「ネットワーク・レベル」の戦略には,「M&A」,「戦略提携」,「全社的なリストラクチャリングやイノベーション」があげられる。「M&A」とは,外部企業を合併買収する行為であり,「戦略提携」とは,基本的に企業間における協力を意味するものである。

「コーポレート・レベル」とは,企業内における事業部門(ビジネス・ユニット)同士のつながりに焦点をあてたレベルを指す。図表3-4を見ると,会社Xは,ビジネス・ユニットA,B,C,Dという4つの事業を展開しており,これは,先に述べた「企業間関係」に対して「組織間関係」または「事業間関係」さらに「コーポレーション・グループ」とも呼ばれている。そして,「コーポレート・レベル」の戦略は,「多角化」,「戦略的撤退」,「事業レベルのリストラクチャリングやイノベーション」があげられる。周知のとおり,「多角化」には,関連分野と非関連分野へそれぞれ進出する2つのパターンが存在する。また,地理的市場の国際的な多角化もあげられる。「戦略的撤退」は,既存事業から清算,売却

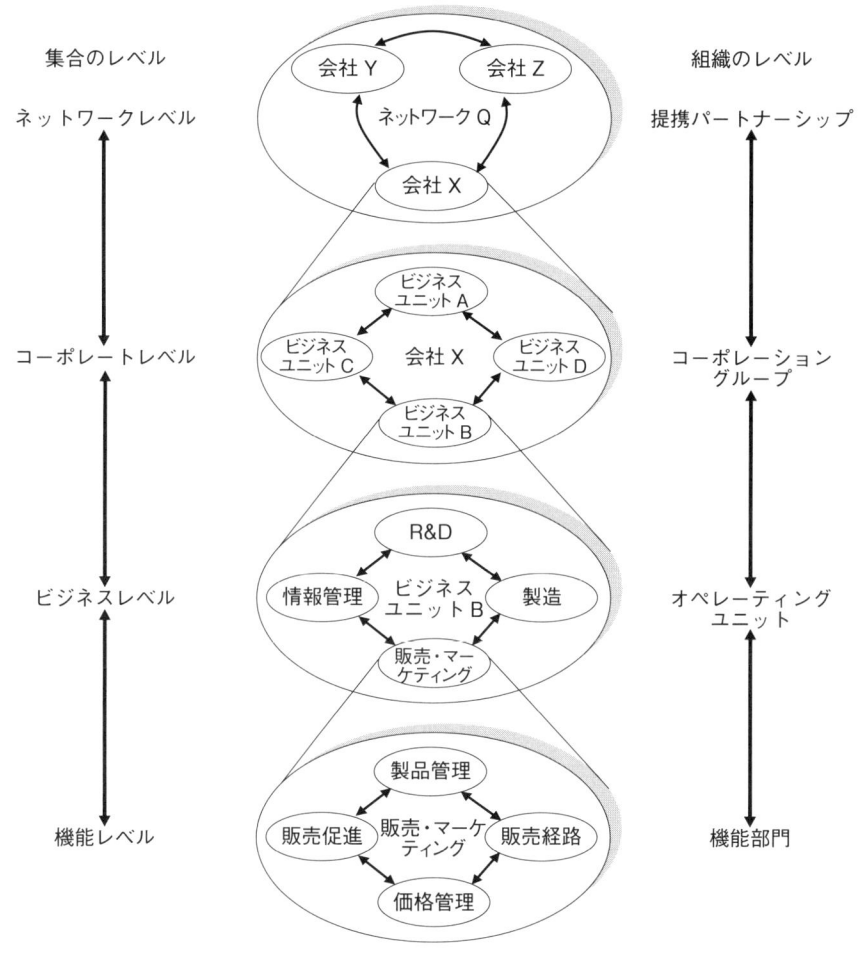

図表3-4 戦略のレベル

集合のレベル　　　　　　　　　　　　　　　　　　組織のレベル

ネットワークレベル　　　　　　　　　　　　　　　提携パートナーシップ

コーポレートレベル　　　　　　　　　　　　　　　コーポレーショングループ

ビジネスレベル　　　　　　　　　　　　　　　　　オペレーティングユニット

機能レベル　　　　　　　　　　　　　　　　　　　機能部門

（出所）　De Wit and Meyer（2005）p.9.

（営業譲渡，株式譲渡），縮小などを通じて撤退する行為である。「イノベーション」は，単一事業または事業部門間における革新の取り組みである。「リストラクチャリング」は，各事業部門に所属する余剰人材や不要な資源を整理・統合である。

　これに対し「ビジネス・レベル」とは，特定のビジネス・ユニットを構成する主要活動と支援活動に注目するアプローチである。図表3-4で説明すると，ビジ

ネス・ユニットBを構成する「R＆D」,「製造」,「販売・マーケティング」,「情報管理」という諸活動を対象とするものであり，競争戦略における「バリューチェーン」または組織論で言うと「オペレーショナル・ユニット」と名づけることができる。ところで，この「ビジネス・レベル」の戦略としては，「コスト・リーダーシップ」,「差別化」,「集中化」があげられる（Porter, 1980）。「コスト・リーダーシップ」とは，規模の経済性を生かして生産性を高めるなど，費用の面でライバルよりも相対的有利を獲得する取り組みである。「差別化」は，ライバルの製品・サービスに対して異なる製品・サービスの提供を通じて相対的優位を獲得するものである。「集中化」は，希少な経営資源を特定の事業や市場へ集めることで優位性を手に入れることである。そして，集中化戦略には，高品質・低コストで勝負する「コスト集中」とライバルの製品・サービスと差別化する「差別化集中」という2つのパターンに区別ができる。

　さて，伝統的な競争戦略論によると「コスト・リーダーシップ」,「差別化」,「集中化」というこれら基本戦略は，通常，二者択一すべきであり，仮にこれを同時並行的に使用した場合，中途半端（Stuck in the Middle）に陥って失敗するものと信じられてきた（Porter, 1980）。しかしながら，近年における成功企業のビジネス戦略をよく観察すると，これらの企業では，異なる基本戦略を統合または組み合わることで圧倒的な競争優位性を構築している。たとえば，世界のアパレル業界を席巻するファスト・ファッション企業の競争戦略を見ると，一方では，SPAと呼ばれるローコスト・オペレーションによって低コスト優位を実現しながら，同時に他方では，デザイン性や機能性の優れた製品・サービスを通じて差別化優位という2つの基本戦略を軸にグローバルな市場競争を繰り広げている。また，ブルーオーシャン戦略の事例として，よく取り上げられるヘアカット専門店であるQBハウスもまた，顧客のできるサービスは行わず，顧客ができないサービスだけに特化することでカット時間10分，料金1,000円という低価格を実現しながら，ターゲット顧客を忙しい会社員などへ絞り込むことで低コストと（顧客）の差別化を同時に統合する戦略を展開し，成熟市場のなかでひとり勝ちを独占している。このような「低コスト」と「差別化」を同時に追い求める新たな戦略の考え方は，最近，コスト・リーダーシップと差別化の統合戦略（Integrated Cost Leadership／Differentiation Strategy）と呼ばれ，80年代に提唱された「2兎追うものは1兎をも得ず」とする戦略を真っ向から否定し，「2兎を追う戦略」の有効性を正当化する新たな知見として注目に値するものである

(Hitt., Ireland and Hoskisson, 2009)。

　最後に「機能レベル」とは，特定の諸活動内における諸機能またはそのつながりを指すレベルである。たとえば，販売・マーケティング活動とは，4つのP機能（製品，販路，価格，販促）から構成され，これらを最適化する取り組みは，マーケティング・ミックスと呼ばれ，長い間，企業において重視されてきた。

　さて，4つに分類された戦略のレベルのなかでグループ経営（戦略）の範疇とは，「ネットワーク・レベル」と「コーポレート・レベル」であるにちがいない。つまり，グループ経営とは，競争相手やサプライヤー，そして出資関係で結ばれた子会社や関係会社を対象とする「企業間グループのマネジメント」と各事業部門（ビジネス・ユニット）を対象とする「企業内グループのマネジメント」を指すものであり，換言すれば，企業間と企業内という2つのボーダーに対する適切なマネジメントこそ，グループ経営の真の姿なのである。

第4章

グループ経営研究の変遷

4-1 グループ経営研究の流れと5つのアプローチ

　本章では，グループ経営に関する諸研究を整理しながら，これまでの研究発展の様子について触れて見よう。グループ経営に関する主な文献を遡って調べてみると，アカウンティング関連のものが圧倒的に多く，マネジメント関連の研究成果は，減少の一途を辿っているのが現状のようだ。現在までに発表されたグループ経営研究に関する資料等を分類して整理すると，そこから主に3つの事実が浮かび上がってくる。第1の事実は，1970年代以前のグループ経営に関する研究業績は非常に少ないことである。たとえば，"企業集団をいかに経営管理するかの問題は，実践的にも理論的にももっとも遅れている分野の1つである"（高宮，1961a），"集団化戦略の戦略的意思決定に関する研究は不足している"（山田，1971）などの指摘からも明らかなとおり，当該研究は，1970年代以前まで活発に議論がなされてこなかったことが分かる。第2の事実は，"グループ連結経営は21世紀における日本企業の最重要課題である"（伊藤，1999b）という主張のとおり，1990年代の特に後半からグループ経営に関する研究成果は，飛躍的に増加したことである。その理由と背景については後ほど説明するが，とりわけ，この時期にグループ経営を促進する諸々の法律や制度が次々に導入・整備された要因が強い影響を及ぼしていると考えられる。第3の事実としてグループ経営研究とは，1990年代にピークを迎えたものの，2000年代の後半以降は，急速に注目や関心が薄れ始め，今日では，ほとんど発信されなくなってしまったことである。おそらく，円高やデフレの長期化に加え，新興国の追い上げから日本企業の競争

力は著しく低下を余儀なくされているため，グループ経営の精緻化を図るどころではない事態に陥ってしまったからであるにちがいない。

　それでは，これら3つの事実の中で，第2の事実にあたる1990年代の後半から2000年代の前半にグループ経営研究がもっとも活発化した理由に的を絞り込んで考察してみたい。

　第1は，グループ経営に関連する制度・法律の整備が大きく進んだからである。図表4-1は，グループ経営に関連する主な法律・制度を時代ごとに表わしたものであるが，戦後まもない1947年，私的独占の禁止及び公正取引の確保に関する法律である「独占禁止法（独禁法）」が制定され，主たる事業をもたず株式保有を通じて，他社の事業活動を支配する純粋持株会社の設立が禁止された。そして，1949年「独禁法の第一次改正」が実施され，他社の株式所有を容認する事業持株会社が原則自由となった。この改正は，その後の日本企業の特徴である系列や株式の相互持合いにおける法的根拠となった。独占禁止法の第一次緩和「改正」以降，1950年代から1960年代までは，グループ経営に関連する重要な法律・制度は実施されなかったが，1978年，上場企業の親会社・子会社・関連会社の業績を合算した連結決算表である「連結財務諸表制度」が導入され，企業グループを企業として捉える考え方が浮上した。1984年，関連会社の業績を連結財務諸表に反映する「持分法」が採用され，関連会社を含むグループ経営のあり方がより促進された。1997年，企業間の国際競争の激化，グループ経営や企業再編のさらなる円滑化を目的として，戦後の独禁法で禁止されてきた「純粋持株会社」が解禁された。これにより，ようやく先進国のなかで唯一純粋持株会社を認めてこなかった日本も世界の仲間入りを果たした。1999年，完全親会社と完全子会社の関係を円滑に創設する目的で「株式交換・移転制度」と親会社と支配下にある子会社の財務諸表を連結させ，企業集団として財政状態や経営成績を総合的に報告する「連結会計制度」が共に認められた。2000年，企業が有する事業を分離または独立させたりする制度である「会社分割制度」が認められた。2001年，合併・会社分割に伴う企業の組織再編を円滑に進めるための法人税制である「企業組織再編税制」と企業グループの一体性に着目し，企業グループをあたかも1つの法人であるかのように捉えて法人税を課税する「連結納税制度」が制定された。たとえば，2009年6月時点における同制度の導入企業は，NEC，ソニー，東芝，丸紅，住友商事，伊藤忠商事，大成建設，鹿島，NTTがあげられる（日本経済新聞，2009年6月6日）。また，2006年，会社の設立・組織・運営・管理等

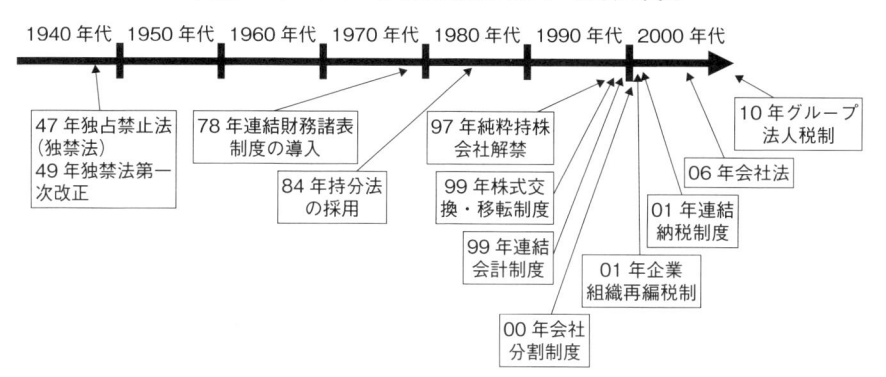

図表4-1 グループ経営関連の法律・制度の変遷

```
1940年代  1950年代  1960年代  1970年代  1980年代  1990年代  2000年代
───┼──────┼──────┼──────┼──────┼──────┼──────┼──────►
```

- 47年独占禁止法（独禁法）
- 49年独禁法第一次改正
- 78年連結財務諸表制度の導入
- 84年持分法の採用
- 97年純粋持株会社解禁
- 99年株式交換・移転制度
- 99年連結会計制度
- 00年会社分割制度
- 01年連結納税制度
- 01年企業組織再編税制
- 06年会社法
- 10年グループ法人税制

を定めた「会社法」が制定された。最後に，企業グループを対象としたもっとも新しい法律として，2010年10月から「グループ法人税制」がスタートした。これは，100％の支配関係のあるグループ会社に対する税制であり，これによって課税なしにグループ内での資産または資金の移転が可能となった。このようにグループ経営を巡る法律または制度は，図表4-1のとおり，90年代後半から2000年代前半までの約10年間で集中的に整備され，その結果として，グループ経営に対する研究や関心の高まりを見せたのである。

　第2は，1990年代後半から2000年代前半にかけて，一芸に秀でた専業企業の魅力度が高まる一方で，総花的経営を展開する総合企業の業績が深刻な不振に陥り，このため，抜本的な改革の必要性が生じたからである。当時を振り返ると，たとえば，エレクトロニクス企業のなかで業績が好調だったのは，キヤノンやロームなどの電子部品や半導体を主に扱う専業メーカーであり，おおよそ15～20％という外国のエクセレント・カンパニー並みの売上高営業利益率を誇っていた。これに対し，ソニー，シャープ，パナソニック，富士通，NECなどの大手総合メーカーの業績は，IT不況の影響も働いて4％以下という低水準に落ち込んでしまった。このため，総合メーカー各社は，選択と集中により低採算事業からの撤退や売却を徹底したり，あるいはヒト，モノ，カネという経営資源の削減など，グループ・リストラクチャリングを実施して打開を図ったのである。グループ経営研究が活発化した1990年代後半から2000年代前半にかけて大手総合メーカーでは，グループ経営の大幅な再編を繰り返し実行したが，ここで，大手エレクトロニクスメーカーであるパナソニック（旧：松下電器産業）による当時

図表 4-2　2002 年 10 月 1 日　グループ 5 社を株式交換で完全子会社化

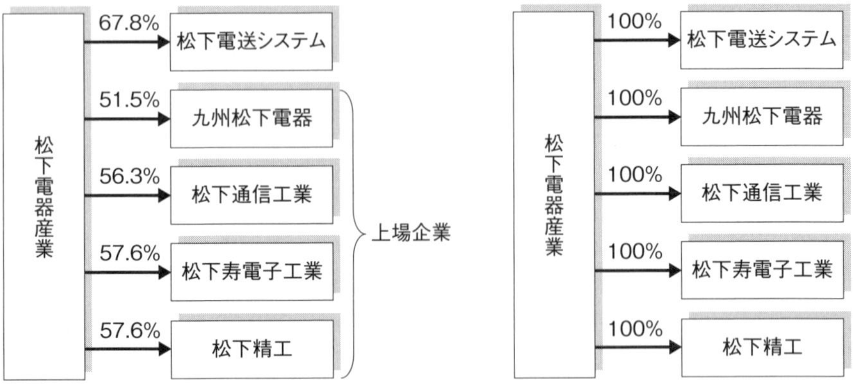

```
松下電器産業 ─67.8%→ 松下電送システム        松下電器産業 ─100%→ 松下電送システム
           ─51.5%→ 九州松下電器                      ─100%→ 九州松下電器
           ─56.3%→ 松下通信工業  ┐上場企業          ─100%→ 松下通信工業
           ─57.6%→ 松下寿電子工業 │                  ─100%→ 松下寿電子工業
           ─57.6%→ 松下精工       ┘                  ─100%→ 松下精工
```

（資料）　パナソニック HP のデータから作成。

のグループ再編の様子について詳しく触れてみよう。同社のグループ再編の取り組みは，次のような 4 つのステージに区別することができる。1990 年代後半，パナソニックが抱えていた深刻な問題は，創業者である松下幸之助が残した事業部制の精神である自主責任経営が既存の事業部体制の不可侵性へとねじ曲げられたことであった（伊丹・中野・加藤，2007）。すなわち，自主責任経営の名のもと，どんどん子会社を増やした結果，2002 年 3 月期の決算では，創業以来，未曾有の巨額な赤字を計上する事態まで発展してしまったのである。危機的状況から脱するため，パナソニックでは抜本的なグループ再編に乗り出した。

　グループ再編の第 1 ステージは，2000 年 11 月 30 日，当時の社長であった中村邦夫氏による中期経営計画「創生 21 計画」の発表であった。その骨子とは，新たな事業セグメントへの変更，ものづくり改革による超・製造業への脱皮，国内家電営業体制の改革であり，キーワードは，破壊と創造であった。そして，これまでの自主責任経営の新たな姿として「デジタル・ネットワーク分野」，「アプライアンス・環境システム分野」，「デバイス・生産システム分野」という 3 分野に約 60 あった事業部を廃止する一方で，新たに 14 の事業ドメインごとの分社制に括り直し，自主責任経営を徹底していく「ドメイン別分社制」を導入・採用した（図表 4-2）。

　第 2 ステージは，「創生 21 計画」の本格的な実施である。2002 年 10 月 1 日，松下電送システム，九州松下電器，松下通信工業，松下寿電子工業，松下精工の

グループ5社を株式交換によって完全子会社化した。その主な狙いとは，グループ内の事業重複・競合の排除，グループ全体最適の開発リソース集中・一元化，開発・製造・販売の責任を一元的に担う運営体制の構築という3点であった（中村，2002）。

　そして，第3ステージは，2003年1月1日完全子会社化したグループ5社を事業ドメイン毎に再編したことである。「パナソニック・コミュニケーションズ＆イメージング」は，グループの固定通信事業を担う会社として，九州松下電器を存続会社に松下電送システムが合併した会社である。「パナソニック・オートモーティブシステムズ」は，松下電器産業のカーエレクトロニクス関連部門，九州松下電器のカーナビ事業，松下通信工業のカーメディアカンパニーが統合したパナソニックの社内分社である。「パナソニック・ファクトリーソリューションズ」は，九州松下電器のFA事業部と松下電器産業のFA社が統合した会社である。「パナソニック・モバイルコミュニケーションズ＆ネットワークス」は，松下電器産業の情報通信営業本部と松下通信工業のモバイルコミュニケーションカンパニーが統合した会社である。「パナソニック・システムソリューションズ」は，松下電器産業のシステム・ソリューション関連部門と松下通信工業のシステムソリューションカンパニーが統合した社内分社である。「松下エコシステムズ」は，松下電器産業の環境システム関連部門と松下精工が統合した会社である（図表4-3）。

　そして，第4ステージは，2008年10月1日「松下電器産業」から「パナソニック株式会社」への社名変更に伴い，グループ再編を再び実行したことである。これまでパナソニックの社内分社であった「半導体社」，「パナソニック AVC ネットワークス社」，「パナソニック オートモーティブシステムズ社」，「パナソニック システムソリューションズ社」，「松下ホームアプライアンス社」，「照明社」，「モータ社」を改め，新たに「セミコンダクター社」，「AVC ネットワークス社」，「オートモーティブシステムズ社」，「システムソリューションズ社」，「ホームアプライアンス社」，「ライティング社」，「エナジー社（旧：松下電池工業株式会社）」，「モータ社」に再編を断行した。一方，これまでの完全子会社であった「パナソニック・コミュニケーションズ株式会社」，「パナソニック・モバイルコミュニケーションズ株式会社」，「松下電池工業株式会社（10月1日付けで100％出資の連結子会社から社内分社に変更）」，「パナソニック・エレクトロニックデバイス株式会社」，「松下エコシステムズ株式会社」，「パナソニック・ファクトリーソリューシ

図表4-3　2003年1月1日　グループ5社を事業ドメイン毎に再編

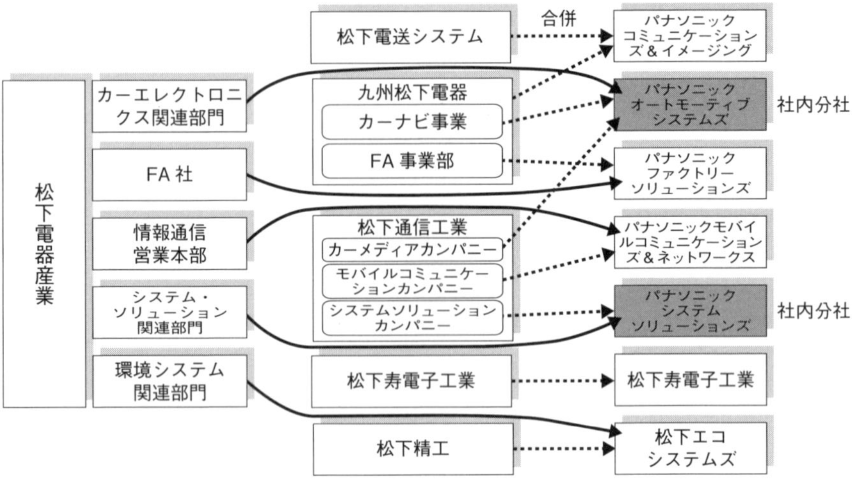

```
松下電器産業
├─ カーエレクトロニクス関連部門 ──┐
├─ FA社 ───────────────┤       松下電送システム ──合併──→ パナソニックコミュニケーションズ＆イメージング
├─ 情報通信営業本部 ──────┤       九州松下電器
├─ システム・ソリューション関連部門 ┤         ├ カーナビ事業 ─────→ パナソニックオートモーティブシステムズ（社内分社）
├─ 環境システム関連部門 ─────┤         └ FA事業部 ──────→ パナソニックファクトリーソリューションズ
                                  松下通信工業
                                    ├ カーメディアカンパニー
                                    ├ モバイルコミュニケーションカンパニー ─→ パナソニックモバイルコミュニケーションズ＆ネットワークス
                                    └ システムソリューションカンパニー ───→ パナソニックシステムソリューションズ（社内分社）
                                  松下寿電子工業 ─────→ 松下寿電子工業
                                  松下精工 ───────→ 松下エコシステムズ
```

（資料）　パナソニックHPのデータから作成。

ョンズ株式会社」，「松下溶接システム株式会社」，「パナソニック四国エレクトロニクス株式会社」をそれぞれ改め，新たに「パナソニック・コミュニケーションズ株式会社」，「パナソニック・モバイルコミュニケーションズ株式会社」，「パナソニック・エレクトロニックデバイス株式会社」，「パナソニック・エコシステムズ株式会社」，「パナソニック・ファクトリーソリューションズ株式会社」，「パナソニック溶接システム株式会社」，「パナソニック四国エレクトロニクス株式会社」のように再編を加えた。他方，これまでの非完全子会社であった「松下電工株式会社」，「パナホーム株式会社」をそれぞれ改め，新たに「パナソニック電工株式会社」，「パナホーム株式会社」として社名変更した。パナソニックでは，こうした一連のグループ再編を通じて，グループ内で重複した事業と資源を排除すると共に，グループ全体最適経営の実現に向け，理想的な体制作りに取り組んだ。そして，こうした幾多のグループ再編を通じて，世界的なIT不況を克服するだけでなく，グループ全体で競争する体制をこの当時構築したのである（図表4-4）。

　その後，パナソニック・グループは，2011年にパナソニック電工と三洋電機を完全子会社化し傘下に収める一方で，今日，歴史的な円高や半導体やテレビなどの事業不振から巨額な赤字を抱え危機的状況に陥っている。そこで，このような状況を打開すべく，経営トップの刷新に加え，新しいグループ体制への移行を

図表4-4　2008年10月1日　パナソニック株式会社へ社名変更

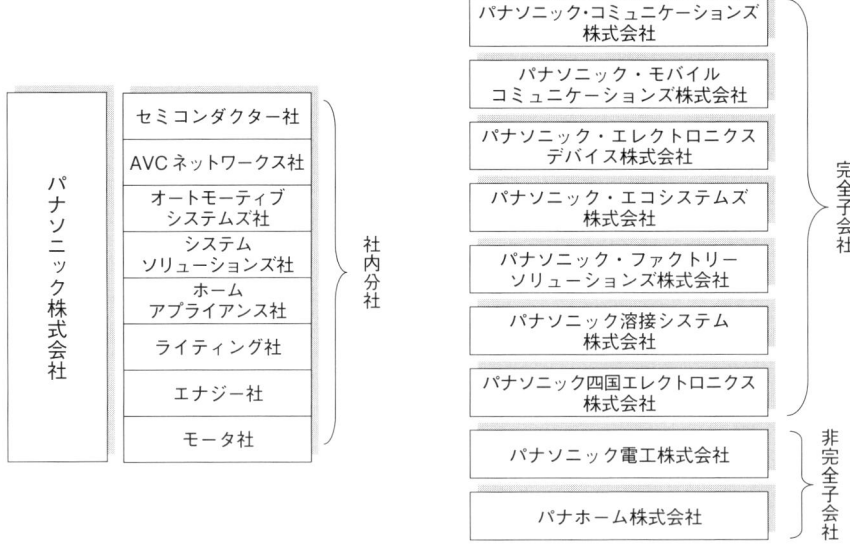

パナソニック株式会社
- 社内分社
  - セミコンダクター社
  - AVCネットワークス社
  - オートモーティブシステムズ社
  - システムソリューションズ社
  - ホームアプライアンス社
  - ライティング社
  - エナジー社
  - モータ社
- 完全子会社
  - パナソニック・コミュニケーションズ株式会社
  - パナソニック・モバイルコミュニケーションズ株式会社
  - パナソニック・エレクトロニクスデバイス株式会社
  - パナソニック・エコシステムズ株式会社
  - パナソニック・ファクトリーソリューションズ株式会社
  - パナソニック溶接システム株式会社
  - パナソニック四国エレクトロニクス株式会社
- 非完全子会社
  - パナソニック電工株式会社
  - パナホーム株式会社

（資料）　パナソニックHPのデータから作成。

試みている。パナソニックによると，それは，グローバル・グループ本社のもとにコンシューマー事業分野（B to C），ソリューション事業分野（B to B），デバイス事業分野（B to B）という3つの事業分野が設置され，これらの事業分野の傘下に計9社の専門会社が配置される枠組みが構築されている。また，最近では，肥大化した本社組織の抜本的な見直しにも着手しており，具体的には，約7,000人いる本社社員を最大で1,000人程度削減することや150人規模のコーポレート戦略本社を立ち上げ，「グループ戦略の立案と経営資源配分」，「キャッシュフロー経営推進」，「幹部開発」など戦略機能を強化するなど改革に取り組んでいる。

　第3は，グループ・メンバーの作り方が，伝統的な社内分社化から敵対的買収を含む企業買収へと大きく移行した影響があげられる。図表4-5は，国内のM＆A件数（IN-IN）の推移を示すものだが，1990年代後半から2006年のピークまで右肩上がりに増加しており，この状況は，グループ経営に関する諸研究が活発化した時期とちょうど符合するため，相関があると読み取れる。ここで，これまで計36社（平成24年現在）もの企業買収をことごとく成功させ，今では世界屈指の総合モーターメーカーの地位まで昇りつめた日本電産（Nidec）を取り上

図表 4-5　M&A 件数の推移（1985-2011）

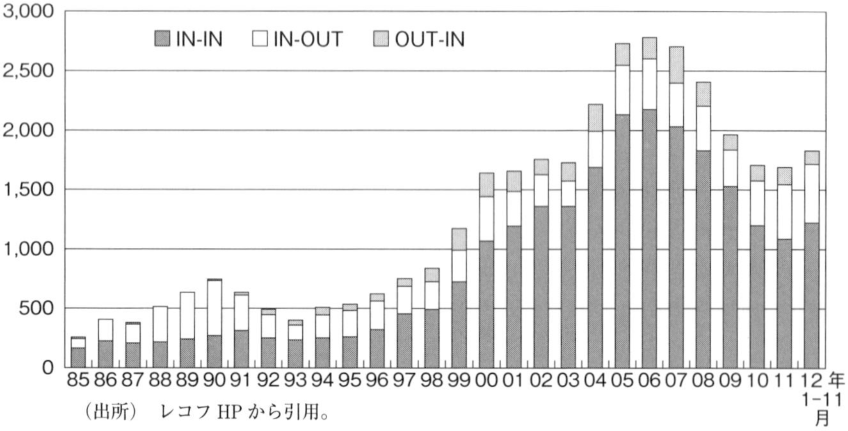

（出所）　レコフ HP から引用。

げて見たい。同社の M&A の歴史を年代別に比較すると、1980 年代は僅か 3 件に過ぎなかったものが、1990 年代には 17 件まで拡大した。しかし、2000 年代になると 7 件まで減少したが、2010 年代には、再び 9 件まで増加している。同社の M&A 戦略の歴史を年代別に振り返ると、1980 年代は、主力事業の強化を目的とした企業買収を展開し、これにより様々な経営ノウハウの蓄積やビジネスに関する貴重な経験を得ることができた。1990 年代は、スピンドルモーター事業の国際競争力向上に向けて、経営不振に陥った国内企業を次々に買収し、短期間のあいだに業績を V 字回復させることに成功した。2000 年代は、引き続き業績不振にあえぐ国内企業を買収するだけでなく、精密小型から超大型までを取り扱う総合モーターメーカーとなるため、海外企業の買収もまた推し進めた。そして、2010 年代に入ると、長期化する円高効果を生かしてグローバル M&A を加速するなど、M&A 戦略を生かしたグループ成長戦略は、ますます冴えるばかりである。また、同社による M&A 戦略の特徴を考えると、M&A 前と後の段階に分けることができる（渡邉・天野, 2007）。つまり、M&A 前の段階では、技術力は高いものの、深刻な経営不振に陥った企業を買収のターゲットに掲げることである。たとえば、買収したトーソク、リードエレクトロニクス、コパル、コパル電子そして三協精機製作所は、いずれも有力な株式上場企業であったが、経営不振により業績悪化に苦しんでいた企業であった。これに対し、M&A 後は、段階的に出資比率を徐々に高めていく政策である。同社による買収企業に対する

所有政策は，部分的所有から過半数所有そして完全所有というように，徐々に出資比率を高めていく特徴がある。その理由として，1つは，株主利益への配慮であり，これは日本電産による持株比率を33.3％未満に抑えて買収することで連結決算対象外とし，日本電産の株価の影響をなくす配慮である。もう1つは，買収先企業の社員の意識改革である。普通，買収された企業の社員の多くは，リストラの対象となるのが一般的だが，日本電産の場合は，意識改革を施したうえで積極的に雇用する方針を打ち出している。この背景には，同社の創業者であり現・代表取締役社長である永守重信氏による経営哲学が大きく影響している。つまり，リストラは外科治療であり，これでは企業再建はできない。停滞する社員のモチベーションや技能を引き出す漢方治療こそ，抜本的な解決策であるとする考えであり，実際に経営不振に陥った企業が急速な業績の回復を遂げた事実からも，社員意識の改革が企業再生を成功に導く重要なカギであることはもはや明らかである。

ところで，先述した第3の事実が物語るとおり，今日のグループ経営研究は，新たな知見や考え方の提唱がほとんどなされていないのが現状だ。具体的に言うと，グループ・リストラやグループ再編という，いわば「後ろ向きのグループ経営」に関する議論は，少なからず存在するものの，グループ経営に関する画期的なアプローチや概念の構築など「前向きのグループ経営」を巡る議論は，ほとんど影を潜めてしまったような状況である。

以上，過去から現在までのグループ経営研究における全体的な流れを整理したが，次に，グループ経営論における5つの視点について論じて見たい。グループ経営論の基本的枠組みとしては，「グループ戦略マネジメント」，「グループ組織マネジメント」，「グループ人材マネジメント」，「グループ・ナレッジ・マネジメント」そして「グループ知財マネジメント」という主に5つのアプローチに分類が可能である。

第1の「グループ戦略マネジメント」は，通常，グループ本社による戦略マネジメントを指すものであり，具体的には，グループ本社組織の機能と役割，規模とサイズ，経営原理，スタイルそしてグループ戦略センターが主な論点だが，ここでは，子会社・持分法適用会社を意味するグループ各社の戦略マネジメントにもあわせて触れてみたい。第2の「グループ組織マネジメント」は，グループ組織や構造にフォーカスすることであり，具体的には，戦前の財閥に端を発する伝統的な企業集団の進化と今日のグループ経営につながる企業グループの組織的進

化の実態について触れるものである。第3の「グループ人材マネジメント」は，グループ内における人材の戦略的活用をテーマに扱ったものである。今日，企業の人的資源は，単なる材料を意味する「人材」ではなく，組織の財産としての「人財」として捉えるべきである。ここでは，グループ内の配置転換やグループへの出向・転籍問題，グループ内における人材交流さらにグループ・コア人材の育成がその主な内容である。第4の「グループ・ナレッジ・マネジメント」は，それぞれ独自の知識・ノウハウを蓄積してきたグループ・メンバー企業間による協創・共創を通じたグループ・ラーニングまたはナレッジ・シェアリングについて検討するものである。最後に，第5の「グループ知財マネジメント」は，グループ各社の知または連携を通じて，生み出した知をグループ全体で知財管理する取り組みである。たとえば，知財情報のグループ共有に加え，特許の創造・取得・活用・収入という一連のサイクルをグループ知財戦略として運用・展開することである。本節では，①知財とは何か，②グループ知財経営の考え方，③グループ知財組織の類型化について，研究蓄積が乏しいなか議論を試みる。

　さて，国内と海外のグループ経営研究を比較・考査する場合，注意すべき点が2つある。1つは，グループの対象範囲である。すでに前章でも触れた通り，「企業経営＝グループ連結経営」という考え方が約100年前に導入され，広く浸透している欧米のグループ資本政策では，100％出資形態が原則とされる。欧米では，グループ内においてコア事業であるほど株式は公開せず，非上場化する傾向が強い。このため，連結経営の対象は，主に事業部門と事業部門の傘下にある非上場企業に限定される点に留意する必要がある。欧米の研究文献を取り上げる際，もう1つ注意が必要なのは，事業部門と連結子会社を区別せず，同一のように扱っていることである。欧米の文献を見ると，マルチビジネス（Multi-Business），マルチディビジョン（Multi-Division）における本社と事業部門に着目する記述が数多く散見されるが，これは社内の事業部門のみを対象とするという意味ではなく，連結会計の視点では，事業部門も連結子会社も基本的に区別する必要はないということに留意すべきである。これに対し，日本のグループ資本政策とは，100％出資形態に加え，少数出資形態の企業もまたグループの対象として加えられる傾向が強い。日本では，長い間，たとえグループのコア事業であっても，資金調達や人材採用の優位性さらにコーポレート・ブランドの向上を目的として，親会社から独り立ちさせる戦略が長きにわたって好まれたからである。最近では，日増しに強くなる敵対的買収への適切な対応のため，これら上場企業（子会社）の非

上場化や親会社への吸収合併化するケースも拡大してきているが，このような国内外におけるグループ経営の範囲の違いを念頭に置きながら，それぞれ5つの研究アプローチについて検討する。

4-2 グループ戦略マネジメント

4-2-1 グループ本社組織とは何か

　グループ経営のシナリオを描き，グループ・メンバーを動かしその連携を画策するオーケストレーター（Orchestrator）の役割を演じるのは，言うまでもなく親会社の重要な使命である。ここでは，そのような役割を担う親会社をグループ本社（Group Headquarters：GHQ）と命名する。グループ本社は，ほかにも親会社（Parent Company），本社（Corporate Headquarters），戦略本社（Strategic Headquarters），総合本社（General Headquarters），超本社（Super General Headquarters），コーポレート・センター（Corporate Centre），コーポレート・ハブ（Corporate Hub），コーポレート・グルー（Corporate Glue），アクティブ・インベスター（Active Investor）さらにグローバル・コア（Global Core）など，実に様々な呼名が存在する。[16]

　このような幾つもの名称を持つグループ本社の構築や役割について，近年，注目が集まっている。たとえば，グループ本社という名称は，すでにいくつかの日本企業の間でも実際に導入がなされている。「大和証券グループ本社」，「日本製紙グループ本社」は，ともに持株会社制への移行を通じて，グループ本社という名称を使用するようになった。また，事業カンパニーと機能カンパニーがミックスされた混成型カンパニー制を採用するミツカンでは，グループ全体の経営統括，戦略策定，海外事業推進，新規事業創出に向けた研究開発の担い手として「ミツカングループ本社」が設置されている。さらに金型部品等をカタログ販売するミスミでは，グループの経営戦略立案や管理などを担う本社として「ミスミグループ本社」が設置され，中心的な役割を演じている。

　また，グループ本社の設置のあり方についても，独自の組織形態を創造する企業が存在する。たとえば，2001年，ソニーは経営戦略策定に特化したグループ本社機能である「グローバル・ハブ」を発足させながら，同時にエレクトロニクス部門の強化・発展を目的とした電機関連の総合本社「エレクトロニクスHQ」

を設立する変則的な本社体制の導入を試みた。ユニリーバ（Unilever）は，ロンドン（英国）とロッテルダム（オランダ）に本社を設置する2本社制を今日も採用している[17]。そして，ユニリーバ以外にも世界で最大級の国際総合資源企業であるBHPビリトン（BHP-Billiton）社では，2001年以降，オーストラリアのシドニーとイギリスのロンドンへ本社を置き，それぞれの地で上場する2本社制（Dual Listed Company Structure）を採用している。一方，本社機能を国内外へ移転する企業も活発化している。スウェーデンにある世界的な電気通信機器メーカーのエリクソン（Ericsson）社は，2001年に本社機能の一部をロンドンへ移動している。また，世界最大の航空機メーカーのボーイング（Boeing）社では，2001年に本社をシアトルからシカゴへ移転した。さらに，カーナビゲーション大手のクラリオンは，2010年，中国をバーチャル・グローバル・ヘッドクォーターと位置づけ，日本から主要な機能と人材を移管して世界本社機能の役割を演じさせている。

　しかしながら，こうしたグループ本社の存在意義と競争優位を巡る本質的な役割については，これまでクローズアップされてこなかった。というのも，多くの経営者・マネジャーの関心は，全社レベルよりも事業レベルに注がれてきたからである。つまり，競争を演じるのは，「事業単位」であり「企業単位」ではないという認識である。この結果，特に不景気になると，必ず本社のスリム化やダウンサイジング，アウトソーシングが声高に叫ばれたり，あるいは，何の根拠もなく，本社の価値そのものを否定する「本社不要論」まで飛び出すなど，本社の存在意義については，どちらかというと，否定的な議論が繰り返しなされてきた。加えて，伝統的に工場機能と本社機能が一体的に配置されるケースが多い日本企業では，製造や品質など工場サイドに注目が集まる一方で，もう一方の本社への関心は薄れる結果を招いてきた。

　ところが，企業のグローバル化が進み，消費者ニーズの多様化やテクノロジーの高度化がますます進展する今日，グループ経営を成功に導くグループ本社の戦略的重要性に対する関心は，ますます高まるばかりである。たとえば，日下（1995）は，日本の本社はひどすぎる。弱虫で国際的には二流である。やっていることは現場の尻叩き，政府への陳情，業界の申し合わせ，さらに忙しいフリをするのであり，このような本社を破壊して本来の仕事を果たす本社につくり直さなければならないと酷評している。若林（1995）は，バブル崩壊後，競争力が低下した日本企業のため，本社による戦略的な指導力あるいは統治能力

(Corporate Governability) の強化を図ることが重要と主張している。また，出井 (1996) は，ソニーの CEO 時代，強力な本社組織のイメージを次のように説明している。「かりに本社をオペレーション・ソフト (OS)，カンパニー（事業部門）をアプリケーション・ソフトにとらえると，OS が強力であれば，その上に載るアプリケーションも変化に対応した俊敏かつ軽いソフトとなる。つまり，カンパニー（事業部門）の成否は，強い本社を作れるかにかかっている」と論じている。伊藤 (1999a) は，これからのグループ経営にとって重要なのは，親会社が（大）株主の立場を意識することだと指摘している。これまで親会社は，企業グループに対して（大）株主の立場を貫くことなく，自由放任の状態が長きにわたり続いてきた。親会社は，関係事業部のような部署を作ってはいるものの，その主な業務内容は，グループ各社から財務諸表を取り寄せて財務状態をチェックしたり，あるいは異常値の探索に終始するものに過ぎず，十分とはいえなかった。このため，これからの親会社は，株主の立場からグループ・ガバナンスを効かせたグループ経営を展開すべきことが重要だと強調している。Raynor and Bower (2001) は，1990 年代における本社の定石とは「高業績を上げている限り，本社は事業部の意思決定に口を挟まない」ものであった。ところが，環境の不確実性がますます高まりつつある時代における本社は，事業部門が下した意思決定を拒絶するなど，制約を設けながら，同時に事業部門間におけるダイナミックなコラボレーションを演出するなど，臨機応変なマネジメントを展開する戦略的柔軟性 (Strategic Flexibility) の必要性について言及している。藤本 (2004) は，アーキテクチャーというモノづくりの視点から，これまでの日本企業の競争力について，オペレーション能力は一際高いがストラテジー能力は著しく低い「強い工場・弱い本社」症候群に陥っていると述べながら，これからは，本社の戦略構想能力をより一層強化して「強い工場・強い本社」の両立を図るべきであると主張している。

　さて，グループ本社組織の役割の重要性について，多面的な見解が寄せられるなか，グローバル経営の領域でも本社組織に関する数多くの指摘がなされている。たとえば，本社組織の海外再配置の問題があげられる。つまり，ビジネス・ユニット本社は，事業活動の内部配置と製品市場の需要のそれぞれの変化に即応すべく海外へシフトする一方で，コーポレート本社もまた，外部投資家の要求とグローバルな財務市場へ対応するため海外へ再配置を進めるべきである (Birkinshaw, Braunerhjelm, Holm and Terjesen, 2002)。また，分散化そして差別化された海外

子会社群をポートフォリオのように統合する現代の多国籍企業（MNC）では，これら各ユニットへ本社のアテンション（Headquarters' Attention）をめぐらすことがきわめて重要な課題であるとする指摘もなされている（Bouquet and Birkinshaw, 2008；Ambos and Birkinshaw, 2010）。さらに，ヘッドクォーターによる多国籍ネットワークに対する付加価値（Add Value）の仕方や価値創造（Value Creation）についても注目が集まっている（Hungenberg, 1993；Goold., Campbell and Alexander, 1994；Ward., Kakabadse and Bowman, 2005；Ambos and Mahnke, 2010；Egelhoff, 2010）。最後に，日本企業本社による「内なる国際化」の遅れもまた指摘されている。グローバル時代を迎えたにもかかわらず，今日の日本本社は，外国人の登用はおろか中途採用者の活用も進んでいない。新卒で入社し，同じ会社で純粋培養された人材が本社スタッフの大勢を占めるという多様性の低い本社組織がいまだに続いており，解消されていない（吉原, 1989；Adolph., Pettit and Sisk, 2009）。

このようにグループ本社組織の是非を巡る議論は，近年，国内外で活発になされるようになった。そこで，以下では，①グループ本社組織の機能や役割，②規模とサイズ，③経営原理，④スタイル等，過去から現在までの本社組織を巡る諸研究について考察する。

4-2-2 グループ本社組織の機能と役割

グループ本社組織の機能と役割では，表現の仕方はどうであれ，主要な論者たちの指摘は，かなり酷似している。本社組織の機能または役割について触れたもっとも初期の業績としては，おそらく Chandler まで遡ることができるだろう。Chandler（1962）は，「M型組織」とも呼ばれる多数事業部制の存在を指摘しながら，このような組織形態を取りまとめる本社組織の主要な役割について「総合的な方向性の設定」，「各機能間の調整」，「集中的なサービスの供給」，「諸資源の配分」，「成果の測定」という5点を取り上げた。また，その後の研究でマルチビジネス企業を展開する本社の基本的機能として「企業家的（Entrepreneurial）機能」と「管理的（Administrative）機能」という2点を取り上げた。それによると「企業家的機能」は，戦略策定，資源配分などを通じて価値創造（Value Creation）を実現する機能であり，「管理的機能」とは，事業部門が生み出した成果の監視や資源配分による有効性のチェックなどを通じて損失回避（Loss Prevention）を達成する機能である（Chandler, 1991）[18]。Williamson（1975）は，

Chandler が指摘した多数事業部制（M 型構造）における総合本社の役割として，各事業部への資源配分を含む計画，評価，統制にかかわる戦略的意思決定の担い手であるとしながら，総合本社を日常業務から分離することでコーポレートのマネジャーは，各部門の細かな問題に心を奪われることなく，大局的な立場から組織全体の最適化に関心を抱く心理的な関与が求められるものと主張した（邦訳を一部修正）。河野（1985）は，本社とは企業全体を統合し，スタッフ部門をもって専門的助言を与え，新事業などの革新を立案し推進する部門であると定義しながら，本社の主な機能として「組織全体の統合機能」，「専門スタッフとしての助言機能」，「革新的計画の立案機能」を取り上げた。また，その後の研究で本社の主要機能として「全社戦略の策定機能」，「企業のコア・コンピタンスの識別・開発機能」，「事業部門へのサービス支援機能」という 3 点を改めて論じた（Kono, 1999）。Goold and Campbell（1987）は，本社の主要な機能として計画策定と資源配分の機能（Planning and Allocating Resources），事業統制と業績監査の機能（Controlling and Auditing Performance），事業部門へのサービス支援機能（Providing some Central Services）という 3 点を取り上げた。Porter（1987）は，多角化企業の本社組織が担う企業戦略としてポートフォリオ・マネジメント（Portfolio Management），リストラクチャリング（Restructuring），スキルの移転（Transferring Skills），諸活動の共有（Sharing Activities）という 4 つのコンセプトを明らかにした。横山・安田（1992）は，コーポレート・センターの役割として，企業システム・リデザインを推進する積極的なリーダーシップ，個別事業部または子会社の事業価値向上のガイド役と支援，企業の経営資源の量的・質的向上を図り，その効果的活用と促進を図るとする 3 点を取り上げた。Collis and Montgomery（1997）は，本社の役割として以下のような 4 つの点について指摘した。第 1 は，事業戦略に制約を与える全社戦略の設定（Set Strategy）である。本社は，「資源」，「事業」，「組織構造・システム・プロセス」，「ビジョン」，「目的・目標」から構成される全社戦略トライアングル（Corporate Strategy Triangle）の策定を通じて，全社優位性（Corporate Advantage）を実現しなければならない。また，差別化された価値を事業レベルへ付加するにあたり本社が注意すべき点は，基本的に事業レベルのマネジャーがその担い手であり，本社レベルが必要以上に事業戦略の策定に関与すべきではないことである。第 2 は，資源配分を意味する資源の管理者（Guardian of Resources）である。本社は，ポートフォリオ分析を通じて希少な経営資源を最適配分する重要な役割を担っている。

第3は，財務，広報，渉外，社会貢献など，法的な集計，報告，監査義務のような一般的な間接機能（General Overhead Functions）の実行である。本社は，多様な事業の連結財務データを収集，管理，報告する義務を担っているのである。第4は，組織構造やコントロールシステムの決定など，管理的コンテクスト（Administrative Context）の設定である。本社は，組織構造のデザインに加え，個別事業に対するコントロールと事業間を調整するシステムとプロセスを創造しなければならない。Pasternack and Viscio（1998）は，これまでは中央に存在するコーポレート・センターに情報が集まり，命令を発令するコマンド＆コントロールモデルの世界であったが，未来の経営モデルであるセンターレス・コーポレーションでは，もはや中心（Center）は意味をなさず，代わってグローバルな中核（Core）がその役割を担うものと主張した。そのうえで，グローバル・コアの主な機能として「戦略的リーダーシップ」，「コーポレート・アイデンティティの創造」，「資本の管理」，「統制」，「組織能力」を取り上げた。伊藤（1999a；1999b）は，グループ本社の機能として「評価・監査機能」，「組替え機能」，「支援機能」の3つを取り上げた。「評価・監査機能」は，企業グループのビジョンを達成させるため，各メンバー企業が満たすべき評価指標を策定し，徹底させるメカニズムを構築する機能である。「組替え機能」は，グループのメンバー企業の組み替え・再編を実施する機能である。「支援機能」は，グループの各メンバー企業が能力を発揮できる環境を作り上げる機能である。渡辺（1999）は，本社機能として「戦略機能」，「ガバナンス機能」，「サービス機能」の3つを取り上げた。「戦略機能」は，子会社の事業ポートフォリオの選択である。「ガバナンス機能」は，インセンティブシステムの構築と幹部人事などである。そして，「サービス機能」は，会計報告の作成，経理，給与計算，広報，情報システムである。Oijen and Douma（2000）は，グループ本社の役割として「計画」，「評価」，「選択」，「ローテーション」，「動機づけ」，「調整」，「支援」の7つの項目をあげた。計画（Planning）とは，事業戦略の開発に積極的な役割を演じるなど，事業部門の戦略計画を具体化することである。評価（Evaluation）とは，事業部門の投資案や結果を査定することである。選択（Selection）とは，事業部門のシニアマネジャーを任命することである。ローテーション（Rotation）とは，事業部門間における配置転換を組織化することである。動機づけ（Motivation）とは，給与や職務に対する報奨金など事業部門マネジャーへ支給することである。調整（Coordination）とは，事業部門間の連携を促進するしくみを開発することである。

支援（Support）とは，事業部門に対するサービスを供給することである。Goold.,Pettifer and Young（2001）は，本社スタッフの異なる役割として「最小限のコーポレート・ペアレント」，「付加価値ペアレンティング」，「シェアード・サービス」という3つをあげた。最小限のコーポレート・ペアレント（Minimum Corporate Parent）とは，たとえば，アニュアルレポートの準備，納税申告書の提出，会計報告書の作成と発表，健康や安全そして環境に関する法整備など，企業にとって不可欠で避けられないタスクの遂行である。付加価値ペアレンティング（Value-Added Parenting）とは，戦略的ガイダンス，ターゲットの拡張，経営資源のレバレッジ，シナジーの促進など，各事業部門に対してコーポレート・ペアレントが価値を付加または影響を及ぼすことである。シェアード・サービス（Shared Services）とは，情報システム，給与支払い，人材育成など，各事業部門に対して集中化されたサービスを供給することである。小河（2001）は，グループ本社の主要機能を次のように整理した。第1の機能は，事業ポートフォリオ管理であり，具体的には，事業の選択と集中，事業間のシナジー創出，新規事業開発，M＆A戦略の立案である。第2の機能は，重要な経営資源の管理であり，資本調達，単体，連結決算，連結管理会計，IT活用方針，ITガバナンス，経営者育成，採用，任免，コーポレート・ブランド管理，研究開発（基礎研究）が主な内容である。第3の機能は，事業部門の監視であり，モニタリング，業績評価，業績管理，業務リスク管理（法令遵守，安全，環境保護）である。第4の機能は，外部利害関係者への対応であり，たとえば，株主への経営情報開示（IR），その他ステークホルダーとの関係構築である。Markides（2002）は，戦略とマネジメントを体系的に著した入門書のなかで，本社組織（Centre）の仕事とは何かについて，これまでのアカデミックな諸研究を通じて体系的に整理した。それによると，センターとは何か，センターは何をすべきかの問いに対して，「範囲の経済性の開発」，「効率的な内部資本市場の創造」，「学習の開発」であると指摘した。Dranikoff,Koller and Schneider（2002）は，事業の発展段階とともに本社組織に必要なスキルは異なるものと主張した。つまり，事業の発展ステージが黎明期のとき，本社組織に必要なスキルとは，新製品開発，新規事業の開発，戦略計画と市場の洞察力，マーケティングと営業のイノベーション，提携やパートナーシップの促進などである。また，成長期には，財務管理，業務計画とその管理，資本管理，ブランド・マネジメントに関するスキルが必要である。そして，成熟期では，M&A・事業分割，連結と合理化，コスト管理であると論じた。McKern

図表4-6 本社組織の機能と役割

	方向性の設定	各機能間の調整	サービスの供給	諸資源の配分	成果の測定
Chandler (1962)					
Chandler (1991)	企業家的機能	管理的機能			
Williamson (1975)	資源配分	戦略的意思決定			
河野 (1985)	組織全体の統合	スタッフとしての助言	革新的計画の立案		
Kono (1999)	全社戦略の策定	コア・コンピタンスの識別・開発	事業部門へのサービス支援		
Goold and Campbell (1987)	計画策定と資源配分	事業統制と業績監査	事業部門へのサービス支援		
Porter (1987)	ポートフォリオ・マネジメント	リストラクチャリング	スキルの移転	諸活動の共有	
横山・安田 (1992)	積極的なリーダーシップ	事業価値向上のガイド役と支援	企業の経営資源の量的・質的向上	企業の経営資源効果的活用と促進	
Collis and Montgomery (1997)	事業戦略に制約を与える全社戦略の設定	資源配分の管理者	一般的な間接機能	管理的コンテクスト	
Pasternack and Viscio (1998)	リーダーシップ	CIの創造	資本の管理	統制	組織能力
伊藤 (1999b)	評価・監査	組替え	支援		
渡辺 (1999)	戦略	ガバナンス	サービス		

第4章　グループ経営研究の変遷

	計画	選択	評価	ローテーション	動機づけ	調整	支援
Oijen and Douma (2000)	最小限のコーポレート・ペアレンティング	付加価値ペアレンティング	シェアード・サービス				
Goold, Pettifer and Young (2001)	事業ポートフォリオ管理	経営資源の管理	事業部門の監視	外部利害関係者への対応			
小河 (2001)	範囲の経済性の開発	効率的な内部資本市場の創造	学習の開発				
Markides (2002)	黎明期の役割	成長期の役割	成熟期の役割	黎明期の役割：新製品開発、新規事業の開発、戦略計画と市場の洞察力など 成長期の役割：財務管理、業務計画とそのマネジメント 成熟期の役割：M&A・事業分割、連結と合理化、コスト管理			
Dranikoff, Koller and Schneider (2002)	組織内部の対象	組織外部の対象		組織内部の対象：技術管理など 組織外部の対象：戦略的プロセス、成果の測定と統制、株主、資本市場、政府、地域社会、顧客、サプライヤー			
McKern and Naman (2003)	創造的コンフィギュレーション	スコープ・コンフィギュレーション	コントロール・コンフィギュレーション	スケール・コンフィギュレーション			
Ward, Kakabadse and Bowman (2005)	グループ戦略策定	ガバナンス	事業価値創造				
小沼・河野 (2005)	ガバナンス	戦略調整	資源配分				
加護野・上野・吉村 (2006)				サービス			
山田 (2010)	グループ戦略企画・推進	グループ・コントロール	社会的責任遂行	サービスセンター			

and Naman（2003）は，グループ本社組織が介入すべき 12 の項目を列挙した。まず，組織内部の対象としては，戦略的プロセス（ビジョン，ミッション，価値，戦略，計画），成果の測定と統制，人的資源管理，技術管理（製品イノベーション，R＆D），管理方法（品質管理，リエンジニアリング，SCM），知識移転（コンポーネント，製品，サービスの移転）を取り上げた。一方，組織外部の対象としては，株主（価値共有，説明責任，企業統治），資本市場，政府，地域社会，顧客，サプライヤーが該当するものである指摘した。Ward., Kakabadse and Bowman（2005）は，グループ内における事業ユニットに対するコーポレートセンターのリーダーシップには，4つの異なるアプローチが存在すると主張した。最初の創造的コンフィギュレーション（Creative Configuration）は，グループのために新しいノウハウを創造することにおいて，コーポーレートセンターが間接的な役割を演じることである。それは，異なるビジネス・ユニットから特定のプロジェクトまで人々をまとめあげ，組織を横断するネットワークの公式化を促進することであり，ジャック・ウエルチ時代の GE グループは，これに該当するものである。次に，スコープ・コンフィギュレーション（Scope Configuration）は，グループを横断するベスト・プラクティスを確実にするため，カギとなるプロセスを集中化して，コーポレート・センターが直接的に介入することであり，たとえば，アルトリアグループはこのタイプにあげられる。コントロール・コンフィギュレーション（Control Configuration）は，コーポレート・センターの間接的な関与を通じて，グループ全体のコストを低減することに焦点をあてる。ターゲッティング，財務計画，財務統制，経営財務そして税務計画を含むガバナンススキルや財務管理を通じてビジネス・ユニットへ価値を付加することであり，このタイプには，ハンセングループがあげられる。スケール・コンフィギュレーション（Scale Configuration）は，直接的な介入によって性格づけられるが，諸活動やプロセスを集中化して，トータル・コストの低減を探ることであり，この古典的な事例として，フォード・モーターをあげている。小沼・河野（2005）は，一般のコーポレート・ハブは，グループ全体の舵取り機能を指す「グループ戦略策定機能」，企業価値の最大化を目的とした「ガバナンス機能」，企業価値の最大化を目的とした個別事業最適とグループ全体最適のバランスを追求する「事業価値創造機能」の3つから構成されると指摘した。加護野・上野・吉村（2006）は，本社が遂行すべき機能として「ガバナンス機能」，「戦略調整機能」，「資源配分機能」，「サービス機能」のような4点をあげた。「ガバナンス機能」は，事業単位を統治

する機能であり，具体的には財務，決算経理，内部監査，人事がこれに該当する。「戦略調整機能」は，多様な事業部門の計画や活動の枠組みを決定し，調整を行う機能であり，具体的には，経営企画，経済・産業・経営調査，財務，予算管理，人事，営業企画・統制などである。「資源配分機能」は，事業部門へ必要なカネとヒトを調達・配分する機能である。「サービス機能」は，各事業部門の共通したサービス機能を本社へ集中し，高いレベルのサービスを提供する機能であり，具体的には，財務，人事，教育・訓練，福利厚生，法務，広報，物流，資産管理，情報，総務などがこれに含まれる。

　こうして見ると，グループ本社組織の機能と役割に関する国内外の論者たちの見解は，一見すると多様のように映るが，しかし，各論者の指摘を整理した図表4-6を見ると，たとえば，グループ戦略策定，資源配分，コーポレート・ガバナンス，事業部門の支援等，類似する点かなりが多く見られ，それほど大きな見解の違いはないと結論づけることができるだろう。

4-2-3　グループ本社組織の規模

　本社組織の規模やサイズ，また，業績との関連性に関する検討は，近年，国内外でも活発に議論がなされている。本項では，まず，統計調査から日本企業の本社組織の実態を明らかにする。次に，本社組織の国際比較について触れ，最後に本社組織のサイズ・規模と業績との関連性について議論する。

　最初に，日本企業の本社資源の推移から本社組織の今日的変化について触れてみよう。経済産業省が発表する企業活動基本調査報告書（総合統計表）によると，受入れ派遣従業者は含まない日本企業の従業者数に占める本社機能部門従事者数の割合は，年々縮小する傾向から，近年，横ばいで推移する方向に変化している（図表4-7）。

　時系列でみると，平成6年度から13年度まで10％を超えて推移してきた本社機能部門従事者の割合は，平成14年度になると1割を切ってしまった。これは，日本企業が「大きな本社」から「小さな本社」へ，そして間接部門コストの削減を大幅に進めた証左である。ところが，平成14年度になって9％台に突入して以降，平成18年度には9.1％まで低下した本社人員の割合は，その後，今日まで9％前後で下支えられている。このことから，全従業者に占める本社人員の規模はおおよそ1割であり，もしこれが9％台をさらに下回るような場合，本社組織の役割が機能しなくなるという仮説も成り立つ。

図表 4-7　本社機能部門従事者数の割合推移

（出所）　経済産業省経済政策局（2011）をもとに作成。

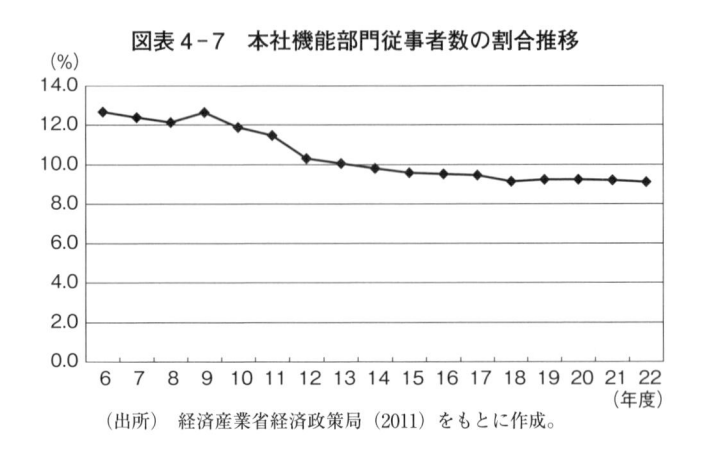

図表 4-8　従業者数と本社機能部門従事者数の推移

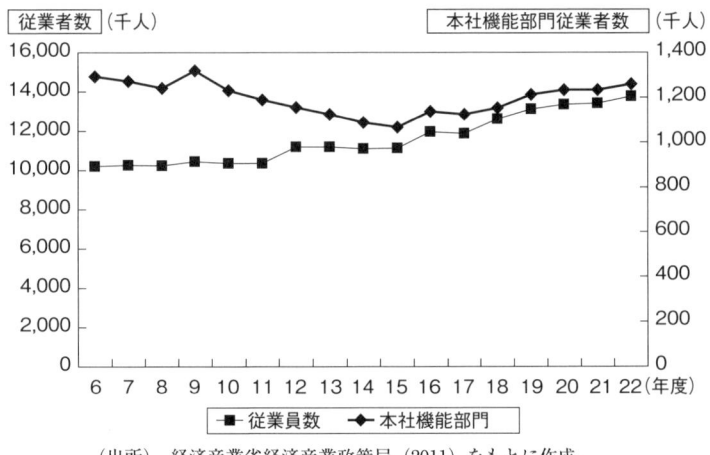

（出所）　経済産業省経済産業政策局（2011）をもとに作成。

　図表4-7を見る限り，日本企業の本社スタッフの数は，全体の1割程度で推移しているが，それでは，これを実数の推移で見た場合，どうだろうか。図表4-8は，日本企業の従業者数と本社人員数の推移を同じベースの上で比較したものだが，まず，従業者数は，年々，増加する傾向であるのに比べ，本社人員数は，平成9年度から平成15年度まで減少の一途を辿ったものの，その後は，直近の平成22年度まで，右肩上がりで増加している。具体的にピーク時の平成9年度と比較すると，平成15年度は25万人程度減少したが，平成22年度は，対平成15

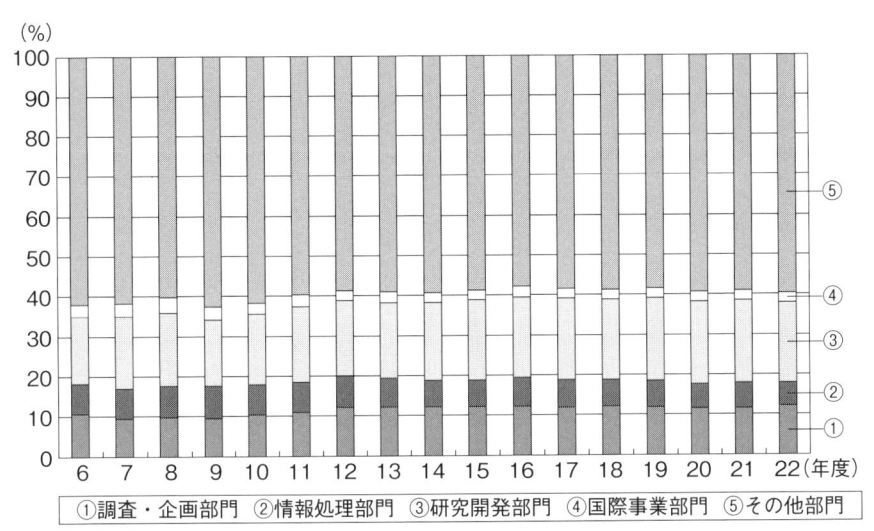

第4章　グループ経営研究の変遷　105

図表4-9　本社機能部門の内訳の推移

(%)

①調査・企画部門　②情報処理部門　③研究開発部門　④国際事業部門　⑤その他部門

（出所）　経済産業省経済産業政策局（2011）をもとに作成。

年度で約20万人増加している。それでは，こうした本社人員のダウンサイジングとアップサイジングの背景には，どういった理由が隠されているのだろうか。本社人員のダウンサイジングの時期（平成9年度〜平成15年度）を振り返ってみると，ちょうど90年代後半から，多くの日本企業のあいだで間接部門の圧縮が盛んに実行されている。とりわけ，2000年前後，シェアード・サービスという考え方が広く普及した。また，1997年，長い間，禁止されてきた純粋持株会社制が解禁され，組織再編の新しい息吹となった。つまり，これらの理由こそ，ダウンサイジングが起きたその主な理由であるにちがいない。一方，本社人員のアップサイジングの時期（平成15年度〜平成22年度）を振り返ると，Aクラス社員やグローバル化に対応する人材の育成や獲得，商品企画・開発部門の強化などが叫ばれた時期であり，これらの理由がアップサイジングのその主な理由であると考えられる。

　本社人員のダウンサイジングとアップサイジングについて，もう少し詳しく中味を考察してみよう。図表4-9は，本社機能部門の内訳の推移を示したものである。

　まず，本社機能部門は，「調査・企画部門」，「情報処理部門」，「研究開発部門」，「国際事業部門」そして「その他部門」で構成されている。そして，本社機能部

門従事者の割合は，例年，総務，経理，人事，その他管理業務を意味する「その他部門」が全体の約6割を占めている。次に「研究開発部門」は，全体の約2割の割合を占め，以下，「調査・企画部門」，「情報処理部門」，「国際事業部門」が続いている。本社機能部門従事者の割合は，ここ数年間，構成比の変動はほとんど見て取れないため，ほぼ固定化されている実態が明らかとなった。本社人員のダウンサイジングの時期（平成9年度～平成15年度）に注目すると，総務，経理，人事，その他管理業務を意味する「その他部門」というバックオフィス部門の割合が約4％減少している。おそらく，これはBPO（Business Process Outsourcing）やオフショアリング（Offshoring）という，バックオフィス業務を主に海外へ委託する動きが強まり，本社組織の解体が進んだ影響からである。また，2003年に東京都産業労働局が1都3県の上場企業を対象に実施したアンケート調査（企業の本社機能変容とその影響に関する調査報告）からも，本社で雇用を減らした部門としては，総務・人事・労務（29.8％）がもっとも多かったとしている。これに対し，本社人員のうち，調査・企画部門や研究開発部門の割合は，微増だが拡大している。この時期は，科学技術立国や知財立国などが国から指標された影響や企業戦略としてイノベーションの重要性が高まった時期であり，これらの影響が大きかったと推測される。先ほどの東京都による調査でも，雇用を増やした部門は，営業（22.9％），経営企画（15.1％）が上位にあげられたとしている。一方，本社人員のアップサイジングの時期（平成15年度～平成22年度）には，調査・企画部門や情報処理部門の割合が微減となるのに対し，研究開発部門の割合は引き続き拡大する一方で，その他部門の割合もまた下げ止まりを見せ，若干ではあるが増大している。シェアード・サービス，BPOやオフショアリングの進展が一服したことに加え，たとえば，優れた人材の獲得や育成を担う戦略人事部門の重要性が再認識されるなど，これまで軽視される一途であったバック・オフィス部門の再考が起こった理由等が考えられる。

　最後に，業種別本社機能部門従事者数の割合について触れてみよう。図表4-10が示すとおり，直近である平成22年度の本社機能部門従事者数の割合は，業種別にそれぞれ異なる。まず「調査・企画部門」を業種別にみると，個人教授所（35.4％），電気・ガス業（28.7％），クレジットカード・割賦金融業（27.9％），で大きな割合を占めた。「個人教授所」とは，学習塾やフィットネス・クラブ，語学学校など，個人を対象に専門知識を教授する事業所のことであり，このため，調査・企画部門に対する回答が一番多かったものと推測される。「電気・ガス業」

では，価格や事業の管理に加え，グループ経営の推進が当該部門の強化につながっているのに対し，「クレジットカード・割賦金融業」では，情報の収集や顧客の管理が求められる可能性が考えられる。

「情報処理部門」では，情報通信業（17.4%），クレジットカード・割賦金融業（13.5%）で大きな割合を占めた。これらの産業では，情報の処理，ソフトウエアの開発，インターネット・サービスなどが不可欠なため，他業種に比べると当該部門の割合が大きいものと考えられる。

「研究開発部門」では，全体の中で製造業（31.4%），学術研究，専門・技術サービス業（30.0%）の割合が突出して大きかった。周知のとおり，製造業では，工程や製品のイノベーションの達成こそ，競争優位の重要な源泉であるため，研究開発部門の割合が大きいものと考えられる。学術研究，専門・技術サービス業もまた，基礎研究や専門研究の必要性から，割合が大きくなったことは明らかである。

部門事業者数の割合がもっとも小さな「国際事業部門」では，鉱業・採石業・砂利採取業（22.0%）で割合が大きかった。鉱業などは，石油・天然ガスなど地下資源を探査・採掘し，これらの原料に加工・処理を施して市場へ供給するグローバルなエネルギー供給産業なため，国際事業部門スタッフの割合が大きいと判断できる。

最後に，部門事業者数の割合が最大の「その他部門」では，飲食サービス業

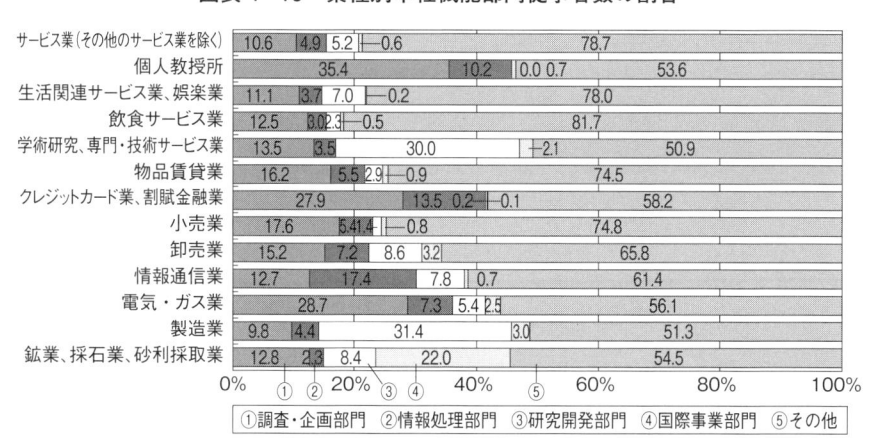

図表4-10　業種別本社機能部門従事者数の割合

業種	①調査・企画部門	②情報処理部門	③研究開発部門	④国際事業部門	⑤その他
サービス業（その他のサービス業を除く）	10.6	4.9	5.2	0.6	78.7
個人教授所	35.4		10.2	0.0 0.7	53.6
生活関連サービス業、娯楽業	11.1	3.7	7.0	0.2	78.0
飲食サービス業	12.5	3.0 2.3		0.5	81.7
学術研究、専門・技術サービス業	13.5	3.5	30.0	2.1	50.9
物品賃貸業	16.2	5.5	2.9	0.9	74.5
クレジットカード業、割賦金融業	27.9	13.5	0.2	0.1	58.2
小売業	17.6	5.4 1.4		0.8	74.8
卸売業	15.2	7.2	8.6	3.2	65.8
情報通信業	12.7	17.4	7.8	0.7	61.4
電気・ガス業	28.7		7.3	5.4 2.5	56.1
製造業	9.8	4.4	31.4	3.0	51.3
鉱業、採石業、砂利採取業	12.8	2.3	8.4	22.0	54.5

（出所）経済産業省経済産業政策局（2011）をもとに作成。

(81.7%)，その他のサービス業を除くサービス業（78.7%），生活関連サービス業，娯楽業（78.0%）の割合が特に大きかった。たとえば，外食産業などが該当する飲食店は，パートやアルバイトなど雇用の外部化が進んでいるため，全体に占める総務，経理，人事，その他管理業務の割合が拡大しているものと考えられる（図表 4-10）。

次に，本社組織のサイズまたは規模に関する国内外の研究について触れてみよう。最初に「大きな本社組織」に焦点をあてた研究を取り上げると，河野（1985）は，1982 年に日本の製造企業 44 社を調査した結果，日本企業の本社組織は大きいことを明らかにした。そして，大きな本社の利点として「強力な専門スタッフのサービスを提供できる」，「戦略の計画と統合とを強力に行うことができる」，「サービス業務を集中して，集中と大量生産の利益をあげることができる」点を取り上げた。また，1995 年にも同様な調査を実施した結果，日本企業の本社組織は国際的にも大きいことを明らかにしながら，むしろ前回の調査よりも本社の大きさは拡大している実態を浮き彫りにした（Kono, 1999）。Collis and Montgomery（1998）は，3 つの企業の事例を交えながら，本社組織の規模またはサイズは，企業ごとに個々に異なるものと論じた。たとえば，年商 120 億ドル，6 部門を有するアメリカの「タイコ・インターナショナル」の本社スタッフは僅か 50 名であり，同じく，年商 30 億ドルで 20 部門を有するアメリカの「ニューエル」の本社スタッフは 375 名であるのに比べ，年商 140 億ドルで 5 部門を持つ日本の「シャープ」の本社スタッフは 1,500 名にも達することを明らかにした。[19]
一條（1998）は，意思決定に関する影響力を日米比較したところ，日本の本社組織の特徴は，米国企業よりも多様な項目の意思決定について強い影響力を有していると述べ，強い本社組織を志向するその一端を明らかにした。高橋（2000）は，IBM と日立の本社改革を通じて日米比較を実施したところ，本社組織の人数だけを見た場合，日本は多いが米国は少ないと指摘した。また，その理由として，日本は，持株会社制の禁止が長年続いたため本社と事業部門が未分化であるのに対し，米国は，本社と事業部門が完全に分化している理由を取り上げた。加護野・上野・吉村（2006）は，1996 年に日本で実施した調査とイギリスでアシュリッジ・ストラテジック・マネジメント・センター（Ashridge Strategic Management Centre）が実施した調査から，日本企業の本社はイギリス企業の本社に比べ，より多くの機能を担当している実態を浮き彫りとした。そして，これを機能別スタッフ数で比較した場合，日本企業はイギリス企業に比べ「人事機能スタッフ」と

「研究開発機能スタッフ」が多いという事実をここで明らかにした（上野，2011）。

こうして見ると，日本企業の本社組織の規模は，年々小さくなってきてはいるものの，国際的にはまだまだ大きい事実がここで改めて浮き彫りとなった。周知のとおり，日本では，その国土の狭さや地理的条件の制約から，軽・薄・短・小を特徴とした製品開発が著しく発達するなど，小型化技術またはノウハウが国際的な競争優位性として深く認識されてきた。それなのに小型化の代名詞である日本企業が伝統的に「大きな本社組織」である事実はまことに興味深い。その主な理由として，つい最近まで日本では，純粋持株会社制が禁止されてきた影響が考えられる。つまり，日本の本社組織とは，グループ連結経営の中心であるだけでなく，コア事業の運営もまた手がける事業持株会社制であったことから，多くの経営資源を有する「大きな本社組織」が形成された可能性が高い。また，これまであまり指摘がなされてこなかった点だが，日本企業の国際戦略，国際組織のやり方が大きな本社組織を促進する原動力であった可能性が考えられる。すなわち，これまで日本企業が採用してきた戦略や組織を実現するため，「大きな本社組織」が必然的に採用されてきたのである。通常，グローバル企業がとりうる主要な国際戦略は，国毎にそれぞれ戦略を適応させる「点」で世界をマネジメントするマルチドメスティック戦略（Multi-Domestic Strategy），相対的に類似部分が大きい国々を「局面」としてゾーン・マネジメントするマルチ・リージョナル戦略（Multi-Regional Strategy），世界を１つの市場に見立て，世界標準戦略を「面」で展開するグローバル戦略（Global Strategy）の３つに大別されるが，この際，自動車や家電など日本が国際競争力を持つ分野では，国別差異への適応よりも世界標準化による規模の経済性を発揮する必要性が高く，伝統的にグローバル戦略を採用する日本企業が数多く存在してきた。こうした結果，経営資源や組織能力はもちろん，意思決定の権限や責任についても本社組織への集中を招き，巨大化するキッカケにつながったものと考えられる。すなわち「本社組織は戦略に従う」のである。

一方で，本社組織の性格は，組織の構造やデザインの比較からも説明は可能である。Bartlett and Ghoshal（1989）は，1980年代における日米欧のグローバル企業の組織マネジメントを調査したところ，欧州の企業モデルは，マルチナショナル（Multi-national），米国の企業モデルは，インターナショナル（International），そして日本の企業モデルは，グローバル（Global）といったそれぞれ異なる性格を持つ事実を明らかにしている。そして，欧州の「マルチナショナル企業」モデ

ルは，経営者は海外の事業を独立した事業体の集合とみなす一方で，海外子会社には，多くの重要な資産，責任，意思決定権が分散しているモデルとされ，米国の「インターナショナル企業」モデルは，経営者は海外での事業を本社の付属であるとみなしながら，海外子会社は，多くの資産，資源，責任，意思決定権が分散しているものの，本社からのコントロールもまた受けるモデルであるのに対し，日本の「グローバル企業」モデルは，経営者は海外での事業をグローバル市場への配送パイプラインとみなすため，多くの戦略的資産，資源，責任，意思決定権が中央に集中する一方で，海外子会社の役割は，本国本社の戦略を実行する代理店のような位置づけとなるモデルである。つまり，欧州企業は，単純な財務コントロールの役割を担当する「小さな本国本社」となるのに対し，日本企業は，意思決定，資源，情報などタイトな中央コントロールを担う「大きな本国本社」となり，米国企業は，本国でイノベーションを開発し，現地へ知識を移転するため，本国本社はちょうど欧州企業と日本企業の中間的な規模となるのである。このように，日本企業の本社組織は，欧米企業に比べ，本質的に肥大化しやすい性格を有している。それは，日本企業の国際戦略や組織デザインが本国本社の規模に強い影響を与えているからである。

　世界中の本社組織が一律小さな本社組織化を志向するなか，それでは，なにゆえ，「大きな本社組織」がダメで「小さな本社組織」が望ましいのだろうか。「小さな本社組織」の重要性を指摘する議論は，これまでも数多くなされてきたが，その先鞭をつけたのは，エクセレント・カンパニーに関する研究だろう。Peters and Waterman（1982）は，エクセレント・カンパニーを調査したなかで「小さな本社像」を抽出し，これを明らかにした。彼らによると，エクセレント・カンパニーのほとんどは，シンプルな組織形態であり，少ない本社スタッフで全体を動かしている実態をここで浮き彫りとした。また，彼らは，すぐれた企業の本社管理部門には100人以上の人間は必要ないとする「上限100人の法則」を提唱する一方で，このような小さな本社の成功例として，ABBの事例を引用した。ABB（Asea Brown Boveri）は，ヨーロッパで100年以上の歴史を持つ重電メーカーであるスウェーデンのASEA（アセア）とスイスのBBC（ブラウンボベリ）が1988年に合併して誕生したグローバル重電企業である。同社では，世界に約24万人の社員を抱えているのに対し，チューリッヒにある本社の役員は12名，本社スタッフはわずか100人程度しか存在しなかった。1988年の設立直後の本社スタッフは1,600人存在したことから考えても，これは驚くべき本社のスリム

化である．当時，同社の CEO を務めたパーシー・バーネビックは，次のような 30-30-30-10 ルール（30-30-30-10 Rule）の方法を導入すれば，一年で本社スタッフを 90％削減することは可能であると言及した．つまり，本社スタッフの 30％を占める財務や法務を別会社化してサービスセンターとする．そして，人事スタッフなどの 30％を生産ライン部門へ分散させる．さらに 30％は，本社スタッフが削減されるため解雇する．最後に残りの 10％は，本社スタッフとするというものである．その他，同社が買収したフィンランドのシュトレンベルク社は，880 人いた本社スタッフが買収後，わずか 25 人まで削減されるなど，ABB モデルは，80 年代後半から 90 年代前半までもっとも最強な経営モデルとして世界中の企業から賞賛を浴びた．河野（1985）は「大きな本社組織」の欠点として「過度の集権化による環境変化への適応遅れ，ラインの動機付け不足」，「規制を多く作ることによる官僚化のおそれ」，「管理費の増大」の 3 点を取り上げた．日経ビジネス（1993）は，小さな本社（Minimal Headquarters）は 21 世紀にも通用する経営手法であると指摘し，本社をスリム化すれば，企業は活性化できるものと主張した．そして，仕事にヒトをつけるのではなく，ヒトに仕事をつける傾向が強い日本企業の場合，終身雇用と年功序列が本社間接部門の肥大化を助長・促進してきたと論じた．また，先ほど取り上げたエクセレント・カンパニーの著者の 1 人である Peters（1992）は，激しい経済環境のなか，もはや組織の中央からマネジメントすることは困難であり，これまで以上に下位組織へ大きな権限を委譲すべきと主張し，これからの本社組織の規模は，たとえば，年間売上高 10 億ドルにつき 5 人の幹部役員がいれば十分である 5 人のルール（The Rule of Five）の重要性を提唱した．すなわち，これを日本企業に当てはめると，売上高 1,000 億円の企業ならば 5 人，1 兆円なら 50 人の幹部役員で本社組織は十分やっていけるのだとするものである．

　本社組織のスリム化が国内外で強く主張されるなか，小さな本社化は理想的な本社組織の形態とは言いがたいとする指摘もまたなされてきた．たとえば，樋口（1995）は，小さな本社づくりといっても，単に小さければよいというわけではない．無謀な本社縮小は，無力化された本社を生み出してしまうと警鐘を鳴らしている．アメリカの大手コンサルティング・ファームであるボストン・コンサルティング・グループの重竹（2002）は，グループ本社組織の進化のなかで，小さな本社を意味するミニマリスト・モデルからアクティビスト・モデルへの発展について論じながら，小さな本社に取って代わる新たな本社像を浮き彫りにしてい

る。重竹によると，1970年代から1980年代を象徴する本社像は，"帝国主義者"とも訳されるインペリアリスト（Imperialist）であった。インペリアリスト・センターは，次のような特徴を持つ。最初にオールマイティな力を誇る性格である。本社要員は数百人から数千人にも達するほど巨大である。グループ戦略から子会社および個別事業部の戦略すべてに細かく関与し，指示を下す。財務目標の設定と管理を行う。最後に，業績悪化の原因と対応策を策定する。ところが，1980年代から1990年代に入ると，何でも口出しする大きなインペリアリスト・センターは，ただコストの増大を招くだけで何にも生まれないという反省が生まれた。そして，ダウンサイジングやリエンジニアリングの手法を用いて，肥大化した巨大な本社をスリム化し，効率化する考え方が主流となった。その結果，生まれたのがミニマリスト・センターである。"最小限主義者"とも訳されるミニマリスト（Minimalist）は，必要最小限の機能だけを備えたセンターであると共に投資家・株主の視点に立脚した本社である。たとえば，インペリアリスト・センターは，グループ戦略に加え，子会社・事業部戦略まで支配するのに対し，ミニマリスト・センターは，基本的に子会社・事業部の財務目標管理のみ行い，子会社・事業部戦略にはかかわらない性格を持つ。このような，ミニマリスト・センター化もまた，1990年代以降，変化を余儀なくされた。というのも，ミニマリストの考え方では，グループで複数の事業を有する意味がなくなるからである。すなわち，最小限の本社スタッフでは，企業価値の最大化やグループ・シナジーの生起といったコングロマリットが持つ競争優位性を引き出すことは難しい。そこで，1990年代以降の本社像は，ミニマリストから"活動主義者"とも訳されるアクティビスト（Activist）に進化を遂げた。アクティビスト・センターは，インペリアリストのような大きな本社でも，また，ミニマリストのような小さな本社でもない。換言すると「スマートなセンター」とも表現できる。アクティビスト・センターは，主に3つの不可欠な機能があげられる。[21]「サービス機能」は，人事，経理，法務，財務，ITなど，間接部門を外注化するシェアード・サービスやプロフェッショナル・サービスが企業の間で普及・拡大しているが，こうした間接部門を支援する機能である。「戦略リーダーシップ機能」は，グループ戦略やキャッシュフロー経営を通じて，企業価値を高めるために必要な立案し実行する機能である。「基本機能」は，株主・インベスターに対するサービスなど，株式会社としての最低限のマネジメント機能である（重竹, 2002）。Stalk, Jr (2005) は，各部門からAクラスの人材をアクティビスト・センターに集め，およそ2年間

のサイクルでローテーションさせる重要性を強調している。そして，事業部門から集めた才能豊かな人材と本社部門の経験豊かなベテランたちがチームを編成して，重要な課題に当たる体制を構築すべきであり，こうした取り組みから，優れたリーダーの育成と部門を超えた能力の移転が可能になると主張している。加護野・上野・吉村（2006）は，本社規模と経営成果との関係について触れ，小さな本社が高い成果を生み出すことが支持されなかったことに加え，むしろ，本社のスリム化が成果を低下させている事実を明らかにしている。そして，小さな本社論には，裏づけがなく，利益の面で危険が伴うため，単純に流行に従うことは避けるべきであると苦言を呈している。Goold., Collis and Young（2007）は，欧州，アメリカ，日本そしてチリにおける600の本社組織のサイズ，構造そして業績について調査したところ，全従業員数が10,000人規模の企業における本社スタッフ数は，わずか10人から1,000人程度まで実に多様であるとの結果を得た。その一方で，小さな本社と優れた業績成果との関係について調べたところ，小さな本社（Lean and Mean Headquarters）と優れた財務成果の関係は，残念ながら見出すことができず，それどころか，使用総資本利益率（Return on Capital Employed）と株主総合投資利益率（Total Shareholder returns）の両方で測定した収益性において，平均以上の収益性と報告された企業の本社は，同サイズの企業の本社よりも平均で20％大きいとの結果が抽出された。その結果，小さな本社は，優れた業績成果との関係はないことが支持されたのみならず，業績を高めるため本社のサイズを大きくすべきという企業の考え方は支持されなかった。そして，成功する本社組織に標準的なモデルや理想的なモデルなど存在せず，結論として，全社戦略に本社組織のサイズや役割を調和させるべきである主張した（Goold and Young, 2005）。最後に，佐々木（2008）は，小さな本社が経営効率の向上に結びつくとする単純な考えは誤りであり，本社組織が企業に付加価値を提供する局面にも注意を払うべきと指摘している。

　グループ本社組織に関する研究は，これまで「大きな本社」か「小さな本社」かの是非論が繰り返しなされてきた。ところが，大きな本社組織は，肥大化に伴う形骸化を招くという深刻な課題を内包するため，必ずしも本社組織の理想形とはいえない。また，小さいことはすばらしい（Small is Beautiful）の名のもと，シンプルでスリムな本社組織が理想とする指摘もまた，組織を安易に小さくさえすれば，すべて良くなるという幻想に過ぎないだけでなく，むしろ，本社規模を過剰に小さくしてしまう危険性をはらむため注意が必要である。もちろん，純粋

持株会社制への移行の影響を通じて，グループ本社組織のさらなる小型化は，拡大の一途を辿っていることは確実である。しかし，本社組織の最適規模は，そもそも当該企業が有する事業の幅や子会社群の構成から自ずと決定されるものであり，あらゆる企業に共通する最適規模を探求する議論自体，きわめてナンセンスといわざるを得ない。

　繰り返すまでもなく，伝統的な本社組織の分類基準では，本社規模の大小に注目が寄せられてきたが，おそらく，本社組織の規模は，本社を取り巻く環境変化にも強い影響を受けることが考えられる。たとえば，「大きな本社組織」は，おそらく，安定した経済環境や企業成長の局面で採用されやすい。というのも，たとえ本社組織が肥大化したとしても，そうした本社コストを上回る需要と収益が期待できるはずだからである。つまり，企業が積極的に事業の多角化や設備投資を実行する状況下では，本社組織に対する経営資源もまた肥大化の一途を辿る。ところが，こうして発生する膨大な本社コストよりも好景気や企業成長から得られるリターンがそれを上回る規模のため，本社コストの削減がほとんど問題視されないのである。また，グループ本社組織が強力な中核事業を有するような場合，本社組織は，大規模化されやすいと考えられる。中核事業の運営に必要な経営資源とグループ全体の中核事業を担うべき権限が本社組織へ集中化するため，肥大化が進むからである。

　これに対し「小さな本社組織」は，たとえば，不安定な経済環境，企業の成熟局面で発生されやすい。低成長な経済環境，成熟期にある企業では，本業の売上や収益が伸び悩むため，本社組織で発生する余剰資源コストを負担できなくなり，リストラクチャリングを通じて，大胆な本社組織のスリム化を試みるからである。また，複数のコア事業がグループを構成する子会社群へ分散するような場合，グループ本社組織はスリム化されやすい。コア事業の分散化を通じて，権限や資源そして能力もまたグループ各社へ移行するからである。

　ところで「小さな本社組織」は，これをさらに筋肉質化した「リーンな本社組織」に区別することもまた可能である。「リーンな本社組織」とは，必要最小限の資源または能力のみを有する本社組織であり，具体的には，「純粋持株本社」がこれに該当する (Galbraith and Nathanson, 1978)。たとえば，1990年代のABBは，全世界で20万人以上の社員を擁する一方，本社の社員はわずか171名に過ぎなかった。とりわけ，欧州企業の場合，自国市場が小さいため早い段階から国際展開する必要があり，このようなマルチナショナル経営には純粋持株会社制が

図表 4-11　多角化企業とコングロマリット企業における機能別社員数の比較

機能＼企業	多角化企業 社員数（平均値）	多角化企業 構成比（%）	コングロマリット企業 社員数（平均値）	コングロマリット企業 構成比（%）
全般管理	4	1.3	5	5.5
財務	84	27.9	51	56.0
法務	20	6.6	17	18.7
人事	16	5.3	7	7.7
R＆D	139	46.2	0	0.0
マーケティング	10	3.3	0	0.0
製造	3	1.0	0	0.0
広報	8	2.7	6	6.6
調達・物流	12	4.0	0	0.0
経営計画	5	1.7	5	5.5
合計	301	100.0	91	100.0

（出所）　Berg（1977）p.41.

もっとも最適な組織形態であったことがその背景としてあげられる。そこで，「リーンな本社組織」と「純粋持株本社」の関係を裏付けるため，ここでは60年代後半から70年代前半に実施された米国におけるコングロマリット企業の研究を取り上げてみよう。まず，Berg（1969）は，事業部制を意味する多角化企業（Diversified Industrials）4社と持株会社を指すコングロマリット企業5社における各機能に所属するコーポレート社員数を比較調査した（図表4-11）。

それによると，第1に，多角化企業の全社部門に従事する社員数（平均）の合計は301名に比べ，コングロマリット企業は91名と圧倒的に少なかった。なぜなら，多角化企業は，関連多角化を通じて形成されるため，これら相互に関連性の強い複数事業を全社レベルで調整する必要がある一方，コングロマリット企業は，非関連多角化によって形成されるため，小さな本社組織で適合できるからである。第2に，多角化企業の場合，各機能すべてに社員が存在するため，まさに総合本社であるのに対し，コングロマリット企業は，全般管理，財務，法務，人事，広報，経営計画の各機能には社員が存在するものの，R＆D，マーケティング，製造，調達・物流には社員が存在せずという結果が得られた。このことから，コングロマリット企業の全社レベルは，特定の機能のみに集中する専業本社の様相を呈していることが分かった。第3に，機能別にみると多角化企業は，R＆D部門の社員数が全体の46%を占めもっとも多く，次いで財務部門が27.9%を占める一方で，コングロマリット企業では，財務部門の社員数が56%を占め，も

っとも多く，次いで法務部門が 19% であった。Lorsch and Allen（1973）もまた，Berg の研究と同様な結果をすでに明らかにしている。彼らは，垂直統合企業 2 社，コングロマリット企業 4 社の計 6 社の本社組織を調査したところ，垂直統合企業では，大規模な本社組織と事業部に対する介入が明らかとされたのに対し，コングロマリット企業では，小規模な本社機構と事業への不介入が浮き彫りとなった。そして，業績の悪い垂直統合企業は，積極的な介入不足が共通して散見されるのに対し，業績の悪いコングロマリット企業には，逆に本社組織の過介入が問題として指摘されることが分かったと論じている。

　本項の結びとして内容を総括すると，本社組織の適正規模やサイズに関する国内外の議論は，基本的に不要な議論と言わざるを得ない。1 つは，大きな本社，小さな本社を巡る議論とは，いったい何を基準にして大・小を論じているのか意味不明だからである。もし仮にライバル企業やベンチマークとする企業を横目に見て本社組織の適正サイズや規模を求めるとしたら，最適解など永遠に見つけられないだろう。本社組織のサイズや規模とは，競合他社の動向や動きを察知しながらその答えを見つけ出すものではなく，自らが形成する企業グループ規模から統制すべき必要な人材などを逆算して求めるべきである。つまり，小さな本社化が時代の流行や他社の傾向であったとしても，短絡的にその動きに追従あるいは影響されることがあってはならないのである。もう 1 つは，純粋持株会社制への移行，事業や子会社数の増減，景気局面に対する固定費削減，BPO やオフショアリングの進展などを通じて，本社組織の規模やサイズは，その都度翻弄される運命にある。このため，もともと最適な規模やサイズを探求すること自体，無意味な取り組みである。つまり，本社組織とは，常に流動的に変化を繰り返すものであり，1 つの最適解を求めることなど実にナンセンスだと言わざるを得ないのである。

4-2-4　グループ本社組織の経営原理

　ところで，グループ本社が親会社と呼ばれる所以は，ファミリーのなかで親の役割を演じることに由来する。こうした親会社による親業は「ペアレンティング」と呼ばれ，グループ本社組織の経営原理を説明する際，しばしば引用される概念である。そこで，「ペアレンティング」を心理学の立場から説明を加えてみよう。

　ペアレンティング（Parenting）は直訳すれば"親をすること"である。通常は，

親性，親業，育児を意味する言葉だが，もっと砕けた言い方をすれば，親子関係とも言い換えられる。「ペアレンティング」とは，主に「父性原理」と「母性原理」に分けられるが，臨床心理学者の河合隼雄（1997）やユング心理学者である林（1999）によると，「父性原理」と「母性原理」は，次のように対比することができる。まず「母性原理」は，母と子の関係を指す言葉である。たとえば，林（1999）は，母性の大切な能力として「子供を慈しむ心」をあげている。また，心の余裕と安定が何よりも大切であり，心の余裕が不足して不安定な場合，子供を煩わしく感じたり，子供を萎縮させるため，母性には理性と賢さもまた必要であるとも主張している。一方，河合によると，「母性原理」とは「包含する」「母の懐の内」を示す言葉である。そして，その目標は，与えられた場の平衡状態の維持することである。つまり，一方では生み育てるものである反面，他方では良いもの悪いものすべてを包み込み（呑み込み）ながら，個性や能力に関係なく，平等に扱う絶対的平等感という性格を有するものである。「母性原理」は「わが子はみんなよい子」と考える原理であり，これは，女性がもっている母親としての本能や性質であり，子を生み育てる機能を意味する。このため，「母性原理」は，個人的な欲求を満たすことよりも，全体の場のバランスを維持しながら一体感を大切にする「場の倫理」が重視される。「母性原理」では，肯定的には生み育てるという機能をもつが，否定的には一体感という根本原理の破壊を許さないため，個を呑み込んでしまいその自立を妨げてしまう性格もまた有する。「母性原理」は，慈しみ育てる，いわば仏教の精神と連動するため，東洋または日本社会の発想として，競争や闘争を好む西欧社会と性格を異にする。

　これに対し，「父性原理」とは，父と子の関係を示す概念である。林（1996）によれば，父性の大切な能力は「まとめあげる力」である。つまり，中心に位置する父性が家族の各メンバーが有する欲求，感情，希望，目標という異なる諸要素を意味ある全体へとまとめあげる力であり，もし父が統合力を欠いた場合，家族はバラバラとなり崩壊の危機に直面すると論じている。一方，河合によると，父性とは，父親としての本能や性質を意味する言葉であり，「父性原理」とは「切断する」「父の膝の上」と表すことができる。つまり，主体と客体，善と悪，上と下のように，すべてのものを切断し分割しながら，その能力や個性に応じて類別する原理である。したがって，父性原理は，個人差や能力差を肯定するものであり，いわば「よい子だけがわが子」と考える原理である。「父性原理」は，個人の成長，自我の確立，欲求充足に高い価値を与える倫理観であり，「個の倫

理」が重視される。「父性原理」は，肯定的には強い者を育てる建設性をもつが，否定的には切断の力が強すぎることから由来する破壊性を有する。このような「父性原理」は，神との契約する民を意味するキリスト教の原理を表すため，和を好む「母性原理」を強烈に否定した西洋社会の発想といっても過言ではない。

このような「ペアレンティング」を構成する「母性原理」と「父性原理」という異なる概念をグループ本社組織の経営原理に援用した場合，どんな説明が可能だろうか。まず，「母性原理優位な本社組織」とは，絶対的平等感を通じて企業グループを分け隔てなく包み込むようにマネジメントするものであり，いわば日本型であるのに対し，「父性原理優位な本社組織」とは，個の差の肯定を通じて，優れた個だけを集めた企業グループを鍛えによって管理するものであり，欧米型の概念として位置づけられる。

それでは，実際のグループ経営において，これら2つの経営原理をどう捉えたらいいものだろうか。第1に，ここで触れた2種類の経営原理とは，どちらが重要だとか，両方の中からどちらかが選択されるべきであるという性格のものではない。たとえば，分社化やM&Aを通じて設立されたスタートして間もない子会社に対する親業の場合，いまだ親会社の資源または能力に大きく依存せざるを得ない時期のため，親会社はまさに子供を慈しむよう大事に育てる母性原理優位な本社組織のリーダーシップとなるべきである。ところが，親会社と肩を並べるくらい成長した子会社に対する「ペアレンティング」は，スタートアップの段階とは大きく異なり，甘えを許さず強い姿勢で臨む父性原理優位な本社組織のリーダーシップが採用されるべきかもしれない。なぜなら，グループを構成する子会社群は，親会社へ依存するのではなく，むしろ，親会社から独立してグループ価値の創造に貢献することが最大の使命だからである。したがって，「ペアレンティング」とは，親会社と子会社の事業の連動性に加え，子会社群の成熟度合いを深く吟味したうえで母性原理優位とするか，それとも父性原理優位とするか判断されるべきである。

次に，本社組織による付加価値活動を意味するペアレンティングの具体的な実践について，多事業（Multi-Business）企業を対象とする本社組織のリーダーシップ原理の研究について取り上げてみよう。Goold., Campbell and Alexander (1994)によると「ペアレンティング」とは，グループ本社を株主と事業部門のあいだを取りなし仲介する役割であり，グループ本社とは事業部門を支援したり，付加価値を賦与する役割を演じると定義している。彼らによると，これまでの経営戦略

の最大の関心は，長い間，各事業部門による競争戦略（事業レベルの戦略）に注がれてきた。このため，各事業部門を寄せ集め，いわばホチキスで止めることが全社戦略（コーポレートレベルの戦略）の意味であるような誤解を招いてきた。こうしたなか，実際の企業の多くは，各事業部門が個々に生み出した付加価値の合計に比べ，企業の全体価値が著しく低い評価を得ている深刻な問題に直面するようになった。そして，その主な理由としては，企業の全体価値を高める戦略が著しく欠如していることに加え，グループ本社による全社戦略そのものが何よりも不在であることであった。そこで，彼らは，グループ本社による全社レベルの戦略を「ペアレンティング」と呼び，「ペアレンティング」による価値創造のタイプを大きく4つに分類した。第1は「スタンドアローン」である。これは，グループ本社の支援や関与を通じて，各ビジネス・ユニットの戦略や成果の強化を図り独り立ち（Stand-Alone）させることである。たとえば，優れた人材をビジネス・ユニットへ派遣することや事業部戦略の見直しを求めることがあげられる。第2は「リンケージ」であり，その意味は，異なるビジネス・ユニット間の連結価値を高めることである。これは，スタンドアローンとは異なり，各ビジネス・ユニットに対して支援や関与するものではない。グループ本社は，たとえば，ビジネス・ユニット間における資源や知識の移転または交流を演出したり，相互間のコミュニケーションを高めシナジーを生起する役割を果たす。第3は「機能＆サービス」であり，価値創造にとって重要な機能＆サービスの資源やノウハウは，グループ本社が持っている。このため，各ビジネス・ユニットへ機能的なリーダーシップやコスト面で効率的なサービスを供給することで価値創造を達成できるのである。第4は「コーポレート開発」であり，ビジネス・ユニットのポートフォリオの構成を変えることで新たな価値創造を生み出せる。つまり，成長性の高い事業を発見または開発することがグループ本社の役割なのである。

そして，これら4つの価値創造タイプのうち，グループ本社の戦略的役割としてもっとも重要なのは，異なるビジネス・ユニットや事業部間を相互に連結する「リンケージ」だろう。多角化された企業の競争優位性は，異なるビジネス・ユニット間のコラボレーションや資源や能力におけるシナジーの創造というダイナミズムだからである。但し，「リンケージ」タイプで注意すべき点は，すべてのビジネス・ユニットをただリングすればよいというものではない。事業間の無理な結合がマイナス・シナジーを招く恐れがあるからである。このようなシナジーの罠（Synergy Trap）を回避することも，グループ本社の重要な役割の1つであ

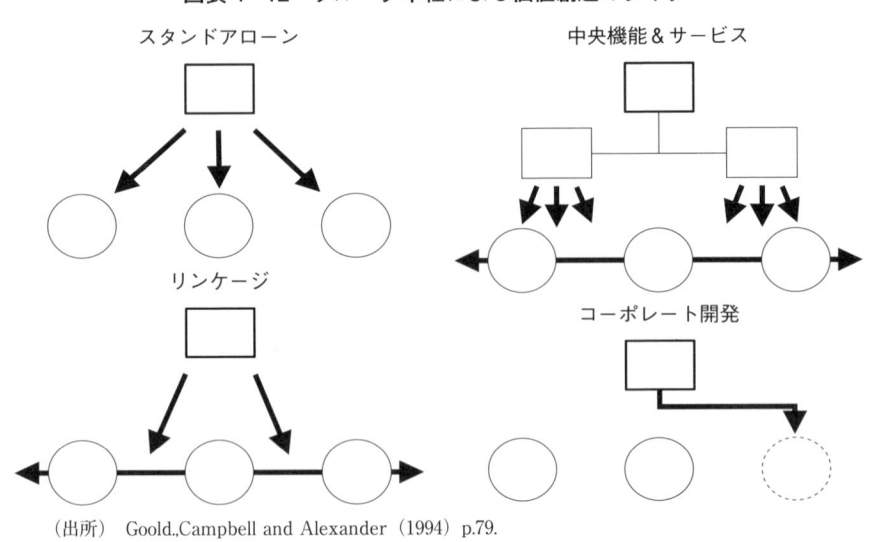

図表 4-12　グループ本社による価値創造のタイプ

スタンドアローン　　　　　　　中央機能＆サービス

リンケージ　　　　　　　　　　コーポレート開発

（出所）　Goold., Campbell and Alexander（1994）p.79.

る（図表4-12）。

　最後に，メタ（超）子会社やメタ事業に対する本社組織の経営原理について触れてみよう。メタ子会社やメタ事業とは，すでに親会社が有する資源や能力を超越してしまったような子会社や事業である。本社組織による取り扱い方には，主に2つのアプローチがある。1つは，内部化して企業グループ価値の向上につなげるやり方であり，もう1つは，資本関係を断ち切ったうえで新たに共創関係を結ぶやり方である。まず，前者のやり方である資本関係を強化して内部化するような場合，確かにグループ企業価値の向上やグループ学習効果は促進されるものと考えられるが，逆に，グループ内で維持するために必要なコスト負担を強いられることや自発的な資金調達の困難化は避けられない。このような内部化を支持する見解として，ここでは，Hamel の主張を引用してみよう。Hamel（1999）は，将来，成長の見込みが高い新規事業をむやみに社外へ放出（Spin-Outs）せず，本体内部にとどめて育てる（Spin-Ups）方が大きな価値を生み出して得策であると主張している。分社化してしまえば，本体が得られる価値は少なくなってしまうが，本体内部で育成すれば既存事業とのコラボレーションが促進されるだけでなく，本体の企業価値の向上に大いに役立つからである。Hamel は，実際に外部化して失敗を招いた事例として，ゼロックスのパロアルト研究所（PARC）のケ

ースを取り上げている。周知のとおり，同研究所は，今日のパソコン技術のほとんどを発明するほど優れた存在であったが，数多くの優秀なベンチャー企業を輩出した結果，パロアルト本体の利益や成長は大きく後退し，危機に瀕してしまったのである。

　一方，後者のやり方である資本関係を断ち切って外部化させた場合，投資コストの負担を回避できたり，自発的な資金調達が可能となるメリットがある反面，資本関係が途切れてしまうため，新技術の開発や新市場の開拓を進めるために必要なコラボレーションの不生起や企業グループ価値の喪失の危険性に加え，共創関係を新たに結び直す手間の発生などデメリットも少なくない。たとえば，グループ内の有望事業を外部化した代表的な事例として，富士電機→富士通→ファナックと続く分社化のケースをあげてみよう。富士電機は，1923 年，古河電気工業とドイツのシーメンス社との結ばれた資本・技術提携によって富士電機製造として設立した。富士通は，1935 年，富士電機製造の電話部門が独立し富士通信機製造として設立された。ファナックは，1972 年，富士通の NC 部門が分離・独立して富士通ファナックとして設立された。つまり，将来性のある有望な部門を本体からその都度切り離す分社化の手法を通じて，親会社である富士電機，子会社である富士通，孫会社にあたるファナックという親・子・孫関係が構築されたのである。ところが，こうした親・子・孫関係は，他方で親会社の企業価値（時価総額）を子会社が上回り，子会社の企業価値を孫会社がさらに上回る連続的な競争逆転という副作用を生み出すキッカケとなってしまった。たとえば，すでに株式の売却を通じて資本関係が解消されてしまっているが，富士電機・富士通・ファナックにおける現在の時価総額（2012 年 11 月 6 日現在）を計算すると，富士電機の時価総額は 120,184 百万円に対し，富士通の時価総額は約 5 倍の 592,025 百万円であるのに比べ，ファナックの時価総額は富士通の 5 倍強に相当する 3,180,670 百万円に及んでいる。もし，富士電機が富士通やファナックをグループ内に引きとどめ，内部成長に踏み切っていたとしたら，富士電機グループは，巨大な価値を生み出す優れた企業グループとして繁栄を獲得できたかもしれないのである。

　日本企業は，過去，メタ子会社やメタ事業の外部化を積極的に実施してきたが，今日では，逆に内部化する方向にシフトしている。それは，今日的な企業が，企業グループを持続または維持するために多大なコスト負担を払ったとしても，グループ企業価値の向上やグループ学習の効果を高めることの方がより重要だと考

えている実態を反映するものである。

4-2-5 グループ本社組織のマネジメント・スタイル

　Goold., Campbell and Alexander（1994）によると，グループ本社組織は，主に3つのマネジメント・スタイルに類型化できる。タテ軸には，戦略の中央集権化の程度を示す「計画面の影響」，ヨコ軸には，短期的な財務目標の重要性の程度を示す「統制面の影響」をそれぞれとると，本社組織のマネジメント・スタイルは，図表4-13のように表すことができる。

　第1は，戦略の中央集中化度が強く，財務目標の重要性が柔軟に該当する戦略計画型（Strategic Planning）スタイルである。このスタイルは，基本計画立案者（Master Planner）とも呼ばれ，コア事業の強化と周辺事業の売却，ビジネス・ユニット間のシナジーの誘発や新規事業の開発を通じて，新しい価値創造，コア・コンピタンスの創造に主眼が置かれている。グループ本社は，予算，資金配分，制度，手続き，ルールブックの設定など，ビジネス・ユニットに対して深く関与し強いリーダーシップを発揮する。このため，本社スタッフとビジネス・ユニット・マネジャーのコミュニケーションは非常に重要である一方，センターのリー

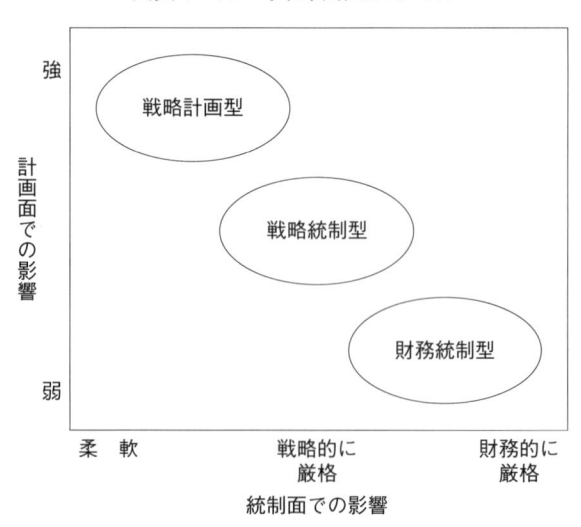

図表4-13　本社戦略のスタイル

（縦軸：計画面での影響　強〜弱／横軸：統制面での影響　柔軟〜戦略的に厳格〜財務的に厳格）

- 戦略計画型（左上：計画面での影響が強く，柔軟）
- 戦略統制型（中央）
- 財務統制型（右下：計画面での影響が弱く，財務的に厳格）

（資料）　Goold., Campbell and Alexander（1994）p.412に加筆修正。

ダーシップに左右される点が懸念材料とされる。

　第2は，戦略の中央集中化度が中程度で財務目標の重要性は戦略的に厳格に相当する戦略統制型（Strategic Control）スタイルである。戦略実現者（Strategic Shaper）と呼ばれ，いわば，「戦略計画型」と「財務統制型」という2つの短所を避けて長所を取り込むスタイルであり，明確化よりもバランスが重視される。このため，戦略目標と財務目標，長期目標と短期目標のように，一歩間違えると責任の明確さを欠き，あいまいとなる危険性を常に内包している。また，「戦略統制型」は，ビジネス・ユニットの戦略価値と企業評価をチェックする。つまり，戦略と財務の両方のモニタリングである。但し，ビジネス・ユニットの運営には介入せず，自主運営させる一方，センターはその承認や調整，ビジネス・ユニット間における情報の連結などに制限される。

　第3は，戦略の中央集中化度が弱く，財務目標の重要性は財務的に厳格に位置する財務統制型（Financial Control）スタイルである。株主／銀行家（Shareholder／Banker）と呼ばれ，センターが予算統制を通じて，ビジネス・ユニットに強い影響力を行使するものの，ビジネス・ユニットの経営には介入しない。センターは，アクティブ・インベスターとして，ビジネス・ユニット・マネジャーに明確な目標を与えて財務業績の改善を図ることが主な役割となる。財務統制型スタイルを採用する企業は，成熟したビジネス・ユニットである場合が多く，大きなイノベーションは期待できない。このため，センターは，ビジネス・ユニットをポートフォリオで企業評価する。

　Chandler（1991）は，多事業部門を有する企業のための計画策定・統制システムとして，Goold and Campbell（1987）が提示した3つのスタイルの特徴を次の

図表4-14　3タイプの比較

	戦略計画	戦略統制	財務統制
本社のサイズ	大	大	小
コントロール・メカニズム			
(a) 予算管理	弱	やや強い	強
(b) 戦略計画と報告	重要	やや重要	不要
戦略策定責任	コーポレート本社	ビジネスユニット	ビジネスユニット
事業部門間相互依存性	高	やや高い	低
マネジメントアプローチ	コア・コンピタンス	リンケージ	ポートフォリオ
本社のリーダーシップ	強	中	弱

（資料）　Chandler（1991）p.40に加筆修正。

ように説明している（図表4-14）。

　まず，戦略計画型スタイルは，大きな本社となる。そして，コントロール・メカニズムにおいて予算管理は弱く，戦略計画・報告は重要である。戦略策定責任は，コーポレート本社にある。事業部またはビジネス・ユニット間における相互依存性は高い。マネジメント・アプローチは，コア・コンピタンスによって管理・評価される。最後に，本社のリーダーシップは強い。次に，戦略統制型スタイルもまた，大きな本社となる。コントロール・メカニズムについては予算管理がやや強く，戦略計画・報告もまたやや重要である。戦略策定責任は，ビジネス・ユニットにある。事業部またはビジネス・ユニット間における相互依存性は，やや高い。マネジメント・アプローチは，リンケージによって管理・評価される。最後に，本社のリーダーシップは中位である。財務統制型スタイルは，小さな本社となる。コントロール・メカニズムは予算管理が強く，戦略計画・報告は，不要である。戦略策定責任は，ビジネス・ユニットにある。事業部またはビジネス・ユニットおける相互依存性は低い。マネジメント・アプローチは，ポートフォリオによって管理・評価される。最後に，本社のリーダーシップは弱い。

　一方，本社組織スタイルの研究は，日本でもまた数多くなされている。たとえば，佐野・山本（1994）は，事業拡散度（事業スケール）と業務拡散度（業務スケール）の2つから，本社スタイルを「財務管理型」，「戦略管理型」，「戦略創造型」そして「戦術創造型」という4つに分類している。「財務管理型本社」は，傘下の事業部門の経営にはタッチせず，財務面からの監視機能を強化して財務価値の最大化を目指す本社像である。「戦略管理型本社」は，事業部門間における情報共有を除き，傘下の事業部門の経営には極力タッチせず，戦略価値と財務価値の両方を追求する経営であり，このため，戦略面と財務面の両方が監視の対象となる。「戦略創造型本社」は，事業部門間におけるシナジーと事業創造を誘発するため，トップのリーダーシップを通じて価値創造する。最後に「戦術創造型本社」は，このような単一事業の企業群の事業創造の実践がこれに該当し，価値創造の実践，先導的な監視が強化される。井口・三浦（1999）は，本社の規模と本社の機能の2つの尺度から本社スタイルを「少数無力型」，「大事務センター型」，「大規模参謀型」そして「精鋭事務局型」に分類する一方，最近の潮流として，規模が小さく戦略・企画機能中心の「精鋭事務局型本社」を目指す動きが活発化していると論じている。小沼（2002）は，純粋持株会社によるグループ本社組織を「戦略創造型」，「計画管理型」，「財務管理型」の3つの基本形と2つの可

能性に類型化している。最初に「戦略創造型」とは，グループ本社がグループ戦略の策定だけでなく，事業会社の戦略策定にも強い影響力を持つタイプである。これに対し「計画管理型」は，事業戦略の策定をグループ本社と事業会社が共同して行うタイプである。最後に「財務管理型」は，戦略の策定は事業会社が担当し，グループ本社は利益や価値をマネージするタイプである。また，2つの極端な可能性として「独裁型」は，グループ本社が戦略と財務の両方をコントロールするタイプであり，「放任型」は，戦略と財務の両方ともコントロールしないタイプもあげられる。

　こうして見ると，本社組織スタイルに関する議論は，国内外問わず活発になされていることが分かった。そして，これら各論者の見解に共通する点として「戦略志向」，「マネジメント志向」，「財務志向」という主に3つのパターンに大別できることがここで浮き彫りとされた。

4-2-6　グループ戦略本部の設置

　グループ本社組織は，本社内にグループ・シナジーの生起やグループ総合力の発揮を目的とする推進センターを設ける場合が多い。ここでは，グループ経営の強化を図る主な企業のグループ戦略本部（あるいは同様な役割を演じる連結機能組織）の設置について触れてみよう。なお，その戦略的重要性にもかかわらず，当該分野における先行研究は，これまでのところ皆無のため，本書では，各種新聞記事と各社のホームページを参考に内容を取りまとめた。

　アサヒビール（現：アサヒグループホールディングス）では2000年3月，経営戦略部，事業計画推進部，人事戦略部，財務部，リーガルマネジメント部，広報部の部門から構成された「グループ経営戦略本部」を新設した（日経産業新聞, 2000年3月27日）。その主な目的とは，取締役会と経営戦略会議の事務局組織として機能することである。

　日立製作所は，2004年4月に「G-グローバル事業部門」「G-法務・コミュニケーション部門」「G-経営戦略部門」からなる「グループ戦略本部」を発足した。その狙いとは，主に4つあげられる。1つは情報力や資金力を補完し合い，グループとしての経営基盤の強化である。2つ目は，製品や技術を組み合わせてシナジー効果を高めることである。3つ目は，社会的責任や法的責任を果たすのに連携した方が効率化できることである。4つ目は，グループとしての方向性を明確に示すことである（日経金融新聞, 2005年9月26日）。また，「グループ戦略本部」

の構成メンバーは約 200 名であり，そのうち，約 50 名はグループ各社および各事業グループの人材が投入され，グループ人材交流の充実が図られた（なお，2010 年 4 月，「グループ戦略本部」は廃止され，これまでの経営企画室が「グループ経営企画室」に名称変更された）。

2004 年 4 月，三菱東京フィナンシャル・グループは，「連結事業本部制度」を導入した。その主な目的とは，顧客に対する一体感のある総合金融サービスの提供，新しい戦略や事業モデルを構築，実行しやすい体制の整備，グループ社員がより能力を発揮できる機会の提供という 3 点からである。また，同グループでは，2011 年 7 月，海外子会社の機能を有機的に結びつけ，付加価値の高い総合的なサービスを提供することを目的とする「国際連結事業本部」を新たに設置しながら，グループ子会社間および出資提携先との協働推進による高付加価値提供のビジネスモデル構築を担当する「グローバル協働推進室」と海外金融機関への出資・提携戦略ならびに新規事業の立案と実行を担う「グローバル事業開発室」を国際企画部内に新設し，グループの総合力を向上させる体制を構築した。

シチズンでは，2004 年 10 月にグループ総合力の強化のため「グループ戦略本部」を設立した。それは，グループ財務戦略，グループ知財・ブランド戦略，グループ人事戦略そしてグループ開発戦略の強化と戦略項目ごとにグループ内の執行責任と権限を本部長から委任された責任者を配置する体制である。

旭硝子では，2010 年 1 月，グループ戦略策定機能を担う目的から社長直轄の「グループ戦略室」を設置した。これまで，同社では経営企画室がグループ戦略を策定していたが，経営企画室は経営会議の事務局機能等の業務もあり，このため，戦略策定に特化した組織を設置した。

三菱商事は，2010 年 11 月，グループ全体の組織改革のため，「連結経営基盤体制機構推進室」を立ち上げた。その主な狙いは，従来，本社中心のやり方を改め，ビジネス・ユニットごとに管理する投資先企業の権限を高めることで経営に柔軟性を持たせることであった。

最後に，第一生命保険株式会社は，2012 年 5 月，グループ運営の更なる強化に向けて「グループ経営本部」を設置した。その狙いは，さらなる成長の加速化に加え，グループ全体の企業価値の向上を進めるためである。このようにグループ経営を推進する企業の多くでは，「グループ戦略本部」を設置している実態がここで明らかとなった。[22]

次に，「グループ戦略本部」が担う重要な機能と役割について考察すると，お

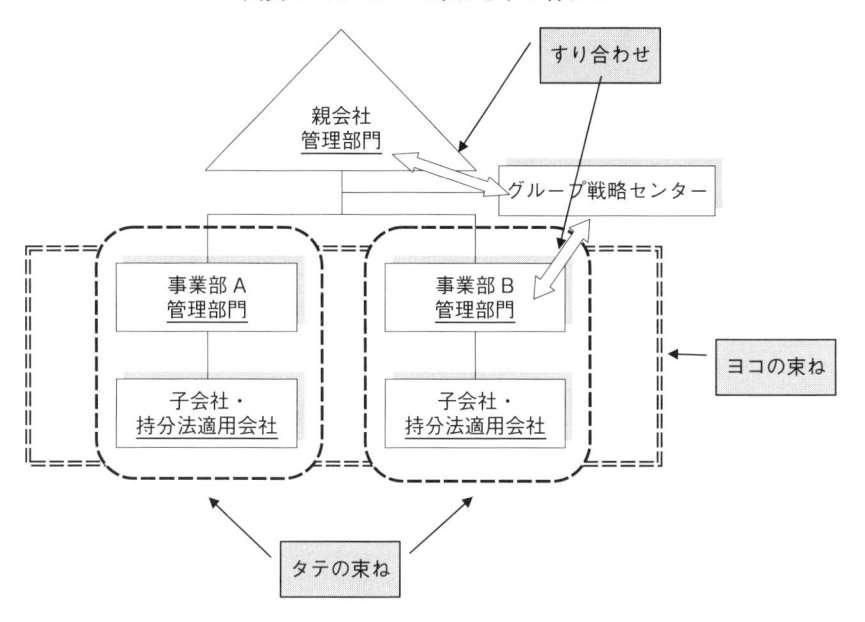

図表4-15　2つの束ねとすり合わせ

[図：親会社管理部門（三角形）を頂点に、グループ戦略センターがあり、事業部A管理部門と事業部B管理部門がそれぞれ子会社・持分法適用会社を束ねる構造。縦の囲みが「タテの束ね」、横方向の連携が「ヨコの束ね」、親会社管理部門とグループ戦略センターの間が「すり合わせ」として示されている]

そらく「2つの束ねとすり合わせ」のように表現することができる（図表4-15）。

「グループ戦略本部」における第1の機能と役割は、タテの束ねを通じた後方支援である。これは、各事業部門の管理部門が傘下にある子会社・持分法適用会社を統制する際、「グループ戦略本部」がヒト、モノ、カネ、情報など経営資源の側面から支援を果たすことである。第2の機能と役割は、ヨコの束ねの演出である。これは、各事業部門の傘下にある子会社・持分法適用会社を横断して連結・統合することである。換言すると、タテの束ねの成果として個々に生み出されたコア・コンピタンスや組織能力を、今度は、ヨコの束ねを通じて組織間コンピタンスや組織能力の開発に変換することであり、この際、「グループ戦略本部」が束ねの演出を仕掛けるオーガナイザーとしての役割を果たすのである。最後に、第3の機能と役割は、親会社幹部と事業部内のビジネス・スタッフとのすり合わせである。「グループ戦略本部」は、タテの束ねを後方から支援またはヨコの展開を演出することに加え、親会社の管理部門（取締役会を含む）と各事業部の管理部門との戦略的な調整やすり合わせをする機能もまた担っている。

それでは、「グループ戦略本部」の必要性とはいったい何だろうか。それは、チームスポーツの世界に置き換えると理解しやすいだろう。ベースボールやサッ

カーなどチームスポーツでは，ほとんど例外なく，監督，コーチ，プレイヤーが三位一体となって勝利に突き進む体制が整えられているが，この際，監督とは，チーム全体を取りまとめる求心力として重要な役割を演じるものの，実際に相手と戦う担い手ではないので間接的な「わき役」に過ぎない。これに対し，プレイヤーとは，監督が立案した全体戦略に従うものの，実際に相手と戦う中で個々に最大のパフォーマンスを発揮して勝利を目指すその直接的な役割を果たす「主役」として位置づけられる。チームスポーツの世界は，勝利を目指すプレイヤーとそれらを束ねる監督さえ存在すれば，基本的に成立するはずなのに，ほとんどの競技スポーツでは，その裏方として必ずコーチング・スタッフが置かれているが，それはなぜだろうか。1つは，組織が最大のパフォーマンスを発揮するには，監督とプレイヤーとの間を仲介して良好な関係を構築・維持するそのための「調整役」ともいえる機能が何よりも不可欠だからである。たとえば，監督の指示・命令があまりにも抽象的な情報であった場合，それを具体化してプレイヤーに伝える役割，そしてプレイヤー間におけるトラブルや問題を迅速に解決するため重要な役割をまた担っている。つまり，コーチング・スタッフは，ちょうど人体を血液が循環して各機能を健全化するように，監督とプレイヤーとの関係そしてプレイヤー同士の関係に介在し，チーム全体の機能を円滑に促進する役割を演じているのである。もう1つは，勝利を決するようなプレイの多くは，名選手一人の個人技からではなく，実は複数のプレイヤーが紬あげる連続的なプレイから生み出される場合が多い。このため，スポーツ・コーチの役割は，相互に連結し合った独創的なチームプレイを生み出すべく，個々のプレイヤーの潜在的能力を引き出し，最高のパフォーマンスの発揮を支援する働きをしているのである。

　このようなチームスポーツのあり方とグループ戦略本部の必要性とは，ほぼ一致する論理が潜んでいると考えられる。すなわち，今日の勝利のための条件として，1つは独創的なイノベーションやノウハウのシーズ（種）が個別企業内に眠っているよりも，事業部間や子会社間の接触点に隠れていることが多く，組織間をつないで価値を獲得しなければならない（Hamel and Prahalad, 1994）。もう1つは，少を持って多を達成するという，限られた少ない経営資源からより多くの成果を生み出せることが勝敗のカギを握っている（Kanter, 1989）。そして，これら勝利の条件を実現するには，戦略的シナジー（Strategic Synergy）や戦略的波及効果（Strategic Spillover）の生起が求められ，その担い手として，組織間の接触，共同，学習，共有，革新などの旗振り役であるグループ戦略本部（あるいは

同様の役割を演じる連結機能組織）が必要なのである。

　それでは，本社，子会社，グループ戦略本部によって構成されたグループ経営とは何かについて整理してみよう。周知のとおり，本社と子会社の基本的な位置づけとは，本社が求心力の主役，子会社が遠心力の主役である。このため，グループ経営では，求心力と遠心力の両立とバランスを図る指摘がなされてきた。ところが，こうした2次元的な発想は，複雑な環境変化と多様な構成要素（グループ・プレイヤー）を同時にうまく安定化させることは，おそらく困難である。というのも，グループ全体の視点から発想する本社と現場の視点から発想する子会社では，お互いの立場の違いから情報の非対称性（Information Asymmetry）が生まれ，あらゆる事項においてミスマッチが生じやすい。たとえば，コーポレート・スタッフの多くは本社育ちのため，高飛車的な性格が強い反面，現場の感知や実体験が少なく，中途半端にしゃしゃりでるとますます混乱を来す可能性があげられる。その一方で，ビジネス・スタッフの多くは，本社意識が強いため，NIHシンドロームや内向き志向に陥り，組織間協力や学習に対する意識が薄い反面，総じて目の前の危機に忙殺され，企業グループの中の位置づけを失うなど，世界観に乏しい問題があげられる。そして，こうした個々のポジションに由来する問題または障害は，粘着性が高く容易に改善できるものではない。そこで，こうした問題や障害を解決するため，また，本質的に立場の異なる本社と子会社を分断せず連結する担い手として，「グループ戦略本部」が重要な役割を演じると考える。1つは，日本企業は，国際的に見ても，事業部門や子会社の数が多く，このため，小さな本社組織ではもはやマネジメントできない。もう1つは，グループ連結経営を円滑かつ最良に運営するには，グループ全体を取りまとめる求心力と実際の稼ぎ手として外からキャッシュを獲得するための遠心力だけではなく，同時にまた，組織間をコーディネーションしたり，シナジーの生起を目的とする編集力（または連結力）のような3つのパワーが不可欠だからである（図表4-16）。つまり，本社が求心力，子会社が遠心力としてそれぞれ機能しながら，グループ戦略本部（あるいは同様の組織体）が編集力（あるいは連結力）を担い，組織内において有機的に作用することでグループ価値の最大化が達成され，全社優位性の構築が可能になるのである。[23]

　さて，近年，「グループ戦略本部」およびそれに該当する組織がグループ連携強化に大きな役割を果たしている好例として，玩具メーカーのタカラトミー，宅急便のヤマト・ホールディングスなどがあげられる。2006年，タカラとトミー

図表 4-16　グループ連結経営に必要な 3 つの力

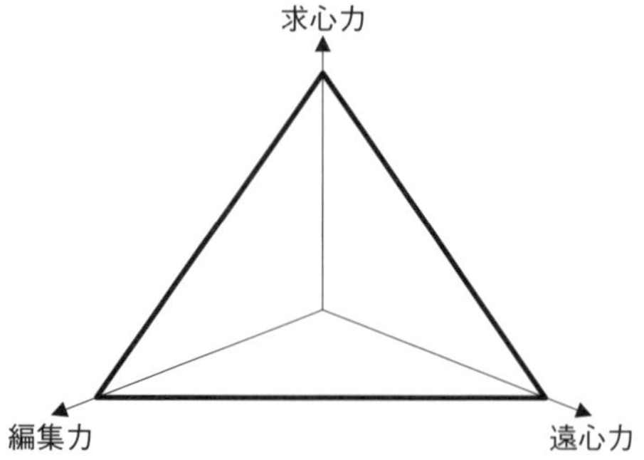

```
         求心力
          ▲
         /|\
        / | \
       /  |  \
      /   |   \
     /    |    \
    /_____|_____\
  編集力         遠心力
```

の 2 つの玩具メーカーが経営統合して誕生したタカラトミーでは，親子間の対話，グループ社員間の交流・促進などを強化する目的から 2009 年に「連結戦略局」を新設した。これまで，同社ではグループ連携がほとんどなされてこなかった。月例報告会のような場で子会社が親会社へ状況を説明する一方，親会社は子会社へ一方的な指示を授ける関係に過ぎなかった。ところが，「連結戦略局」が設置されてから，これがグループを取りまとめる御用聞きのような存在として子会社・関連会社が抱えている課題解決を支援するだけでなく，グループ間のコミュニケーションを高める重要な担い手として機能し，同社の業績の V 字回復に大きな役割を果たした（日経ビジネス，2010 年 6 月 7 日号）。一方，宅急便のヤマト・ホールディングスは，2010 年 10 月，傘下にある約 50 事業のリソースを横断して組み合わせ，新たなビジネスを開発したり，クライアントが抱える多様な諸問題を解決に導く推進役として「ソリューション・ラボ」を発足させた。この推進機能は，各グループ企業に所属する 30 代を中心とした若手人材を選抜し，グループすべての事業を把握させながら，最適なグループ・ソリューションの提案を生み出すことである。「ソリューション・ラボ」による効果として，たとえば，ヤマト運輸の宅急便，ヤマト・ロジスティクスのセンター機能，ヤマトシステム開発の貨物追跡機能，ヤマト・コンタクトサービスのコールセンター機能をそれぞれ組み合わせれば，家電や情報機器の回収・修理・配送・アウトバウンド・ソリューションを新たに提供できるという。

　これらタカラトミー，ヤマト・ホールディングスの事例からも，「グループ戦略本部」が担う機能または役割は，きわめて大きいことが分かる。それは，まるでミツバチが花から花へと飛び渡ることで花粉を媒介する役割を演じているよう

に,「連結戦略局」や「ソリューション・ラボ」がグループ間連携のクロスポリネーター（Cross-Pollinator）として，グループ革新における中心的な役割を果たしているのである。

　最後に,「グループ戦略本部」を形骸化させないための条件とは何か。おそらく，下記の条件をクリアできない場合,「グループ戦略本部」は効果不全に陥る危険性が高くなると考えられる。第1は，機能と役割さらに使命の明確化である。第2は，責任範囲の明確化である。第3は，企業グループを歩き回り能動的に管理（Manage by Wondering Around）の実践である。第4は，さらに企業グループのみならず，グループ外部まで触手を伸ばす，いわばゲートキーパー的な取り組みである。第5は，あくまでも縁の下の力持ちとして黒子役に徹することである。第6は,「グループ戦略本部」に対するカギとなる評価システムの構築である。

　本項の結論として，現在，グループ経営を展開する日本企業の中には，グループ経営本部が設置されてはいるものの，実際には，ほとんど有効に機能せず，形骸化した存在となっている場合が少なくない。これは，企業の経営者が「グループ経営本部」の意味を十分に理解または把握しきれていない証左でもある。タカラトミー，ヤマト・ホールディングスなど日本企業の中には，グループ経営本部に相当する部署がグループ全体の連結や解決方法を担い，グループ価値の最大化に大きく貢献している企業もまた存在する。グループ経営の成否は,「グループ経営本部」の意義を十分に理解し，グループ全体からAクラス社員を結集して実効性の高い組織として活用できるか否かにかかっているのである。

4-3　グループ組織マネジメント

　本節では，グループ経営の問題を組織マネジメントの視点からアプローチしてみよう。ここでは，議論を分かりやすくするため，企業グループの進化を「財閥を起源とする企業グループ」と「独立系企業集団を起源とする企業グループ」という2つに分けて検証を試みる。

　最初に「財閥を起源とする企業グループ」について，その起源を辿ると，第二次世界大戦以前まで遡ることができる。戦前の三井，住友，三菱のような「財閥」は，本家を中心とした階層的な企業集団（垂直的企業集団）を形成していた。ところが，戦後のGHQによる財閥解体と株式持ち合いの自由化に伴い,「垂直

的企業集団」は解体を余儀なくされ，財閥傘下の大企業が株式の相互持ち合いを通じて緩やかに結合する「水平的企業集団」へと大きく変貌した。そして，「水平的企業集団」は，別名「六大企業集団」とも呼ばれ，三井，住友，三菱など戦前の財閥の流れをくむ「旧財閥系グループ」と芙蓉，第一勧銀，三和など金融機関を中心とした「大銀行系グループ」の2つの企業グループに区別された。戦前から戦後を通じて発展・成長を遂げてきた「水平的企業集団」は，その後，①金融ビッグバンと不良債権処理による影響，②資金調達の間接金融から直接金融への移行，③個人株主の拡大や外国人持株比率の上昇などを通じて次第に形骸化の様相を強めていった。この結果，今日の「水平的企業集団」は，次第に戦略的な意味合いが失われ，交流会または親睦会のような性格に変質してしまった。

一方，「独立系企業集団を起源とする企業グループ」は，戦後の「水平的企業集団」と時を同じくして登場した企業グループである。「独立系企業集団」は，「水平的企業集団」に属しながらも，垂直的な独自の企業グループを形成する企業集団と定義され，たとえば，トヨタグループや新日鉄グループなどが形成する系列，サプライヤーシステムはその典型である。また，「独立系企業集団」は，実務の世界では「グループ連邦経営」とも呼ばれ，1980年代を通して注目を集めた。「独立系企業集団」は，「関係会社管理」，「企業集団経営」，「企業グループ」など議論が活発化したが，個別決算制度のもと親会社中心主義を基本とする時代にあって，これらの内容は，どれも本質的に違いはなかった。その後，伝統的な「独立系企業集団」は「ネットワークライクなグループ戦略経営」または「アカウンティング主導によるグループ連結経営」へと大きく舵を切った。というのも，特に1990年代後半になると，日本では連結決算制度の本格的な導入に加え，M&Aや分社化を通じた企業グループの形成が飛躍的に拡大したからである。

そして，今日のグループ経営を巡る議論は，グループ連結経営の延長戦上にあるといえるが，但し，グループ連結経営の中味を見ると，次のような変化が起こっている。1990年代後半は，M&A，分社化そして持株会社への移行などが拡大する一方，選択と集中によるメンバーの組み替えと企業グループの量的拡大を通じた「攻めの連結経営」に議論が集中した。ところが，2000年代の後半以降は，肥大化した企業グループを改善するため，グループ・リストラクチャリングによるスリム化と質的充実を図る「守りの連結経営」に議論の流れが変化し，今日に至っている。

図表 4-17　戦前・戦後の構造

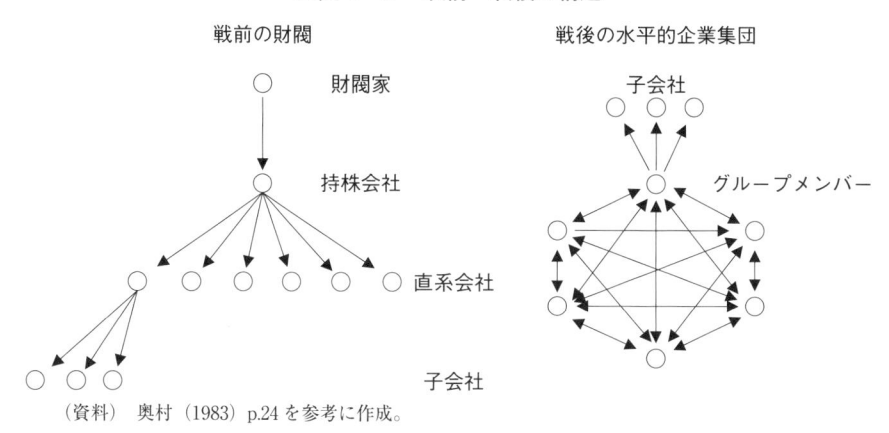

戦前の財閥　　　　　　　　　戦後の水平的企業集団

（資料）　奥村（1983）p.24 を参考に作成。

4-3-1　財閥を起源とする企業グループ

　グループ経営と組織マネジメントに関する研究の源流は，戦前における財閥まで遡ることができる。財閥（Zaibatsu）とは，富豪の家族・同族の封建的な所有・支配下に成り立つ多角的事業経営体（森川, 1978）と定義され，具体的には，富豪の家族・同族により出資された持株会社を中心とする階層的な企業集団である。

　財閥の歴史をひも解くと，第二次世界大戦前まで遡ることができる。戦前の財閥は，すでに 300 年あまりの歴史を持つ三井や住友と明治時代に登場した三菱，安田，古河に大別される。また，三井，住友，三菱は，数多くの産業領域へ多角化した財閥であるのに対し，安田，古河は，金融や鉱業という特定の産業分野へ多角化を図った財閥としても区別できる。奥村（1983）によると，戦前における財閥の構造とは，財閥家が持株会社の株式を閉鎖的に所有しながら，持株会社は直系会社の株式を所有し，直系会社は，傘下の子会社の株式を所有する形態を成すものであった（図表4-17）。そして，持株会社の社長には，財閥家の代表が就任した三菱のようなパターンと財閥家の番頭がこれに就任する三井や住友のケースにそれぞれ分かれていた。[25] さらに，持株会社の傘下にある直系会社の社長には，持株会社の重役がこれを兼務する場合が多かった。

　第二次世界大戦終了後，これまでの財閥は，GHQ（General Headquarters／Supreme Commander for the Allied Powers：連合国最高司令官総司令部）の覚書を通じて解体を余儀なくされた。覚書の骨子とは，財閥の存在が戦争を引き起こす

キッカケとして影響を及ぼしたとする認識を踏まえ，財閥家による垂直的な支配構造を打破することであった。そして，具体的な措置として，持株会社の株式を放出させる「持株会社の解散」と財閥家が所有する有価証券を没収する「財閥家による企業支配力排除」が断行された。この結果，財閥家と持株会社を対象とする株式保有の廃絶に伴い，直系会社群は強力な求心力を失う一方，直系会社群による株式の相互持合いを通じた水平的な結合が助長された。

戦後の「垂直的企業集団」は，財閥解体と株式の相互持ち合いの自由化を通じて，緩やかな結合をベースとする「水平的企業集団」に変貌した。「水平的企業集団」は，解体された財閥傘下の大企業が株式の相互持ち合いによって緩やかに結合しながら，その傘下にある子会社，取引会社を支配的に結合する，いわゆる「系列」を意味するものであった。

「垂直的企業集団」から「水平的企業集団」への転換に大きな影響を与えた最大の出来事とは，1949年6月，独占禁止法の第一次改正であった。1947年に施行された独占禁止法の時点では，大企業の他社株式の所有は原則的に禁止されていたが，第一次改正において他社株式の所有が原則自由となり，この画期的な改正こそ株式の相互持合いや系列の形成を可能にする最大の要因となった。戦後の「水平的企業集団」は，三井，住友，三菱を意味する「旧財閥系」と芙蓉，第一勧銀，三和など，戦後新たに大銀行を中心に形成された「銀行系」から構成され，このような水平的企業集団は，別名「六大企業集団」とも呼ばれた。

「六大企業集団」のその主な特徴については，これまでも数多くの指摘がなされてきた。たとえば，中谷（1984）は，企業集団の経済機能として，ミニ資本市場の形成と資本市場の分断，共同的性格を持つ日本的経営，企業間のリスク・シェアリングを可能にする保険機能をあげているが，ここでは，一般的な企業集団の特徴について整理してみよう。第1の特徴は，意思決定の独立である。これは，各メンバー企業が個々の経営問題に対して独立の意思決定をするものであり，財閥家にすべて支配された直系会社のような戦前の財閥構造とは大きく異なるものである。第2は，包括的な産業体系である。企業集団を構成するメンバー企業は，あらゆる業種に存在する。包括的な産業体系を形成する最大のメリットは，メンバー企業間における相互扶助と資源活用であり，最大のデメリットはメンバー企業が多角化する際に生じる事業の衝突や重複の可能性である。第3は，株式の相互持ち合いである。これは，グループ企業同士が株式を相互に長期にわたり保有し合い，互いに株主となることで敵対的買収に対する防衛機能となっている。第

4は，社長会の形成である。「六大企業集団」の社長会とその結成時期を調べると，三井＝二木会（1961年），三菱＝金曜会（1954年頃），住友＝白水会（1951年），芙蓉＝芙蓉会（1966年），三和＝山水会（1967年），第一勧銀＝三金会（1978年）となっている。こうした社長会を形成する最大のメリットには，グループ企業間の定期的な情報交換があげられる。第5は，金融機関（都市銀行）による系列融資である。これは，グループ企業へ資金を供給する源泉として企業集団内の金融機関が機能していることである。また，銀行は企業集団における活動の重要な調整役も演じている。第6は，大手商社の存在であり，グループ企業間における取引を商社が担っている。また，商社は企業集団における活動の重要な調整役も演じている。第7は，役員（取締役など）の派遣・兼任である。役員総数のうちメンバー企業からの派遣役員が何人いるかを示すものであるが，しかしながら，近年の動きを見ると派遣役員比率は，年々減少傾向にある。第8は，共同投資である。これは，グループ企業同士で共同投資会社を設立して新規事業に取り組むことである。メンバー企業間が保有する経営資源を活用できることが企業集団の大きなメリットである。第9は，商号・商標の使用である。商号・商標は，企業集団にとって重要な無形資産であり，これにより社会的信用または信頼を得ることができる。なお，メンバー企業の中には，あえて商号・商標を使用しない外様的企業が存在する。三井ではトヨタや東芝，住友では日本電気や日本板硝子，三菱ではキリンや旭硝子であるが，これらの企業群は，企業集団との関係をあえて強調しないほうがビジネスで成功できると判断しているのである。第10は，広報活動である。社会・文化・環境貢献活動，広報誌の発行，コンクール支援，教育や研究の奨励，博覧会や特別企画展の開催，福利厚生施設など，企業集団としての広報・宣伝活動を実施することで，メンバー企業間の一体感を高める効果が期待できる。

　今日の日本経済全体に占める六大企業集団の割合は，資本金，総資産，売上高のどれを見ても年々減少する傾向にあり，そのパワーは確実に縮小している。このため，今日の「六大企業集団」は，無機能化，形骸化が著しく進んでいる。小田切（1992）は，最近の企業集団における連携効果が低下する理由について，次のように主張している。第1は，メンバー企業経営者間における人的結束の弱体化である。今日の経営者たちの集団意識は，これまで以上に弱くなってきている可能性が高いことである。第2は，資本市場の変化である。たとえば，資金調達の方法が系列融資から直接金融へシフトしているため，銀行を中心とする間接金

融への依存度は大幅に低下を余儀なくされている。第3は，集団内商社への依存度低下である。たとえば，商社機能を活用する間接輸出から自分の力で海外進出する直接輸出への転換があげられる。第4は，衰退産業に属する企業の多角化に伴う利害衝突や事業重複の顕在化である。また，下谷（2006）は，今日，「六大企業集団」の機能が低下した主な理由として，①旧六大都市銀行が統合されてビックスリー体制となった[27]，②企業集団そのものが機能不全の状態に陥った，③株式の相互持合い率の低下をあげている[28]。

「六大企業集団」は，今後，どう変貌を遂げるだろうか。おそらく，情報交換の場としての役割に加え，ブランドによる信用力向上，蓄積された情報・ノウハウの活用など，より一層限定的な役割に留まることが予想される。

4-3-2 独立系企業集団を起源とする企業グループ

戦後の「水平的企業集団」とほぼ同時期に新しいタイプの企業集団が登場した。それは，財閥系とは異なる独立した大企業を中心に形成された「垂直的企業集団」である。当時の松下電器産業，日立製作所，トヨタ自動車，新日本製鉄等の大企業は，分社化という手段を講じて企業集団を形成した。このような大企業が形成した企業集団は「独立系企業集団」と呼ばれ，生産力補完，加工・部品系列を中心にタテ型のグループ（系列，サプライヤーシステム）を形成する企業集団として定義される（日本経済新聞社，1991）。

「独立系企業集団」については，これまで論者によって様々な言葉で表現されてきた。たとえば，初期の研究では，関係会社（高宮，1961a;1961b;山城，1961;企業経営協会，1963），企業集団（山田，1961），関連会社集団（郷原，1977）とされてきた。また，それ以降の研究でも，関係会社集団（佐藤，1988），独立型企業グループ（今井，1989）そして垂直型企業グループ（寺本，1992）など，実に多くの用語で定義がなされてきた。「独立系企業集団」の研究を巡る最初の研究業績に相当するものは，1961年に公刊された山城章の『関係会社：その経営と管理』まで遡ることができる。山城は，1977年に出版した『関連会社の経営』のなかで「十年前，わが国ではじめて関係会社に関する体系的・理論的研究を公刊して世に問うた（序文）」「おそらく，この種の著書としての最初のものであり，その研究ならびに問題提起に少なからず貢献したと考えている（p.3）」と論じている。

一方，奥島（1967）による「わが国において，関係会社という用語が常用されるに至ったのは，戦後も特に昭和30年前後からの現象である」との指摘からも

明らかなとおり，1960年代は，関係会社を巡る研究が数多くなされている。その当時の研究業績の内容をいくつか取り上げてみよう。高宮（1961a）は，企業集団の経営管理に関する検討について，実践的にも理論的にももっとも遅れている分野の1つと述べながら，企業の系列化と集団化を対象とする関係会社管理の理論とその実例および実態と問題点の検討を行った。高宮（1961b）はまた，関係会社管理の原則について，次のように明らかにしている。第1に，企業集団の総合的統一意思のもと総合的に統一的に行わなければならない。第2に，封鎖的排他的な企業集団にならず，開放的企業集団でなくてはならない。第3に，関係会社管理は分権的管理の原則の基づくものでなくてはならない，である。三木（1967）は，今日，関係会社や企業集団が話題となっているが，にもかかわらず，関係会社の定義，分類，経営そして管理など，関係会社に対する正しい理解は，遅れているのが実態である述べ，これらを明らかにする一方，なかでも関係会社管理は親会社の企業戦略であり，重点を置くべきであると主張している。

　1970年代における当該研究を振り返ると，関係会社以外にも関連会社や企業集団などその呼び名に幅が出たこと，そしてまた，日本生産性本部など関係会社の実態を把握すべくアンケートによる調査研究が試みられたことを除き，おおよそ1960年代までの研究方針を踏襲するものであった。たとえば，山田（1971）は，戦前の企業集団に関する研究は，企業集中論，資本集中論そして独占資本論のような経済学的研究と産業論，産業組織論そして企業形態論のようなやや経営学的研究から検討がなされてきた。ところが，実際の企業集団化事態は，これまでの研究アプローチの枠内に止まるものではなくなりつつある。このため，集団全体または集団化の経営効果など，経営学的な全面的研究を強化すべきとする企業集団経営論の確立について議論を展開している。山城（1977）は，これまで指摘されてきた関係会社という考え方は，いわば，親会社や本社側から見た一方的なアプローチであったが，これからは，支配側ではなく従属側にある個別関係会社の立場を主として捉えるべきであると共に，親会社と関係会社の相互の関連として捉えるならば，関係会社管理ではなく関連会社経営の方が相応しいものであると指摘している。郷原（1977）は，独立系企業集団の特性として5つの項目をあげている。1つは，中核会社を核として資本的・資金的関係，人的関係，事実上の継続的な提携関係などの手段による結合を基礎とする。2つ目は，各関連会社の主体性，自主性，自律性である。3つ目は，各関連会社自体の存続・充実発展を自己目的としつつ，関連会社集団全体の充実発展を事故の内在的目的とする関連

会社によって構成された集団である。4つ目は，集団経営意思による統合である。5つ目は，集団としての連帯性である。大須賀（1977）は，集団経営（関連会社）の歴史的発展過程を明らかにする一方，集団経営における経営パワーとは，親会社ではなく集団メンバーの企業が生み出すことに加え，こうしたメンバー企業を育成しながら，日頃から競争力を強化することが肝要だと主張している。

このように1960年代〜70年代における「独立系企業集団」を巡る研究は，主に関係会社に焦点をあてながら，その定義や管理の方法について言及するものであった。換言すると，当時の段階は，関係会社の体系的な研究とはいいながら，関係会社に対する管理原則の明確化と親会社による統制または管理の仕方のみを明らかにする部分だけに注目が集まり，たとえば，グループを通じたアドバンテージの構築，集団から生み出される競争優位性の開発など，グループ戦略や組織の有効性に関する議論は，ほとんど皆無に等しく不十分であった。もちろん，持株会社制度の解禁や連結会計制度の導入などスタートしていない戦後の復興期にあたる当時の時代環境を踏まえれば，集団やグループを形成して知識や資源をダイナミックに連結しながら，学習メカニズムを有効活用する概念がまったく存在しなかった事実は，当然の結果であったといってもよい。

4-3-3　企業グループと連邦経営

1980年代に入ると，関係会社管理のような経営学的視点に加え，企業論的な見方や産業組織論のような経済学的アプローチに注目が寄せられた。すなわち，親子関係の結合形態を産業別に検証することに加え，取引コストやネットワーク理論の概念を用いて企業グループを考察する新たな考察が試みられた。この時代を代表する企業グループの研究としては，坂本・下谷（1987）らによる研究と今井（1988;1989）による研究が特筆すべき業績として取り上げられる。

坂本・下谷（1987）は，日本には巨大金融機関を含む広範な分野の巨大企業同士の連携関係であり，六大企業集団と呼ばれる「企業集団」とこうした企業集団を構成する個々の巨大企業が中核となって形成する「企業グループ」が存在するが，これら2つのタイプのグループ化は並列的ではなく，重層的関係を構築しているものと主張した。すなわち，六大企業集団（水平的企業集団）を構成するメンバー企業は，同時に自社の傘下に無数の垂直的な企業グループを形成する重層的関係を成しており，1970年代以降の低成長経済下，技術と産業構造の変化さらに金融構造の変化に伴い，重層関係のうち六大企業集団の役割や結合関係が大

きく揺らぐ一方，各メンバー企業が形成する垂直的な企業集団の経営管理に注目が集まったのである。このような「親子関係型」あるいは「系列的」企業グループの増殖に関するこれまでの研究アプローチは，大きく3つに分類される。1つは，取引コストの概念から接近する「経済学（産業組織）的アプローチ」である。つまり，企業グループとは，市場という外部取引でも企業の内部取引でもなく，ちょうどその中間的な取引を意味する中間組織に位置づけられるというものである。2つ目は，株式所有関係の視点から接近する「経済学的アプローチ」である。具体的には，親子関係における株式の支配と従属に焦点をあてたものである。最後に，3つ目は，経営管理の視点から接近する「経営学的アプローチ」である。つまり，親会社による企業グループを構成する子会社の管理問題に焦点をおいたものである。

　こうした伝統的なアプローチに対し，坂本・下谷は，企業グループの新しいアプローチを提唱した。それは，「重層的アプローチ」と「戦略経営型の管理アプローチ」である。「重層的アプローチ」は，企業グループを階層構造と見立て，その構成メンバーである子会社を現場活動単位レベル，事業単位レベル，独立経営単位（多事業統合単位）レベルの3段階から分析するものである。一方，「戦略経営型の管理アプローチ」は，企業グループを3つの階層レベルに分類しながら，階層間における結合や経営管理構造の実態を解き明かすものである。坂本・下谷はまた，1970年代以降，日本の大企業は，分社化による子会社政策を積極的に展開してきたせいで，企業グループのレベルでないと大企業そのもののダイナミズムを把握することができなくなったと主張した。つまり，企業が有する競争力を正確に把握するためには，もはや親会社や単一企業が対象ではなく，1つの経営体として機能する企業グループを対象としなければならない。このような親会社と関係会社から構成された一個の経営統合体のことを企業グループ（Corporate Groups）と定義している（下谷，1993）。

　一方，今井（1988;1989）は，経済学的見地から企業の境界が拡大するプロセスに着目して「企業」，「企業グループ」，「企業ネットワーク」に分類し，これらを位置づけながら，「企業グループ」の特徴を次のように説明している。まず，「企業の内部組織」とは，単独決算の対象となる事業経営の組織体である。そして，「企業グループ」とは，役員の兼任ないしある程度以上の株式保有を通じて企業間の連結関係が確認できる企業の集合である。最後に，「企業ネットワーク」とは，そうした制度上の連結関係が存在するかどうかにかかわりなく，情報の共有

と人々の相互作用を通じて企業間に実質的な結びつきがあり，なんらかのまとまりを示している集合である。その中で，今井が注目したのは，「企業グループ」や「企業ネットワーク」の実質的な意味を相互作用する場の形成として捉えたことである。そして，相互作用する場の形成に関する主な論点として，①相互作用のなかに株主が重要な影響力を持ち得ない，②相互作用のスピード，③市場の連鎖のどこで付加価値をあげうるか，④企業の境界が拡張するほど相互作用する場の強さは弱まる一方で多様性・異質性は，増大するなど，いくつかのポイントを上げている[30]。

このような企業グループを巡る「経済学的アプローチ」は，その後，たとえば，佐藤（1988）のトヨタグループに関する実証研究，下谷（1998）による松下グループの実態研究など，理論的見地から実際の企業グループを取り上げたケース・スタディに応用され，さらなる発展を遂げた。また，当該分野における新たな方向性として，純粋持株会社制度の解禁に伴い，持株会社に焦点をあてた理論研究にも注目が集まり，その後，数多くの研究成果がアウトプットされるようなった（下谷, 2006）。

ところで，80年代，日本企業の間では，連邦経営という概念が盛んに使用されるようになった。連邦または連邦経営に関する研究は，これまで多少なされているようだ。たとえば，Warren（1967）は，組織間関係論の視点から，組織間ネットワークを単一的コンテクスト（Unitary Context），連邦的コンテクスト（Federative Context），連合的コンテクスト（Coalition Context），社会選択的コンテクスト（Social Choice Context）の4つのタイプに分類しながら，連邦の特徴を明らかにしている。また，Provan（1983）は，連邦型ネットワーク（Federative Network）における組織間調整の視点から，これを「他者関与的連邦」，「自発独立的連邦」，「自発・参加的連邦」という3つのタイプに分類している。さらに西村（1998）は，組織間ネットワークの一形態である連邦型ネットワーク（Federative Network）を取り上げ，それは独立した諸組織とそれらを調整するための管理組織によって構成されるネットワークであると主張している。

また，イギリスの経営思想家であるHandy（1992）は，連邦主義（Federalism）の概念が適切な理由として，たとえば，①小さくするため大きくする必要性，②自立性を奨励しながら制限する必要性，③多様性と目的の共有化，④個性と協調，⑤ローカルとグローバル，⑥部族地域と民族国家あるいは民族国家と地域ブロックを結合する必要性など，⑦権力と統制のパラドクスに対処する優れた方法を提

供してくれるからであると述べ，連邦主義のカギとなる 5 つの原理として，①サブシディアリティ（Subsidiarity），②多元主義，③コモンロー，④三権分立，⑤帰属意識を取り上げている。

　とはいえ，日本企業が連邦または連邦経営なる言葉や概念を多用したのは，こうした学問的な知見を十分に吟味したうえで使用したとは考えられにくい。おそらく，連邦という言葉が醸し出すイメージと当時の日本企業が理想として掲げたグループ経営の姿がちょうど一致したからであると考えられる。すなわち，当時の日本企業は，分社化によって生み出した上場子会社群を緩やかに束ねるグループ運営を目指していたのであり，それを象徴する言葉として連邦経営が引用されたものと考えてよいのである。[31] ここで，80 年代における古河グループによる分社化戦略に焦点を当ててみよう。というのも，古河グループほど，明確に子会社開発を念頭に連邦経営を展開した企業グループはないからである。まず，古河グループの起源は，戦前の古河鉱業（現：古河機械金属）まで遡ることができる。そして，古河鉱業の工場であった「日光電気精銅所」と「横浜電線製造」が合併して設立されたのが現在の「古河電気工業」である。次に，「古河電気工業」と「独・シーメンス社」との間で資本・技術提携が締結され，その結果，誕生したのが富士電機製造（現：富士電機）である。そして，「富士電機製造」の電話部門が独立して誕生したのが富士通信機製造（現：富士通）である。さらに「富士通信機製造」のNC部門が分離・独立して設立されたのが富士通ファナック（現：ファナック）である（松崎，2005）。

　古河グループの戦略に見られる特徴の 1 つは，本業を核として川下へ子会社を展開する試みである。つまり，川上に位置する親会社のコア事業の需要を創造するため川下事業を起業させるものであり，このため，技術は川上から川下へ流れる一方で，川下へ向かうほど高付加価値な事業の特性が高かった。もう 1 つの特徴は，親会社による求心力の低さである。もともと古河グループではグループを貫く共通理念が存在しなく，企業グループの連結意識は乏しかった。このため，親会社は子会社に対して積極的な支援・干渉をしない反面，こうした支援・干渉を期待できない子会社は，親会社の顔色を気にすることなく，自由に企業経営を展開することができた。たとえば，富士通の子会社であった「富士通ファナック」では，1982 年当時，社名から「富士通」の文字を取り去り「ファナック」に改名したり，あるいは親会社である「富士通」の企業カラーが 1972 年から1988 年当時，青色の「平和」，赤色の「情熱」，白色の「純潔」の三色であった

のに対し,「ファナック」はすべて黄色に統一するなど, 脱親会社経営に邁進した結果, 競争力のある企業体を作り上げた (以上, 日経ビジネス, 1994年10月号)。

こうした古河グループによる分社化の事例からも明らかなとおり, 連邦経営は, 高度成長時代のような比較的安定した競争環境下ではうまく機能したが, 国内経済の成熟化やグローバル競争の激化など不確実性が高まる環境下になると, これまでの強みが弱みへ転化するようになり, その有効性の限界が浮き彫りとなってしまった。

4-3-4 グループ連結経営

1970年代以前まで注目を集めた伝統的な「独立系企業集団」に関する研究は, その後, 1980年代に「企業グループ」または「グループ連邦経営」へとバトンが引き継がれ, 1990年代以降は, グループ連結経営として進化を遂げている。とりわけ, 1990年代後半から2000年前半まで, 実に数多くのグループ経営に関する研究が繰り広げられたが, こうしたなか, 現在のような動態的なグループ経営論の礎を作り, その発展に寄与した人物として, 1980年代後半に登場した寺本義也と伊藤邦雄による貢献があげられる。ここでは, ふたりの識者によるグループ経営論に関する研究を中心に議論を進めてみよう。

まず, 寺本による一連のグループ経営研究を振り返るが, 最初に, 寺本の考察の背景に深く刻み込まれた概念を明らかにする。それは, ネットワークまたはネットワーク組織の視点であることにちがいない。1990年に公刊された『ネットワーク・パワー』でも明らかなとおり, 同著の序文のなかで, ネットワーク概念の現状と重要性の意味を次のように書いている。「ネットワーク概念が様々な分野で, ある種の期待をこめて語られ, 研究され, 実践されてきているにもかかわらず, 個人や組織, 社会を変革するための有効な変革力としては, 充分に機能しているとはいえない…中略。その理由の1つは, ネットワークのもつ状況変革力としてのパワー(ネットワーク・パワー)の存在についての理解ないし, そのための視点が明確に確立されていないということにある」。

こうした認識のもと, 寺本は, ネットワーク組織のコンセプトを明らかにすべく, その対極的な概念であるハイアラキー組織を比較・検証しながら, それぞれの特性を導き出している。寺本 (1989b;1990) は, ネットワーク組織が有するパワーの変革力を踏まえつつ, より多くの企業グループが「伝統的関係会社管理」から「戦略的グループ経営」への視点転換を迫られていると主張する。寺本によ

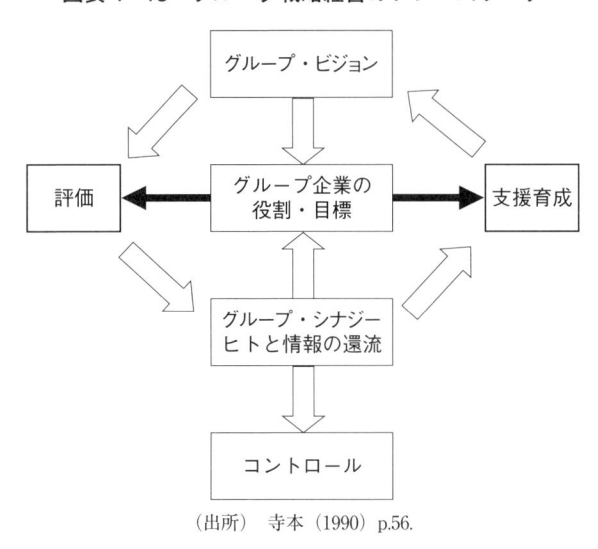

図表4-18 グループ戦略経営のフレームワーク

```
                    ┌─────────────┐
                    │グループ・ビジョン│
                    └─────────────┘
              ↙           ↓           ↖
    ┌────┐      ┌─────────────┐      ┌────┐
    │評価│ ←→   │グループ企業の│ ←→   │支援育成│
    └────┘      │  役割・目標  │      └────┘
                └─────────────┘
              ↘           ↕           ↗
                ┌─────────────────┐
                │ グループ・シナジー │
                │ ヒトと情報の還流   │
                └─────────────────┘
                         ↓
                    ┌─────────┐
                    │コントロール│
                    └─────────┘
```

(出所) 寺本 (1990) p.56.

ると，これまでの企業グループは，伝統的関係会社管理であったという。これは，親会社を筆頭に階層的な構造を形成する関係会社が親会社と1対1の関係を築いていること（個別的関係会社管理），また，その関係性も日常業務の管理（オペレーショナル・コントロール型関係会社管理）に焦点があてられるものであった。ところが，①本業の成熟化による新規事業の開拓，②一層の効率化のための業務の分離，③事業分野の調整や整理・統合，④グループ外企業との提携，合弁，共同開発の増加，⑤グローバル化の展開による海外事業の推進，⑥情報ネットワーク化による共同事業の展開など，様々な環境変化からこれまでの「伝統的関係会社管理」は変革を迫られている。このため，これからの企業グループでは，個別志向からグループ志向への転換とオペレーション志向から戦略志向への転換をそれぞれ両立する「戦略的グループ経営」へシフトすべきであると主張している。

寺本（1988;1989a;1989b;1990）は，明確な戦略性をグループ経営に確立することに加え，グループという経営管理の確立を構築する2つの理由から命名された「戦略的グループ経営」の基本的枠組みとして，図表4-18のようなレイアウトを提示している。

その骨子とは，まず，グループ経営の出発点としてグループ・ビジョンが示され，次に，グループ企業の役割・目標が決定されると，最後に，ヒトと情報の還

流を通じてグループ・シナジーが創造されるものである。このフレームワークのなかで寺本が特に強調するのは，グループ・シナジーの創造である。すでに指摘した通り，グループ経営の最大の目的とは，組織間学習を通じた共・進化の達成であり，具体的にはグループ・シナジーの創出にほかならないからである。寺本(1994;1996)は，グループ戦略経営のフレームワークを提示した後，実際の日本企業に当てはめて比較・分析を実施しながら，その有効性について検証を行っている。

　グループ経営研究に関連する寺本の業績のなかで特筆すべき最後の論点としては，グループ経営における組織間学習の体系を明確化したことである。寺本(1992)は，グループ企業間の相互作用を通じた組織間学習による「共進化（Co-Evolution）」の促進について，次のように言及している。生物の世界では，複数の個体がそれぞれ別個に進化を遂げるだけでなく，個体間の自由でダイナミックな相互作用を通じて，お互いの進化を促進しているが，これは組織の場合も同様であり，組織は単独でも進化するが，その他の組織との相互作用を通じて相互に進化を促進できる。一方，組織内で取り組まれる組織学習は，日常の業務活動に関する知識獲得を意味する「業務学習」，資源配分，組織編成，意思決定プロセスに関する知識獲得を指す「戦略学習」，さらにこれら業務学習や戦略学習についての学習（Learning on Learning）である「メタ学習」という3種類の学習によって構成されるが，こうした組織内における組織学習の取り組みをグループ企業間における組織間学習まで高めることで，グループ全体を共創的に進化させることができると主張している。

　1990年代前半にネットワークライクなグループ経営論を掲げた寺本による研究成果に対し，1990年代後半から2000年にかけてグループ経営研究をリードした人物として伊藤があげられる。最初に，伊藤（1991）は，日本経済新聞の経済教室「企業のグループ経営「系列」から「束ね」へ」と題する記事のなかで，グループ経営の変化について，次のような内容のコメントを寄せている。近年，グループ経営を掲げる企業が増えてきた背景には，市場での競争構造の変質があげられる。このような変質する市場競争で勝利を手にするには，個々の企業の能力ではもはやその対応できなくなってしまった。そこで，企業は，分散化したグループ企業の力を統合する必要に迫られたのである。一方，日本では，自動車産業に代表されるとおり，「系列」という完成された垂直的システムを構築してきたが，単に効率的な生産システムだけでは厳しい市場競争にもはや勝てない。そこ

で，グループ企業間の水平的・多面的な協調関係の構築が何よりも必要となってきたのである。

　ところで，会計学者である伊藤がグループ経営の問題に取り組んだその主な理由として，2000年3月期決算から導入された連結決算主義を含む会計制度または企業システムの一連の変革とその衝撃から，今後の新しい企業経営の在り方が模索されたことである。伊藤（1999a;1999b）は，グループ連結経営の必要性として，企業の2つの競争変化を取り上げている。1つは，すでに指摘したとおり，連結決算中心主義への移行である。日本では，これまで個別財務諸表が主，連結財務諸表が従とする関係であった。しかし，グローバル・スタンダードからすると，この関係性は世界標準から著しく外れており，あまりにも特殊である。そこで，2000年3月期決算から，連結財務諸表を主，個別財務諸表を従とする新しい関係性への移行がスタートされたのである。もう1つは，M&Aと分社化の流れが急激に加速したことである。当時を振り返ると，メガ・コンペティション（超競争）という言葉が飛び交ったように，グローバル企業間における合併と買収が相次ぎ発生した。これは，選択と集中を通じて，従来の事業ドメインの組み換えを図ることで企業組織内の新陳代謝を高める目的と不採算事業からの撤退などリストラクチャリングによって企業の肥大化を防ぐ目的が隠されていたといえる。

　それでは，伊藤が日本企業にもたらした貢献とは何か。それは，M＆Aや分社化のうねり，親会社中心主義から親子連結主義への転換という1990年代後半に巻き起こった競争環境の変質に対して，日本企業に新たな行動原理という一筋の光明を示したことに尽きるだろう。つまり，日本企業の多くは，伊藤らの研究をベンチマークとして連結経営時代におけるグループ経営の重要性とそのあり方を知ることになったともいえるのである。

　次に，伊藤（1998;1999a;1999b）によるグループ連結経営について議題を移そう。最初に，グループ連結経営の第一歩として伊藤は，グループ・アイデンティティの確立を取り上げ，具体的には，グループ・ビジョンとグループ・ガバナンスという2つの要素から形成されるものと主張した。そして，第1の要素であるグループ・ビジョンには3つのタイプがあり，1つは，グループ内の個々の企業・社員の自発性や創造性を最大限に生かす。2つ目は，グループ内に小企業のスピードを実現するとともに，コスト効率性を追求する。3つ目は，グループ内に比較的異なる事業を擁し，それらの間の触発・融合によって革新を誘発するである。

これに対し，グループのどの利益を優先するのかを指すグループ・ガバナンスもまた，3つのタイプをあげている。1つは，グループを構成する各企業の利益を優先する。2つ目は，グループ全体の利益を優先する。3つ目は，個別企業とグループの利益をバランスして融合するである。そのうえで，伊藤はどういったグループ・ビジョンを掲げたら，いかなるグループ・ガバナンスを採用すべきなのかに対する答えとして「戦略分析モデル」，「自律連携モデル」そして「統合創発モデル」の3つの組み合わせを提唱した。効率とスピードを重視する戦略分析モデル（Strategic Analytical Model）は，グループ全体で戦略を重視しながら，コスト効率やスピードを重視するモデルである。戦略分析モデルは，事業ポートフォリオアプローチ（GE，HOYA，日立造船，東レ，コマツ）と顧客価値アプローチ（キヤノン，キーエンス，アイワ，シスコ）にそれぞれ区別ができる。次に，自由と創造性を追求する自律連携モデル（Autonomous Collaborative Model）は，各メンバー企業に権限を委譲し，自由と創造性を重視するモデルである。このモデルは，主にシーズ志向のボトムアップ（3M，ディズニー，エイベックス）とニーズ志向のボトムアップ（ABB，KOA，オリックス，前川製作所）にそれぞれ区別できる。最後に，統合創発モデル（Integrated Emergent Model）は，いわば「戦略分析モデル」と「自律連携モデル」の両立を図るモデルであり，たとえば，ソニー，東京エレクトロン，マイクロソフト，サン・マイクロシステムがこのモデルに近いと定義している（図表4-19）。

伊藤はまた，グループ連結経営は，主に3つのレイヤーから構成されているが，

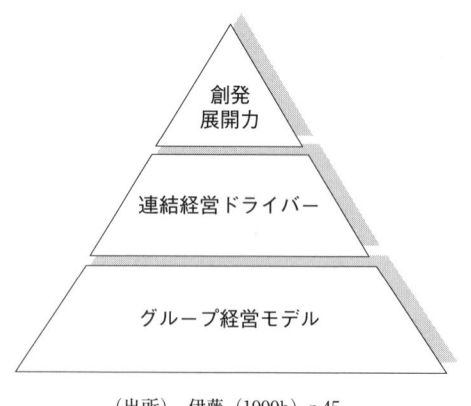

図表4-19 グループ連結経営を構成する3つのレイヤー

- 創発展開力
- 連結経営ドライバー
- グループ経営モデル

（出所）伊藤（1999b）p.45.

ここで触れた「戦略分析モデル」,「自律連携モデル」,「統合創発モデル」という各モデルは,最下層の基盤部分を構成するものである。これに対し,グループ連結経営の中間のレイヤーは,5つの連結経営ドライバー（推進力）が該当するとしている。伊藤によると,グループを連結する力を意味する第1のドライバーは,「グループ本社の役割・能力」であり,具体的にはグループ本社による評価・監査能力,支援能力そしてミッションの再定義とメンバーの組み替え能力である。第2のドライバーは,「グループ人材価値創造力」であり,具体的には,企業グループのなかで親会社に大きな権限が集中している「権限の壁」と親会社が主,子会社は従という暗黙の意識構造を指す「意識の壁」といった2つの課題を解決することである。第3のドライバーである「情報活用力」は,グループにおいてデジタルからフェイス・トゥ・フェイスのコミュニケーションまで多岐にわたる情報をいかに活用できるかを指すものである。第4のドライバーは,「制度インフラ展開力」であり,たとえば,連結決算制度に精通し,それを戦略的に活用・展開できる能力のことである。第5のドライバーは,「価値評価力」であり,これは,企業グループの価値を正しく評価できる能力を意味するものである。最後に,グループ連結経営のトップレイヤーは,「創発展開力」である。これは,各ドライバーをバラバラに実行しても,グループ全体の経営力は,向上しない。グループ・ビジョンや理念の達成に向けて各ドライバーを最適に組み合わせ,創発を生み出す能力だと定義している。

　伊藤のもう1つの特筆すべき業績とは,「グループマップ」と呼んでいる「グループ価値評価分析」の提唱である。これは,企業グループが目標に掲げるグループ価値創造を評価・分析するフレームであり,具体的には,個別決算指標と連結決算指標の関係性を通じて企業グループの利益源泉を示すものである。図表4-20のとおり,個別指標と連結指標のクロスから4つのセルが浮き彫りとなる一方で,伊藤による独自の分析から,それぞれのボックスに該当する企業グループの実数が抽出された（調査の概要については,伊藤 (1999b) p.298 を参照）。

　「グループマップ」の左下のセルは,個別指標と連結指標がともに低迷している「グループ価値破壊型」である。このタイプに該当する企業グループは,早急に抜本的なリストラ対策を講じる必要性がある。次に,左上のセルに該当する「子会社劣位型」は,親会社単独の個別指標は良好だが連結指標は低迷しているタイプである。つまり,親会社の業績に比べるとグループ各社の業績が低迷しているため,グループ全体の業績の足かせとなっているような場合であり,業績が

図表4-20　企業グループの利益源泉（グループマップ）

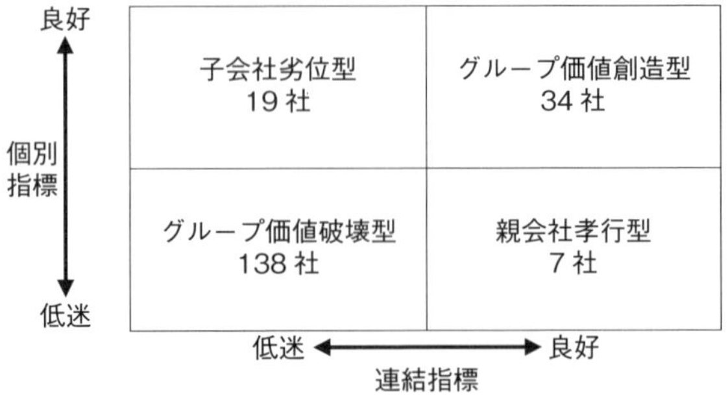

	連結指標 低迷	連結指標 良好
個別指標 良好	子会社劣位型 19社	グループ価値創造型 34社
個別指標 低迷	グループ価値破壊型 138社	親会社孝行型 7社

(出所)　伊藤 (1999b) p.299.

低迷する主な理由としては，親会社の受け皿としてグループ各社が利用されているか，あるいは純粋にグループ各社の業績が悪いかという原因が考えられる。一方，「グループマップ」の右下のセルは，親会社単独の個別指標は低迷しているが，連結指標は良好に該当する「親会社孝行型」である。つまり，親会社の業績が低迷しているのに比べて，グループ各社の業績は良好であるような企業グループのタイプである。最後に，左上のセルは，親会社単独の個別指標と連結指標がともに良好であるような企業グループのタイプであり，ここでは「グループ価値創造型」と呼ばれている。「グループ価値創造型」は，親会社，グループ各社とも業績が良好でバランスが取れているため，もっとも理想的なタイプとされる。そして，伊藤はここで掲げた「グループマップ」をベースに，実際の日本の企業グループがどこに位置づけられるのか検証した。その結果，早急にリストラの必要性がある「グループ価値破壊型」に該当する企業グループは，138社を占め圧倒的に多かった。逆にもっとも望ましい「グループ価値創造型」には，ほんの一握りの34社がこれに該当した。このことから，日本企業グループは，親・子とも生み出した価値を相互に波及できていない問題が浮き彫りとされた。一方，伝統的な親会社中心主義を示す「子会社劣位型」に該当する企業グループは19社であるのに対し，子会社群の利益が親会社のそれを上回る，すなわち，連単倍率の高い「親会社孝行型」はわずか7社が該当するという結果を明らかにした。[32]

その他，寺本や伊藤の研究以外にも，1990年代後半以降，グループ経営研究の発展に大きく貢献した人物として，国内外のコンサルタントたちの存在があげられる。彼らの研究のなかには，欧米企業との比較やグループ経営に関する新た

図表 4-21　グループ組織マネジメントの比較

	単純なグループ管理	グループ連邦経営	グループ連結経営
時代区分	1970～1980	1980～1990	1990～今日
競争環境	非常に安定的	安定的	不確実
親子関係	独創	独創	共創
親会社政策	大きな本社組織	小さな本社組織	リーンな本社組織
(中核)子会社政策	子会社の上場化	子会社の上場化	子会社の非上場化

な見方や知見が盛り込まれた卓越した研究成果も散見されるが，しかし，その多くは，グループ経営に関する総合的な領域をカバーする標準的なテキストの域を超えないのが実態のようだ。

　最後に，これまで触れたグループ組織マネジメントについて整理すると，図表4-21のようになる。

　1970年から1980年までの10年は，単純なグループ管理の時代であった。高度成長期に相当するこの時代，日本の産業構造や需要動向を意味する競争環境は，きわめて先行きの明るい安定した環境であった。このため，日本企業の多くは，社内の事業をどんどん切り離して積極的な多角化戦略を推進した。この時代の親会社の政策は，拡大する企業グループに比例するように「大きな本社組織」を形成する一方で，子会社の政策は，積極的に上場させることで資金調達を自前で行ったり，独力でイノベーションの開発を奨励した。また，企業グループを束ねる機能として，親会社本体に「関連事業部」のような部門が設置されたが，残念ながら，これらの部署の権威または機能は脆弱であった。この時代におけるグループ経営の性格とは，戦略性を多分に内包するものではなく，むしろ管理志向の色彩が強いものであった。

　1980年から1990年までの10年は，グループ連邦経営（企業グループ）の時代であった。1979年，社会学者のエズラ・ボーゲルによる『Japan as No1』が世界的なベストセラーになったとおり，1980年代の日本の国際競争力はきわめて高く，また，日本経済もバブル景気に湧いた華やかな時代であった。こうしたなか，日本企業を取り巻く競争環境は，高度成長時代と同様，先行きの明るい予測可能な安定した環境が続いた。日本企業の親会社政策は，当時，世界中から絶賛された欧州の重電メーカーであるABBのマルチドメスティック経営やベストセラーとなったエクセレント・カンパニーに強い影響を受けたせいか，一律「小

さな本社組織」へ移行する一方，子会社政策としては，子会社の上場化をこれまで以上に推し進めた。この時代のグループ経営は，管理志向から戦略志向へ転換する過渡期にあたり，これら2つの志向性が併存する状態が続いた。

そして，1990年から今日に至るまで，グループ連結経営の時代が続いている。1990年以降に起こったバブルの崩壊に伴い，日本企業の国際競争力は，急速な衰退とその長期化を余儀なくされた。また，2000年代に入ると，中国を含む新興国経済が台頭・発展する一方で，これまで好景気が続いた米国経済は，2000年代後半に起こった金融恐慌をキッカケに衰退の危機に直面した。さらに，1999年3月，単独決算から連結決算への移行がスタートした。こうした状況下で日本企業を取り巻く競争環境は，これまでの安定した環境から不確実な環境へと大きく変貌を遂げた。たとえば，産業構造の変化を見ると，自動車産業では，メカニカル主導によるエンジン自動車からエレクトロニクスを中心とした電気自動車やハイブリットカーへシフトが見られるなど，ドラスティックな技術革新が巻き起こっている。このため，伝統的な自動車メーカーに加え，電機メーカーや電子メーカーさらに素材メーカーが新たな参入プレイヤーとして台頭するなど，当該業界は，異業種間競争の様相を呈している。一方，顧客の購買パターンもまた，画一的な消費から多様な消費行動へシフトが進んでいる。たとえば，アマゾン，楽天など，伝統的な小売業からのTVやインターネットを通じて購買するデジタル消費の割合が増加の一途を辿っている。

こうした変化を踏まえ，日本企業の親会社政策では，伝統的な「小さな本社組織」をさらに贅肉を削ぎ落すリーン（Lean）な本社組織化を進める一方で，子会社政策としては，長く続いた「上場子会社」を非上場化して「連結子会社」とする再編の動きが軒並み強まっている。このように1990年以降のグループ経営は，連結決算制度への移行，純粋持株会社制の解禁，競争環境のグローバル化に伴うクロスボーダーM&Aの増加などの影響から，これまで以上に親子の連動性や関係性の強化を図り，グループ全体で共創（Cooperative-Creation）を実現する動きが加速している。

最後に，グループ連邦経営の追求によって企業成長を遂げたものの，今ではグループ連結経営の体制に移行を果たした事例として，金型・樹脂部品の試作・製造を手がけるアークを取り上げてみよう。同社では，2000年代前半から中頃まで，全世界を対象にM＆Aを展開しグループ企業は200社規模にも達していた。また，買収した企業の経営には，親会社は直接関与せず，各グループ企業の自主性

を優先する体制を図ってきた。ところが，中小メーカーを買収してネットワーク化する同社の「グループ連峰経営」は，2000年後半に綻び始めた。それは，自由放任をしてきた結果，赤字化した買収子会社に目が行き届かなくなり，グループ企業価値の著しい低下を招く結果となったからである。そこで，同社は，本社組織によるグループ統括および連携を強化するグループ連結経営に大きく舵を切った（日経ビジネス，2007年1月8日号）。具体的には，本社主導による選択と集中を通じて，コア事業と非コア事業を選別する一方，非コア事業を売却の対象として肥大化したグループ子会社を100社以下まで削減する荒技を断行した。その結果，業績は一時的に回復を見せたが，残念ながら，現在では，企業再生支援機構法の対象企業として，財務体質の改善，固定費の削減，非コア事業売却等に取り組んでいる。同社が経営再建まで落ち込んだ理由が連邦経営かそれとも連結経営のせいか，さらに金型業界の不況によるものなのか判断を下すのは難しいが，時代を超えて積極的にグループ経営を推し進めた同社の失敗が残した教訓から学ぶ点は多い。

4-4 グループ人材マネジメント

100年に一度あるかないかと言われるアメリカ発の金融不況が世界を駆け巡るなか，日本企業のグループ経営を取り巻く環境は，一層厳しさを増している。たとえば，世界を吹き荒れるM&Aは，持株会社制度への移行や上場子会社の非上場化を促進する原動力として働いた。また，株主，顧客，社員に対する貢献を意味する企業価値は，内部統制の重要性と企業統治の改革をもたらすキッカケとして作用した。このようなグループ経営を取り巻く環境変化に対し，日本企業の多くは，過去に見られた言葉優先の連結経営のあり方を見直したり，精緻化に励むなど，グループ経営の完成度を高めるため，日夜，試行錯誤を繰り返しているのが実情だといえる。

本節では，日本企業のグループ経営と人材戦略に焦点をあてる。具体的には，日本企業のグループ人材マネジメントを明らかにする一方，グループ内における人材の移動や交流，さらに共通基盤や人材育成まで，文献サーベイを中心に企業事例を盛り込みながら，これを明らかにする。

4-4-1　準企業内部労働市場

　一般に労働経済学では，労働市場を「企業内労働市場」と「外部労働市場」に加え，両者の中間領域である「準企業内部労働市場」の3タイプに分けている（井関・佐野・石田, 1982；永野, 1989；八代, 2000;2002）[33]。

　図表4-22のとおり，企業の内部に形成される労働市場は，その名のとおり「企業内労働市場」と呼ばれている。平たく説明すると「企業内労働市場」は，ある部署から他の部署への異動や昇進など企業内における労働移動であり，その対象者は「正社員」になる。このような「企業内労働市場」の特徴は，個別企業のルール，長期の論理，組織の論理などがあげられる。また，企業の外部に形成される労働市場は，そのまま「外部労働市場」と表現されている。簡単に言うと，「外部労働市場」は，A社からB社へ「転職」を通じた労働移動であり，その主な対象者は，非正社員，パートタイマー社員，人材派遣社員，嘱託社員等である。「外部労働市場」は，需給メカニズム，短期の論理，市場原理等がその主な特徴としてあげられる。一方，「企業内労働市場」と「外部労働市場」の中間に存在する労働市場は「準企業内労働市場」と呼ばれている。中間労働市場（伊丹・松永, 1985），企業グループ労働市場（稲上, 2003）とも言い換えられる「準企業内労働市場」は，企業グループ内における親会社からグループ各社（子会社・関連会社）への出向や転籍による労働移動と定義され，当該市場の対象者は，言うまでもなく「出向・転籍者」である。

　「準企業内労働市場」を巡るグループ人材戦略の主な論点には，4つの事柄があげられる。1つは，グループ内における「人材移動」である。これは，グループ企業間における単純な人材の移動に着目するものであり，具体的にいうと，グループの親会社から子会社・関連会社への「出向」，グループの子会社・関連会

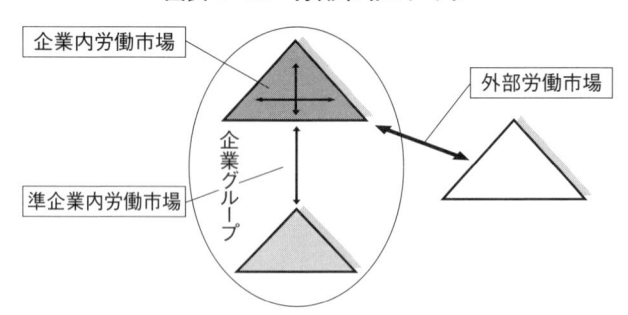

図表4-22　労働市場のタイプ

社から親会社への「逆出向」さらにグループ拠点間を対象とする「水平出向」の問題である。第2は，グループ内における「人材交流」である。これは，グループ全体で人材の流動化に関する考察である。第3は，グループ内における「共通基盤」の構築である。これは，グループ内の人材交流を実現するため必要なグループ共通基盤（処遇やルール，育成など）に関する検討である。第4は，グループ・コア人材の育成である。単一企業のマネジャーとは異なり，グループ全体の視点から全体最適の追求が求められるグループ・マネジャーの育成である。それでは，グループ内における「人材移動」，「人材交流」，「共通基盤」，「グループ・コア人材の育成」について，順を追って説明する。[34]

4-4-2　グループ内人材移動

　グループ内人材移動の主要なテーマは，文字通り，企業グループ内におけるグループ人材の多様な移動形態の考察である。すなわち，出向（Employee Transfer），逆出向（Employee Reverse Transfer），水平出向（Employee horizontal Transfer）の目的とその効果に関する検証だが，これらをトレースすると図表4-23のようになる。

　第1のテーマは「出向」である。「出向」とは，出向元企業の身分を持ったまま出向先企業で働くことである。この「出向」と類似する言葉として「転籍」があるが，これは転籍元企業の身分を捨て，完全に転籍先企業へ移ることであり「移籍」とも呼ばれている。このように出向と転籍が持つ意味は，それぞれ微妙

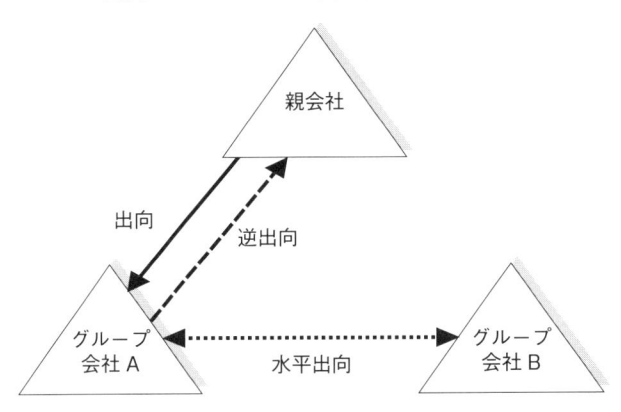

図表4-23　グループ内人材移動のタイプ

に異なるが，ここでは両者を同意とみなし「出向」として議論を進める。

　出向制度とは，国際的にもわが国独自の人事管理制度のようだ。高梨（1994）は，出向について，日本独特のホワイトカラーの雇用調整策として有効に機能してきたし，今後とも維持されると論じている。Lincoln and Ahmadjian (2001) は，出向（Shukko）について，企業間で社員や従業員を移動させ，サプライヤーやカスタマーが持つ暗黙的な知識ストックを利用する役割を演じる制度であると言及している。團（2001）は，日本企業が出向を受け入れた理由として，労働者を企業間で移動させて失業を回避する，そして，長期ストック型雇用管理を維持する基盤を完全に崩さなくて済むことをあげている。山本（2008）は，出向についてわが国独特の組織間キャリア移動形態と主張している。稲上（2002）は，アメリカに出向制度が基本的に存在しない理由として，第1に，アメリカには系列システムが見当たらない，第2に，日本でいう子会社（つまり，株式公開する子会社）がない，第3に，長期雇用保障という考え方の衰退をあげている。宮本（2006）は，ある製造グループ企業の出向を調査したところ，特に技術・技能の継承面で出向が大きな役割を果たしており，企業成果を高めるまで関与している点を浮き彫りにしている。

　「出向」の歴史に詳しい稲上（2003）によると，わが国の出向制度は，新事業分社化型と不採算部門別会社化型・業務委託型という，いわば「攻め」と「守り」の「出向」タイプが存在する一方，歴史的にみると「攻め」と「守り」の出向が繰り返されてきたと論じている。そして，わが国で社員の出向制度が広く一般化したのは，1960年代に入ってからだと主張している。日本の経済発展に伴い企業の多角化や分社化が拡大し，こうした企業グループの膨脹期におけるグループ各社に対する経営指導や業務支援の必要が高まった背景からである。しかしながら，1970年代におけるオイルショック後の減量経営時代となると，企業内に余剰労働力が生み出され，その受け皿としてグループ各社への出向や転籍行動が活発化した。つまり，グループ全体で雇用を保障する「雇用保障」といわれるものである（川喜多他，1997）。1980年代に入ると，企業の多角化・分社化の拡大と中高年社員の顕在化や定年延長制・役員定年制の定着から，企業グループへの出向や転籍が拡大した。1990年代，事業移管・分社化により大量の退職出向が生まれる一方，若手の現業社員や技能者の出向が増加した。また，管理職の早期出向も目立つようになった。さらに，出向や転籍の範囲がグループ各社からその外部労働市場まで拡大した（稲上，2002）。そして，一部の企業では，グループ各

図表4-24　出向タイプと年齢・性格

出向タイプ	年齢	性格・目的
企業集団統合型	40-50歳	・戦略的出向・求心力を深める
出向先強化型	30-40歳	・支援的出向・テコ入れを図る
従業員排出型	50-60歳	・リストラ的出向・余剰資源の受け皿
教育訓練型	20-30歳	・教育的出向・グループ人材の育成

（資料）　永野（1989;1996）を参考に作成。

社からグループ親会社への逆出向を導入するケースも見られるようになった。

このような出向制度における最近の動きとは，これまで無条件で親会社からの出向を受け入れてきたグループ各社が必要な人材は受け入れるものの，不要な人材は拒絶するようになってきている。雇用調整のための出向手段は，大幅に減少しているからである。玄田（2002）によると，今後，出向による雇用調整機能が低下する背景として，第1に，受け入れ先となる中小企業の業績が悪化している。第2に，グループ企業や系列企業にあった長期的な取引関係が弱まっている。第3に，早期退職優遇制度と出向とのバランスの問題をあげている。

企業グループ内における人材移動という視点から，「出向」について体系的な研究を行った永野（1989）によると「出向」は，大きく4つのタイプに分類される（図表4-24）。「企業集団統合型」は，分社化によるグループの拡大に伴い，出向元企業がグループ内の各社を1つの企業集団として統合させるために発生する出向であり，企業間の結びつきを強めるための出向である。このタイプは，グループ各社の企業統合の促進と連携の強化など，求心力を深めることを目的とする戦略的出向であり，このため，出向社員たちの年齢は，脂の乗り切った40～50歳の中高年層が対象となる。「出向先強化型」は，出向先となるグループ各社を育成強化するため発生する出向であり，具体的には，系列・サプライヤーシステムが該当する。このタイプは，グループ各社に対して経営や技術の指導や援助を目的とした支援的出向であるが，一定期間後に出向元企業へ復帰するケースが多いとされている。出向社員たちの年齢は，働き盛りの30～40歳が対象となる。「従業員排出型」は，若年・中堅層の昇進を優先させるために中高年者を企業外に排出する手段として発生する出向であるため，出向元企業に復帰するケースはほとんどない。リストラ型出向とも表現できるこのタイプは，親会社の余剰人材や固定費負担が重くのしかかる50～60歳のシニア社員が対象であり，解雇では

図表 4-25　出向マネジャーの類型化

	低	高
親会社への忠誠心　高	思い残し	二重在籍
親会社への忠誠心　低	フリーエージェント	再スタート

子会社経営に対する意欲

なく排除・排出という手段を通じて解決を図るものである。「教育訓練型」は，企業内でなく出向先企業での訓練機会の提供を意図した出向である。このタイプは，おおよそ20〜30歳の若手社員を対象として，将来の経営幹部を育成する目的でグループ各社へ教育的出向をさせ，その後，出向元企業へ再度復帰させるタイプである。

　さて，永野（1989）による出向タイプの4類型は，出向する意図や目的から分類するアプローチとして，きわめてユニークな研究であったことは間違いない。しかしながら，出向タイプの類型化は，それ以外にも考えられる。たとえば，グループ各社へ出向したマネジャーは，年齢または目的の違いから区別できるだけでなく，出向者のメンタリティという思考方法から分類することも可能である。たとえば，「親会社への忠誠心」と「子会社経営に対する意欲」のクロスから出向マネジャーは，主に4つのタイプに分類できる（図表4-25）。

　左下の「フリーエージェント」は，親会社への忠誠心も子会社経営に対する意欲もそれぞれ低いセルに位置するタイプである。たとえば，子会社をリハビリの場程度に考え，何年か遊ばせてもらおうと考えている出向マネジャー（西山，1998）などはその典型である。つまり，天下りとなった結果，親会社への忠誠心を失うだけでなく，子会社経営に対する情熱や意欲もまた喪失してしまったタイプであり，これは，もっとも深刻な問題を抱えたタイプであるといっても差支えない。左上の「思い残し」は，親会社への忠誠心は高いものの，子会社経営に対する意欲が低いセルに該当するタイプである。すなわち，子会社へ天下ったにもかかわらず，いまだ親会社への高い忠誠心を抱いている一方で，子会社経営に対する情熱や意欲は大きく欠落しているタイプである。たとえば，親会社の情報ば

かり集めたり，親会社の人間ばかりと付き合おうとする出向マネジャーはその典型である。そして，このような「フリーエージェント」型，「思い残し」型の出向マネジャーに共通する性格とは，たとえば，設備投資や研究開発投資には消極的であり積極的にリスクをとらない。また，何事も短期的かつ対処的な行動に終始する。さらに難題は解決ではなく先送りするなど，大きな失敗を避けて現状維持に終始する慢性的な受け身の経営姿勢であり，この背景には，親会社に対する強い執着心とゆがんだ依存心がその背景に潜んでいる可能性が高いと考えられる。

一方，右下の「再スタート」は，親会社に対する忠誠心は低いが，子会社経営に対する意欲はきわめて高いセルに位置するタイプである。つまり，親会社への忠誠心をもはや捨て去り，新天地である子会社経営に心機一転情熱を注ぐタイプである。このタイプは，かなり好ましい出向マネジャー像であると考えられるが，しかし注意すべき点として，1つは，親会社やその他子会社との連携を無視して暴走する危険性があげられる。もう1つは，子会社経営に親会社戦略を持ち込んで失敗する危険性である。つまり，親会社で培ったノウハウを取り巻く環境や組織能力も異なる子会社経営へそのまま持ち込もうとすると，失敗しかねない。というのも，子会社には親会社とは異なる独自の仕事の質，内容そして方法があるからである（平山, 1998）。最後に，もっとも望ましいといえる右上の「二重在籍」は，親会社への忠誠心も子会社経営に対する意欲もまた高いセルに該当するタイプである。つまり，親会社に対する忠誠心を維持しながら，同時に子会社経営に対して高い情熱と意欲を注ぐタイプであり，このような親会社と子会社の両方に軸足を置いた出向マネジャー像こそ，理想的なタイプであることは疑う余地もない。とはいえ，ここでは，出向マネジャーを分類する枠組みのみを提示するにとどまり，残念ながら，具体的な実証研究まで到達できなかった。この点については，今後の課題として取り組む所存である。

　ところで，日本企業は，これまで親会社の受け皿として子会社・関連会社を位置づけてきた。そのため，余剰人材と化したシニア社員が出向のその主要な対象者であった。しかしながら，親子連結経営の重要性が求められる時代に突入し，これまで単に親会社の受け皿に過ぎなかった子会社・関連会社は，自前で競争戦略の策定やグループ全体への貢献が要求されるため，経験と分析に秀でた戦略スタッフの存在と役割がひときわ重要になるものの，長年，染み付いた受け身的性格から，実際には優秀なプロパー戦略家が育っておらず，今後，問題が顕在化する可能性は少なくない。このため，親会社のコーポレート・スタッフ（戦略スタ

ッフ）がいわばゲスト・ストラテジストとして出向・転籍し，子会社・関連会社の戦略スタッフ・プロパーと互いに協力しながら，競争戦略をプランニングする意義は大きいものと考える。[35] たとえば，ゲスト・ストラテジスト制度を導入した場合，第1に，子会社・関連会社の戦略ベクトルをグループ全体の戦略ベクトルと符号（一致）させられる。第2に，親会社と子会社・関連会社双方の戦略スタッフの能力向上や相互学習の促進，モチベーションのアップが期待できる。第3に，親会社スタッフと子会社・関連会社スタッフの間に存在する思考の溝を解消できることが期待される。筆者の拙い経験からも，親会社でグループ経営を策定するコーポレート・スタッフの多くは，子会社・関連会社が直面する問題や経営実態をよく理解・把握していないケースが多い。たとえば，親会社は，子会社・関連会社を対象にグループを形成しているように，子会社・関連会社もまた自らのグループを構成してグループ経営を展開している。つまり，子会社・関連会社は，親会社が策定するグループ経営のプレイヤーである側面と同時に，自分自身がグループ経営の担い手としてマネジャーの側面も併せ持っている。このような子会社・関連会社の性格や経営ミッションを十分理解しながら，親会社の戦略的意図でこれを打ち消さないよう配慮しなければならないはずなのに，コーポレート・スタッフの多くは，親会社内におけるジョブ・ローテーションの経験はあるものの，会社に採用されてから親会社一筋でやってきたエリート社員で占められているため，彼らの手で推し進められるグループ経営は，どうしても親会社最適となりやすく，グループ各社の実情を完全に反映していないプランニングとなってしまう恐れが高い。このような課題を克服する1つの手段として，ゲスト・ストラテジスト制度の導入は，有効な方策であると考えられる。

　グループ内人事異動を巡る第2のテーマは「逆出向」である。これまでの議論では，グループ親会社からグループの子会社・関連会社への「出向」に焦点をあてたものであった。そして，若干の諸研究から，グループ親会社は，企業グループの統合，出向先企業の支援・強化，余剰人材の受け皿，Aクラス社員の教育・訓練を主要な目的として，グループの子会社・関連会社への出向を制度化させている実態が具体的に明らかとなった。一方，「逆出向」はどうだろうか。「逆出向」は，グループの子会社・関連会社からグループ親会社への人材移動であり，本社出向とも言い換えられる。「逆出向」の実態については，これまで複数の実証研究によって検証がなされてきた。これらの諸研究によると，グループの子会社・関連会社からグループ親会社へ向けた「逆出向」の実態は，かなり限定的で

あり，必要最小限度にとどまっているようだ。たとえば，雇用職業総合研究所(1987)がとりまとめた『企業グループ内人材活用に関する調査研究報告書』の調査によると，逆出向を実施する企業の割合は33.7%に過ぎなかった（永野，1989）。また，企業調査会（1992）の調査によれば，逆出向制度を導入する企業は，全体の37.7%にとどまるという結果がすでに得られている。さらに，日本企業4社を対象に聞き取り調査を行った團（2004）によると，これらの企業の間で逆出向はほとんど行われていないか，ごく一部で行われているに過ぎないものと結論付けている。

このように日本企業を対象とする逆出向の実態は，必ずしも活発ではない可能性が浮き彫りとされたが，次に，逆出向の重要性を主張する主要な論者の指摘を取り上げてみよう。逆出向の意義について，いち早く指摘した人物のひとりである寺本（1990）によると，逆出向の有効性とは，グループレベルで人的資源を活用できるのみならず，モノの見方・考え方のミキシングに効果的であると主張している。すなわち，通常，中核会社は中核会社の視点から，そして関係会社は関係会社の視点から相手を見てしまい，グループワイドな人心の一体感が生まれにくい。このような問題を克服するのに逆出向は，非常に有効な手段であると論じている。企業グループ内における人材移動の研究で有名な永野（1996）によると，親会社からの一方向な流れのみならず，関係会社から親会社へそして関係会社相互で異質な人材が出会う場を広げる，いわゆる逆出向を含んだ「ネットワーク型の人材交流」を通じて，人材育成機能が高まるものと指摘している。高野（2000）は，グループ経営において環境変化にあわせて機軸となるリソースも変化していくことが前提となるため，子会社で採用された人材が本社の幹部になるケースも増えてくることを示唆した。近年，当該分野を中心に研究を進めている團（2004）によると，関係会社社員の能力を向上させる1つの手段として，関係会社人材を本体に逆出向させ，教育訓練と経験を積ませる重要性は非常に大きいと主張している。

さて，これら論者たちの諸見解を集約すると，逆出向がもたらす効果は，主に3つあげられる。1つは，グループの子会社や関係会社側に所属する人材のモチベーション効果である。現在，アサヒビールでは，関係会社からグループ本社へ逆出向する制度を導入している。同社によると，賃金等については関係会社に準じるものの，大きな仕事を任されるため出向社員やプロパー社員のモチベーションを高める一助となっているそうだ。2つ目は，グループ内における情報や意識

の共有化効果である。たとえば，NECでは，比較的いろいろな視点転換が可能な若手を対象に逆出向を導入して，グループワイドな意識（モノの見方・考え方）を身につけさせることに取り組んだ（寺本，1990）。東芝では，1990年の段階でグループ全体の総合力を発揮する必要性が高まりから，逆出向を含む双方向人事交流の強化を通じてグループ親会社とグループの子会社・関連会社間における情報の共有化を図った。[36]一方，日本の自動車産業では，部品メーカーの若手技術者が完成車メーカーへ派遣され，自動車の設計開発業務を協力して担当するゲスト・エンジニア制度が普及している。協調的な企業間ネットワークの優位性を指摘する河野（2005）によると，ゲスト・エンジニア制度の利点として，双方の技術者が互いに知識を持ち寄ることでコスト低減やイノベーティブな新製品開発の実現が可能となったり，派遣された部品メーカーの若手技術者の市場情報へのアクセス，新しい知識の獲得が期待できる点をあげている。[37]このようにゲスト・エンジニア制度は，自動車のようなアーキテクチャーのタイプが擦り合わせ（インテグラル）型であるほど，グループ内における情報や意識の共有化の向上に大きく貢献できる制度であるといってもよい。逆出向がもたらす効果の3つ目は，人材教育効果である。逆出向を通じた人材教育の重要性について主張する團（2004）によると，今日の日本企業の多くは，グループの子会社・関連会社側の人材に対する長期的な教育訓練を主たる目的とした逆出向は，今のところ行われていないのが実情であると述べながら，このような実態によって，親会社と関連会社の人材との間には，歴然とした格差が存在するという実態を浮き彫りにしている。

　グループ内人材移動における第3のテーマは，グループ拠点間を対象とする水平出向であるが，水平出向だけに焦点を当てた研究ないし事例は，今のところ確認することができなかった。しかしながら，近年，持株会社制へ移行する企業が増加の一途を辿るなか，持株会社傘下にある事業会社間における水平出向の戦略的重要性は，ますます高まりつつある。というのも，異なる企業同士であっても事業の関連性が高いとき，それぞれの知識人材を相互に出向させる意義は，大きいからである。

　水平出向を効果的に運用するには，主に2つの課題を克服する必要がある。1つは，グループ経営とは，そもそも親会社主導で立案・推進される“本社の所有物"である。にもかかわらず，水平出向は，子会社・関連会社間を対象とした人材交流である。もし水平出向のすべてを当事者ではない親会社主導で立案・実行

した場合，本当に正しい人材交流が実現できるかどうか疑問である。このため，親会社は，水平出向の導入とその運用を図る際に必要な関与については，最小限に留めるべきであり，実際のオペレーションは，子会社・関連会社間に権限委譲を最大限することが望ましいだろう。もう1つの課題は，子会社・関連会社へ水平出向の権限を移譲する場合に不可欠な条件として，信頼関係の構築があげられる。というのも，水平出向を成功させるには，日頃から子会社・関連会社同士が信頼関係を強め，お互いの情報を共有しておく必要がある。当事者間の信頼関係が喪失または不在したなかで水平出向を実行しても，形はあるが中味のないしくみとなってしまう危険性が高く，このため，信頼関係をグループ内でどう構築するのか検討が必要だろう。

4-4-3 グループ内人材交流

グループ人材移動で論じた出向，逆出向，水平出向に関する議論の多くは，単に移動形態をパーツごとに切り分けて断片的に考察を加えたものであり，グループ全体の人材交流の意義と効果を十分に説明するものではなかった。グループ人材交流がもたらす波及効果を具体的に明らかにするには，グループ内における多様な移動形態を総合的に捉えて検討することが肝要である。ここでは，グループ全体を対象とする人材移動に焦点をあて，グループ内における人材の流動化，すなわち，人材の相互交流のしくみとその組織的効果について検討を行う。

最初に，グループ内で人材の流動化を図る是非について考えてみよう。結論から述べると，業種や企業によって厳密には異なるものの，人材の流動化は，積極的に展開すべきだろう。1つは，個別企業を超えて企業グループが有する知識や能力を容易に生かせるからである。つまり，人材を流動化しなければ個別企業内に存在する知識や能力に制約されるが，流動化すれば企業グループが有する知識や能力にアクセスできたり，グループ企業同士で有効活用が可能となる。2つ目は，知識源泉である人材のモチベーションを高める点においても，流動化は効果的な手段といえる。多様な人材との接触や交流から意欲が刺激され，これまで以上に高いやる気を生み出す作用が働く。3つ目は，人材の流動化が将来のグループ経営を担うコア人材の育成につながることである。

次に，人材の流動化を支持する論者の意見について触れてみよう。寺本（1990）は，ヒトと情報をあわせてグループ内で還流させてダイナミックなシナジー効果を生み出すことが，戦略的グループ経営の中核的なプロセスであると指

摘している。そして、ヒトと情報・知識を還流させる理由とは、ヒトと情報・知識は多重利用が可能であることに加え、ヒトと情報・知識は他のヒトと情報・知識と出会うことで新たな結合、連関が生まれ、そこから新たなシナジーが創出される可能性を持っているからである。伊藤（1991）は、日本経済新聞記事のなかで、ヒトは情報や知識のキャリアであるとしながら、活発な人材交流を推進すべきであることに加え、知を交換するグループ労働市場を形成すべきであると主張している。川喜多他（1997）は、アンケート調査の結果から、企業間人事交流の将来傾向は、①グループ内人事移動が進む傾向と減少する傾向の両方がある、②労働力の選別にグループ内人事移動が活用される、③グループ企業間移動がキャリアコースに組み込まれる、④グループ企業間移動を選抜のインセンティブとしながら、個人の側からの選択性も高めようとしている、⑤高齢化対策としての移動も増えることを明らかにしている。[38] 寺澤（2000）は、環境変化が激しいなか、変革こそ経営の重要な使命である現在の状況では、ヒトにしろ、お金にしろ、流動性を高めることが重要であると言及している。平野（2003）は、本社人事部と事業部門を含むグループ企業間に存在する個人情報の非対称性（Asymmetric Information）を克服する処方箋として、グループ公募制度のような人材流動化を図ることが効果的であると論じている。一方、グループ経営を海外の子会社・関連会社まで拡張し、ワールドワイドな人材交流の実態を調査した桑名・岸本・高井（1999）によると、グループ企業間の学習を促進させるもっとも効果的な方法の１つは、企業間人材交流であると述べながら、日本企業のグローバル・ラーニングに関する実態についてアンケート調査を行った結果、親会社と海外の子会社・関連会社間における人材交流（特に、出向形態）はかなり活発であるのに比べ、海外の子会社・関連会社間における人材交流（水平出向形態）は少ない事実を明らかにしている。

　一方、人材の流動化がもたらす落とし穴は、グループ内に依存しすぎることで生まれる過剰な内向き志向である。つまり、人材の流動化をグループの枠内だけに限定しすぎると、グループ外部の人材との交流が疎かになったり、グループの外に点在する知識や情報の接触や吸収に乗り遅れてチャンスを失う危険性がある。このようなグループ自前主義を回避する対策としては、グループ内という内向き志向に陥ることなく、グループ外にも人材交流の機会を広げてマクロ環境の変化にも機敏に反応することが肝要である。

　今日、グループ内人材交流を積極的に推進する企業の事例をここで紹介しよう。

日本を代表する総合商社である伊藤忠商事は，国内外に 366 社（2012 年）の連結対象会社を対象とした出向社員比率は 30% であり，これは約 3 人に 1 人が出向社員に相当する規模を表わしている（同社ホームページ）。伊藤忠では，1980 年代後半から企業グループの育成に重点を置き，子会社出向を重要なキャリアパスの 1 つに位置づけている。また，日立製作所では，「グローバル人財本部」の設置を通じて連結子会社 913 社で働く約 36 万人（日立単体 3.2 万人，国内上場子会社 15 社 3.6 万人，その他国内連結子会社 14.7 万人，海外 14.5 万人）いるグループ社員の人材データベースの構築を通じて情報共有を進めながら，これら連結人材の有効活用からグローバルな競争力の向上を進めている[39]。大手繊維メーカーである帝人は，2003 年に持株会社への移行に伴い，グループ求心力を向上するため，社歌とは別にグループ歌『We are the Teijin Group』の導入[40]，グループ企業の若手人材を対象に社内異業種交流会を開催してボトムアップな提言の喚起など[41]，独自のグループ人材マネジメントを次々に展開しているが，ここでは，同社による 3 つのユニークなグループ人材制度について触れてみたい。

　第 1 は，グループ・グローバルの視点から人材の最適配分や弾力的な運用を実現するため，2007 年度，海外子会社の人事担当者で構成される「帝人グループ人事会議」と国内グループ会社の人事担当者によって構成される「事業グループ人事責任者会議」の 2 つの会議を横断する「グループ横断人事会議」を新たに設ける一方で，「グループ横断人事会議」のまとめ役として，グループ全体の人事戦略を統括する最高人事責任者（Chief Human Resources Officer：CHO）を置いた（図表 4-26）[42]。

　帝人の前 CHO である森田（2005）によると，帝人の CHO のミッションとして，次のような 3 点をあげている[43]。第 1 は，帝人グループ内人的資源の調達・配分に関する方針・戦略の立案・推進。第 2 は，帝人グループ内の人材の育成・配置・評価・処遇に関する基本方針・戦略の立案ならびに帝人グループ全体的視点から調整，支援，助言。第 3 は，帝人グループ内人的生産性の向上施策に関する基本方針・戦略の立案・推進，である。そして，このような CHO に求められる能力としては，グループ経営において人材をうまく回しながら活用する一方で，各事業会社が最大の成果を生み出せる"しくみ"を立案・推進するため必要な「バランス感覚」をあげている。

　第 2 は，2007 年度より新卒者の採用を子会社採用から本社一括採用に切り替えた。というのも，人材獲得競争（War for Talent）が激化の様相を呈するなか，

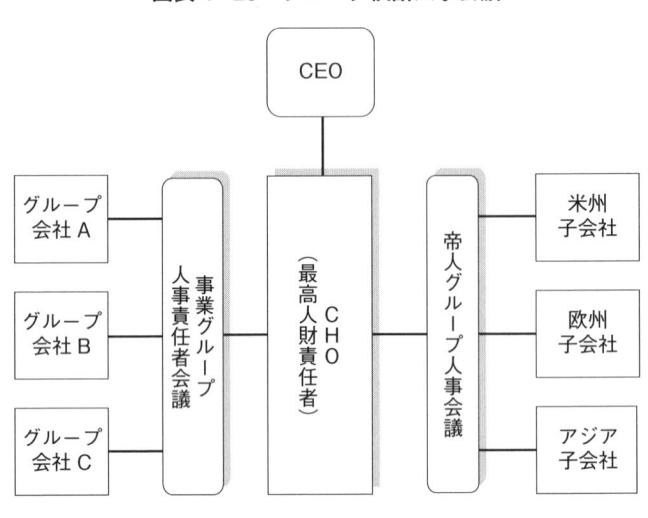

図表 4-26　グループ横断人事会議

```
                            CEO
                             │
    ┌──────────┐   ┌──────┐  │   ┌──────┐   ┌──────────┐
    │グループ  │   │事業  │  │   │帝人  │   │米州      │
    │会社 A    │───│グ人  │  │   │グル  │───│子会社    │
    └──────────┘   │ル事  │  │   │ープ  │   └──────────┘
    ┌──────────┐   │ー責  │ CHO │人事  │   ┌──────┐
    │グループ  │   │プ任  │(最高│会議  │   │欧州  │
    │会社 B    │───│  者  │ 人財│      │───│子会社│
    └──────────┘   │  会  │ 責任│      │   └──────┘
    ┌──────────┐   │  議  │ 者) │      │   ┌──────┐
    │グループ  │   │      │     │      │   │アジア│
    │会社 C    │───│      │     │      │───│子会社│
    └──────────┘   └──────┘     └──────┘   └──────┘
```

（資料）日経産業新聞，2007年9月4日を一部修正。

一般に帝人本体と比べてグループの子会社・関連会社の知名度は低く，優れた人材を確保しにくいからである。すなわち，帝人本体の強力なブランドパワーをテコにしてグループ全体へ優秀な人材を供給する目的が潜んでいるのである。そして，本社一括採用とは，帝人本体が一括採用した後，帝人に籍を置きながら適正や意向に応じて中核的なグループ会社へ出向させ，出向してから5年が経過した段階で転籍させ，グループの子会社・関連会社へ転籍した人材がその他の部署へ移動を希望する場合，先方企業の合意が得られれば移籍できるグループ内フリーエージェント（FA）制度のことであり，帝人では，これを「キャリアチャレンジ制度」と命名している（図表4-27）。[44]

　第3は，1988年から導入されているグループ内公募制度である。これは社内公募制度とも呼ばれ，グループ企業が必要としているポストや職種の要件を社員たちに公開し，応募者の中から必要な人材を登用する仕組みである。帝人では，これを「ジョブチャレンジ制度」と呼び，3月・9月・12月の年3回募集をかけて社員の異動を行っている。

　改めて論じるまでもなく，このような諸制度は，何も帝人だけに限ったものではなく，程度の差はあれ，その他の企業の間でもすでに導入がなされている。たとえば，過去，ダイエーでは，1988年5月，グループ企業の経営を行うコア人

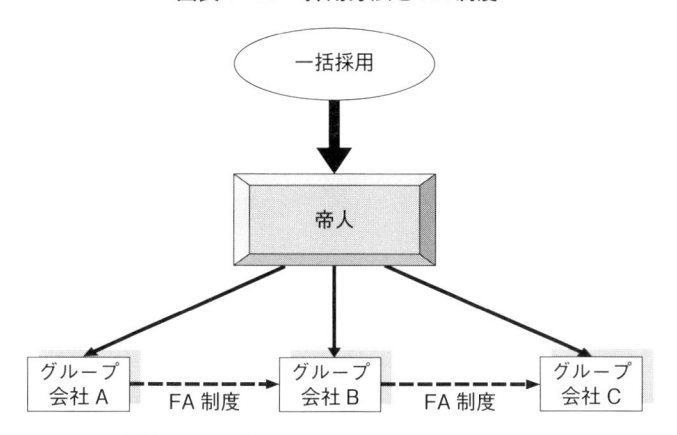

図表 4-27　採用方法と FA 制度

```
        ┌─────────┐
        │ 一括採用 │
        └────┬────┘
             ▼
        ┌─────────┐
        │  帝人   │
        └─────────┘
       ／    │    ＼
      ▼     ▼     ▼
 ┌─────┐  ┌─────┐  ┌─────┐
 │グループ│--│グループ│--│グループ│
 │会社 A │FA│会社 B │FA│会社 C │
 └─────┘制度└─────┘制度└─────┘
```

（資料）　日経産業新聞，2005 年 12 月 27 日を一部修正。

材をグループ内から選抜する「グループ・エグゼクティブ：GE」制度を導入した。これはグループ経営者である GE を組織的に養成して，グループ企業間の横断的人事異動の対象とするものであり，かりに子会社のプロパー社員であっても，GE の資格を取得できれば，本体の役員やその他グループ企業のトップに抜擢される制度である。[45] 長谷工コーポレーションもまた，1988 年 4 月にグループ企業のプロパー社員全員を本社社員に転籍させた。これにより，グループ社員と本社社員の処遇が統一し，人事異動に伴う処遇面の制約が排除される一方，新規採用の仕方も本社採用だけとなった。[46] 東芝では，東芝本体とグループ企業間で人材の流動化を促進するため，2002 年に社内 FA 制度，2003 年にグループ内公募制度をそれぞれ導入している。日立は，連結ベースで人材の活性化と活用を図るため，2004 年からグループ内公募制度に着手している。そして，ソニーでは従来の社内公募制度に加え，「マイキャリア・リサーチ」というユニークな公募制度を導入している。ソニーの社内公募制度は，それぞれの部門が求める人材をイントラネット上で公募し，社員が応募を通じて異動するものであった。これに対し，「マイキャリア・サーチ」とは，グループ企業の社員がイントラネット専用掲示板に自分のキャリアと希望を登録して，その他部門のマネジャーが検索によって希望に添えれば面接を経て異動する制度である。

4-4-4 グループ内共通基盤

　グループ人材マネジメントは，グループ企業間で人材を頻繁に移動させたり，横断的に交流するしくみさえ構築すれば，それで完成したといえるのだろうか。おそらく，その答えは，"ノー"である。というのも，そもそもヒトが働くうえで重要な賃金や処遇の面でグループ企業間にバラツキが存在する場合，それが足かせとなり，これらの諸制度は，有効に機能し得ないからである。近年，労働に対する評価の仕方には，賃金や報酬か，それともやる気ややりがいなのか議論が巻き起こっているが，家庭や生活そして自分を支えるため，労働が不可欠な行為であるとするならば，少なくとも，処遇や待遇については，最低限の公平性は保たれるべきである。このため，グループ経営でも，グループ企業間に横たわる処遇面における格差是正は不可欠であり，換言すると，これはグループ内共通基盤を整備・充実化を図ることである。

　そこで，グループ内共通基盤の重要性を支持する意見について触れてみよう。寺澤（2000）は，グループ内人材流動化を促進するため，グループ全体にわたる共通人事制度は必要であり，具体的には，①出向・転籍に関するルールのグループ内標準化，②グループ内人材公募の実施，③グループ共通教育プログラムの導入，④グループ内人材派遣業務の拡大，⑤退職金前払い制度の導入をあげている。高野（2000）は，人材の流動化を図るため，グループ共通の処遇制度を導入するための基盤を形成する「グレード制度」導入をあげている。「グレード制度」とは，人材またはポジションを一定の評価基準にしたがい，いくつかの階層にランクづけするものであり，各社員の能力を評価してグレードを決定する「能力主義のグレード制」と組織内における職務を定義し，その大きさや難易度を評価してポジションのグレードを決定する「職務主義のグレード制」の2種類に区別される。

　それでは，グループ内共通基盤の企業事例として，みずほフィナンシャルグループを取り上げてみたい。みずほフィナンシャルグループは，みずほ銀行，みずほコーポレート銀行，みずほ信託銀行，みずほ証券，みずほ情報総研など，有力なグループ子会社・関連会社を傘下に置く銀行持株会社である。グループ経営の基本的な枠組みは，みずほフィナンシャルグループが主要なグループ会社に対して直接経営管理を行い，主要なグループ各社は，みずほフィナンシャルグループが策定した基本方針に従いながら，個々の専門的な知識・能力を駆使して事業にあたる体制を構築している。そして，雇用や企業文化については，各社ごと独自

図表 4-28　共通プラットホーム化

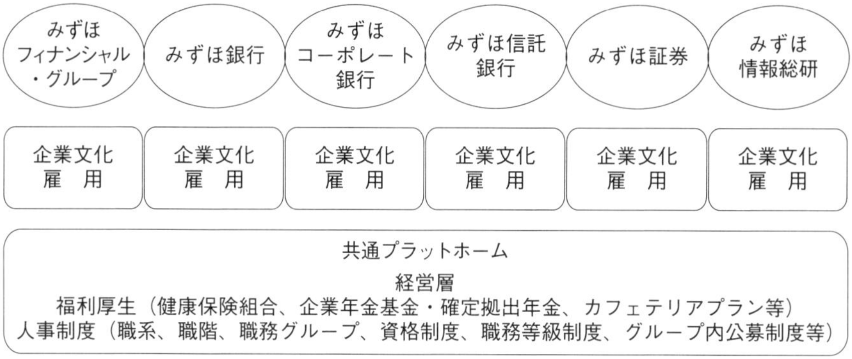

みずほフィナンシャル・グループ	みずほ銀行	みずほコーポレート銀行	みずほ信託銀行	みずほ証券	みずほ情報総研
企業文化 雇用	企業文化 雇用	企業文化 雇用	企業文化 雇用	企業文化 雇用	企業文化 雇用

共通プラットホーム
経営層
福利厚生（健康保険組合、企業年金基金・確定拠出年金、カフェテリアプラン等）
人事制度（職系、職階、職務グループ、資格制度、職務等級制度、グループ内公募制度等）

（出所）　みずほフィナンシャルグループ HP から抜粋。

性を高める一方，福利厚生（健康保険組合，企業年金基金，確定拠出年金，カフェテリアプラン等）や人事制度（職系，職階，職務グループ，資格制度，職務等級制度，グループ内公募制度等）のような基本的処遇については，グループ全体で共通化（プラットホーム化）を通じて会社間異動（転籍異動）を促進し，人的シナジー効果の発揮と適材適所な人材配置の実現を可能にしている（図表4-28）。

　このようにグループ内共通化を支持する主張がなされるなか，これらの指摘に疑問を投げかける意見もまた存在する。堀・竹田（2002）は，安易にグループ内へ共通化のしくみを持ち込むのは危険であると警鐘を鳴らしている。というのも，給与，スキル，組織風土，採用，人事制度などの各要素は，事業の特性や競争条件ごとに固有の制度で管理されるべきであり，中途半端なグループ共通の人事制度を持ち込むべきではないものと主張している。また，稲上（2003）は，アンケート調査を通じて，子会社・関連会社の労働条件は，親会社ではなく同業他社を見ながら，自社の業績に見合って決めるべきとの結論を導きだしている。すなわち，グループ企業間の労働条件とは，平準化ではなく格差拡大の方向に進んでいることをこれは示唆している。團（2004）は，処遇について格差が存在するのはやむを得ないとしても，処遇や能力を高めていく機会は，グループ全体の人材に対して与えられるべきと主張している。みずほ総合研究所（2008）は，実際のグループ人事管理の現状として，①依然として人事制度は企業単位でデザインされている，②グループ全体の人事を企画する部門が曖昧である，③共通人事制度のプラットホームの構築には労力とコストがかかる問題点を浮き彫りにしている。

このように見ると，グループ内共通基盤を巡る議論は，今のところ賛成と反対の2つの意見が混在しているのが実態のようである。とはいえ，かりに個別人材の枠を超えたグループ人材の役割がますます高まるならば，基本的な処遇部分をグループ内で共通化したほうが得策かもしれない。逆に，グループを構成する個別企業がそれぞれ置かれている事業特性や競争環境を軽視してグループ経営のご都合だけを優先したり，グループ内の仕組みや制度が個別企業の置かれた現実と掛け離れたようなものであった場合，グループ全体の競争力を著しく阻害する可能性もまた否定できない。グループ内共通化が抱える今後の課題は，個別企業が抱える実態とグループ経営のご都合をどうマッチングするかであり，この点についてはさらなる検討が必要である。

4-4-5　グループ・コア人材の育成

グループ経営を担うコア人材の育成では，これまで出向や逆出向などグループ内における人材移動を通じた育成に焦点が当てられてきた。ところが，近年になりこれら伝統的な人材移動方法に加え，企業内大学（Corporate University）の設置やITを活用した人材教育，アクション・ラーニングを通じた実践的課題の導入など，欧米企業流の研修スタイルを積極的に取り入れ，グループ・コア人材の育成に努める傾向が次第に強まってきた。このため，最近では，当該分野の研究は非常に進んでおり，貴重な示唆が提供されている。

たとえば，人材開発をグローバルなグループ企業内での学習活動であると論じた根本（2001）は，21世紀の人材開発戦略を「オープン学習コミュニティー戦略」と呼んでいる。根本は，言葉，文法，コード，マニュアル，手順，手続き，システムを意味する「プロトコル」と文脈，規範，価値，文化を指す「コンテクスト」から，日本とアメリカの人材開発戦略を明らかにした。それによると，伝統的な日本企業モデルは，プロトコルが低くコンテクストが高いのに対し，伝統的なアメリカ企業モデルは，プロトコルが高くコンテクストが低いモデルであるという。つまり，日本では，OJTと継続的な階層別教育などコンテクスト重視が特徴であるのに対し，アメリカは，プログラム化された専門職教育を中心としたプロトコル重視というものである。そのうえで，これからの日米企業における人材開発では，プロトコルとコンテクストを共に高度化するオープン学習コミュニティー戦略を目指すべきであると主張している。オープン学習コミュニティー戦略は，プロフェッショナル学習，キャリア・サポート，学習コミュニティー，

学習データベース，コーポレート・ユニバーシティーの5つのモジュールに区分され，さらに，これを支える基盤として，学習理念，人事戦略，組織戦略の役割が重要であると指摘している。

　次に，グループ人材マネジメントに焦点をあてた数少ない研究として，ここでは，伊藤による研究を取り上げてみたい。伊藤（1999b）は，まず，グループ人材マネジメントの要件として親子関係における「権限の分散化」と「意識の水平化」をあげた。「権限の分散化」とは，親子間に存在する権限上の壁を指し，親会社が子会社・関連会社へ権限を委譲する度合いが高ければ「自由」，低ければ「規律」を意味する。一方，「意識の水平化」とは，親子間に横たわる「意識上の壁」を指すものであり，親会社と子会社・関連会社間における意識格差の度合いが大きければ「個別利益中心」，小さければ「グループ利益中心」と定義される。そして「権限の分散化」と「意識の水平化」の2つの軸をもとにグループ人材マネジメントを4つのタイプに分類している。第1は，権限を委譲する度合いが低く（規律），意識格差の度合いが大きい（個別利益中心）クロスにあたる「親会社中心型人事」である。このタイプは，もたれ合い型人事ともいえ，伝統的なグループ人材マネジメントとして，数多くの問題をはらんだモデルである。第2は，権限を委譲する度合いが低く（規律），意識格差の度合いが小さい（グループ利益中心）クロスである「戦略評価型人事」である。このタイプは，グループ人材をプロフェッショナルとして位置づけながら，こうしたプロフェッショナルを育てるため，人材を流動化させるメカニズム，横断型の人事評価システム，トップ・マネジメントの育成が大きなカギを握るものである。第3は，権限を委譲する度合いが大きく（自由），意識格差の度合いが大きい（個別利益中心）クロスに該当する「自律創造型人事」である。このタイプは，起業家的グループ人材を育てるため，自由・創造性の尊重，多様なアイデアをビジネスに結びつける場を与える，報酬を重ね合わせることが主な要件としてあげられる。第4は，権限を委譲する度合いが大きく（自由），意識格差の度合いが小さい（グループ利益中心）クロスを意味する「グループ創発型人事」である。このタイプは，グループ人材を個と全体のトレードオフを同時追求するものであり，これを克服する手段として，相互交流する場を設ける，サポートシステムの構築，多元的な評価軸を設けるをあげている。

　伊藤（2000）はまた，日本の企業グループは機能ごとに子会社・関連会社または事業部門を設立するケースが少なくないが，これでは，グループ各社は自分の

パフォーマンスのみ努力を傾注し「全体最適」はなかなか優先されない。この結果，グループ各社がバラバラに個々のパフォーマンスを追求する「部分最適」となってしまうと指摘したうえで，次のような4つのリーダー像を描き出している。第1に，グループ各社は部分最適を追求しながら，それぞれの知識分散には実質手をつけない「調整型マネジャー」である。第2に，グループ各社は部分最適を追求するが，分散された知識は集約化する「ビジネスモデル創造型マネジャー」である。第3に，グループ各社は全体最適を追求するが，個々の知識を有機的な連結する「プロセス革新型マネジャー」である。第4に，グループ各社は全体最適を追求し同時に知識は集約化される「価値創造型リーダー」である。

こうした伊藤による諸研究を踏まえながら，次に，実際にグループ・コア人材の育成事例として，東レ，帝人そしてキリン・ホールディングスを取り上げてみよう。これらの企業は，日本企業の中でもいち早くグループ・コア人材の育成に取り組み力を入れてきた代表的な企業である。

早い段階から"連邦経営"を標榜してきた東レでは，次世代経営者育成とグループ企業の強化を図るため，1991年3月12日から「東レ経営スクール（TKS）」を開講している。東レ本体の次長・課長レベルから選抜された研修者たちは，5ヵ月（毎月1回5日間，月曜日から金曜日まで三島の研修センターで合宿研修を5回

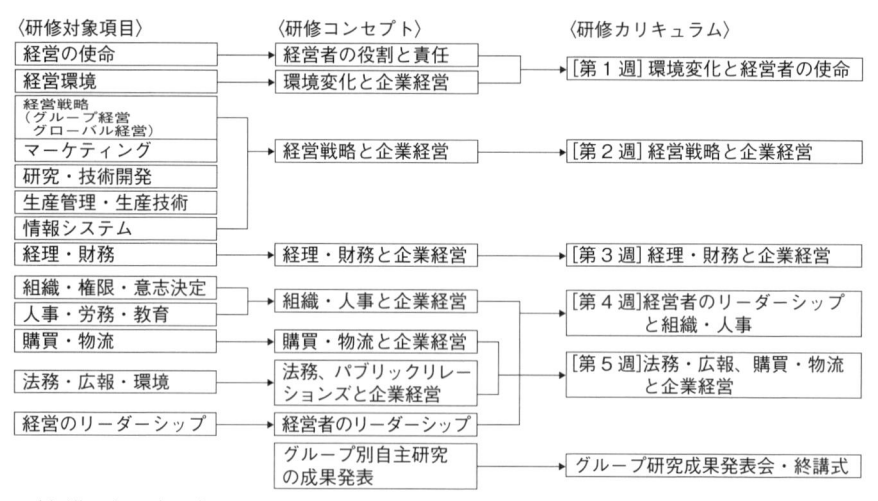

図表4-29　研修対象項目とカリキュラム

〈研修対象項目〉	〈研修コンセプト〉	〈研修カリキュラム〉
経営の使命	経営者の役割と責任	［第1週］環境変化と経営者の使命
経営環境	環境変化と企業経営	
経営戦略（グループ経営・グローバル経営）	経営戦略と企業経営	［第2週］経営戦略と企業経営
マーケティング		
研究・技術開発		
生産管理・生産技術		
情報システム		
経理・財務	経理・財務と企業経営	［第3週］経理・財務と企業経営
組織・権限・意志決定	組織・人事と企業経営	［第4週］経営者のリーダーシップと組織・人事
人事・労務・教育		
購買・物流	購買・物流と企業経営	［第5週］法務・広報，購買・物流と企業経営
法務・広報・環境	法務、パブリックリレーションズと企業経営	
経営のリーダーシップ	経営者のリーダーシップ	
	グループ別自主研究の成果発表	グループ研究成果発表会・終講式

（出所）　宗石（2002）p.106.

繰り返す。5日間来て3週間仕事に戻り，また5日間研修をやって3週間仕事に戻る）におよぶ合宿研修を通じて，グループ企業の経営者として必要な知識・能力に関する訓練を受ける。研修終了後は，原則として国内外の関係会社に経営幹部として2～3年出向し，その後は，東レ本体に復帰を果たし部長クラスとして登用される（図表4-29）。

　帝人では，将来のグループ・グローバル経営を担う経営幹部候補者を早期に選抜し，計画的に育成するグループ・コア人財制度であるSTRETCH（Strategic Executive Team Challenge）を導入している。森田（2008）によると，このプログラムは，課長クラス社員約80人を対象とする「STRETCHⅡ」と部長クラス社員約40人を対象とした「STRETCHⅠ」により構成されている。そして，STRETCHⅡの修了者を対象に社長・チーフオフィサーズ・事業グループ長から構成された人事会議Ⅱを経て選抜された人物がSTRETCHⅠへ進み，STRETCHⅠの修了者の対象に社長・会長・専務取締役・CTO・CHOにより構成される人事会議Ⅰの合意を経て，グループ経営幹部が選抜される（図表4-30）。

　大手食料品メーカーのキリン・ホールディングスでは，2002年4月，企業内大学である「キリン経営スクール」を開校してグループ・コア人材を育成している。研修の目的は，次世代のグループ経営を担うべき人材を組織的に養成することであり，研修者の対象は，キリン本体のみならずグループ企業を含む40歳前

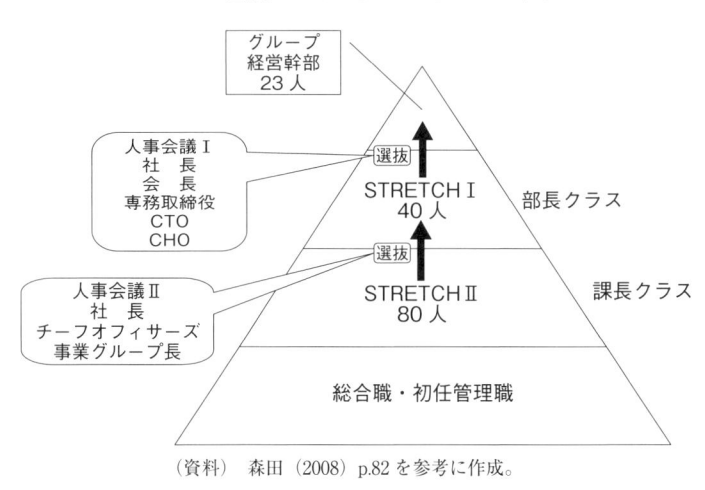

図表4-30　STRETCHのしくみ

（資料）森田（2008）p.82を参考に作成。

後の若手管理職の中から選抜された十数人を対象に約1年間，経営者に必要な全般的な知識を集中的に学ばせている。研修の内容は，「経営戦略とリーダーシップ」「マーケティング」「財務会計」「グローバルな消費財企業の戦略分析」のような講座に加え，グループ企業の事例研究から，実際のグループ企業の経営に提言するプログラムが導入されている。また，社長を含む経営陣が実際の研修に参加して互いにディスカッションや交流する機会が盛り込まれている。こうして無事研修を終えた研修者たちは，その後，国内外のグループ会社の経営幹部として配置され，研修成果を実践に移すしくみとなっている。

ところで，これらの企業に見られるグループ・コア人材の育成に関する共通点として若年化があげられる。堀・竹田 (2002) は，比較的，若い時代にグループ内で多様な機会や経験を積ませる重要性を主張している。というのも，長い間，同一部門内で昇進してきた中間幹部をキャリアの後半になってその他の部門へ投入したとしても，成功の確率は低いからである。企業グループを構成する各グループ・メンバーの事業特性，ライフサイクル，経営課題は個々に異なるため，多様な考え方・モノの見方ができる人材の育成は不可欠な課題であり，頭の柔軟な若い頃に異なる複数の経験を積ませて大局観を持つ経営者の育成が何よりも大切であると論じている。また，将来のグループ経営を担う幹部候補者をいったんグループ企業へ派遣 (出向) させ経験を積ませ，その後にグループ本体へ戻すやり方も共通しているが，このようなやり方は，少なくともこれまでの日本企業の間ではポピュラーな方法ではなかった。伝統的な日本企業によるコア・マネジャーのキャリアパス (能力形成) は，通常，グループ本体の経験しか蓄積していない偏った育成・選抜が一般的であったからである。高野 (2000) によると，日本企業の本社およびグループ企業のキャリアパスは，入社後5～7年目まではローテーションの対象として社内の複数の部署を経験するが，10年目を超えると特定の畑ができ，同一事業部門のなかで長期間勤務をしながら，昇進していくパターンである。これに対し，欧米企業の本社またはグループ企業は，若い時期において専門性を身につけるため同じ部門で長く経験を積ませるが，コア・マネジャーとしての資質が認められると，ローテーションに組み入れられ，その他部門のみならず内外のグループ企業まで幅広い経験を積みながら，昇進する違いがあると論じている (図表4-31)。

グループ経営人材を育成するスタンスからみると，早い時期に頻繁なローテーションを行い，その後，特定部門へ定着する「日本型キャリアパス」に対して，

図表 4-31　キャリアパスの国際比較

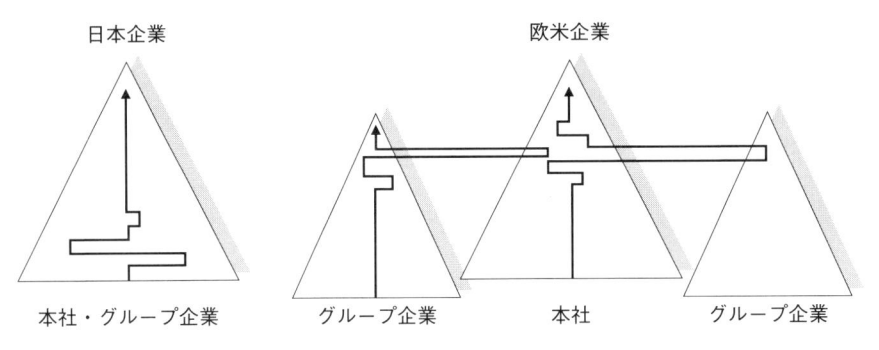

日本企業　　　　　　　　　欧米企業

本社・グループ企業　　グループ企業　　本社　　グループ企業

（出所）高野（2000）p.39.

　早い段階は特定部門で専門性を養い，その後グループ内外の経営を経験する「欧米型キャリアパス」では，いったいどちらの方が望ましいだろうか。

　グループ経営を実践しているにもかかわらず，期待通りの結果を得られない企業が抱える課題の1つは，グループ経営の取り組みが質・量とも本社の所有物である現実があげられる。グループや全体で戦うと表面的には主張しているが，実際の戦略策定の多くは，親会社や本社が独占しているのが実態である。このため，基本的なグループ戦略の立案・策定に関するそのほとんどは，親会社や本社のコーポレート・スタッフがその担い手である一方，彼らの多くは本社の勤務経験が長く，グループの子会社・関連会社の業務経験はほとんど少なく，グループ経営における子会社・関連会社の立場を十分理解・把握できていない。いわば，グループ経営の現場を踏んだ経験のない知識人材が国内外におけるグループの子会社・関連会社の実態を踏まえたリーダーシップや連携戦略を策定・計画していることがグループ経営の形骸化を招いた真因といっても言い過ぎではあるまい。[47]したがって，グループ経営人材の育成からすると，今日の日本型キャリアパスは，必ずしも最適なモデルとは言い難い。本体のみならず，グループ各社のリソースやケイパビリティにも精通し，グループ価値の最大化に貢献可能な欧米型キャリアパスを導入または学習する意義は大きいと考えられる（高野，2000）。

4-4-6　グループ人材戦略の論点

　最後にグループ人材戦略のまとめとして，それぞれの項目における要点を整理しよう。

グループ内人材移動では，出向，逆出向，水平出向を意味する各出向形態の内容を明らかにした。そして，これまでは親会社から子会社・関連会社に対する出向に焦点があてられてきたが，これからの新しい出向パターンとして，ゲスト・ストラテジスト制度の重要性を指摘した。ゲスト・ストラテジスト制度は，親会社の戦略スタッフが子会社・関連会社に派遣され，プロパーの戦略スタッフとともに戦略策定業務を担当するしくみである。一方，今後は，子会社・関連会社から親会社へ向けた逆出向にも大いに注目すべきであると指摘した。というのも，人材のフローが上から下へだけでなく，下から上へ，横から横へ縦横に移転しないかぎり，グループ経営における真の総合力強化は実現し得ないからである。事実，ゲスト・エンジニア制度を導入するトヨタのケースのように，高度なグループ組織能力を内包する企業ほど，普通の企業に比べると逆出向の頻度が高く活発化していることが，その事実を物語っている。

　グループ内人材交流では，人材交流を著しくグループ内に限定しすぎると，グループ外に存在し調達可能な知識や資源へアクセスする機会を失うため，今後は，グループ内の境界を下げてグループ外にも視野を拡大すべきであると指摘した。一方，グループ内人材交流では，過度な交流と過小な交流を避けるべきである。というのも，人材交流が過度な場合，個別企業のアイデンティティが喪失しかねないし，逆に過小すぎると交流の形骸化を招く恐れもありうるからである。よって，グループ人材交流では，適度な交流に努めるべきであり，その実現のためには，交流目的を明確化すること，交流条件や期間について事前の十分な検討が必要である。

　グループ内共通基盤では，共通化の推進を支持する意見と疑問を呈する意見の両方があり，議論はまだ決していない状況であるが，こうしたなか，基本的な考え方としては，子会社・関連会社の独自性を十分尊重しつつ，共通化できる部分は極力一致させるべきである。換言すると，グループ内人材移動または人材交流とは，グループ内共通基盤のうえではじめて効果を発揮するのであり，もしプラットホーム部分にバラツキや格差が存在すれば，このような仕組みや制度もまた，うまく機能しないのは明らかである。

　グループ・コア人材育成では，早い時期に頻繁なローテーションを行いながら特定部門に定着する「日本型キャリアパス」から，早い段階は，特定部門で専門性を養い，その後，グループ内における子会社の経営を経験する「欧米型キャリアパス」の導入とその学習が指摘された。というのも，親会社のトップ・マネジ

メントや戦略スタッフに見られる子会社・関連会社を対象とする知識不足を回避するためである。また，個別企業経営に必要なリーダースキルとグループ経営に必要なリーダースキルでは，事情が大きく異なる点もまた指摘された。そして，それぞれのリーダースキルに抜本的な違いがあるのならば，個別企業経営の経験や能力は，その他の個別企業には生かすことができるが，グループ経営の場合，使い物にならない可能性が高く，注意すべきだろう。

4-5 グループ・ナレッジ・マネジメント

4-5-1 知識とは何か

　グループ・ナレッジ・マネジメントを巡る議論は，これまで主に多国籍企業の本国親会社と世界的に分散された現地子会社間の最適なマネジメントにフォーカスする本社・子会社関係（Headquarters-Subsidiary Relationship）や国際的な親・子間における資源フローのマネジメントに焦点をあてた内部知識移転（Internal Knowledge Transfer）において，活発に議論がなされてきた経緯がある。そのため，本節では，グループ経営におけるナレッジ・マネジメントに関する数少ない研究成果と多国籍企業を対象とするグローバル・グループ経営のナレッジ・マネジメントの代表的な研究成果について検討する。

　グループ・ナレッジ・マネジメントの探求の出発点として，最初に知識に関する代表的な先行研究をレビューしなければならないだろう。知識（Knowledge）を巡る理論研究の進展は，知識の本質からスタートし，その後，知識の蓄積または生み出すしくみに視点が移り，最近では，獲得した知識に囚われず，それを捨て去ることもまた重要である点に議論が移行してきている。

　最初に知識とは何か。一般に知識は，見える知識と見えない知識に区別される。たとえば，Badaracco（1991）は，知識のタイプを「移動型知識」と「密着型知識」の2つに分けている。移動型知識（Embedded Knowledge）は，戦略提携等の手段を通じて知識移転が容易な知識であり，数式・設計図・マニュアルのなかにパッケージ化された知識である。これに対し，密着型知識（Migratory Knowledge）は，たとえ戦略的な手段を講じても，知識移転に時間がかかるかあるいは困難な知識であり，個人・グループ間での特殊な関係を形成する特定の規範，態度，情報の流れ，意思決定など，社会的複雑性のなかに存在する知識を指

すものである。また，Hamel and Prahalad (1994) は，個別の製品やサービスのスキルではなく，これらのスキルをタペストリーのように束ねたユニークな競争能力の源泉をコア・コンピタンス (Core Competence) と呼んでいる。コア・コンピタンスの条件とは，顧客価値を実現するライバルとの違いを出すユニークな競争能力であり，それは未来の市場を広げる企業力であると論じている。

次に，どのように知識は創造されるのか。通常は，単一企業の各部門内や部門間におけるコア人材のインタラクション，タスク・フォースやプロジェクトチームなどを通じた場の共有効果，さらに作業現場における見習またはOJT効果として取り上げられることが多かった。たとえば，Nonaka and Takeuchi (1995) は，知識を言語化・形態化が困難な暗黙知 (Tacit Knowledge) と言語化・形態化が可能な形式知 (Explicit Knowledge) に分類しながら，知識の創造作業を4つの知識変換 (Knowledge Conversion) モードの相互循環プロセスである SECI プロセスとして捉え，これを明らかにしている。第1の変換モードは，暗黙知から暗黙知への変換を意味する共同化 (Socialization) であり，たとえば，徒弟制度，技能伝承など体で知を得る段階である。第2の変換モードは，暗黙知から形式知への変換を意味する表出化 (Externalization) であり，具体的にはコンセプト創出，ノウハウの言語化など思いまたはノウハウを言葉や形で表す段階である。第3の変換モードは，形式知から形式知への変換を意味する連結化 (Combination) であり，これは，データベース化，仕様書など言葉や形を組み合わせる段階である。第4の変換モードは，形式知から暗黙知への変換を意味する内面化 (Internalization) であり，仕様書の実行，シュミレーションなど，知識を実践に移して言葉や形を体得する段階である。

ところが，最近になって同一組織内における知識創造は限界を向かえており，組織外に点在する知識・ノウハウの獲得や接触を通じて，知識を生み出す取り組みが成功のカギを握るだろうと主張する論者もまた出現してきている。たとえば，経済地理学者の Saxenian (1994) は，米国のシリコンバレーとマサチューセッツ州ボストンの128号線沿いを比較・調査したところ，128号線沿いに点在するDECのようなIT企業は，すべてを社内で手掛ける垂直統合型の開発体制を導入したため技術革新や市場変化のスピードに対応できず衰退したのに比べ，シリコンバレーでは，それぞれ専門分野に特化したベンチャー企業が水平分業型のネットワーク開発体制を築くことで技術革新や市場変化の変化に柔軟に対応でき，現在でも繁栄を誇っていると結論付け，オープンな協働開発の重要性について主張

している。また，Chesbrough（2003）は，これまでの知識創造は，グループ内における知識の獲得というクローズド・イノベーションが主流であり，その背景として自前主義，ブラックボックスが尊重されてきた。ところが，熟練労働者の流動性の高まり，大学，大学院において訓練された者の数の増加，ベンチャーキャピタルの存在，研究開発プロセススピードの向上，PLCのファーストサイクル化，グローバルな企業間競争の激化から，クローズド・イノベーションは崩壊の危機を迎えている。このため，社内のアイデアと外部（他社）のアイデアを有機的に結合させて価値創造を行うオープン・イノベーションへ移行すべきであると論じている。

　このように知識創造の分野では，クローズドな内部開発から外部企業とのコラボレーションによるオープンな協働開発へ着々と流れが及んでいるが，こうした知識を生み出す重要性が議論される一方で，最近では，知識を捨て去る重要性もまた議論がなされており，とりわけ，獲得した知識・ノウハウや長年にわたり組織内に蓄えられた知識にむやみに振り回されてはならないとする指摘に注目が集まりつつある。たとえば，Leonard-Barton（1992）は，時間の経過に伴いコア・コンピタンスが硬直して競争力低下を招く現象をコア・リジディティ（Core Rigidities）と呼んでいる。つまり，強力なコア・コンピタンスを持ち過ぎると，柔軟性が失われ，時代に取り残されてしまったり，競争環境の変化に乗り遅れる危険に陥る可能性が指摘されている。また，Pfeffer and Sutton（1999;2000）は，知識の蓄積に埋没する行動を否定し，蓄積した知識をベースに行動する重要性を主張している。彼らによると，多くの企業では，知識の蓄積と実行との間に格差が生じている（Knowing Doing Gap）。知識の蓄積に重点を置くナレッジ・マネジメントは確かに重要だが，これに埋没し過ぎると，本来の目的である蓄積した知識を通じて実行する行動が疎かになるため，注意が必要であると警鐘を鳴らしている。さらにChristensen（1997）は，イノベーションに成功した優良企業が正しく行うがゆえに失敗を招く現象をイノベーションのジレンマ（The Innovator's Dilemma）と呼んでいる。つまり，優良企業ほど競争相手以上に多くの知識・資源を有するため技術・知識志向に陥りやすく，過剰品質，オーバースペック，高価格など，顧客が求める要求水準を超えた持続的イノベーションに陥り，失敗を招いてしまう。そして，上位企業（First Mover）が持続的イノベーションの罠に陥っている間に，下位企業（Late Mover）は顧客の要求に適応する機能を搭載した低価格の破壊的イノベーションを世に出して，上位企業の市場地位を駆逐して

しまうのであると主張している。

　さて，これらの先行研究から，知識経営にとって知識の創造と放棄は，いわば，クルマの両輪のように重要な存在であることがわかる。それは，ただやみくもに知識・ノウハウを創造し蓄積すればよいのではなく，必要ならば自発的に知識を棄却することもまた大切である。新たな知識を生み出すには，古い知識を捨て去ることもまた不可欠だからである。つまり，人間のカラダが食料を補給しながら排出にも努めるとおり，企業もまた知識の創造と放棄を繰り返し常に新陳代謝を高めることが肝要なのである。また，苦労して生み出した知識は，未来永劫な存在ではなく，賞味期限は必ずやってくる。たとえば，業界リーダーが有する既存の知識を陳腐化させてしまう主な要因について，山田（1995）は「非連続的技術革新」，「ユーザーニーズの変化」，「法律や制度の変更」をあげている。内田（2009）もまた，今日の競争は，同業種間競争から異なる事業構造を持つ企業が異なるルールで同じ顧客や市場を奪い合う異業種間競争（異業種格闘技）へ変化しており，その結果，これまで支配的な地位にあった企業の強み（知識）がもはや通用しない事態に直面していることを浮き彫りにしている。

　このように今日の企業を取り巻く環境変化は，従来までの知識の価値を陳腐化させ，その有効性を瞬く間に奪い去ってしまう。このため，企業は今ある知識だけにこだわり固執し過ぎると，新しい世界への扉を開けることができなくなる。クルマの両輪の如く知識創造（Knowledge Creation）と知識放棄（Knowledge Killing）をグルグル回転させられる企業，そして，オープンな経営マインドを身につけた企業こそが，これからのエクセレント・カンパニーの条件である事実をこれら先行研究は示唆している。

4-5-2　グループ・ラーニングとは何か

　次に，グループ内で知識を生み出す学習に関する先行研究について触れてみよう。グループ経営の挑戦課題の1つは，グループ内における組織間学習を通じて知識・ノウハウを獲得し，グループ・イノベーションに結実させることである。つまり，グループ企業がそれぞれ持ちうるコア・コンピタンスの結集やグループ共通の目的を達成するため，グループ企業同士が学び合う仕組みの開発は，グループ経営を掲げる企業の挑戦的課題であることに加え，個別企業や単一企業では，決して獲得できないグループ経営を実践する企業のみに与えられたチャンスまたはベネフィットにちがいない。

グループ・ラーニングを巡るこれまでの議論では，合弁を含む戦略提携やM&Aを通じて，パートナー企業から学ぶ組織間学習と本国親会社と海外子会社間を巡る国際的な組織間学習（グローバル・グループ学習）に注目が集まり，企業グループのコア・メンバーにフォーカスした組織間学習に関する検討は，かなり遅れていると言わざるを得ないのが実態だ。

　これまでの数少ない研究成果を取り上げると，たとえば，寺本（1992）は企業グループを共・進化を促進するネットワーク分業と定義したうえで，個別企業内における組織内学習のメカニズムを明確にする一方，グループ企業同士の組織間学習の枠組みを提示している。まず，個別企業の組織内学習は，購買，製造，販売など日常の業務活動に関する知識獲得を意味する「業務学習」，事業の方向づけ，資源配分，組織編成・運営，意思決定プロセスに関する知識獲得である「戦略学習」，さらに，これら業務学習や戦略学習を効果的に行うための学習についての学習（Learning on Learning）を意味する「メタ学習」の3つに分類しながら，なかでも組織間の「メタ学習」はことさら重要であるという刺激的な主張を展開している。また，Dyer and Nobeoka（2000）は，トヨタグループの事例研究から，高業績を生み出す知識共有ネットワーク（Knowledge Sharing Network）とその管理方法を明らかにしている。彼らによると，トヨタグループでは，ネットワークの構成要素であるサプライヤー同士が相互に学習するしくみがあり，それがネットワーク全体の能力向上に大きな効果を与えているという。トヨタでは，トヨタとサプライヤーの双方向またはネットワーク全体を対象とした形式知と暗黙知の学習が繰り広げられている。具体的には，サプライヤー同士の相互交流と情報交換を目的とした「協豊会」，トヨタからサプライヤーへの出向・派遣など「企業間雇用者移動」，TPS（Toyota Production System）の普及拡大を目的とした「生産管理部」，サプライヤー同士が主体的に共同学習する「自主研究会」が制度化され，これら個々の学習システムからネットワーク全体の学習システムが形成されている（真鍋・延岡, 2002）。

　一方，グループ企業の学習対象には，企業グループ内部のほかにグループ外部も取り上げられ，こうした内部と外部に向けた多角的な学習行動が重要であるとする論者もまた存在する。たとえば，高井（2004）は，同一企業グループ内における学習を「グループ学習」あるいは「内部学習」と呼び，資本関係が少ないかまたは全くない外部企業との学習を「コラボレーション学習」または「外部学習」として区別している。そして，企業は内部学習と外部学習という2つの学習

機会を持ち合わせている反面，これらの多様なネットワーク学習を成功たらしめる条件として，「焦点化」，「柔軟性」，「信頼」という3つの関係性スキルの構築が必要だと主張している。また，秋山（2008）は，企業グループとは組織間ネットワークと組織内ネットワークという2層の異なる複合的な統合体である一方で，これら企業グループの構成要素は，組織間の知識創造を推進しながら，組織内の知識創造もまた活性化させることが可能であると指摘している。

4-5-3 知識共有と知識移転

　グループ・ラーニング（Group Learning）には，グループ企業が個々に有する知識をグループ企業間で共有し合うスタイルとグループ企業間で相互に知識を移転し合うスタイルの2つのタイプが考えられる。ここでは，前者のような学習スタイルを「知識共有」，後者の学習スタイルを「知識移転」と命名する。

　知識共有（Knowledge Sharing）は，グループ企業同士がそれぞれ独自のユニークな知識を出し合いグループ企業間で創発を実現するグループ・ラーニングである。知識共有の特徴は，グループの親会社が必ずしも焦点組織にならないことに加え，グループ企業同士のコラボレーション能力が重要なカギを握っていることである。たとえば，日立グループでは，近年グループが一丸となって電動ショベルの開発に取り組んでいる。建設機械の主力製品であるショベルの技術進化は，伝統的な油圧駆動型のショベルからガソリン駆動とモーター駆動の2つの動力源を持つハイブリット・ショベルへ進化を遂げ，さらに将来的には，駆動源のすべてをモーターに置き換える電動（電気）ショベルの方向へ進むものと予想されているが，グループ協創を掲げる日立グループでは，日立建機がショベルの設計・開発を担当する一方，メインとなるキーコンポーネントはモーターとインバーターを日立産機システムが担当し，電動ショベルに不可欠なバッテリー関係は，新神戸電機がリチウムイオン電池の開発をそれぞれ担っている。グループ内で多様な組織間学習システムを有し，ベスト・プラクティスの横展開を強みとするトヨタグループでもまた，デンソー（蓄電システムと給湯機），アイシン精機（家庭用燃料電池，シャッター，ベット），豊田自動織機（内装品の素材・技術），豊田通商（住宅資材，インテリア販売），トヨタ車体（車いす用移動補助機器），豊田合成（LED，振動吸収部品），関東自動車工業（住宅ユニット生産），ジェイテクト（エレベーター）など，主要なグループ企業が一丸となって環境配慮型住宅の共同開発に取り組んでいる。

もう1つのグループ・ラーニングのタイプは知識移転（Knowledge Transfer）である。これは，グループ企業間における知識の移転，逆移転など多様な学習活動から，個々のグループ企業が単独でイノベーションを生起することである。つまり，知識移転の特徴は，グループの個別企業が創発源泉の単位であり，また，「知識特性」，「移転能力」，「移転障害」が重要なカギを握ることである。それでは，知識移転の個別形態について触れてみよう。まず，グループ内における親会社から子会社へ向けた知識の移転は，通常，親子間における資源または能力の格差（Gap）が大きい場合に発生する可能性が高い。つまり，親子関係で資源または能力が不均衡な場合，移転学習は促進され，親子間の類似性や信頼関係など，組織コンテクストもまた，これに強い影響を与えている（根本, 2004）。先に触れた大手建設機械メーカーの日立建機では，高さ6.6m，幅7.7m，積載重量185トンにも及ぶ超大型ダンプの開発のため，親会社の日立製作所が九州新幹線用に開発した電気式AC駆動システムの知識を移転し，その結果，操作性や作業効率を著しく向上させることができた。つまり，日立建機は，ノウハウの蓄積の少ない電気式AC駆動システムの開発を自らが手がけるのではなく，グループ内でもっともすぐれたノウハウを持つ親会社から知識を調達し，最短距離で実用化に漕ぎつけたのである。また，子会社が設立されてまだ間もないような場合，知識移転は発生しやすい。新設された子会社ほど組織能力や経営資源のレベルが低いため，親会社によるストレッチが要求されるからである。

一方，グループ内における子会社から親会社へ向けた知識の逆移転は，子会社が有するある専門的な資源や能力が親会社のそれをすでに上回ってしまった場合に発生されやすい。総合的な知識・ノウハウの蓄積に向いている親会社に対して，子会社は，限定された地域情報や特定分野における知識・ノウハウの蓄積を得意とするため，グループ経営の中で子会社特有の問題が生じる場合，当該分野におけるグループ・リーダーとしての役割を果たすこともあるからである。あるいは，グループ全体を巻き込むある事業において，親会社が直接指揮を振うよりも，その事業にもっとも精通している特定子会社がプロジェクト・リーダーの役割を発揮する場合，逆移転が発生する可能性が高いといえる。

ここで，グローバルなグループ経営における逆移転について触れてみよう。これまでのグローバルなグループ経営の逆移転は，主に先進国の企業間がその対象であった。たとえば，吉原（1992）は，現地イノベーションの逆移転の事例として富士ゼロックスの成功を取り上げ，当時の日本子会社である富士ゼロックスの

経営資源や経営システムが当時の親会社にあたる米国ゼロックスへ逆移転する実態を鮮明にしている。また，90年代における米国の親会社であるヒューレット・パッカード（HP）と当時の日本子会社である横河ヒューレット・パッカード（YHP）における組織間学習では，まず，YHPの全社的品質管理であるTQC（Total Quality Control）が親会社であるHPへ移転されたが，この際，もともと日本方式であるため，HPはそのまま導入することができなかった。そこで，自前でTQCをバージョンアップした世界共通のQMS（Quality Maturity System）を開発する一方で，今度は，そのQMSを日本子会社であるYHPへ逆移転して利用し，成功を収めることができた。

ところが，今日のグローバルなグループ経営における逆移転は，先進国を対象とするに止まらず，新興国でもその重要性が高まりつつある。というのも，新興国で生まれた新興国向けイノベーションは当該地域だけでなく，先進国地域でもその有効性が認められるからである。Immelt, Govindarajan and Trimble（2009）は，世界最高の企業とされるGEの新しいグローバル・イノベーションの姿について触れている。これまでは，先進国市場向けに開発した知識をその後，途上国市場へ移転するグローカリゼーション（Glocalization）主導であったが，これからは途上国で開発された知識を先進国に逆移転するリバース・イノベーション（Reverse Innovation）が中心となると主張している（Govindarajan and Trimble, 2012）。彼らによると，これまでの多国籍企業は，先進国の主に親会社で開発したイノベーションを各地域の仕様に合わせるマイナーチェンジを施して，現地へサプライするグローカリゼーション・モデルが大勢を占めてきた。ところが，最近になって，画期的なイノベーションは，先進国の親会社からではなく，むしろ，新興国の子会社の手で開発され，先進国の親会社やグループ企業へ逆移転するリバース・イノベーションが活発化しつつある。たとえば，GEのケースでは，もともとGEヘルスケア中国が国内の農村部の診療所向けに開発したノートパソコンに超音波探触子とハイテクソフトウエアを搭載した低価格の携帯型超音波診断装置がその後，アメリカ本国へ逆移転され，救急隊の現場や緊急救命センターなどで積極的に利用され，売上が拡大している。

それでは，知識の移転，逆移転の促進を拒む移転障害とは何か。これまでも様々な角度から検討がなされてきた。たとえば，知識そのものの特性が移転障害となるケースである。知識特性とは，知識や情報そのものの性質である。そして，因果関係が曖昧（Dierickx and Cool, 1989）で不明瞭な場合，移転にかかる費用が

大きい場合には，たとえグループ内であったとしても移転や模倣は容易ではない。Von Hippel（1994）は，情報の移転にコストがかかる主な理由として，情報そのものの性質，情報の送り手と受け手の属性，移転されなければならない情報の量を取り上げている。そして，知識の移転にかかるコストを情報の粘着性（Sticky Information）と呼んでいる。これは，ある所与の場合の，所与の単位の情報の「粘着性」とは逓増的な費用であり，当該情報の所与の受け手が，その単位の情報を使用可能な形で特定の場所へ移転するのに必要とされる費用と定義される（小川，2000，p.27）。つまり，ある情報の存在を発見し，その意味を理解し，操作できるところまでの活動すべてにかかる費用が高い時，情報の粘着性（移転費用）は高いと理解されるのである（小川，2000）。

　一方，知識の送り手や受け手による学習能力が移転障害となるケースもまたあげられる。学習能力とは，知識の送り手や受け手の学習能力である。たとえば，知識の発信者（Sender）の移転能力，知識の受信者（Receiver）の吸収能力，さらに発信者と受信者をつなぐ仲介者（Broker）の調整能力もまたこれに含まれるが，そのなかでもひときわ重要なのは，受信者の吸収能力（Absorptive Capacity）である。Cohen and Levinthal（1990）によると，新しい知識をどれだけ移転できるかは，新しい知識についてどれだけ事前に知識を持っているのかと比例すると論じている。また，Szulanski（1996）は，こうした受信者側の吸収能力の欠如が知識移転の障害要因であると指摘している。Szulanski は，企業内におけるベスト・プラクティスの移転または模倣を妨げる障害のことを内部粘着性（Internal Stickiness）と呼んでいる。そして，企業内におけるベスト・プラクティスの知識移転プロセスを導入（Initiation），実行（Implementation），調整（Ramp-up），統合（Integration）の4つのステージに分類しながら，内部粘着性の主な構成概念として「知識特性」，「知識源泉の特性」，「受け手側の特性」，「コンテクストの特性」という4つの特性を取り上げた。そして，知識特性の測定因として「実績のない知識（過去，実績が証明されなかった知識）」，「因果関係の曖昧性」，知識源泉特性の測定因に「モチベーション不足」，「知識源泉として信頼性頼不足」，受け手側特性の測定因に「モチベーション不足（NIHシンドローム）」，「吸収能力の不足」，「保持能力（Retentive Capacity）の不足」，コンテクスト特性の測定因に「不毛な組織コンテクスト（Barren Organizational Context）」，「険悪な関係（Arduous Relationship）」の9つを取り上げ，これらベスト・プラクティスの知識移転プロセスと内部粘着性の構成概念との相関を分析したところ，

これらが有意であることを発見し，知識移転の難しさを改めて浮き彫りにしている。さらに，Hansen and Nohria（2004）は，グローバル企業のユニット間協働（Interunit Collaboration）を妨げる 4 つの主要な障壁について取り上げている。彼らは，主体者が資源の受け手なのか，それとも送り手なのかに区別しながら，資源や知識を受信または送信するための意欲が不足しているか，それとも能力が不足しているかという視点のクロスから，4 つの協働障壁（Barriers to Collaboration）を浮き彫りにしている。第 1 の障壁は，自社で生み出したアイデアでなければ価値がない問題（Not-Invented-Here Problem）である。つまり，資源の獲得や他者からの学習について受け手側が意欲を欠いている場合である。第 2 の障害は，むだ骨を折る問題（Needle-in-a Haystack Problem）といわれるものである。これは，資源の獲得や専門知識の探索について受け手側が能力を欠いている場合である。第 3 の障壁は，専門知識の買いだめ問題（Hoarding of Expertise Problem）である。これは，専門知識を提供せず固持してしまうような，送り手側に意欲が不足していることである。最後に，第 4 の障壁は，よく分からない問題（Stranger Problem）である。これは，協働することや知識移転について送り手側の能力が不足していることである。つまり，送り手側が受け手側の立場や実態をよく把握していない場合，そのことが協働を拒む障壁となってしまうことである。

　最後に，その他として，信頼に基づく社会的な関係の有無が移転障害となる場合もあげられる。たとえば，Nahapiet and Ghoshal（1998）は，社会資本（Social Capital）が知識へのアクセスとその活用に重要な役割を果たしていると主張している。

4-5-4　グループ・ラーニングの促進

　グループ・ラーニングを促進するには，2 つの方法が考えられる。1 つは，学習する文化（風土）の醸成であり，もう 1 つは，組織間信頼の創造である。

　前項では，「知識特性」，「移転能力」，「移転障害」などグループ・ラーニングを巡る諸要素が浮き彫りとされた。ところが，知識特性が明らかとされ，そして知識移転に必要な諸能力が浮き彫りとなり，知識移転の障害が理解されたとしても，それだけでは知識の共有と移転の促進は難しい。というのも，学習を尊ぶ風土やメンタリティがグループ内で喪失または著しく低下していれば，グループ・ラーニングは形骸化を招く恐れがあるからである。特に日本企業の場合，同じ企

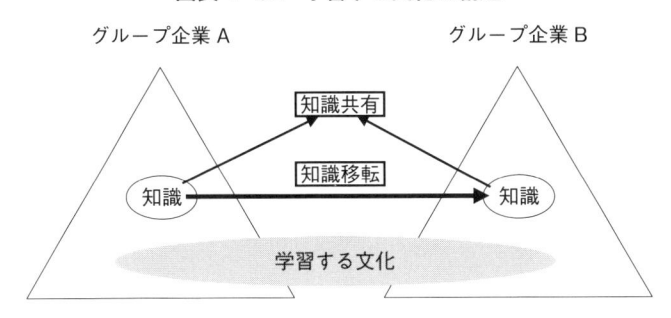

図表 4-32　学習する文化の創造

グループ企業 A　　　　グループ企業 B
知識共有
知識移転
知識　　　　　　　　知識
学習する文化

　業グループに属する企業といえども，個々のグループ企業の成り立ちの違いや現在の競争環境や企業規模の違いから，すべてのグループ企業が同じラーニング・マインドを共有しているとは限らない。ましてや，外部株主が存在する上場子会社群で構成された企業グループの場合ではなお更である。こうした理由から学習する文化（Learning Culture）の創造は，知識の共有や移転を促進する重要な役割を演じるものと考えられる（図表4-32）。

　学習する文化とは，どんな役割を果たすのだろうか。その内容を理解しやすくするため，ここではパソコンを比喩に取り上げ説明しよう。周知のとおり，我々がパソコンで各種アプリケーション・ソフトを作動する時，オペレーション・システムは絶対的に不可欠な機能である。オペレーション・システムという基本ソフトがベースとなって各種アプリケーション・ソフトは作動し得るからである。そして，もしパソコンにオペレーション・システムが入っていなければ，いかなるアプリケーション・ソフトもまた作動できなくなり，使用不可能となる。このようなオペレーション・システムとアプリケーション・ソフトの関係は，同時に学習する文化と知識の共有・移転の関係とも一致する。つまり，企業グループ内で学習する文化を醸成することで，パソコンのアプリケーション・ソフトと同様，知識の共有・移転は実行されるのである。

　それでは，具体的に学習する文化とは何か。企業グループを対象とした組織文化の研究としては，組織間文化（Inter-Organizational Culture）が指摘されてきた。たとえば，山倉（1993）は，組織間文化について「組織間システムにおいて，メンバーである組織によって共有されている価値・行動様式」と定義している。また，山田（2004）は「組織間文化とは，組織間で共有された価値観や暗黙の行動パターン」とも論じている。このような組織間文化の定義から，学習する文化の

意味を考えると，それは企業グループを構成するメンバー同士が学び合う大切さを互いに共有しそれを育んでいることになる。それでは，学習する文化でもっとも避けるべきは何か。それは，むやみに NIH 症候群に陥らないことである。NIH シンドローム（Not Invented Here syndrome）は「自前主義」または「偏狭主義」とも訳され，自前で生み出したものは有効だが，外部で生まれたものは価値がないので認めない極端な内向き思考を指すものである。このような NIH シンドロームの罠に陥らないためにも，強力な学習する文化を形成することが何よりも肝要である。

　学習する文化の醸成がグループ・ラーニングの促進にきわめて効果的であった事例として，米国を代表するコングロマリット企業である GE を取り上げてみよう。GE は「対話→学習→信頼」を連続的に繰り返し，圧倒的な強さを獲得したグローバル企業として有名である。90年代，GE では，学習する文化の創造を企業経営の柱に掲げて大きな成功を手に入れた。その立役者として有名なのは，20世紀最高の経営者とも賞賛されたジャック・ウエルチ（Jack Welch）である。GE では，古くから多様な事業を内包するコングロマリット企業として注目を集めてきたが，その一方でコングロマリット特有の弱点として，複数の事業の単なる寄せ集めや経営の一貫性が欠けるなど，その有効性に疑問を投げかける指摘もまたなされてきた。こうした批判のなかで CEO に就任したウエルチは，80年代後半，境界のない企業（Boundaryless Company）という理念を提唱した。これは，組織の内部と外部，国内と海外，事業と事業などそれぞれの壁を取り払いながら，情報が自在に往来し，人々が正直に現実をとらえ，小規模な会社のスピードを大企業でも再現できることである（坂本,1997）。また，ウエルチは，企業に蔓延る官僚主義を打破するため，統合された多様性（Integrated Diversity）という概念を提唱した。これは，それぞれ異なる事業部門が有するヒトや知識・ノウハウを自由に移動させ，知識を相互に共有するコンセプトである（GE アニュアル・リポート）。「GE の独自性は学習する文化を持った複合企業である」とウエルチが指摘したとおり，「境界のない企業」や「統合された多様性」という一連の学習する文化の創造を通じて，GE ではグループ・ラーニングの促進に加え，組織内外からベスト・プラクティスの吸収（学習）などを実現し，世界最強の企業価値の高い企業として成り得たのである。このような GE のケースは，コングロマリット企業ほど学習する文化の創造がとりわけ大きな意義を持つ事実を如実に物語っている。つまり，個々の事業が単体で強いだけでは，複数事業を展開するダイナ

ミズムを有効活用しているとはいえない。研究開発，購買，生産，マーケティング等のバリューチェーン活動やユニークなマネジメント手法を徹底的に共有し合い，そして相乗効果を生み出す。これこそがコングロマリット企業が競争優位性を獲得する大きなカギといえる。

　グループ・ラーニングを促進するもう1つの方法は，組織間信頼の創造である。つまり，企業グループを構成するメンバー同士の強い絆や信頼関係が存在すれば，ルーチンまたは緊急時を問わず，グループ・ラーニングは促進され，もし喪失していれば，形骸化を来たす可能性が高いことである。グループ・ラーニングにおいて組織間信頼の重要性を指摘する主な論者として，たとえば，酒向（1998）は，組み立てメーカーとサプライヤー間における取引関係を円滑化するには，単なる契約を超えて貢献する善意による信頼（Goodwill Trust）の蓄積が重要と指摘しながら，こうした信頼による関係は，企業間の頻繁な相互作用によって築かれるものと論じている。たとえば，建設機械最大手のコマツには，163の協力会社から構成された「コマツみどり会」が組織されている。その主な目的とは，コマツとみどり会が互いに知恵を出し合い一体となって取り組み，これまで以上に高い収穫を目指し実現することを意味するものであり，こうした考え方をコマツでは，「農耕民族型購買」と呼んでいる。「コマツみどり会」は，単なる資本関係を超えてコマツと協力会社が信頼関係を結び，同じ企業グループの仲間として，いわば運命共同体を構築するものであり，その主な特徴には3つあげられる。1つは，Win-Winの取引関係の構築である。たとえば，根拠のない値下げは要請しない，発注したら注文のキャンセルはできない等，誠実な対応があげられる。2つ目は，コマツによる協力会社への徹底サポートである。これは，コマツがみどり会へ新しい仕事を発注する際，コマツの社員を協力会社へ出向させ，新しい技術やノウハウを伝える一方で，完了したら再びコマツへ戻るというしくみである。このしくみを通じて，知識の移転や情報の共有が確実なものとなる。最後は，ビジネスリーダー制度であり，これは，コマツの幹部候補者に対する研修会に協力会社の若手後継者を参加させ，経営ノウハウをからだで学び，コマツウエイを肌で感じ取るしくみの導入である。

　また，真鍋・延岡（2002）は，トヨタとそのネットワーク企業間における優れた組織間学習を取り上げ，両者のあいだに存在する強い信頼関係が学習効果に重要な影響を及ぼしている事実を明らかにしている。つまり，組織間学習とネットワーク信頼の間には相乗効果があり，時間とともに両者は増幅し合うことで他企

業による追随は一層難しくなる。これがトヨタの競争優位性の鍵であると指摘している。Dyer（2000）は，さらに組織間の信頼の高さが学習効果を高める事例として，日米自動車メーカー各社におけるサプライヤー信頼のレベルを1（とても低い），4（ある程度支持される），7（大変支持される）によって評価したところ，次のような結果の違いを浮き彫りにしている。まず，自動車メーカーが公平にサプライヤーを扱うため信頼できるかについては，トヨタ（6.4）や日産（6.1）という日本の自動車メーカーは信頼できると回答されたのに比べ，米国のビッグスリーであるクライスラー（5.4），フォード（5.0），GM（3.2）の信頼レベルは全般的に低く，なかでも2009年に経営破たんしたGMは，ひときわ低いという結果が得られた。次に，もしチャンスがあれば自動車メーカーは，サプライヤーが有するメリットを不当に搾取することを試みるかもしれないという問いでは，トヨタ（1.4）や日産（1.8）は共に低いと回答されたのに比べ，クライスラー（2.9），フォード（3.6），GM（5.4）は，共に高いと評価され，なかでもGMはひときわ高いという結果が得られている。つまり，米国の自動車メーカーに比べると，日本の自動車メーカーはサプライヤー信頼が高く，これが組織間の学習効果を向上させた秘訣であると結論付けている。

　最後に，企業グループにおける高い組織間信頼が緊急時のトラブルにも有効に機能した事例として，1997年2月に発生した自動車部品メーカーであるアイシン精機の刈谷工場で起きた火災事故に対するトヨタグループ全体の迅速な対応について触れてみたい。まず，トヨタグループには，有力なグループ・サプライヤーが14社存在する。豊田自動織機，愛知製鋼，ジェイテクト，トヨタ車体，豊田通商，アイシン精機，デンソー，トヨタ紡織，東和不動産，豊田中央研究所，関東自動車工業，豊田合成，日野自動車，ダイハツ工業であり，アイシン精機はそのなかの一社である（2007年3月時点）。西口（2007）による詳細な研究によると，当時，アイシン精機の刈谷工場は，トヨタ車の90％を担当するプロポーショニング・バルブ（PV）[49]の生産工場であった。ところが，刈谷工場が火災にあい，PVの供給が完全にストップしてしまった。こうしたなか，当初，トヨタ式生産システム（TPS）の欠点が露呈した。というのも，PVの製造は，複雑で高度な精密機械技術が必要であり，このため，トヨタではアイシン精機1社に依存していた。また，余分な在庫はもたない「カンバン方式」のため，事故発生時におけるPVの在庫は約2日分しかなく，トヨタの全工場と三菱自動車工業の主力工場が操業停止に追い込まれた。トヨタでは，当初，トヨタ全体を数週間生産停

止に追い込む大事件に発展すると予想していたが，結果として，僅か10日間で復帰することができた。西口は，その最大の理由として，企業グループ全体で問題を解決する組織能力があったと主張している。それは，まず，グループ関係会社がニュースでアイシン精機の火事を知り，その日のうちに協力を申し出た。そして，PVを作るために必要な特殊工作機械の製作でグループ関係会社同士が一致団結して製作に乗り出した。これを可能にしたのは，日頃からトヨタグループの研究会等を通じて，メンバー企業が工場を見せ合い，あるいは改善アイデアを共有していたからであり，このようなメンバー同士の高い組織間信頼が作用して短期間のあいだにPV部品の代替生産に成功できたと分析している。

　グループ・ラーニングの効果とは，クルマのような「すり合わせ技術」による生産分業型企業グループだからこそ学習効果が期待できるのであり，異なる事業部門から構成された水平統合型企業グループの場合，部門間同士の異質性からその効果は期待できないと指摘されてきた。ところが，コングロマリット経営のGEでは，強力な学習する文化を通じて部門間における洗練されたベスト・プラクティスの移転または学習が頻繁に実行なされた。つまり，これは，どんな企業グループでも学習する意思と相互信頼を内包するグループ学習組織を形成できれば，グループ・ラーニングの効果を享受できる可能性を示唆するものであり，GEの成功事例は，まさにそれを如実に物語っている。

4-6　グループ知財マネジメント

4-6-1　知財とは何か

　知財とは何か。知的財産基本法によると「知的財産」とは，発明，考案，植物の新品種，意匠，著作物その他の人間の創造的活動により生み出されるもの（発見又は解明がされた自然の法則又は現象であって，産業上の利用可能性があるものを含む。），商標，商号その他事業活動に用いられる商品又は役務を表示するもの及び営業秘密その他の事業活動に有用な技術上又は営業上の情報をいう（第二条）。つまり，特許権や著作権などの創作意欲の推進を目的とした権利である。一方，「知的財産権」とは，特許権，実用新案権，育成者権，意匠権，著作権，商標権その他の知的財産に関して法令により定められた権利又は法律上保護される利益に係る権利をいう（第二条2）。すなわち，商標権や商号などの使用者の信

図表 4-33　知的財産権の体系

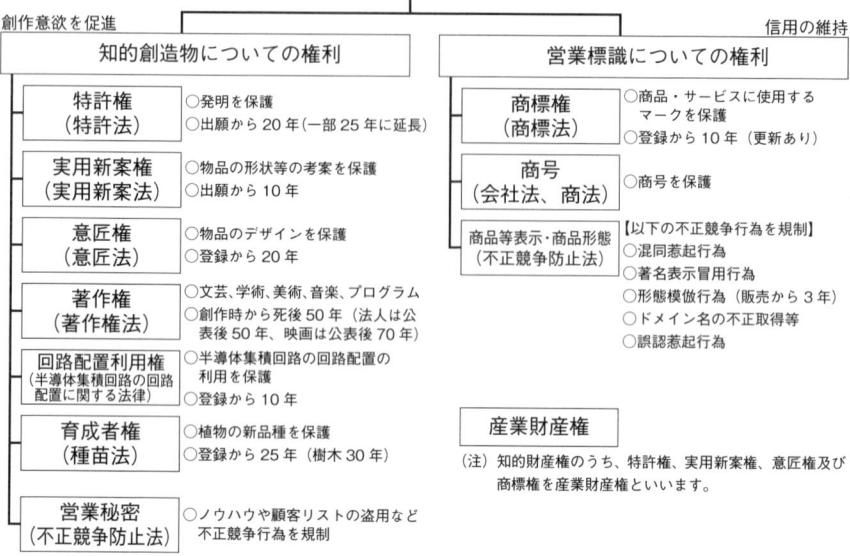

```
                    ┌─────────────────┐
                    │  知的財産権の種類  │
                    └─────────────────┘
    創作意欲を促進  ┌──────┴──────┐  信用の維持
    ┌──────────────────┐    ┌──────────────────┐
    │ 知的創造物についての権利 │    │ 営業標識についての権利 │
    └──────────────────┘    └──────────────────┘
```

知的創造物についての権利		営業標識についての権利	
特許権（特許法）	○発明を保護　○出願から20年（一部25年に延長）	商標権（商標法）	○商品・サービスに使用するマークを保護　○登録から10年（更新あり）
実用新案権（実用新案法）	○物品の形状等の考案を保護　○出願から10年	商号（会社法、商法）	○商号を保護
意匠権（意匠法）	○物品のデザインを保護　○登録から20年	商品等表示・商品形態（不正競争防止法）	【以下の不正競争行為を規制】○混同惹起行為　○著名表示冒用行為　○形態模倣行為（販売から3年）　○ドメイン名の不正取得等　○誤認惹起行為
著作権（著作権法）	○文芸、学術、美術、音楽、プログラム　○創作時から死後50年（法人は公表後50年、映画は公表後70年）		
回路配置利用権（半導体集積回路の回路配置に関する法律）	○半導体集積回路の回路配置の利用を保護　○登録から10年		
育成者権（種苗法）	○植物の新品種を保護　○登録から25年（樹木30年）	産業財産権	（注）知的財産権のうち、特許権、実用新案権、意匠権及び商標権を産業財産権といいます。
営業秘密（不正競争防止法）	○ノウハウや顧客リストの盗用など不正競争行為を規制		

（出所）　特許庁 HP より引用。

用維持を目的とした権利である。そして「知的財産権」のなかで特許権，実用新案権，意匠権，商標権という4つの権利は「産業財産権」と呼ばれ，これらは特許庁が管理している。まず，「特許権」は，モノや方法などの発明やアイデアを保護する権利であり，権利の有効期間は出願から20年となっている。大きな発明を保護する特許権に対して小さな発明を意味する「実用新案権」は，物品の構造や形状等に関する考案を保護する権利であり，出願から10年が権利の有効期間である。「意匠権」は，物品のデザインを保護する権利であり，権利の有効期間は登録から20年である。「商標権」は，商品やサービスで使用する文字や図形などマークを保護する権利であり，登録から10年が有効期限とされている（図表4-33）。

　特許行政年次報告書2011年版によると，産業財産権のうち「特許権」の出願件数の割合は，全体の69%，登録件数の割合は約63%ともっとも大きな割合を占めている。また，「特許権」の出願件数は344,598件に対して，登録件数は222,693件である。一方，出願件数の内訳は，法人の割合が全体の約97%を占め

ている．次に，大きな割合を占めるのは，「商標権」であり，出願件数の割合は全体の23％，登録件数は約27％である．また，「商標権」の出願件数は113,519件に対し，登録件数は97,462件となっている．そして，法人が全体の89％を占め，個人は11％である．「実用新案権」は，出願件数が8,679件に対して登録件数8,572件であり，これは，出願するとほぼ登録されることを意味している．「実用新案権」を出願人別にみると，法人61％，個人39％となっている．「意匠権」は，出願件数が31,756件に比べて登録件数は27,438件である．これを出願人別にみると，法人が約92％を占めている．

　次に，知的財産権（産業財産権）のなかで，もっとも構成比の高い特許権（特許法）に着目し，日米の特許政策の歴史について紐解いてみよう．まず，米国の特許制度は歴史が長く，建国の時代まで遡ることができるため，すでに200年以上もの歴史がある．日本の特許庁が平成20年に取りまとめた「イノベーションと知財政策に関する研究会」報告書を手掛かりにすると，米国における特許政策は，主に4つの時代に分類することができる．

　まず，建国から1930年までの間は，プロパテント（特許重視）時代に区別される．米国では，この間に特許強化策が次々に打ち出された．たとえば，1788年に発行された合衆国憲法の第1条第8節によると「著作者及び発明者に，一定期間それぞれの著作及び発明に対し独占的権利を保障することによって，学術及び技芸の進歩を促進すること」と書かれている．その後，1790年「連邦特許法の公布」，1802年「米国特許庁の設立」が進み，知的財産権を巡る体制が整備される一方で，エジソン，ベルそしてライト兄弟など偉大な発明者が次々に登場して米国の産業技術は発展した．

　1930年から1980年まではアンチパテント（特許軽視）時代に分類されるが，その契機となった出来事として，1929年に発生した世界恐慌があげられる．世界恐慌が発生した1つの理由は，大企業による市場独占があげられ，その解決策して，1940年代に反トラスト法（独占禁止法）による取り締まりが強化された．その後，米国では，2つの戦争（第二次世界大戦，ベトナム戦争）と石油危機が発生し，財政赤字と貿易収支の赤字という双子の赤字に加えて，国内製造業の競争力が著しく減退した．

　そして，1980年から2000年までの米国では，再びプロパテント時代に回帰する．というのも，喪失した国の競争力を回復するため，特許権者を保護して強い権限を与える知財重視の考え方に大きく舵を切ったからである．たとえば，当時

のレーガン大統領は，ヒューレット・パッカード社の社長であるジョン・ヤングを委員長とする産業競争力委員会（President's Commission on Industrial Competitiveness）を設置して，その対応策について検討させた。その結果，1985年，グローバル競争－新しい現実（Global Competition The New Reality）というレポート（ヤング・レポート）が取りまとめられた。このヤング・レポートによる提言は，国をあげて知的財産権の保護と強化に努め，停滞する米国経済を復活させる突破口とするものであり，この結果，ジャパン・アズ・ナンバーワンとも呼ばれ急速に台頭してきた日本企業をターゲットとする米国企業の特許侵害訴訟が著しく増加した。たとえば，コーニング社による住友電工に対する光ファイバー特許侵害事件（1989年），ハネウエル社がミノルタに対して起こしたオートフォーカス特許侵害事件（1992年）などがあげられるが，なかでも，キルビー特許侵害事件（1991年）が日本企業に与えた衝撃は大きかった。これは，半導体集積回路の開発を巡って，米国のテキサス・インスツルメント社（TI社）が富士通に対して起こした特許侵害訴訟であり，この事件が契機となって日本では，2002年，知的財産権に関する法律である「知的財産基本法」が制定された。

　2000年代に入ると，米国では，プロパテント時代よりも特許の質をより重視する時代へシフトしてきている。というのも，国内外で特許侵害訴訟が増加する一方で，ブラックベリー事件（06年3月3日和解），イーベイ事件（06年5月15日最高裁判決）など，個人や中小企業から特許権を委託または売却してもらい，特許権の侵害を疑われる企業へ高額なライセンス料や損害賠償請求を企てるパテント・トロール問題が過熱するなど，行き過ぎたプロパテント政策による弊害が顕在化したからである。このため，今日の米国では，プロパテント政策を是正して知財の質をより高める方向へと進んでいる。たとえば，連邦取引委員会が2003年にまとめた報告書によると，妥当性の疑わしい特許は競争政策上問題であり，技術革新の妨げになるとしながら，その解決策として特許の質の確保をあげている。また，全米科学アカデミーによる報告書（2004）では，特許の質の低下と審査期間の長期化が特許の問題として指摘されている。さらに，2004年のパルミサーノ・レポート（Innovate America）では，特許審査過程の質の向上が問われるなど，知的財産権制度の基盤整備の必要性が強調されている。

　一方，我が国の特許政策の歴史は，約130年前まで遡ることができる。1885年「特許法」が制定され，これが日本における特許制度の基礎となった。しかし，戦後の日本では，財閥解体など独占禁止法が強化されるなど，長期にわたりアン

チパテント政策が続いた。そして，今世紀に入ると，日本はプロパテント政策へ転換を果たした。というのも，日本ではバブルの崩壊に伴う景気の悪化に加え，新興国の台頭から国内製造業が危機的状況を迎えたからである。そこで，2000年を境に特許権を含む知財政策が次々に打ち出された。たとえば，産業活力の再生及び産業活動の革新のため，1999 年「産業活力再生特別措置法」が公布された。2002 年，当時の小泉純一郎首相は，知的財産の創出や保護そして活用に取り組むとする国家戦略である「知財立国」を宣言した。2002 年「知的財産基本法」が公布される一方で，2003 年，知的財産の創造，保護及び活用に関する施策を集中的かつ計画的に推進する「知的財産戦略本部」が内閣に設置された。そして，知的財産戦略本部では，毎年「知的財産推進計画」の策定がなされ，これは 1 年単位で改訂作業が進んでいる。たとえば，直近に出された「知的財産推進計画 2011」の概要を見ると，グローバル・ネットワーク時代の到来と東日本大震災を踏まえながら，「国際標準化のステージアップ戦略」，「知財イノベーション競争戦略」，「最先端デジタル・ネットワーク戦略」，「クールジャパン戦略」という 4 つの知的財産戦略を重点戦略として強力に推進することが掲げられている。

　さて，ここまで日米の特許政策の歴史を振り返ってきたが，最後に特筆されるべき点を 1 つ紹介しよう。それは，自国の特許政策の転換に影響を与えるのは，他国によるインパクトが大きいことである。たとえば，1980 年，米国がアンチパテント政策からプロパテント政策へ舵を切る契機となったことは，当時，ジャパン・アズ・ナンバーワンとも揶揄された日本企業の脅威があったからである。また，2000 年前後，日本では，立て続けに知財立国の宣言や知的財産基本法の公布など，いわゆるプロパテント政策が次々に打ち出されたが，こうした背景には，もはや世界の工場へと変化した中国の脅威がこれに強い影響を及ぼしたからである。このように自国の特許政策は，他国の経済成長や国際競争力に強い影響を受ける可能性が高いのである。

　最後に，今日のビジネスの世界で増加し続ける特許の力を無視すれば，その企業の生命は危ないとする主張（Rivette and Kline, 2000a）がある一方で，国際的なプロパテント政策や企業の知財戦略による知的独占（Intellectual Monopoly）に警鐘を鳴らす議論もまた存在する。Boldrin and Levine（2008）は，知財が有害であると断定し不必要であると切り捨てている。というのも，知財がなくてもイノベーションは生起できるからであり，これは逆に言えば，知財とは，イノベーションの抑制にもつながるものである。知財とは，経済学でいうレントシーキング

(Rent seeking) を意味するものであり，特許侵害で相手を訴え潰し，先行者利益を貪るようなきわめて悪質な行為であると主張している。

4-6-2 知財経営の展開

ここまでは知的財産権に関する法律等について触れてきたが，次に，企業の知財経営について考察する。最初に，知財経営の視点から知的財産権を定義することでは，多くの論者がほとんど共通した見解を示している。たとえば，知財経営の担い手である人的資本によって，ブランド，ノウハウ，方法，文化など知的資産が創造され，そのなかで権利化されたものが特許権や実用新案権のような知的財産ということである。たとえば，Sullivan（2000）によると「人的資本」から「知的資産」が生み出され，知的資産の中で法律によって保護されたものを「知的財産」と定義する。つまり，経験，ノウハウ，スキルそして創造する力など人的資本が有する暗黙的な知識が紙や電子データなどに成文化され，プログラム，発明，プロセス，データベース，方法論，文書，図面，デザインとなった段階でそれは「知的資産」となる。そして，特許権，商標権など知的資産のなかで法律による保護されたものが「知的財産」であると指摘している。また，Chesbrough（2003）は，知的財産権とは，すべての知識・アイデアを対象とするものではなく，保護すべき知識・アイデアのうち，保護されている知識・アイデアを指すものであるという。つまり，保護されている知識・アイデア（知的財産権）とは，新しく，有用で，実在し，法的に管理されているものである。

今日の企業は，特許権や商標権など知的財産権を活用して大きなリターンを得ることが求められているが，それでは実際にどの程度，知財権利の利用は進んでいるのだろうか。ここからは，知的財産権のうち，もっとも割合の大きな特許権に絞って話を進めてみよう。なぜなら，特許は，知財のうちもっとも見える形態であり，もっとも法律で保護されており，今日，企業価値や商業上の成功にもっとも影響を与えているからである。また，特許データベースは，新しい自動データ・マイニングとビジュアル・ソフトウエアを一緒に使用すれば，高価な競合情報分析のパワフルな源泉となるからである（Rivette and Kline, 2000b）。

平成23年度知的財産活動調査によると，近年における特許権の利用率と未利用率の割合は，ほとんど拮抗している（図表4-34）。

利用率と未利用率の推移を見ると，2005年度から2008年度まで利用率は増加し，未利用率は低下したことがわかる。そして，直近の2010年度に注目すると，

図表4-34 特許権の利用率と未利用率の割合

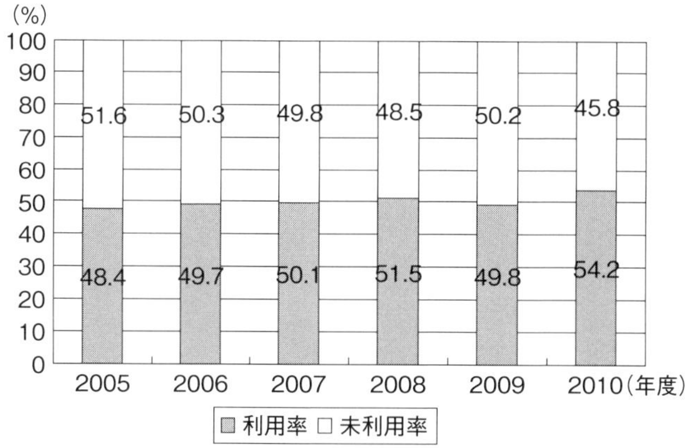

(年度)	2005	2006	2007	2008	2009	2010
未利用率	51.6	50.3	49.8	48.5	50.2	45.8
利用率	48.4	49.7	50.1	51.5	49.8	54.2

（出所）平成23年度知的財産活動調査。

利用率54.2%に対し，未利用率45.8%とここ近年の中では最大の利用率の割合となっている。また，これを業種別にみると，利用割合が高い主な業種としては，「機械製造業」がもっとも高く，次いで「卸売・小売業」，「建設業」が続いている。逆に，利用の割合が低い主な業種とは，上から順に「教育・TLO・公的研究機関・公務」，「鉄鋼・非鉄金属製造業」，「情報通信業」であり，他業種に比べて見ても，大学のような機関の特許利用率の低さがここで改めて浮き彫りとなった。

Blaxill and Eckardt (2009) は，知財企業を明らかにするため，保有する知財を通じた交渉力の高低を横軸にとる一方，縦軸にマーケットシェアと売上のリスクの高低をそれぞれとり，大きく4つに分類している（図表4-35）。

図表左下の小魚企業（Minor）は，知財交渉力もマーケットシェア・売上に関するリスクも共に低い企業である。「小魚企業」は，スタートアップして間もない企業，小規模な市場を対象にビジネスを展開する中小企業がこれに該当する。企業規模が小さく立ち上げ間もない新規企業なため，画期的なイノベーションも存在しない企業である。これに対し，右上に位置するガラスの家企業（Glass House）は，知財交渉力とマーケットシェア・売上のリスクが共に高いような企業である。つまり，自社の製造に力を入れるが，同時にまた知財にも注力する企業である。このような「ガラスの家企業」とは，知財経営を実施する際，組織の中は外から丸見えでしかもガラスのように外からの攻撃に弱いことに由来するも

図表 4-35　知財経営企業の類型化

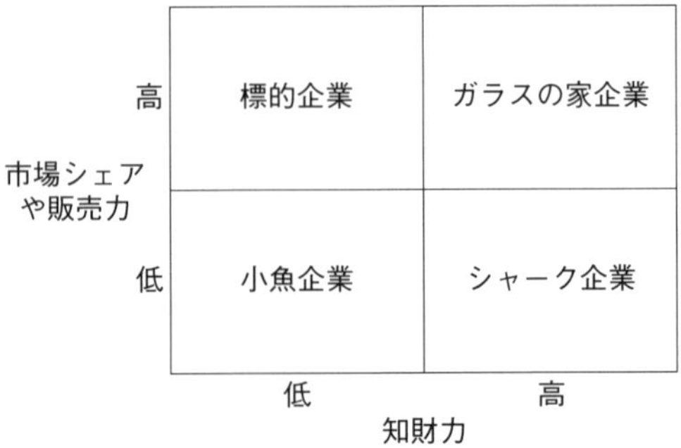

	低　知財力　高
市場シェアや販売力　高	標的企業 / ガラスの家企業
市場シェアや販売力　低	小魚企業 / シャーク企業

（出所）　Blaxill and Eckardt（2009）p.91.

のである。左上に位置する標的企業（Target）とは，知財交渉力は低いものの，マーケットシェア・売上に関するリスクが高い企業である。市場シェアを向上させるため，製造におけるコスト優位性に頼るなど，純粋にコストで競争している企業である。過去の日本，今日の韓国などの製造企業が該当するものであり，製造を重視するあまり，知財交渉力が大きく不足している企業である。右下に位置するシャーク企業（Shark）は，知財交渉力は高く，マーケットシェア・売上のリスクが低い企業である。これは，製造部門がなく，純粋に知財力だけを武器にして戦っている企業である。たとえば，技術ライセンス供与を通じて，会社全体の売り上げの約3割を稼ぎ出すクアルコム（Qualcomm）などは，知財経営に特化して製造しないため，市場におけるリスクを回避できるのである。

　さて，今日の知財経営では，守りから攻めへの転換が強く求められている。つまり，これまで知的財産権は，法律としてあくまでも守るべき対象であるとする考え方が支配的だった。このため，知財を担当するのは，法務部門のような専門部署が担当するバックオフィス業務の1つに過ぎなかった。ところが，これでは単なるコレクションのようなものとなってしまい「埋もれた宝」と化してしまう。実際に日本の特許権の利用実態は，ほぼ半分程度しか有効に利用されておらず，残りの半分は，死蔵特許のような状態である。そこで，最近では，知的財産権を見えない刃（Invisible Edge）として位置づけ，競争優位を実現する攻撃的な武器であるとする考え方が拡大している。加えて，知財業務もまた，単なる法務という管理部門ではなく，最高知財責任者（CIPO）を中心とした戦略部門が知財戦略の立案から実行管理までの担い手とされている。

「守りの知財」から「攻めの知財」への転換が声高に叫ばれている背景には，昨今の競争優位性の源泉が伝統的な土地や天然資源などを意味する「有形資産」から情報やアイデアといった「無形資産」の方向にシフトしていることがあげられる。これまでの企業間競争では，大が小をのみ込むが如く，相対的経営資源の質と量がもっとも最大なリーダー企業やファースト・ムーバー企業が最大の競争優位性を手にすることができた。ところが，これらの企業の多くは，顧客の要求水準を超越してハイエンドなイノベーションに邁進してしまい失敗する，いわゆる「イノベーションのジレンマ」の罠に陥ってしまい，次第に転落する企業が顕在化するようになった。こうしたリーダー企業，ファースト・ムーバー企業に取って代わり，新たに競争優位性を獲得し始めたのは，フォロワー企業またはレイト・ムーバー企業である。これらの企業は，リーダー企業やファースト・ムーバー企業に比べると，相対的経営資源やコア・コンピタンスで圧倒的に見劣りするものの，その分，独自のビジネスモデルや知財戦略を駆使して今日，競争逆転を手にするようになった。

　たとえば，日本と韓国の家電メーカーによる競争を見ると，日本企業がひたすら高技術・高品質化の道へ突き進む一方で，韓国のサムスンは，顧客価値の実現に視点を置いた商品群を投入して競争逆転を可能にしている。また，米国における企業特許出願をみてもサムスンは，ここ数十年で急激に特許数を増加させており，不動の一位であるIBMに迫る勢いである。このように経営資源の質・量に優れた企業がアドバンテージをとれる「力」だけの時代は，もはや過去のものとなった。現代の企業間競争は，たとえ経営資源の質・量に恵まれなくても，ユニークなビジネスモデルの創造や知財戦略の活用を駆使できる試合巧者が勝利を手にできるという「技」の時代を迎えているのである。

　それでは，実際に「守りの知財」と「攻めの知財」は，いったいどんなものなのだろうか。Chesbrough（2003;2006）は，イノベーションの視点から「守りの知財」と「攻めの知財」について触れ，これを明らかにしている。これまでの企業の考え方は，他人の能力は信用できず，すべてを自分でやってしまう「内向きの論理」に支配されてきた。この「内向きの論理」は，NIH症候群（Not Invented Here Syndrome）と呼ばれ，その意味は，ここで発明されたものではないから受け入れられないとする哲学または考え方であった。こうした秘密主義症候群に陥った企業のイノベーション管理とは，あらゆる新研究プロジェクトが社内で開発され，その後，スクリーニングされてから市場へ出るという研究と開発

が一体化された閉鎖的なものであった。ところが，クローズド・モデルは，もはや崩壊の危機に瀕している。第1は，熟練労働者の流動性の高まりである。人材派遣・紹介会社の増加やヘッド・ハンティングの拡大に伴い，イノベーションに必要な知識・ノウハウのリーク（Leak）は，もはや一般化している。第2は，大学，大学院において訓練された者の数の増加である。日本では，学生の約半分が大学へ進学する時代を迎える一方，トレーニングを積んだ高度学習者が増加した。このため，これまで人材難に苦しんできた中小零細企業，スタートアップ企業は，優秀な人材の確保が容易となった。第3は，ベンチャーキャピタルの存在である。これは，主に銀行や証券会社などによって設立され，ベンチャー企業が発行する株式へ投資する経営コンサルティングを行う投資家集団であり，これにより企業の外部でイノベーション活動が可能となる。第4は，製品寿命のファーストサイクル化であり，これは，小回りの利く中小企業には有利だが，大企業には不利に働くものである。最後は，グローバルな企業間競争の激化であり，具体的には研究開発スピードの向上が不可欠な課題である。

　こうしたクローズド・ビジネスモデルの崩壊危機を踏まえつつ，Chesbrough（2007）は，オープン・ビジネスモデルの重要性について主張している。これは，他人の能力を活用する「外向きの論理」であり，社内のアイデアと外部（他社）のアイデアを有機的に結合させて価値創造を行うモデルである。このモデルは，外部の研究者を採用したり，外部からアイデアが社内へ入るなど，企業の境界線は低く，社内外のアクセスが自由に行われる。研究プロジェクトは社内で生まれるが，その一部は社外へ出て行ったり，研究プロジェクトの研究者がベンチャー企業を創立する場合もある。図表4-36のとおり，オープン・ビジネスモデルは，クローズド・ビジネスモデルに比べ，2つの長所があげられる。1つは，社外開発の利用を通じてコストと時間の両方を削減できる。もう1つは，ライセンス収入，スピンオフ（会社分割），事業や特許の売却／事業分離などの新規収益を生み出すことができることである。

　ところで，「外向きの論理」については，Chesbrough以前から繰り返し指摘がなされてきた。たとえば，1998年，ハーバードビジネススクールの研究者たちは，もはや"象牙の塔"と化した企業内研究所の終焉について触れている。彼らによると，今日の中央研究所は，博士号，修士号を持つ英才を集め，基礎研究の分野に頭脳とカネをつぎ込んだしまった結果，研究者は自前主義という世間（市場）と隔絶した閉鎖的な世界へ嵌まり込んでしまったと分析している。

図表 4-36 クローズド・ビジネスモデルとオープン・ビジネスモデル

```
収益
         ┌──────────┐  ┌──────────┐ ┐
         │          │  │売却／事業分離│ │
         │          │  ├──────────┤ │ 新規
         │          │  │ スピンオフ │ ├ 利益
         │          │  ├──────────┤ │
         │          │  │ ライセンス │ │
         │  市場収益 │  │          │ ┘
         │          │  │  市場収益 │
         ├──────────┤  ├──────────┤
         │          │  │          │
         │ 社内開発 │  │社内・社外の│
         │  コスト  │  │ 開発コスト │
         │          │  │          │ ┐ 社外開発の利用による
コスト    └──────────┘  └──────────┘ ┘ コストと時間の削減

        クローズド・ビジネスモデル　オープン・ビジネスモデル
```

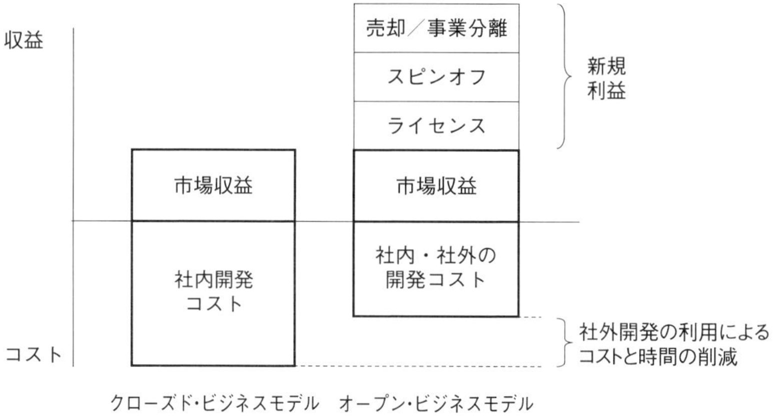

（出所）　Chesbrough（2007）p.27.

　このような反省から，近年では，自前主義のこだわりを捨てて，よりオープンな研究開発へ，利益へ直結するＲ＆Ｄ拠点の創造に向けた動きが加速している。たとえば，日産の次世代カーナビゲーションの開発では，クルマの技術領域は広く，自社単独でカバーし切れなくなったため，日産先進技術開発センター（NATC）において，メンバーの大半が部外者（クラリオンの100％子会社であるザナビィ・インフォマティクス，半導体製造会社のルネサス・テクノロジー，マイクロソフト）から構成された「コラボレーションルーム」を設置し，革新に取り組んでいる。GEは，技術力の高い日本の中小企業と協力してＲ＆Ｄを行い，自社の次世代技術の開発に結びつける「技術フォーラム」の開催というオープン・イノベーションに取り組んでいる。IBMは，全世界のIBM社員とその家族，大学，ビジネス・パートナー，顧客企業67社を含む104カ国，15万人以上によるイノベーション活動であるイノベーションジャム（Innovation Jam）を展開している。イノベーションジャムは，「これからの人類に必要となるイノベーション」について，インターネット上でアイデアを出し合った世界最大規模のブレーンストーミングであり，2006年の7月と9月の2回開催され，46,000件以上のアイデア提案が集まり，その成果として，スマートな医療費払いシステム簡易ビジネスエンジン，リアルタイム翻訳サービス，インテリジェントユーティリティネットワーク，3次元インターネット，デジタルミー，新興市場向け無店舗バンキング，

公共交通機関の統合情報システム，電子医療記録システム，ビッググリーンイノベーションが創造されている。併せてIBMでは，「パテント・コモンズ」と呼ばれる自社特許の公開を実行している。これは，IBMが保有する500件の特許をオープンソース・コミュニティーに公開するものであり，オープンソース・ソフトウエアを自由に利用できることを通じて，IBMのハードウエアとソフトウエア，サービスの売上を拡大する目的がその狙いである。P&Gでは，バイオテクノロジーやナノテクノロジーなど新技術がベンチャーから生まれる比率が高まったため，社外の創造力・思考力を活用する連携開発（Connect & Develop：C&D）と呼ばれるオープン・イノベーションを通じて大きな成果を出している。連携開発は，研究者の数を減らすアウトソーシングではなく，外部の研究者を取り込むインソーシングである。そのため，P&Gでは，自前主義にこだわる組織風土（Not Invented Here：NIH）から社外主義を尊重する組織風土（Proudly Found Elsewhere：PFE）への変革を実施した。その他，欧米におけるオープン・イノベーションの事例は，GE，IBM，P&G以外にも，インテルによる「インテル・キャピタル」，ノキアによる「コンセプト・ラウンジ」そしてダイアルによる「パートナーズ・イン・イノベーション」などがあげられる。

　これまで日本のイノベーション管理のなかで，知財戦略が占めるウエイトは非常に低かった。知財業務とは，法律という専門的な知識が要求されるため，主に管理部門の仕事として広く認知されてきたからである。このため，他部門との交流の度合いも低く，どちらかと言えば裏方の仕事であった。ところが，最近，オープン・イノベーションの台頭や知財重視の流れから，知財戦略が注目を集めるようになった。知財戦略を通じて企業は，「競合他社が真似できない強みを持つことができる」，「財務業績を向上させられる」，「競合他社との競争力を増すことができる」からである（Rivette and Kline, 2000b）。このため，今日の知財業務とは，単なる管理部門の仕事ではなく，企業の競争優位性を左右する戦略部門の仕事として認識されるようになっている（経済産業省・特許庁，2010；山崎，2010）。すなわち，企業のイノベーション管理において「知財戦略」は，「事業戦略」，「研究開発戦略」と並ぶ重要な戦略要素であり，これら三位一体の経営が要求されている（図表4-37）。

　一方，知財戦略のマネジメント（知財マネジメント）とは，「知財の創造」，「保護・権利化」，「知財の活用」というサイクルを強く，早くグルグル回転させることである。そして，この流れをとめず，うまく連動させるには，それぞれの

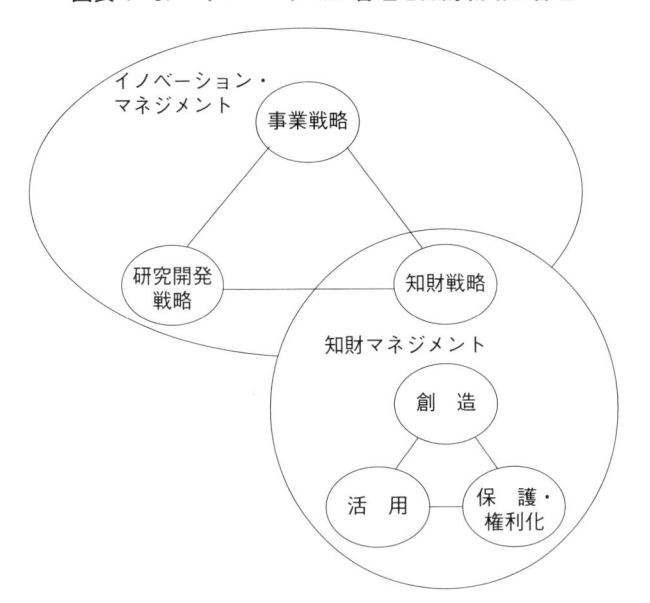

第4章　グループ経営研究の変遷　201

図表 4-37　イノベーション管理と知財戦略の管理

（イノベーション・マネジメント：事業戦略、研究開発戦略、知財戦略）
（知財マネジメント：創造、活用、保護・権利化）

　構成要素である「知財の創造」,「保護・権利化」,「知財の活用」という3つのテーマを個々に成功させる必要がある。「知財の創造」は，研究開発，産官学の交流や連携などを通じて，新発明や新技術を開発することである。「知財の保護・権利化」は，権利を設定することであり，製品化，事業化，標準化に関する議論である。「知財の活用」は，知財を武器にライバルとどう戦うかであり，特許使用料を回収して権利の活用を通じて，新たな知財の創造に結実させていくものである。

　このような知財サイクルの3つの構成要素は，どれも不可欠な要素であるが，今日，もっとも注目を集めているのは，「知財の活用」であるにちがいない。世界中の企業に共通する課題は，知財を活用して知財の創造と権利化に投資したコスト負担を上回る大きな利益を稼ぐことだからである。そこで，実際の知財活用について着目すると，第1は，特許の棚卸しと明確化があげられる。たとえば，自社でも他社でも使えない特許は，「放棄」の対象である。逆に自社でも他社でも使える特許は，「戦略的に開放」の対象である。一方，自社では使えるが，他社では使えない特許は，「維持」の対象となる。最後に，自社では使えないが，他社では使える特許は，「基本的に開放」の対象となる（日経ものづくり，2009年

7月号)。たとえば，IBMは，社内で独自性の高いイノベーションを開発して知財を創造し，ライセンス供与によって特許手数料を得る伝統的なプロプラエタリ（専有）イノベーションと特許の開放を通じて市場やビジネスの拡大，イノベーションの生起に取り組むオープン・イノベーションによる二本立て戦略を展開している（上野，2008）。2012年，IBMは，米国特許取得件数（6,180件）で19年連続首位を記録している世界最高の知財企業である。そのようなIBMでは，従来までクロス・ライセンス戦略が主要な手段であった。ところが，最近になってオープン・イノベーションへ急速に力を入れており，その1つの表れとして，2005年，オープンソース・コミュニティーへの500件の特許の開放を意味するパテント・コモンズ（特許共有資産）を実施した。また，2008年，環境保全のため，参加企業が開放した特許を自由にアクセスでき，環境保全製品の開発を目的としたエコ・パテント・コモンズ（環境特許共有資産）を立ち上げ，高い評価を得るなど，知財の戦略的開放が功を奏している。

　第2は，特許流通の活性化である。「死蔵特許」という言葉もあるとおり，実際の企業の現場では，希少な特許が塩漬けにされているケースが多いため，その円滑化が求められている。たとえば，近年，注目されているのは「パテント・プール」である。「パテント・プール」とは，複数の企業から特許マネジメントの委託を受けながら，これらを一括してその他の企業へライセンス供与することで特許使用料を徴収するビジネスモデルであり，「パテント・プール」を本業とする企業としてイタリアのシスベル（Sisvel），日本のアルダージなどが有名である（日経ビジネス，2007年10月22日号）。

　そして，第3は，行き過ぎた知財活用の問題であり，たとえば，パテント・トロール（Patent Troll）がこれに該当する。パテント・トロール（特許の怪物）とは，NPE（Non Practicing Entity）とも呼ばれ，その主な特徴は，次のとおりである。まず，NPEは自社で製品の開発，生産はしない。その代わりに，特許を世界中の企業や大学，研究機関や個人発明家から買い集める。そして，標的とした企業を特許侵害で訴え，ライセンス・フィーや損害賠償金を獲得するというものである。こうしたNPE現象は，近年，米国において活発化しており，すでに株式公開企業まで登場していることが確認されているが，米国においてNPEが活発化しているその主な背景には，米国が訴訟大国である事実と深い関係がある。つまり，米国では，特許裁判の時，弁護士に数億円にも及ぶ支払いが発生する。このため，NPEのターゲットとなった企業は，たとえ裁判に勝利する可能性が

あっても，弁護士へ高額な支払いをするくらいなら，NPE と和解して少額の賠償金を支払う方がむしろ得策だと考えるケースが多い。このように標的企業と真剣に裁判によって争うのではなく，むしろ，複数のターゲット企業から少額の和解金を集める儲け方が NPE なのである。ここで，アメリカの特許管理企業であるインテレクチャル・ベンチャーズ（Intellectual Ventures：IV）の事例を紹介しよう。IV 社は，論者によっては NPE であると言われたり，新たなタイプであるとも指摘される企業である。IV 社のビジネスは，ひと言で表すと，特許の所有者と利用者を仲介する取引である。具体的には，まず IV 社は，自社が開発したい市場として，ナノテク，環境，バイオ，IT という 4 分野の特許ポートフォリオを作成する。そして，世界中の企業や発明家などが所有する特許商品を仕入れて特許ポートフォリオを完成させる。こうしてパッケージ化された特許商品に値段をつけて買い手である企業に対してライセンス供与する一方で，IV 社はライセンス・フィー（特許使用料）を受け取るという儲け方である。ここで，NPE と IV 社の儲け方の違いとは何か。1 つは，NPE が高額な手数料となるのに対して IV 社の場合，比較的安価な市場価格となる違いである。もう 1 つは，NPE は，買い手企業のほしがる特許商品のみを扱いストックするタイプであるのに比べ，IV 社は，多様な特許商品を豊富に品揃えるスーパーマーケットのようなタイプという違いがあげられる。

4-6-3 グループ知財経営と組織

さて，今日，グループ経営の重要性を示す 1 つの動きとして，グループ知財戦略の展開があげられる。これは，グループを構成するメンバー企業が所有する特許権をグループ共通資産として効率的に管理または戦略的に利用することである。グループ内の各企業に散在する知的財産権を一元的に集中管理する狙いには，主に 2 点があげられる。1 つは，知財権に関する費用の削減である。これは，知財の創造，権利化，活用という知財サイクルの一部またはすべてを一箇所に集め束として管理することで，知財サイクルの円滑化を図ることに加え，これまでグループ内の企業がそれぞれ負担してきた知財コストを大幅に低減するのが狙いである。もう 1 つは，グループ全体へ知財権を迅速に波及させることである。つまり，中央で一元的に管理された知財をグループ内の企業が必要に応じて相互に戦略的活用できれば，グループ・イノベーションの生起の可能性は飛躍的に高めることができる。また，グループ知財マネジメントを通じて，グループ内における知財

権の可視化や知財戦略の意識化もこれまで以上に高まるものと考えられる。たとえば，日立では，グループ先端・基盤研究制度を通じて生み出した特許を日立製作所本体が管理所有する一方で，研究費を拠出してグループ・イノベーションに参画したグループ会社を対象に特許を無償で融通し合う戦略的活用をすでに実施している。また，グループ知財戦略を強化すべく，グループ傘下の各企業が有する特許を日立製作所が一括して管理・蓄積しながら，集められた特許をセットにして，他社企業へライセンス供与し，その特許使用料を徴収するという「グループ内特許プール制度」にも取り組んでいる。日立によると，同制度とは「グループを横断する技術に関する発明創生，特許出願，活用を一元管理して，グループのリソースを統合・活用すること」であり，今日，国内のみならず，欧米やアジアの企業に対しても積極的に展開する試みを図っている。

ところで，親会社が知的財産権を一元的に管理するうえで「知財信託」というやり方が有効である。平成16年12月30日，改正信託業法が施行されたことで受託可能財産の制限が撤廃され，特許権や著作権などの知的財産権に関しても受託できるようになった。つまり，これは委託者であるグループ会社と受託者である親会社との間で信託契約が結ばれ，その結果，親会社が知的財産権を管理できるようになる一方で，権利者である親会社と受益者たるグループ会社との間で結ばれたライセンス契約を通じて，グループ全体で横断的に活用できるようになったのである。たとえば，ニッパツは，平成17年，改正信託業法の施行に伴い，グループ内信託を導入した。ニッパツによると，知財ポートフォリオの強化，対外的な交渉力の強化を目的として，同社およびグループ会社が有する約2,500件の知財権を集中管理するグループ内信託を採用した。また，平成18年，コクヨ株式会社は，グループ企業が有する知的財産権を集中管理・活用するグループ内信託業を開始した。コクヨによると，同社およびグループ会社が保有する約4,000件の知財権について，戦略的な知財ポートフォリオの構築と対外的な交渉力の強化，グループ企業において親会社が保有する出願戦略や訴訟対応等のノウハウを共有・活用などが目的とされる。

次に，グループ知財戦略を推進するグループ知財組織について話題を変えよう。グループ知財組織の形成にあたっては，主に4つの組織理念のタイプに分類できる。縦軸に企業規模，横軸に事業範囲をそれぞれ取ると，知財組織のタイプは「委託型」，「分散型」，「集中型」，「併設型」に大別できる（図表4-38）。

「委託型」は，企業規模が小さく事業範囲が狭い中小企業などが該当する。一

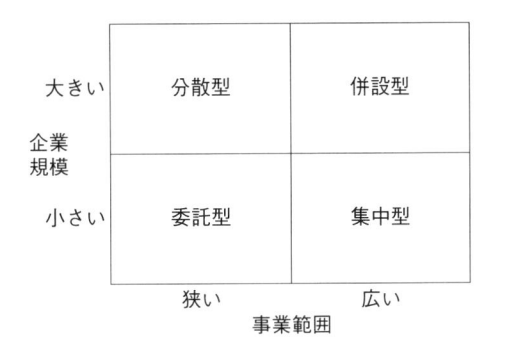

図表 4-38　グループ知財組織のタイプ

	狭い　事業範囲　広い	
企業規模　大きい	分散型	併設型
企業規模　小さい	委託型	集中型

　一般的に中小企業は，大企業に比べ経営資源や知財ノウハウが脆弱であるため，社内に充実した知財担当部署の設置や豊富な知財人材の登用をすることは難しい。このため，中小企業は，公的な知財機関や身近な弁理士事務所に知財業務を委託しながら，協力体制を構築することが肝要である。

　「分散型」は，企業規模が大きく事業範囲が狭い大企業が相当する。これは，各事業部門の事業内容，事業戦略，競合他社の状況等に応じて適切な知財戦略を立案し実行していくため，各事業部門内に知財を取り扱う組織を配置するものである。「分散型」は，各事業部門の担当者と知財部門の担当者が密接に連携を果たすことができるため，各事業部門にとっては最適な組織体制であるものの，次のような欠点を併せ持つ。1つは，全社的な観点からの知財戦略や管理の最適化を阻害するである。もう1つは，単一事業部門で発生した知財戦略や管理の経験やノウハウを多事業部門へ横断的に移転できないのみならず，重複投資，重複行動をする危険性は避けられないである。

　そして「集中型」は，企業規模が小さく事業範囲が広い大企業が相当する。これは，複数の事業部門の関係子会社を含めた知財を1つの知財部門で一元的に管理するため，とりわけ，知財人材の育成や管理について優れた組織体制である。しかしながら，「集中型」は，事業部門，研究開発部門との距離が離れてしまい，現場の情報が入りにくい，これらとの密着した連携を展開するのに難が生じる問題が懸念される。

　最後に「併設型」は，企業規模が大きく事業範囲もまた広い大企業が該当する。これは，本社に全社的な知財戦略や管理を担う知財本部を設置する一方，各事業部門にも事業部の実状に適応した知財部門を併設する体制であり，双方が緊密な

連携を図るため分散型と集中型のメリットを生かし，デメリットを打ち消すことができる。しかしながら，「併設型」は，コーポレートと事業会社に知的財産部が設置されるため，数多くの知財人材の確保が必要となり，そのための人材育成や維持コストの負担が要求される。

ところで，今日の日本企業における知財体制は，どうなっているのだろうか。(社) 日本機械工業連合会の調査報告書によると，知的財産戦略の担当部署の割合は，全社一括 (集中型) 50％，事業部門 (分散型) 10％，全社・事業部門 (併設型) 40％であり，全社一括および全社・事業部門で管理している回答の合計は9割にも達した。つまり，日本の機械企業に限ってみると「集中型」または「併設型」のどちらかのグループ知財組織を採用しているわけだが，この点について，藤田 (2005) は，アンケート調査から日本企業が知的財産部門を専門化・独立化させる主な理由として，特許出願数とロイヤリティー収入を増やすためである事実をすでに明らかにしている。

それでは，グループ知財戦略に特に力を入れている日本企業による具体的な知財体制の事例について触れてみよう。最初に，「集中型」グループ知財体制を採用する代表的な日本企業として，コニカミノルタホールディングスがあげられる。同社は，持株本社を中心に事業の執行と運営を行う「事業会社」とグループ全体を横断する研究や業務を担当する「共通機能会社」から構成された企業グループである。その内訳は，情報機器事業74社 (連結子会社58社，非連結子会社14社，関連会社2社)，オプト事業8社 (連結子会社8社)，ヘルスケア事業12社 (連結子会社9社，非連結子会社2社，関連会社1社)，その他18社 (連結子会社17社，関連会社1社) となっている。コニカミノルタグループの各事業会社は，それぞれの事業に関わる商品開発に集中するが，共通機能会社であるコニカミノルタテクノロジーセンターは，各事業会社に共通に利用される基盤技術を強化・深耕するための開発に加え，グループの将来の発展のためのエンジンとなる新規技術の開発を担当している。そして，グループの知的財産活動の中核組織である知的財産センターは，コニカミノルタテクノロジーセンターの傘下にあり，各事業会社における知的財産の創出及び第三者知的財産権リスクの極小化 (監視，回避等) を組織的・戦略的に行うため，事業会社毎に知的財産戦略を策定し，事業会社と一体となって実践している。また，各事業会社の知的財産に関する契約においては，特許ライセンスをはじめ知的財産関連事項を含む全ての契約について，交渉のスタート時点と契約締結時点に知的財産センターが審査・承認するこ

とにより，当社グループ全体の利益を追求する交渉の実施，並びに契約内容の適正性の確保について担っている。また，純粋な「集中型」とは言えないが，キヤノンは，本社のコーポレート部門に知的財産法務本部を設置して中央集権的な財産管理を展開している。知的財産法務本部では，本社研究開発部門，各事業部門，グループ会社の知的財産権を知財ポートフォリオによって全体最適化という視点からこれを管理している。

　これに対し，「分散型」のグループ知財体制を採用する日本企業は，ごくわずかである。グループ全体の知財マネジメントを実施する部署をコーポレートに設置せず，各事業会社の知的財産部だけで管理する「分散型」は，知財業務や特許出願の重複，費用負担の大など，様々な諸問題が生じる可能性が高いため実践的ではなく，このため，このタイプを採用する企業は，ほんの一握りにすぎない状況のようだ。

　最後に，「併設型」は，コーポレートと事業会社の両方に知財部門がそれぞれ役割分担を前提として存在するタイプである。つまり，コーポレートに置かれた知財本部がグループ全体の立場から知財の戦略や管理そして各事業の知財戦略をサポートする役割を担当する一方で，事業会社に設置された知財部門は，事業最適の視点から知財戦略と管理を行うのが，基本的な棲み分けとなっている。たとえば，旭化成グループの知財体制は，持株会社内の新事業本部に「知的財産部」が設けられ，グループ全体の知的財産業務の戦略立案・推進を担うとともに，グループ全体の知的財産業務の共通なインフラ機能を担っている。これに対し，各事業会社には，知的財産を取得・管理・行使する管理組織が設置されている。そして，持株会社の「知的財産部」強化すべき特定機能ごとに5つの部内共通の専門スタッフに分けられ，きめ細かな知財マネジメントを実施している。「知財リエゾングループ」は，特許戦略，出願管理を担当する。持株会社の知的財産部員でありながら，各事業会社に所属する知的財産部員は「知財リエゾン」と呼ばれ，各事業会社の経営・技術戦略と一体となって活動するために担当している事業会社を兼務し，知的財産権の発掘・権利化及びその権利行使，さらに知的財産戦略の立案や発明者との連携を図っている。「知財交渉グループ」は，係争・契約対応を行う。「商標グループ」は商標対応を行う。「技術情報グループ」は，技術情報調査・情報管理を担当する。「企画管理グループ」は知財全般の企画推進，管理全般，事務手続きを担っている。

　グローバルな企業間競争の高まりから，知的財産権の創造，権利化，活用とい

う知財マネジメントは，さらに重要性が増している。とりわけ，これまでの事例研究からも明らかな通り，グループが一丸となって取り組む知財戦略の成否のカギは，組織は戦略に従うとする名言が意味する通り，知財を推進する組織づくりの如何であることが分かった。また，知財戦略は，企業の研究開発戦略，事業戦略と三位一体として結ばれ機能すべきであり，企業の持続的競争優位を大きく左右する重要な取り組みであることも併せて確認された。しかしながら，企業グループ全体で知財マネジメントをどう展開すべきかについては，十分な検証と議論が尽されたとは言い切れない。グループ経営のなかで知財をどう位置づけ，親子間または部門間を巻き込んだ戦略的なグループ知財管理の考察については，今後とも，さらなる検証と精緻化が求められる。

Part 3：グループ経営の実践

第5章

持株会社による
グループ経営の方向性

5-1 事業持株会社によるグループ経営

　近年におけるグループ経営は，親会社中心主義である「単純なグループ管理」から子会社強化主義といえる「グループ連邦経営」へシフトし，現在では，グループ価値最大主義という「グループ連結経営」へ発展・進化を遂げている（図表5-1）。こうしたなか，グループの構成メンバーが一丸となってグループ価値の最大化に貢献するグループ連結経営については，その主な内容や論点は明らかにされているものの，実際の組織マネジメントに関する姿や中味については，いまだ不明な点が残されたままである。そこで，本節では，組織マネジメントの視点から，「事業持株会社」と「純粋持株会社」という2つのグループ連結経営の具体的な構造と形態について検討してみよう。

　最初に，今日の企業グループとは，いわゆる「事業持株会社」経営であると主張する論者は少なくない。たとえば，上野（2001）によると「事業持株会社」とは従来から認められており，日本企業の多くが「事業持株会社」という形態をすでにとってきたと指摘している。伊藤・菊谷・林田（2003）は，「純粋持株会社」が増加の一途を辿っているとはいえ，実際は，本業を持ちながら，他社の株式を所有し支配する「事業持株会社」の方が圧倒的に多いと指摘している。下谷（2006）は，「事業持株会社」について，親会社のコア事業の影響下に有機的な関連性の強い企業を形成するものであり，日本のそのほとんどすべての大企業は，

図表 5-1　3つのグループ経営主義

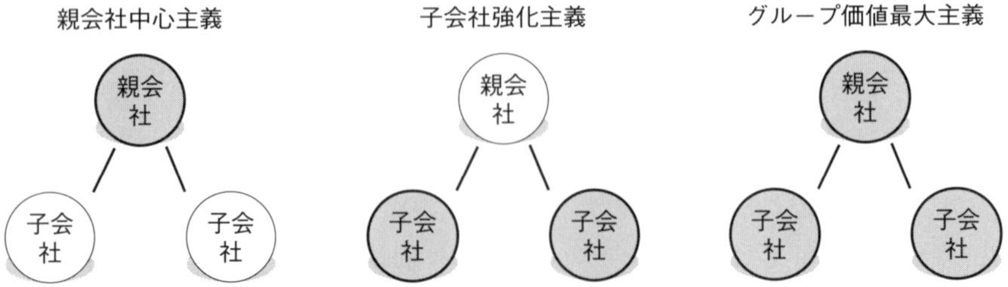

親会社中心主義　　　　子会社強化主義　　　　グループ価値最大主義

企業グループの親会社であり，同時にまた「事業持株会社」であると言及している。

　それでは，「事業持株会社」とはいったい何か。事業持株会社（Operating Holding Company）は，"事業兼営持株会社"とも呼ばれ，自ら主たる事業を営みながら，株式の所有を通じてグループ会社を支配する会社と定義される。事業持株会社経営は，主に2つの組織タイプに分類される（寺澤, 2000）。1つは「連結事業部制」であり，もう1つは「事業部・関係会社混合制」である。

　寺澤によると，「連結事業部制」というグループ・ガバナンスのその主な特徴は，第1に，親会社本体とグループ本社が一体であり，親会社本体による親会社内事業部門統治を通じた一元的グループ統治である。第2に，親会社の取締役会がグループ全体を監督するため，グループ責任はきわめて明確である。第3に，「連結事業部制」は，本社と事業部門の役割分担が明確なので，シンプルで分かりやすい組織構造である一方，事業ドメインを狭く絞り込む企業グループに向いたモデルである。

　これに対し，「事業部・関係会社混合制」というグループ・ガバナンスの特徴とは，第1に，親会社本体とグループ本社が分離した二元的グループ統治である。第2に，親会社事業部門と関係会社（グループ会社）が混在するため，親会社の取締役会は親会社の監督とグループの監督の両方を担っており，グループ責任はあいまいではっきりしない。第3に，「事業部・関係会社混合制」は，やや複雑な組織構造のため設計や運用に手間がかかるが，中核事業と非中核事業を区別しやすい利点があげられる。

　次に，資本の論理という視点から事業持株会社経営を見ると，グループを構成する中核会社が「連結上場子会社」，「持分法適用会社」それとも「連結子会社」という3つのタイプに分けられる。そして，これらの違いとして，「連結上場子

会社」は，支配株主である親会社と少数株主から構成された複合的統治となる。これに対し，「持分法適用会社」は，同じ複合的統治であるものの，少数株主が支配株主となり親会社は少数株主の形態となる。最後に，「連結子会社」は，基本的に少数株主が存在せず，株式の100%を親会社が所有する形態となる。それでは，3つのタイプの中核会社についてそれぞれ個別に考察してみよう。

　まず，親会社の出資比率が50%超の中核会社である「連結上場子会社」の長所とは，第1に，親会社の介入を前提としながらも，自主独創経営を促進できる。第2に，支配株主である親会社が長期的にコミットメントするため，それが企業買収に対する防衛手段として効果を発揮する。第3に，上場会社の社員という意識・意欲向上に加え，資金調達も容易な点である。一方，その主な短所とは，第1に，少数株主が存在するため，グループ全体で連携または協力が不十分となりやすく，これによりグループ・シナジーの生起は低下する。第2に，自主独創経営を過度に推進し過ぎると，親会社が主導するグループ連携または協力戦略が発揮できなくなり，グループ・シナジーもまた生起できない問題に直面する。第3に，上場会社の時価総額に比べると，親会社の時価総額は伸び悩む傾向が強いことがあげられる。「連結上場子会社」は，通常，親会社よりも高い業績をあげる傾向が認められるが，その主な理由は，連結上場子会社が支配株主である親会社と少数株主からなる複合的統治（吉村, 2007）のもとに置かれる結果，親会社からの手厚い支援サポートが受けられる一方で，株式市場から恒常的に厳しい価値評価に晒されるからである。すなわち，親会社からの恵まれた支援に加え，少数株主によるドライな業績評価というものが「連結上場子会社」に適度な緊張感を与え，メリハリの利いた企業経営と好業績を生み出す結果につながっているのである。

　ここで，グループの中核会社が「連結上場子会社」である代表的な事例として，日立グループを詳しく取り上げてみよう。日立グループでは，2012年3月末時点で「事業持株本社」である日立製作所以外，「連結上場子会社」は，計11社存在する。有価証券報告書によると，主な「連結上場子会社」と親会社による持株比率の割合は次のとおりである。日立国際電気（52.4%），日立ハイテクノロジーズ（51.8%），日立メディコ（63.2%），日立建機（51.7%），日立工機（51.2%），クラリオン（64.0%），日立電線（52.8%），日立化成工業（51.4%），日立金属（55.7%），日立物流（59.0%），日立キャピタル（60.7%）である。

　それでは，日立グループが連結上場子会社政策を展開するその主要な動機とは

何か。第1に，日立の名前を冠につけ日立ブランドで海外展開する会社については，日立本体が50％超の出資を基本と定めているからである。つまり，日立グループでは，完全子会社化して親会社本体へ組み込むよりも，50％超の出資政策を通じて緩やかに連結しながら，自主独創経営の実行を優先しているのである。第2に，50％超出資を通じて，敵対的買収に備えることである。いうまでもなく，国境を超えたグローバル競争のもとでは，株式の公開買い付け（Take Over Bit：TOB）など，敵対的買収が基本戦略として一般化している。このため，子会社株式の過半数を親会社が所有して買収リスクを下げる政策は，企業防衛の策としてきわめて効果的である。そして，第3に，もしも「連結上場子会社」を完全子会社化した場合，株価による規律が失われることのみならず，プライドの喪失や社内の士気または活力の低下を招き，競争劣位となりかねないことである。たとえば，日立製作所の売上高連単倍率の推移は，2008年3.83，2009年4.62，2010年4.62，2011年5.18，2012年5.16と親会社に比べ「連結上場子会社」の価値創造は5倍以上にも達しており，これは親が子を拘束せず，権限や責任，意思決定を委譲して自由度を高めたことによる成果であるとも考えられる。

ところで，日立による連結上場子会社政策という戦後の基本姿勢は，1961年当時，第三代社長であった駒井健一郎氏が掲げた「グループ五原則」によって確立されたといわれている（水野，2004）。グループ五原則は「自主独創」，「共存共栄」，「誠実・信頼」，「グループ優先」，「市価主義」から構成され，その意味とは，系列会社（子会社）は，自主独創を徹底して遂行するが，共存共栄の精神に基づき日立グループが一体となってリジットな協力体制を展開する。また，取引活動は基本的にグループ内取引を優先するが，取引価格については市場価格を採用するというものであった（日立製作所，1985）。

日立では，創業当時から「開拓者の精神」「和の精神」「誠の精神」という経営理念を掲げる一方で「日立はひとつ」をスローガンに置きながら，グループ内における密な情報交換と強固な協力体制の構築を進めてきたが，近年，グループ内における協力体制の更なる強化と効果的な経営資源の配分を図るため，グループを構成する子会社群の仕訳作業を実施している。これまで主要な評価基準もなく，子会社群を同一に評価してきたやり方を改め，日立版EVAに相当するFIV（Future Inspiration Value）の開発・導入を通じて，親会社と子会社の連動性を明らかにした。それは，まず「子会社の価値創造力」と「親会社との連動性（シナジー）」をクロスさせ，子会社をそれぞれ3つのタイプにマッピングし直した。

第 5 章 持株会社によるグループ経営の方向性　215

図表 5-2　親会社との連動性（シナジー）

低　　　　　　　　中　　　　　　　　高
←――――――――――――――――――→

フィナンシャル　　　ビジョン　　　　マネジメント
連結会社　　　　　連結会社　　　　　連結会社

具体的には，マネジメント連結会社（M連結），ビジョン連結会社（V連結），フィナンシャル連結会社（F連結）であり，こうした分類を通じて，これまで不透明であった各子会社の特性がそれぞれ浮き彫りとなった（図表5-2）。

　日立製作所によると，「マネジメント連結会社」は，日立グループとして一体的に戦略立案・事業運営を行う会社であり，グループとしてのシナジー追求の観点から，事業戦略面での親会社との一体感を高めるべく連携を密にする会社である。2001年当時，約1,200社からなるグループ会社のうち「マネジメント連結会社」の区分に該当する企業は，連結対象会社全体の約6割弱の会社が含まれ，売上規模は約7割を占めるものであった。2010年，日立情報システムズ，日立ソフトウェアエンジニアリング，日立システムアンドサービス，日立プラントテクノロジー，日立マクセルの計5つの「連結上場子会社」は，株式の公開買い付けを通じて完全子会社化されたとおり，マネジメント連結の企業群は，親会社と強い連動性やシナジーを有するため，将来的にはその都度，完全子会社化される可能性が高い。

　一方，「ビジョン連結会社」は，日立グループの一員として経営ビジョンやブランドを共有しつつ，原則としてグループ会社において事業を主導する会社である。この区分には，約4割の企業が該当し，売上高では約3割弱の規模を占めるものである。

　最後に「フィナンシャル連結会社」は，単に財務面だけでつながっているグループ会社である。この区分は，会社数，売上高いずれの面においても数％の規模に過ぎない。このように日立グループでは，グループ成長に影響を与える子会社群とそうでない子会社群を選り分け，親子間の連動性をチェックすることでグループ経営による価値の最大化に取り組んでいるのである。

　次に，グループの中核会社が「持分法適用会社」である場合について考察して

みよう。最初に，グループの中核会社が「持分法適用会社」である基本的な長所は，第1に，自社独創経営の推進が指摘される。持分法適用会社だからこそ，グループ内の論理に囚われず，グループ外とも自由に取引が可能であり，それが会社の成長を支える主因となっている。第2に，社員の意識またはやる気の向上である。支配株主である少数株主と親会社による複合的統治のもと，株式の上場化は，社員の意識・やる気を引き出し高める効果が期待される。一方，中核会社が「持分法適用会社」である主な短所とは，第1に，親会社の出資比率が少ないゆえ，企業買収のリスクが高まる点である。第2に，出資比率が低い反面，経営の自立性が高いことから，親会社によるグループ連携または協力戦略が機能しづらく，グループ・シナジーの生起もまた期待できない。第3に，少数株主が支配株主であるため，主体的な企業経営ができづらく，常に少数株主の意向に左右されやすい体質を有することである。

　それでは，グループの中核会社が「持分法適用会社」であるトヨタグループを取り上げてみたい。親会社の出資比率が50％超の連結上場子会社政策を採用する日立グループに対し，トヨタグループでは，グループの主なコア子会社が出資比率50％に満たない持分法適用会社の資本政策を実施している。2012年3月末時点の「事業持株本社」であるトヨタ以外，「持分法適用会社」は次のとおりである。有価証券報告書によると，たとえば，豊田合成（43.06％），トヨタ紡織（39.90％），東和不動産（24.06％），デンソー（24.91％），豊田自動織機（24.84％），愛知製鋼（24.55％），アイシン精機（23.40％），ジェイテクト（22.81％），豊田通商（22.20％）はみな過半数を下回っている。

　トヨタグループがデンソーなど中核会社を連結上場子会社あるいは連結子会社とせず，持分法適用会社による資本政策を展開している理由とは何か。第1に，出資比率を高めてしまうと，社員のやる気など競争力を落としかねないからである。つまり，グループ会社の社員のプライドが傷つき，活気が失われることが懸念されるため，このような対応を採用しているのである。第2に，トヨタが25％超の株式を保有した場合，グループ会社が保有するトヨタ株の議決権が消滅してしまう影響からである（日経産業新聞, 2005年2月23日）。そして，第3に，トヨタ以外の取引を容認することが，結果として支配株主であるトヨタへ最大限の貢献できる方策であると考えているからである。これは一見すると，トヨタ離れのように映るが，デンソーのように他流試合を重ねれば重ねるほど，グループ会社単体の競争力は磨かれるだけでなく，グループ全体の競争力強化にも大きく

貢献できるとする理解からの行動なのである。

　最後に，グループの中核会社が「連結子会社」である場合について触れてみよう。グループの中核会社が「連結子会社」である基本的な長所として，第1は，親会社による完全支配あるいは直接統治のため，グループ会社間における連携または協力戦略の強化が容易である。第2として，たとえば，総務，経理，人事などのバックオフィス機能や調達・生産など各機能レベルの共通化を図るシェアード・サービス・センター（Shared Service Centre）の設置など，重複する事業または機能を容易に整理・統合できることである。第3は，複合的統治を通じて，業績の高い連結上場子会社を完全子会社化することで，その効果が相対的に低い業績である親会社の業績向上に結実することである。第4は，企業買収に対する防衛策として，完全子会社化はきわめて有効な手段である。反対に，中核会社が「連結子会社」であるその主な短所として，第1は，完全子会社化を通じて，親会社の直接統治下に置かれることで事実上，自主独創経営は棚上げされてしまうことである。第2は，完全子会社化に伴う非上場会社となることで，社員たちのやる気やプライドを損ねてしまう危険性があげられる。

　それでは，グループの中核会社が「連結子会社」であるパナソニック・グループをここでは取り上げてみよう。パナソニックは，もともと事業部制による自主責任経営を経営の基本として定めてきた歴史が存在する。中村（2002）は，自主責任経営とは，いわば「任せ任せられる経営」であると指摘している。つまり，任せられた人間は，預かった経営資源を生かして事業継続のためのキャッシュフロー増加責任を果たさなければならないのである。ところが，2000年に策定された「創生21計画」を通じて，パナソニックは自主責任経営を大きく転換した。それは「破壊と創造」の名のもと，1933年に創業者である松下幸之助が導入した事業部制を抜本的に見直す事業改革に着手したことである。その後，パナソニックは，株式交換による完全子会社化を断行しながら，今日，これまでとは異なるグループ組織への再編を実現している。

　パナソニック・グループが完全子会社化を進めるに至った主な理由とは何か。第1は，グループの肥大化に伴う重複した事業の解消である。パナソニックでは，これまで分社化の推進と自主責任経営を奨励しながら，グループ内取引を展開してきた。その結果，親子間またはグループ内で似通った製品やビジネスを同時に手がける事態が発生し，グループ内で行き過ぎた事業領域の重複が進んだ。こうした非効率な状態を回避するため，完全子会社政策を導入したのである。第2は，

グループ内で分散するブランドの統一を図り，全社員の力を1つのブランドのもとに結集して総合力の発揮を試みるためである。すでに親会社であるパナソニックでは，2008年，「松下」，「ナショナル」，「パナソニック」の3つに分かれていたブランド政策を「Panasonic」へ統一したが，これは，近年におけるグループ再編によって招いたブランドの拡散化を阻止するため，グループ内の異なるブランドをパナソニックへ移行・統一を図り，グループ求心力とする狙いが隠されている。第3は，グループ連携・協力を推進し，グループ・シナジーを生起するためである。パナソニックでは，グループの幅広い事業領域を発揮して家やビルをまるごと一括して請け負って提供するソリューション戦略を推進している。たとえば「冷熱コンディショニング」，「エナジーシステム」，「ネットワークAV」，「LED」，「ヘルスケア」，「セキュリティ」のグループ6重点事業を通じて「家まるごと」，「ビルまるごと」に対応する一種の囲い込みグループ戦略を狙っている。

ここまで資本の論理という視点からグループを構成する中核会社が「連結上場子会社」，「持分法適用会社」そして「連結子会社」の場合における，それぞれの「事業持株会社」によるグループ連結経営について考察してきた。次に，純粋持株会社によるグループ連結経営の実態とその本質について検討してみたい。

5-2 純粋持株会社によるグループ経営

自ら事業を行いながら，株式の所有を通じてグループ会社を支配する「事業持株会社」に対し，自らは直接事業を行わず株式の所有を通じてグループ会社を支配する会社は，純粋持株会社（Pure Holding Company）と呼ばれている。まず，世界の「純粋持株会社」の動向を見ると，これまで法的に規制されてきた国は，日本と韓国だけであり，欧米や中国などその他の国では，特に禁止や規制はなされてこなかった。また，米国では，電力・ガスのような公益企業や金融業にて純粋持株会社制が見られるものの，その他ほとんどの大企業では，事業持株会社制を採用しているのが実態である（下谷，1996）。というのも，60年代におけるコングロマリット企業の失敗や純粋持株会社を設立するためのコスト負担が大きいなどからである。一方，欧州では，ABBなど多くの大企業が純粋持株会社制を採用している。なぜなら，欧州の多国籍企業の場合，国ごとの違いにうまく対処するため，国単位で海外子会社を設立してきたことから，これらを統括するのに必

要な「純粋持株会社」の導入が円滑に進んだのである。

　さて，日本では，1997年12月，純粋持株会社制が解禁されてから今日まで，純粋持株会社経営に対して強い関心と注目が集まっている。たとえば，2007年（平成19年）7月，純粋持株会社制へ移行したキリンホールディングスでは，移行理由について，次のように発表している。「消費者ニーズの多様化，市場・流通の構造変化や企業間の競争激化，グローバル化など，企業を取り巻く環境は急激に変化している。このような環境の中，当社は，より競争力を持ったダイナミックなグループ経営の実現に向け，成長分野への大胆な資源配分，グループ内のシナジー拡大，各事業の自主性・機動性の向上などの実現を目指し，純粋持株会社制に移行することが適切と判断した」（キリンのニュースリリースから抜粋）。また，2012年10月，経営と事業執行の役割を明確化してグループ全体の持続的な利益成長を目指す目的から純粋持株会社制へ移行したリクルートホールディングスは，事業会社がそれぞれの領域で競争力を一層高めるため，①権限委譲を進め，それぞれのマーケットの変化に合わせたスピーディな経営判断を行う，②市場環境，事業特性に合わせた独自の人事制度の設計・運用および独自の採用を行う，③事業特性に合わせたスキルアップの機会を提供し，従業員の成長スピードの向上を図る一方で，リクルートホールディングス（本社機能）は，グループ全体の中長期成長戦略の策定とその実現に集中するため，グローバルでの成長戦略策定と実行，R＆Dの推進，次世代経営人材の育成などグループ全体の組織基盤の強化を果たすことを掲げている（同社，プレスリリースより抜粋）。

　現在，日本では，会社分割（抜殻方式）によるグループ再編や株式の移転・交換による経営統合を通じて，純粋持株会社制へ移行する企業が拡大しているが，その動向については，数多くの指摘がなされている。たとえば，純粋持株会社数は，1997年の解禁以降右肩上がりで拡大し，2007年の段階では528社にも及んでいるとのデータが抽出されている（日経ビジネス，2008年12月8日号）。また，日本の約1割の上場企業が純粋持株会社制へ移行したとのデータもある（日本経済新聞，2008年12月10日）。一方，足立・山崎・宇垣（2010）は，1997年の解禁以降，今日に至るまで純粋持株会社制へ移行した企業グループは，右肩上がりに及んでいるが，2010年現在における純粋持株会社制を採用する日本企業は，金融業を中心に400件あまりにも達すると報告している。

　「純粋持株会社」への移行・導入が着実に拡大するなか，これとは逆に「純粋持株会社」の見直しや解消を図る日本企業もまた拡大している。たとえば，電気

設備資材を扱う未来工業は，2003年3月に持ち株会社制へ移行したのもつかの間，2006年9月に純粋持株会社制を廃止し，事業持株会社制へ方針転換した。その主な理由は，事業会社が利益処分，設備投資，人事処遇等で支配会社である持株会社の承認を受ける必要からスピード経営が低下する事態に陥ったからである。また，工作機械大手のオークマは，2005年10月に持株会社へ移行したが，2006年7月には同制度を解消している。同社では，人事交流もなく生産システムの違いも存在する大隈豊和機械を完全子会社化するに当たり，いきなり合併するのではなく，まずは持株会社制の導入を通じてスムーズな経営統合を達成し，その後，もっとも望ましい組織制度へ戻すとする考えから短期間で解消したのである。CSKホールディングスは2010年10月1日をメドに持株会社体制から事業会社体制へ移行した。その目的は，グループの競争力強化のためである。2011年4月1日，富士電機ホールディングスは，純粋持株会社制を解消してもとの事業持株会社制である富士電機株式会社へ移行した。この背景には，グループ全体の視点に立った事業開発・再編の遅れや複数の事業会社に跨る施策スピードの低下というマイナス面の顕在化が指摘されている。

　さて，純粋持株会社へ積極的にシフトする企業もあれば，従来の持株会社を一旦解消し，新たな持株会社の形態に再生する企業がそれぞれ存在するのは，いわゆるChandler（1962）が指摘した「構造（組織）は戦略に従う」という命題のその正当さを示すことにほかならない。つまり，これは，企業を取り巻く環境や市場の変化を踏まえながら最適な戦略策定が柔軟になされ，その後，戦略効果を最大限引き出しうる組織形態が決定される真実をまさに裏付けるものである。たとえば，帝人では，2003年4月，グループ経営の強化，分社化による個別事業の競争力強化（自己完結的な事業運営の実施），事業の再編成を目的として事業持株会社制へ移行したが，最近になって持株会社による組織の固定化を回避すること，そして，市場対応力の強化を目的とした各事業を横断するソリューション組織の設置やグローバル地域戦略の強化を目的とした新興国担当役員を設置するため，2012年10月，グループ組織の再編・見直しに着手した。また，コニカミノルタホールディングス株式会社は，2013年4月1日付でグループ会社7社を吸収合併してコニカミノルタ株式会社へ変更することを決定した。同社によると，グループ再編のその主な目的は，企業価値向上のための取組みのスピードを一層加速させるため，「情報機器事業の経営力の高度化」，「戦略的・機動的な経営資源の活用」，「効率的な事業支援体制」の実現を達成するためだと指摘している。

図表5-3 売上高規模別持ち株会社の割合

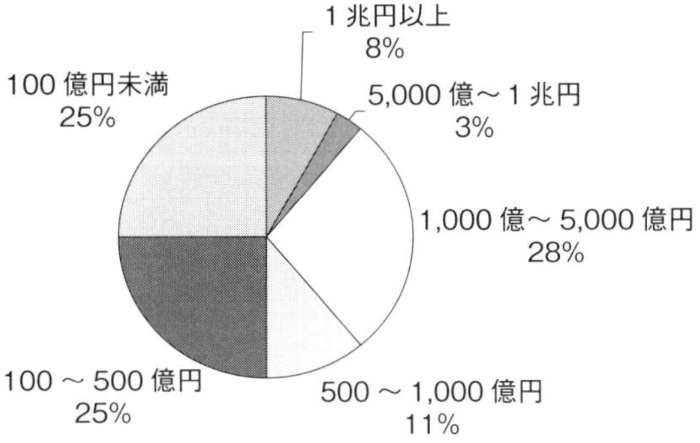

- 1兆円以上 8%
- 5,000億～1兆円 3%
- 1,000億～5,000億円 28%
- 500～1,000億円 11%
- 100～500億円 25%
- 100億円未満 25%

（出所）日本経済新聞，2008年12月11日。

　このように組織形態には，未来永劫有効な組織形態など存在しない。むしろ，市場や経済の環境変化に伴い，分権型から集権型へ，集権型から分権型へと最適な組織化を求めて適時変化する運命にあり，これは，持株会社の場合にも同様である。

　純粋持株会社を採用する企業の規模別割合について触れてみよう（図表5-3）。売上高規模別純粋持株会社の割合では，売上高が500億円未満の企業が全体の半分の割合を占める一方で，500億～1,000億円の割合は11%，1,000億～5,000億円の割合は28%，5,000億～1兆円の割合は3%，1兆円以上の巨大企業の割合は，わずか8%に過ぎない結果がすでに得られている（日本経済新聞，2008年12月11日）。

　つまり，純粋持株会社の導入実態は，日本屈指の巨大企業よりも比較的小規模な中堅企業の方がこの形態を数多く採用していることが分かる。また，本データを裏付ける見解として小本（2005）は，純粋持株会社制へ移行した企業のうち，東証一部上場企業の割合は57%ともっとも多いが，ジャスダックやマザーズの上場企業もまた約3割を占めているとし，中堅の成長企業が占める割合は，決して少なくない結果を明らかにしている。

　それでは，なぜ，中堅の成長企業のあいだで純粋持株会社制への移行や導入が増えているのだろうか。1つの理由として，M&Aという手段が一般化した現在，短時間で企業規模の拡大をしかも効率的に達成したい中堅企業にとって純粋持株会社制の採用こそが近道だからである。つまり，①M&Aの容易さ，②事業リ

スクの低減，③権限と責任の移譲，④目標に対する評価のしやすさなど，純粋持株会社制が内包するスピード感という組織能力が今日的な中堅企業の抱えている諸問題を解決に導いてくれるのである。たとえば，2006年4月，日本ビジネスコンピューター株式会社から純粋持株会社制に移行したJBCCホールディングス株式会社（移行時点における資本金46億8,769万円，連結売上高981億円，連結社員数2,149名）では，買収先企業が抵抗感なくグループへ加わってもらうことや旧組織によって子会社の経営を監督するには，すでに限界がきている点を移行の主な動機としてあげている（根岸，2008）。また，中堅企業が後継者を育成する目的のため，これを採用する場合もある。たとえば，創業者が自分の子供を後継者にしたい時，まだ，経営トップに起用するにはあまりにも力不足であるような場合，純粋持株会社を設立して自分の子供を抜擢する一方で，傘下の事業会社の社長には，優秀な幹部を起用して企業グループ経営の健全性を下支えするやり方が取られる。すなわち，創業者の子供が一人前のグループ経営者に育つ移行期間の道具として，純粋持株会社制を導入するのである。

次に，業種別純粋持株会社の割合について触れてみよう。先述した足立・山崎・宇垣（2010）によると，純粋持株会社を採用する割合を業種別に見た場合，もっとも際立っているのは，合従連衡が進む銀行，証券，保険など金融業界である。また，サービス業や小売業でも事業拡大の目的から純粋持株会社制への移行が増えている。とりわけ，地域密着が小売業の基本である点からすると，多様な地域性を抱える日本市場において純粋持株会社制は，きわめて便利な形態ともいわれている（恩地，2007）。日本経済新聞社が毎年実施している日本の小売業調査（第44回）における小売業売上高ランキング100位によると，小売業100位のうち純粋持株会社は19社（19％）を占め，これは，上位10社のうち5社は純粋持株会社制を採用している計算となる。さらに比較的事業領域の幅が広い電気機器や食料品でも，純粋持株会社へ移行または導入した企業群の割合が高くなっている。たとえば，大手ビールメーカーであるキリン，アサヒ，サッポロそしてサントリーの4社は，すべて純粋持株会社制へ移行を遂げている。というのも，国内のビール市場規模は，シュリンクする傾向が止まらないため，グローバルなM&Aを推進して収益力を高めたい狙いからである。一方，純粋持株会社制への移行がほとんど進んでない業界には，電力，ガスがあげられる。おそらく，業界の特性として，公共性が高いため規制が強く働いていることやコア事業に特化しているため，純粋持株会社制へ移行する利点が見つからない等がその主な理由で

あろうと考えられる。

　さて，これまでの議論を整理してみよう。第1に，今日の純粋持株会社制へ移行した企業は，400〜500社ほど存在するようだ。ただし，純粋持株会社の数的実態に関する公式的な統計は，今のところ存在しない。このため，社名に「○○ホールディングス」や「○○グループ本社」がついた企業を純粋持株会社として集計される場合が多いことに注意が必要である。第2に，企業規模別に見ると，比較的小規模な中堅企業による導入件数が少なくない。この結果，純粋持株会社制とは一部の巨大企業の所有物ではなく，むしろ，それ以外の中堅レベルの企業でも広く採用できる組織形態であることが分かった。第3に，業界別に見ると，金融，サービス，小売，電気，食品の各業界において移行事例が数多く散見されるのに対し，電力，ガスのようなインフラ業界では移行事例が見当たらない。これは，企業間の合従連衡が展開される業界，事業の多角化が活発化している業界そして，マルチビジネス企業群が多数存在する業界において，純粋持株会社制の導入が進んでいるのに対し，規制が強く，事業領域が絞り込まれている業界では，純粋持株会社の長所を生かしきれないため，その導入や採用が発達していないと分析することができる。

　さて，ここまで既存の研究成果を取り上げてきたが，これらのデータは，純粋持株会社の実態を正確に反映しているのだろうか。この疑問を払拭すべく，東洋経済新報社から毎年出版されている『日本の企業グループ』の2011年版を使用し，業種別に（純粋）持株会社を導入する日本企業（上場企業）を手作業で集計したものが図表5-4である。

　集計した資料やデータからは，既存の研究成果とほぼ同じ傾向を読み取ることが出来る一方で，それとは異なる新しいポイントもまた浮き彫りにすることができた。まず，業種別に見ると，先の先行研究と同様に，小売業，サービス業，通信業，卸売業の件数が圧倒的に多いことが目立つ。今回，集計した全件数に占める上記した業種の割合は約52％であり，日本企業のほぼ半分がこれらの業種に集中していた。とりわけ，ドラックストア，アパレル，外食などを含む小売業では，共同持株会社形態や分社型持株会社形態などを採用する割合が高くなっている。一般に小売業は，顧客や市場の動きに大きな影響を受ける業種のため，顧客や市場と間接的な関係となる純粋持株会社は不向きとされてきた。にもかかわらず，小売業において持株会社制の導入がひときわ進んでいるのは，M&Aを通じた業界再編が活発化したことが背景にあげられる。また，放送局，音楽，ゲー

図表 5-4 純粋持株会社制を採用した日本企業

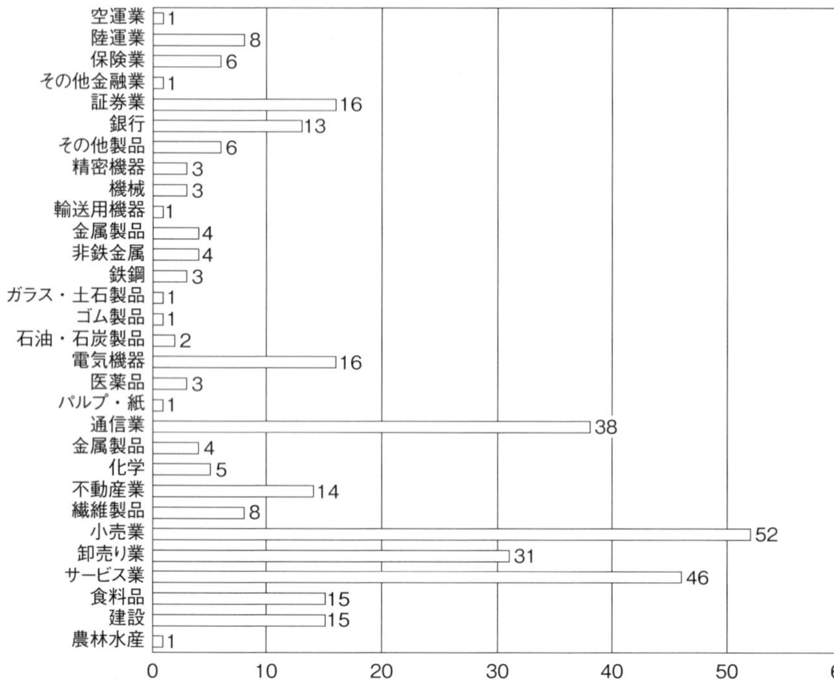

業種	件数
空運業	1
陸運業	8
保険業	6
その他金融業	1
証券業	16
銀行	13
その他製品	6
精密機器	3
機械	3
輸送用機器	1
金属製品	4
非鉄金属	4
鉄鋼	3
ガラス・土石製品	1
ゴム製品	1
石油・石炭製品	2
電気機器	16
医薬品	3
パルプ・紙	1
通信業	38
金属製品	4
化学	5
不動産業	14
繊維製品	8
小売業	52
卸売り業	31
サービス業	46
食料品	15
建設	15
農林水産	1

(資料) 東洋経済新報社『日本の企業グループ 2011』(N=322)。

ム・エンターテーメント，教育など主に通信業に該当する企業の割合もまた高い傾向を示している。その他，証券，銀行，電気機器，不動産，食料品，建設の業種でも，採用件数が多いことが分かった。これに対し，純粋持株会社制の導入件数がゼロであったのは，電力，ガスなどのインフラ企業であり，この点は，米国企業の動向とまったく対照的である事実は見逃せない。一方，今回のデータで注目すべき点として，製造業に該当する企業件数がその国際競争力の高さとは異なり，持株会社制を採用する企業数が非常に少ないことが明らかにされた。たとえば，電気機器を除いた精密機器，機械，輸送用機器の合計は，わずか7件に過ぎなかった。精密機器，機械，輸送用機器に該当する企業の事業ラインやドメインは，相対的に集約化されていることが多く，このため，持株会社制を採用する必要性は低いという理由が考えられる。

ところで，純粋持株会社へ移行した特に大企業を見ると，ある共通点を見い出

すことができる。それは，本業の成熟化を通じて，関連または非関連の事業へ進出を果たす企業が多いという事実である。よって，純粋持株会社制とは，買収や合併さらに多角化等の戦略効果を最大限に引き出すことが可能な組織構造とも考えられる（Galbraith and Nathanson, 1978）。そこで，成熟したコア事業を打開するため純粋持株会社制への移行を決断した企業の事例として，繊維事業からのコア転換を試みる「日清紡ホールディングス」，成熟化したコア事業にもかかわらず，徹底した組織・風土改革を通じて高い業績を維持する「DOWA ホールディングス」，外食事業で蓄積したノウハウを武器に，最適な事業ポートフォリオの構築に挑む「ワタミグループ」を取り上げてみよう。

　最初に，繊維産業の成熟化に伴い，事業構造の転換を図るべく純粋持株会社制を採用して新たな競争力を手に入れることに成功した企業として，日清紡ホールディングスや富士紡ホールディングスなどがあげられる。振り返ってみると，戦後の繊維産業は，海外の安い製品との価格競争に敗退し大幅に生産量を低下させてきた。これにより日本の繊維メーカーは，早い段階から生き残りをかけて事業の多角化を余儀なくされたのである。

　2009 年，純粋持株会社制へ移行した日清紡ホールディングスは，1944 年，長年の紡績技術で培ったノウハウを手がかりに自動車用ブレーキパット事業へ乗り出し，その後，到来した国内のモータリゼーションにも助けられ，今日の利益は，先発の繊維事業が約 20 億円の赤字なのに対し，逆に後発のブレーキ事業は，約 35 億円の黒字を記録している（日本経済新聞, 2010 年 4 月 10 日）。現在，日清紡ホールディングスの事業分野は，繊維（日清紡テキスタイル），エレクトロニクス（新日本無線），自動車用部品（日清紡ブレーキ），紙製品（日清紡ペーパープロダクツ），化学品（日清紡ケミカル）そしてメカトロニクス（日清紡メカトロニクス）の 5 事業から構成されるが，支配会社と事業会社の間には，それぞれ重要な役割とミッションが付与されている。それは，支配会社が基礎開発や事業創造を担当し，事業会社が応用開発や事業育成を担当するというものである。つまり，支配会社である持株会社が新規事業の目を生み育てるインキュベーターとしての役割を果たす一方で，生み出された事業を成長させ，競争力のある事業へ発展させる役割を支配会社が担うのである。これを実現するため，支配会社には，約 120 名の研究者により構成された「新規事業開発本部」が設置され，次世代の事業開発の任に当たっている。

　1884 年創業の DOWA ホールディングスは，2006 年，それまでの同和鉱業か

ら純粋持株会社制へ移行した。その主な目的は，より一層の経営の迅速化，事業部門の自立，専門性・スピードの向上を達成するためであった。DOWAホールディングスは，非鉄金属，環境・リサイクル，電子材料，金属加工，熱処理の5社からなる事業会社と，これらの事業会社を横断して支える2つの事業サポート会社（生産技術・分析，事務管理業務全般）から構成されている。持株本社のスタッフは，約40名で構成されており，そのほとんどは戦略スタッフである。各事業会社には，徹底した市場・競争原理が導入されており，高い緊張感と競争意識，グループ内における馴れ合いの排除が徹底されている。たとえば，吉川（2007）によると，持株本社から事業会社に対する融資では，市中銀行の場合と同じく，本社が事業会社の実力を評価・格付けして，個別に金利を設定する制度を採用している。また，事業会社間における資材の仕入れや調達でもまた，コスト，品質の面における競争原理が働き，グループ外部からの調達可能性も検討される。さらにグループ内における人材移動も自由とされている。業績の良い事業部門や優れた人材管理を展開する事業部門へAクラス社員が集中かすることは避けられないとしている。このような徹底した組織・風土改革を通じて同社は，これまでの仲良しクラブから戦う戦闘集団への転換を果たし，競争力の高い企業に変身したのである。

　最後に，外食チェーン大手のワタミは，1984年，飲食店などの外食事業からスタートした。ところが，外食産業を巡る企業間競争の激化，経済不況に伴う消費者の外食から内食への転換などに見舞われて次第に苦境に立たされるようなった。そこで，同社では，これまでの外食サービス業（第3次産業）から食材加工などの製造業（第2次産業）へ進出し，さらに食の安全確保から農業・畜産業（第1次産業）にも参入を図ることで，いわゆる食の生産から加工，販売・サービスまでを網羅する一貫体制を構築した。しかし，その一方で，本業の外食事業は，すでに成熟化が進み，常に消費変動に左右されやすく，またライバルも多数存在するため，業績が不安定となりやすい。そこで，2004年，深刻な少子高齢化の到来に対応するため，介護付きマンションや老人ホームの経営など介護施設の運営に参入する一方で，2008年，高齢者宅に弁当や惣菜を届ける宅配ビジネスなど，高齢者向け事業の強化に乗り出した。というのも，これら高齢者向け事業は，預金や退職金そして年金等が支払い原資なので，外食事業とは異なり，経済変動に影響を受けづらく，比較的安定した業績が見込めるからであった（図表5-5）。

図表 5-5　ワタミグループの事業ポートフォリオ

	サービス産業	製造業	農林水産業
外食関連	飲食店／1984 年～ ワタミフードサービス ティージーアイ・フライデーズ・ジャパン ワタミインターナショナル 環境・メンテナンス／2002 年～ ワタミエコロジー	食材加工／2002 年～ ワタミ手づくりマーチャンダイジング	農業・畜産業／2002 年～ ワタミファーム 当麻グリーンライフ
高齢者向け	介護／2004 年～ ワタミの介護 弁当・食材宅配／2008 年～ ワタミタクショク		

（資料）　日経ビジネス，2009 年 4 月 27 日号を参考に作成。

　2006 年，同社は持株会社制へ移行したが，その主な理由としては，以下のような 3 点をあげることができる。第 1 は，カリスマ創業者からの世代交代のためである。ワタミでは，現場の声を重視するため，グループ各社のトップがワタミの取締役を兼務する集団指導体制を採用している。つまり，創業者による「起」の段階から，集団指導体制による「承」の段階へのシフトを円滑化させる最適な組織形態こそが持株会社制への移行であったのである。第 2 は，各事業の実態をポートフォリオで管理しやすく事業の見える化が促進されるだけでなく，事業の組み換えもまたやりやすいしくみだからである。第 3 は，本業の成熟化に伴う事業転換を図る理由からである。つまり，持株会社制を通じて，事業会社へ大幅に権限を委譲して顧客価値の実現，買収等を用いて次世代の有望事業を獲得するため，持株会社制は，きわめて有効なシステムだからである。

　すでに指摘したとおり，グループ連結経営における最大の関心事とは，グループ価値の最大化にほかならない。企業グループは，総合力を発揮してグループ価値（利益）の向上を達成しなければならない。それでは，純粋持株会社経営は，グループ価値の最大化に果たして寄与できるのだろうか。実際の新聞記事によると，過去 3 年間の総資産利益率（ROA）の平均は，日経平均株価の採用企業が 7% であるのに対し，純粋持株会社は 6% と下回り，必ずしも企業価値の向上につながってはいない（日本経済新聞，2008 年 12 月 10 日）。また，持株会社にできて事業会社にできないことは，ほとんどないとのコメントがすでに指摘されている（日本経済新聞，2008 年 12 月 11 日）。

それでは，何故純粋持株会社制は，あたかも特効薬のごとくグループ企業価値の向上や圧倒的なリターンの改善に結実しないのだろうか。おそらく，次のような2つの理由が潜んでいる。1つは，解禁前後から懸念する声が囁かれていたとおり，純粋持株会社は単なる「器」に過ぎないため，業績改善の抜本的改革とはなり得ないという理由である。もう1つは，純粋持株会社は，グループ価値や業績の向上にきわめて有効であるはずなのに，残念ながら，導入した企業がその有効性を生かし切れていないとする理由である。純粋持株会社は，単なる「器」を替えるに過ぎないので有効性は少ないとする議論は，すでに1997年の純粋持株会社解禁以前の段階から不安視する声があがっていた。たとえば，下谷（1996）は，純粋持株会社解禁を積極的にリードした当時の通産省（現在の経済産業省）や財界が掲げた経済的効用に関する矛盾点を浮き彫りにしている。そして，持株会社の経済的効用として取り上げられたグループ経営と事業経営の分離を通じて効率化，円滑な人事・労務管理，ベンチャービジネスの振興などは，純粋持株会社でしか実現できないのではなく，むしろ，ポピュラーな事業部制でも達成できるとしている（島田，1998; 大坪，2005; 下谷，2006）。また，アーサーアンダーセン・ビジネスコンサルティング（2000）は，純粋持株会社制と事業部制，カンパニー制には本質的に差異は少なく，持株会社制の導入が絶対的な優位性を持つものではないとしながら，過去の因習を断ち切り，経営システムを一新するには相応の価値があると指摘している。上野（2001）もまた，純粋持株会社へ多くの企業が移行するとは考えられないし，それが経営成果によい影響を及ぼすとも考えにくいとしながら，現時点では，他の選択肢に比べて特に有効な組織構造という証拠は見つからないと論じている。

これに対し，純粋持株会社の有効性を指摘する議論もまた少なくない。たとえば，宮内（1996）は，確かに純粋持株会社はあらゆる問題を解決する万能薬ではなく，あくまでも選択肢の1つと認めながらも，それでも重要なメリットが期待できると主張する。1つは，本体に事業部門を残した事業持株会社では，真に柔軟性に富んだ経営戦略を実現できない。2つ目は，戦略部門と事業部門が分離されることから権限委譲が進み，社員の士気やモチベーションが高まる。3つ目は，子会社の経営状況に則した賃金・人事体系を整備しやすくなる。4つ目は，企業グループ内で柔軟な人事異動を促進され，雇用のミスマッチが改善される経済的効用を得られることである。米倉（1996）は，事業部制とは，本社に波及するリスクが高すぎるが，純粋持株会社制では，原則的に出資分限りなので本社に対す

るリスクを分散できるため，メリットの方が多いと指摘している。武藤（1997）は，純粋持株会社解禁の最大のポイントは，本格的な国際競争の時代を迎えるにあたり，先進国の中で日本企業だけに課されている制約を外すことにおいて有効であると論じている。最後に，足立・山崎・宇垣（2010）は，純粋持株会社制は不景気時よりも好景気時に有効な組織マネジメントであると主張している。

　純粋持株会社の有効性を巡る議論には，これを支持する意見と支持しない意見が混在しており，現在の段階で確かな結論を下すことは，残念ながら困難である。しかし，実際の企業の動きに目をやると，純粋持株会社への移行・導入実績が持株会社からの撤退実績を上回り，今後とも移行する企業が拡大する可能性は高いように思われる。つまり，純粋持株会社制にある一定の効果や有効性が内包されている可能性は否定できないのである。それでは，純粋持株会社が有する特異な機能または効果とは何だろうか。一言で表現すると，それは企業グループの活性化であるにちがいない。周知のとおり，どんな企業も組織構造や組織形態を変更するだけでは，高い業績や革新を実現することはできない。事業部制やカンパニー制そして純粋持株会社制のような組織形態は，時代や流行が変化するたび古い組織形態が新たな組織形態へ取って代わられる運命にあり，未来永劫普遍的な組織デザインなど存在しないのは確かである。企業が業績を向上させるには，組織の中身である経営資源力を磨くことが何よりも肝要であり，組織形態とは，これら経営資源に適した「器」の選択に過ぎない。それでは，組織形態を臨機応変に使い分ける真の意味とは何か。それは，内外の環境変化に柔軟に適合することに加え，グループ経営能力の向上が期待されるからである。すなわち，純粋持株会社制への移行・導入を通じて，企業グループの活性化が実現できれば，最終的なゴールであるグループ価値の最大化もまた達成できるはずである。換言すると，企業グループの活性化さえ実現できれば，グループ利益（価値）は後から付いてくるものといえるだろう。

　最後に，純粋持株会社制による企業グループの活性化について触れてみよう。おそらく，純粋持株会社制を通じて，主に4つの活性化が期待される。

　第1は，純粋持株本社を指す支配会社の活性化である。純粋持株会社制の導入によって純粋持株本社は，企業グループを横断するグループ戦略の策定，投資家である株主に対する手厚いサービス，企業グループを構成する人的資源管理をしかも必要最小限のマンパワーによってマネジメントできるようになる。なぜなら，純粋持株会社制のもとでは，経営と執行（事業）が分離されるからである。つま

り，純粋持株本社は，グループの戦略本社機能として，株主へのサービス，グループ全体戦略の策定，グループ経営資源の配分，グループ・シナジーの生起，グループ経営執行の監督・支援などに専念できるため，客観的な経営判断や意思決定が可能となり，情やカンに流されない合理的なグループ経営を展開できる。

第2は，事業会社である子会社の活性化である。純粋持株会社制の導入を通じて，親会社のもとから自立した子会社は，基本的に自分たちの競争の作法や戦略策定の論理に従って自己利益を思うがまま追求できる。また，各ドメイン市場における企業間競争でも高いマーケットシェアと利益の獲得を期待できる。

第3は，グループ共有（Sharing）の活性化である。つまり，純粋持株会社制の導入を通じて，企業グループ内部における組織横断的な学習の活発化が期待される。純粋持株会社制では，経営業務と執行業務が分離されているため，親会社も子会社もそれぞれ異なる自己実現に向けて行動するが，その一方で，企業グループ全体でお互いに支え合い助け合う相互扶助行動の開発もまた必要である。これは，一見すると，矛盾するように映るが，しかし，繰り返すまでもなく，グループ経営の本質とは，単体では決して得られないメリットまたは競争力を獲得することであり，これは，純粋持株会社によるグループ経営の状況下でも全く同様である。換言すると，経営と執行を分離させる純粋持株会社制を採用するからこそ，親子という「縦」の関係，子会社同士という「横」の関係，企業グループ全体を貫く「斜め」の関係という3つの関係性を1つのタペストリーとして織りなす，能動的な学習システムの構築を逆に積極的に推進しなければならないのである。

第4は，グループ協働（Collaboration）の活性化である。つまり，純粋持株会社制を通じて，事業の特性が明らかになるため，メリハリの利いたグループ経営を展開できるのである。たとえば，個々のグループ企業内における各バックオフィス機能を統合して一体化させるシェアード・サービス・センター（Shared Service Center）などの設置や重複した機能の統合である。また，グループ企業がそれぞれ固有に内包する知識・ノウハウを結集して，単独では生起できないグループ・イノベーションの創造があげられる。

5-3　大手小売企業と純粋持株会社経営

　純粋持株会社制を導入する日本企業のうち，小売業の割合がひときわ多い事実は，すでに指摘したとおりである。それでは，なぜ，小売業において純粋持株会社制を採用する日本企業が多いのだろうか。ここでは，小売業を取り巻く今日的環境を踏まえながら，小売業の二強とも呼ばれているセブン＆アイホールディングスとイオンを取り上げ，これらの戦略や持株会社の内容の違いについて触れてみたい。

　まず，小売業を巡る現状は，激しさを増すばかりである。たとえば，人口減少に伴う国内市場の縮小が進展している。国立社会保障・人口問題研究所によると，日本の将来推計人口は，次のように公表されている。長期合計特殊出生率を1.12（低位仮定），1.35（中位仮定），1.60（高位仮定）にそれぞれ分類してその中間である中位仮定を採用すると，日本の人口は2010年1億2806万人であった。ところが，2030年は1億1662万人，2050年9,193万人，さらに50年後の2060年は8,674万人まで減少することが推計されており，これは，2010年に比べ4,132万人（32.3%）の減少を意味するものである。さらにまた，2100年の将来人口の推計によれば，現在の約半分に相当する6,400万人まで落ち込む見通しが公表されている。日本の人口減少問題とは，換言すれば，国内市場における消費者減少と同じ意味であるため，今後，国内小売企業は，大幅な市場の縮小に直面する危険性が高いことが予測される。

　人口減に起因する市場縮小という量的側面のみならず，消費者一人ひとりの購買能力という質的側面もまた，大幅に低下の一途を辿っている。我が国では，90年代に発生したバブルの崩壊以降，デフレ経済が恒常化する一方で，製品・サービスの低価格化による影響から，実質賃金が大幅に伸び悩んでいる。厚生労働省が発表した平成22年国民生活基礎調査によると，平成21年の1世帯当たり平均所得金額は「全世帯」で549万6千円であり，これは，平成6年の664百2千円と比較すると114万6千円も減少している。このような可処分所得の低下が消費者の購買力や購買意欲を著しく弱体化させていることは確実であり，これが国内市場の成熟化を加速する真因の1つに数えられる。

　小売業の現状を悪化させる原因は，これだけではない。もはや成熟した国内市場とは対照的に海外のとりわけ新興国市場は，慢性的なモノ不足に起因する旺盛

な消費力を備えている。なかでも，中国は記録的な経済成長を遂げているのに加え，13億人もの巨大な人口を抱え，圧倒的な消費市場を有している。近年における社会消費品小売総額（飲食業，新聞出版業，郵政業，卸売・小売業，その他サービス業など，市民生活の中で消費される商品の売上総額のこと）をみると，旺盛な個人消費に下支えられ，消費の伸びは堅調に推移している。さらに，こうした流れは，都市部から地方部へ波及しており，実際，最近では，都市部よりも農村部の消費の伸びが堅調に推移しているようだ。このため，日本国内の小売企業は，成熟した国内市場から成長著しい中国を含むアジアを中心とした新興国市場へビジネス機会を求めて積極的に進出を試みている。

さて，小売企業によるアジア・シフトの加速化は，単に国内市場の縮小または成熟化だけに留まらない。たとえば，小売業のビジネスモデルの多様化に伴う店舗間競争の激化もまたあげられる。伝統的な小売業のビジネスモデルは，GMS，百貨店，スーパーストア，ディスカウントストアそしてコンビニエンス・ストアが代表的なものであった。ところが，最近，テレビ通販や宅配サービスそしてインターネット通販のようなECを利用した新たなビジネスモデルが世界中を席巻し定着しつつある。つまり，新しいECビジネスモデルの普及・拡大が伝統的な既存のビジネスモデルの有効性を弱体化させ，消滅に導く破壊的イノベーションなのである。とりわけ，インターネット通販などの電子商取引（EC）は，スタートの段階から市場はワールドワイドなため，国内市場に限定されないことに加え，多大な投資コストを低減できるなど，時間の節約，使い勝手や利便性の良さが指摘されている。このため，消費者向けインターネット販売の売上規模は，経済産業省によると，推計で約7兆円とも報告されており，なかでも小売業におけるEC化は確実に普及・拡大している。実際に，アマゾンや楽天のようなインターネット通販大手企業の売上高は，伝統的な小売業の規模に匹敵するかあるいはそれを上回る勢いで伸長している。

小売業を巡る近年のビジネス環境は，厳しさがますます募るばかりだが，このような逆境のなか，国内大手小売企業であるセブン＆アイホールディングス・グループとイオン・グループは，グループ組織の再編を通じて，複雑な難局を乗り越える試みを図っている。

5-3-1　セブン＆アイホールディングス・グループの求心力経営

セブン＆アイホールディングス・グループは，その前身であるイトーヨーカ堂

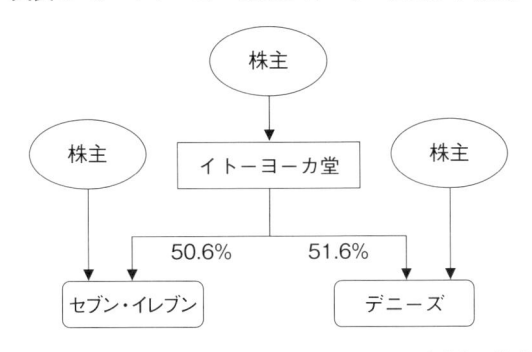

図表 5-6　イトーヨーカ堂グループ（2005年以前）

```
            株主
             │
             ▼
株主 ──→ イトーヨーカ堂 ←── 株主
         │        │
      50.6%    51.6%
         ▼        ▼
   セブン・イレブン   デニーズ
```

（資料）セブン＆アイホールディングス HP データをもとに作成。

グループ時代から，「価格」よりも「価値」に重点を置き，「M＆A」よりも「自前」主義を大切にしてきた。たとえば，多くの小売企業が採用する低価格戦略を安易に追求するのではなく，定価販売，顧客ニーズを先取りした品揃えやPB（セブンプレミアム）の開発などに取り組んできた。また，サウスランド社との提携を通じて，日本国内に初めてコンビニエンス事業を持ちこんだセブン・イレブンは，ドミナンド店舗展開，仮説と検証による単品管理，POSシステムの導入，おにぎりや弁当など総菜の販売など，数々のビジネス・イノベーションを自力で価値創造してきた。ところが，2000年代に入ると，親会社としてグループの核であるイトーヨーカ堂において，主力であり利益の大半を占めた低価格の衣料品事業がユニクロなどの専門店に顧客を奪われるようになると，急速に業績が伸び悩む一方で，イトーヨーカ堂の子会社であり，革新的なコンビニモデルを生み出したセブン・イレブンの業績は，拡大の一途を辿ることで，親子逆転という企業統治問題の深刻さが浮き彫りとなった（図表5-6）。

具体的には，当時のイトーヨーカ堂は，コンビニ最大手で子会社のセブン・イレブン（出資比率50.6％）とファミリーレストランチェーン大手で子会社のデニーズ（出資比率51.6％）を資本傘下に支配してきた。ところが，その後，イトーヨーカ堂のグループ内における相対的な求心力が低下する一方で，セブン・イレブンのグループ内における相対的な遠心力が飛躍的に向上した。たとえば，2005年度におけるグループ全体の営業利益に占めるコンビニエンス・ストア事業（つまり，セブン・イレブン）の割合は，なんと86％を占めるまで上昇した。また，親子の企業価値は，当時のイトーヨーカ堂の時価総額は1兆6,371億円。デニー

図表 5-7　2005 年 9 月　セブン&アイホールディングス・グループ

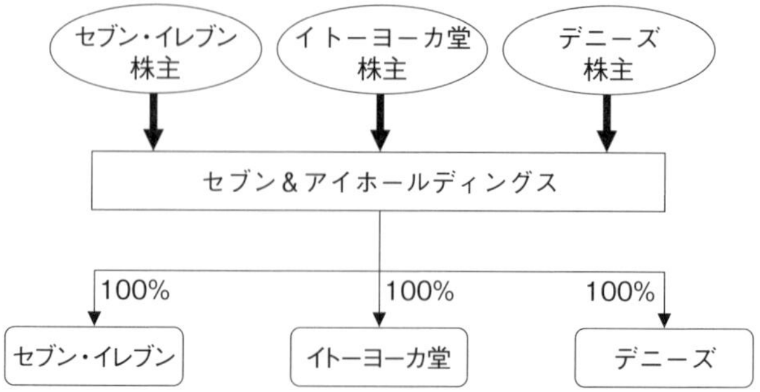

```
┌──────────┐  ┌──────────┐  ┌──────────┐
│セブン・イレブン│  │イトーヨーカ堂│  │  デニーズ  │
│   株主    │  │   株主    │  │   株主    │
└─────┬────┘  └─────┬────┘  └─────┬────┘
      ↓             ↓             ↓
┌─────────────────────────────────────┐
│      セブン&アイホールディングス       │
└──┬──────────────┬──────────────┬──┘
  100%           100%           100%
   ↓              ↓              ↓
┌──────────┐  ┌──────────┐  ┌──────────┐
│セブン・イレブン│  │イトーヨーカ堂│  │  デニーズ  │
└──────────┘  └──────────┘  └──────────┘
```

（資料）　セブン&アイホールディングス HP のデータをもとに作成。

ズの時価総額は 641 億円。これに対し，セブン・イレブン・ジャパンの時価総額は，親会社のほぼ倍に相当する 2 兆 3,904 億円にも及んだ。

　親子のねじれ状態は，国内の安定したビジネス環境のもとでは，何も心配はなかった。長い間，親会社中心主義であった日本では，子会社が成長して親会社を助ける親子逆転のグループ経営がその節々に見られ，むしろ，逆に望ましいものとして考えられてきたからである。ところが，グローバルに競争する時代に突入し，敵対的買収のリスクが次第に高まるにつれ，日本企業の強みとされてきた親子のねじれ現象は，企業買収をもくろむライバル企業や投資家たちによる絶好のターゲットとなってしまった。つまり，株価の低い親会社を買収できれば，企業価値の高い子会社まで獲得できることが露呈してしまい，伝統的な日本企業の強みが一転して弱みに変化してしまったのである。たとえば，その象徴的な出来事として，フジサンケイ・グループ企業に対するライブドアの乗っ取り事件が同時代に起こり，ビジネス界に大きな衝撃を与えたことは記憶に新しい。こうしてイトーヨーカ堂グループを含む日本企業は，外資による敵対的買収攻勢の「ねらい目」を回避するため，企業グループの抜本的な再編に着手したのである（図表 5-7）。

　2005 年 9 月，イトーヨーカ堂，セブン・イレブン・ジャパン，デニーズ・ジャパンは，株式交換を通じて，純粋持株会社セブン&アイホールディングスを新たに設立した。セブン&アイホールディングスは，7 つの主力事業の革新（Innovation）を意味する"アイ"と"愛"が社名の由来とされるが，こうして従来のイトーヨーカ堂，セブン・イレブン・ジャパン，デニーズ・ジャパンなどの

上場企業は，セブン＆アイホールディングスによる100％出資会社となり，これにより株式の上場は自動的に廃止された。

ところで，同企業グループが純粋持株会社制によるグループ経営へ移行した理由として，主に3つの点があげられる。1つは，ねじれの解消である。鈴木（2008）は，日本経済新聞「私の履歴書」を取りまとめた自著の中で持株会社化を決断するに当たり，「親会社のイトーヨーカ堂より子会社であるセブン・イレブン・ジャパンの方が時価総額は大きいという資本のねじれを解消するため，持株会社を設立し，傘下に各社が入る形に再編成する必要がある」と論じている。2つ目は，グループ企業価値の最大化である。同社によると，これは各事業会社の垣根を排除したシナジー効果の追求と管理部門統合によるコスト削減である。たとえば，マーケティング情報，商品開発，原材料の購入，ロジスティクス，生産工場など，これまで企業ごとに異なっていたシステム基盤をグループ全体で共通化すれば，グループ商品開発や物流の共有など，より一層の効率化を図ることができる。また，カードサービスや銀行サービスの導入など金融サービス事業の展開することで，グループ資源（顧客）の有効利用が可能となる。さらに，新規顧客を開拓する目的でグローバル展開する場合にも，グループが一体となって中国など新興国へ打って出る効果を生むことができる。3つ目は，コーポレート・ガバナンスの強化である。同社によると，これは，各事業会社の自立性と自己責任の明確化と経営資源の適正な分配を意味するものである。最後に，その他として，同社が純粋持株会社制へ移行した理由としては，ポスト鈴木体制の準備などが指摘されている。

現在のセブン＆アイホールディングス・グループは，「グローバルな新・総合生活産業」を掲げ，純粋持株会社の傘下に7つの主要事業（百貨店，食品スーパー，総合スーパー，コンビニエンス・ストア，フードサービス，金融サービス，IT／サービス）が配置される一方，各事業部門の子会社を完全子会社化して束ねる分社型持株会社の形態を採用している。つまり，企業グループの遠心力が強まるにつれ，純粋持株会社であるセブン＆アイホールディングスによる求心力もまた，より一層強まる構造を成しているのである（図表5-8）。

支配会社であるセブン＆アイホールディングスの役割は，グループ全体のシナジー効果の最大化に取り組むことである。また，国際化や顧客ニーズの変化を踏まえながら，事業の再編や見直し，新事業の創造または育成する役割を担っている。これに対し，傘下である事業会社の役割は，それぞれの執行に専念すること

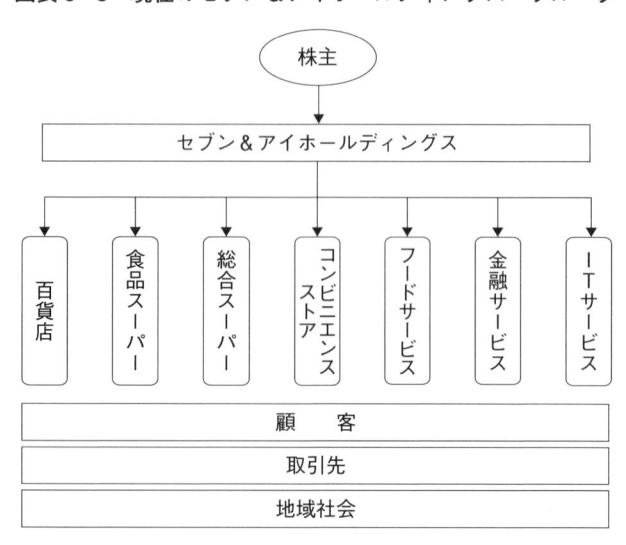

図表 5-8　現在のセブン&アイホールディングス・グループ

```
                    株主
                      │
          セブン&アイホールディングス
                      │
  ┌──────┬──────┬──────┬──────┬──────┬──────┬──────┐
 百貨店  食品   総合   コンビ  フード  金融   IT
        スーパー スーパー ニエンス サービス サービス サービス
                        ストア

              ┌─────────────────┐
              │     顧　　客      │
              ├─────────────────┤
              │     取引先       │
              ├─────────────────┤
              │     地域社会      │
              └─────────────────┘
```

（資料）　セブン&アイホールディングス HP のデータをもとに作成。

である。そして，顧客志向のサービス，商品開発，売り場の開発に注力して，利益拡大が最大のミッションである。

　さて，セブン&アイホールディングス・グループへ移行後，同社の企業グループ経営は，どのように変化したのだろうか。1つは，グループ・シナジーの取り組みの活発化であり，ビジネスモデルや知識ノウハウが事業部門間を横断して移転または学習が繰り返しなされている。たとえば，ヤマト・ホールディングスによる「宅急便ビジネス」と共に日本発のビジネスモデル・イノベーションとして世界から賞賛され，グループ全体の約7割の売上を占めるコンビニエンス・ストア事業で培った知識・ノウハウは，百貨店やスーパーなど業績が伸び悩む事業部門へ移転され，吸収されている。逆に，総合スーパーが強みとしてきた低価格戦略を巡る知識・ノウハウは，コンビニエンス・ストア事業へ移転・消化され，これまで定価販売による「価値」重視でやってきたコンビニ事業に「価値＋価格」という，新たなビジネスモデルの創造と業績のさらなる拡大に貢献している。また，セブン&アイホールディングス「コーポレートアウトライン2011」によると，プライベート・ブランド（PB）商品である「セブンプレミアム」は，初年度（2007年5月〜2008年5月まで）380品，売上高800億円程度であったもの

が，2010年度の累積開発単品数は1,300品，売上高は3,800億円にも及んでいる。これは，グループ各社のノウハウやインフラを結集して開発されたPB商品がコンビニエンス・ストア，総合スーパー，食品スーパーなど業態を超えて展開されているからである（頼，2011）。さらに，金融サービス部門であるセブン銀行は，国内に13,000店舗を超えるセブン・イレブン・ジャパンを中心にATMが約16,000台設置されており，公共料金の支払いやチケット購入など，入出金の際に生じる利用手数料で儲けるビジネスモデルを構築するなど，小売事業との間で大きな相乗効果を生み出している。もう1つは，自前主義の脱却と外部資源の活用である。同社は，事業部門を自前で開発・育成することが基本戦略であった。というのも，新規事業を開発する際，目標や経営手法が厳しく決められてきたからである（仲上，2009）。ところが，純粋持株会社制へ移行すると，これまでの自前主義的手法は影を潜め，これに代わってM＆Aによる外部資源の活用が中心的戦略として躍り出た。たとえば，近年の主なM＆Aケースをあげると，2006年ミレニアムリテイリング（百貨店），2007年赤ちゃん本舗（ベビー用品），2008年アインファーマシーズ（調剤薬局），2009年ぴあ（チケット），2010年タワーレコード（音楽・映像ソフト）を次々と傘下に収め，グループの拡張に努めている。このように今日の同社の基本戦略は，時間やコストを削減するため，外部から異質な資源をグループ内部に取り込みながら，個々が有するユニークな知識・ノウハウをグループ内へ移転し合うことでグループ全体の総合力を向上させる方向に変化してきている。小売業や流通業では，時代とともに変化する社会や消費者を相手にするため，過去の成功体験や前例主義を捨て去り，視野を広げることがもっとも大切なのである（鈴木，2009）。

5-3-2　イオン・グループの遠心力経営

　業界トップの売上を誇るセブン＆アイホールディングス・グループは，持株会社本社による強力なイニシアチブによってグループ最適を実現する「求心力経営」であった。一方，業界2位のイオン・グループでは，グループの事業部門や事業会社へ大幅に権限と責任を与え，支配会社である持株会社本社が緩やかに連結する「遠心力経営」を展開している。小売業や流通業で1位，2位を争い合うライバル同士が互いに異なるグループ経営スタイルを採用している実態は，実に興味深く示唆に富んでいるが，ここでは，イオン・グループの経営について，詳しく考察してみたい。

1758 年，三重県四日市市で呉服店の岡田屋として創業したイオンは，1969 年，岡田屋，フタギ，シロが共同出資でジャスコ株式会社を設立して以来，数々の企業や事業を買収や提携を通じて傘下に収め，専門性の高い巨大な企業グループを形成してきた。2001 年，ジャスコ株式会社からイオン株式会社へ社名を変更する一方，2008 年，純粋持株会社体制へ移行した。現在，イオン・グループの数は 2011 年の段階で約 180 社。グループ全体の売上高（営業収益）は 5 兆円を超える規模まで拡大し，ビジネス・フィールドもアセアンや中国など海外まで広く及んでいる。

　イオン・グループは，2008 年，従来までの事業持株会社制から純粋持株会社体制へ抜本的に移行した。その主な移行理由として，第 1 は，事業構造の再構築を通じて，グループ経営統治と事業経営という二重負荷から親会社を解放することであった。イオン・グループは，それまで事業持株会社制を採用してきた。ところが，事業持株会社制の場合，親会社も事業を展開しているため，それぞれの事業会社の本当の収益力や実力が見えづらい問題が発生し，その是正を図ったのである。

　第 2 は，本業であり主力である GMS 事業や SM 事業のみならず，新たに総合金融事業へ進出するなど，規模の拡大と業務の多様化の進展に対応するためである。これは，国内小売業をはじめとする現主力事業のみに偏重することなく，新たな「金のなる木」事業を探り当てるため，積極的な事業拡大に伴い巨大化した企業グループの効率化，整理，収益改善をどうするのか，そして，もともと買収や提携という手段を用いて，企業文化や経営方法が異なる外部企業を傘下に収めてきた関係上，それぞれの個の力や能力を損なわず緩やかに束ねるのか，企業グループの新たな成長モデルの構築が課題として浮上したのである。

　第 3 は，事業部門の多様化に伴い，集中と分権の強化を図る目的からである。つまり，事業の枠を越えたスケールメリット・共通化を通じて，グループ・シナジーの創出や権限と責任の明確化が求められたのである。

　第 4 は，その他として，アジアの新興国市場へ向けた海外展開，業界再編への対応，さらにポスト岡田としてふさわしい人材の能力開発や人材の確保などもまた移行理由にあげられる。

　その後，イオン・グループは，本格的な純粋持株会社制の導入の際，事業持株会社であったイオン株式会社の事業部門（GMS，SM など）を会社分割してイオンリテール株式会社（非株式公開会社）へ承継した。これにより，イオン株式会

図表5-9 イオン・グループと上場事業会社

区分	上場事業会社
GMS事業各社	サンデー、イオン北海道、イオン九州
SM事業各社	マックスバリュ中部、マックスバリュ東北、マックスバリュ北海道、マックスバリュ西日本、マックスバリュ東海、マルエツ、いなげや、カスミ、ベルク、
DS事業各社	
戦略的小型店事業各社	ミニストップ
ドラッグ・ファーマシー事業各社	CFSコーポレーション、ツルハHD、クスリのアオキ、グローウェルHD、メディカル一光
総合金融事業各社	イオンクレジットサービス、AEON CREDIT SERVICE (ASIA) CO., LTD.、AEON THANA SINSAP (THAILAND) PLC.、AEON CREDIT SERVICE (M) BERHAD
ディベロッパー事業各社	イオンモール
サービス事業各社	イオンディライト、イオンファンタジー、ツヴァイ
専門店事業各社	ジーフット、コックス、タカキュー
グループIT・デジタルビジネス事業各社	
アセアン事業各社	AEON Co.(M)Bhd.
中国事業各社	AEON Stores (Hong Kong) Co., Ltd.
機能会社各社	やまや

（資料）　イオンHPのデータをもとに作成。

社は特定の事業を持たない，まさに純粋にグループ統括と経営に専念する持株会社となったが，ここで注目すべきは，セブン＆アイホールディングスの場合，グループの事業会社を完全子会社化したのに対し，イオンでは，株式公開した事業会社のまま，純粋持株会社制を採用している点である．現在，国内外のグループ企業は180社であり，これらは12のグループ事業（GMS事業，SM事業，DS事業，戦略的小売店事業，ドラッグ・ファーマシー事業，総合金融事業，ディベ

ロッパー事業，サービス事業，専門店事業，グループIT・デジタルビジネス事業，アセアン事業，中国事業）と1つの機能分担会社から構成されている。図表5-9は，イオンの12事業と各事業内において，株式公開する事業会社を表わしたものである。純粋持株本社であるイオン株式会社は，グループ全体戦略の立案，経営資源の最適配分，経営理念など基本原則の浸透・統性，グループ・シナジーの創出の役割を果たす。これに対し，各事業会社の役割は，顧客満足の最大化に努める使命が与えられた（AEON MAGAZINE, 2008）。

　イオン・グループは，なぜ完全子会社化政策を採用しないのだろうか。セブン＆アイホールディングスの場合，株価が割高な優れた事業会社を敵対的買収の危険性から守ることが純粋持株会社制へ移行する有力な理由とされたはずなのに，イオン・グループは，事業持株会社制から純粋持株会社制へグループ・ガバナンスが移行したにもかかわらず，なぜ，これまでの「遠心力経営」を継続することを決めたのだろうか。理由の1つは，非公開化すると，これまで上場会社の社員であった人材のモチベーションが大幅に低下する危惧があげられる。確かに，上場会社の社員となれば，処遇や待遇，福利厚生などで多くの恩恵を受けることができるだろう。また，日本社会に見られる肩書信仰やエリート意識の強さなども見逃せない事実である。このため，もし上場廃止となり完全子会社となった場合，社員たちのなかで労働意欲の低下が散見されることは容易に予想されるだろう。もう1つの理由は，上場廃止にする場合，廃止にかかる多額な費用が発生するからである。最近，たとえば，ソニー，パナソニックなど，グループの上場会社を株式交換や株式の公開買い付け（TOB：Takeover Bid）などの手法を用いて完全子会社化する動きが散見されるが，いずれの手法を用いたとしても，買収に伴う多額の資金が必要である。たとえば，のれんの償却だけで1,000億円以上のコストがかかるとされ，そこまでして完全子会社化することはないものと経営的に判断されたのである（週刊ダイヤモンド，2007年12月15日号）。イオン・グループの純粋持株会社制でユニークな点とはいったい何か。頼（2011）によると，持株会社本社は，基本的に専任スタッフが存在せず，その多くは事業会社からの逆出向者によって構成されているという。これは，事業会社の経営や実態を理解する人物が支配会社の経営に参加することで精度の高い経営が期待できる一方，情報の共有化や将来の経営を担う人材の育成さらに国際化がその主な狙いだからである。また，支配会社から事業会社へ出向するパターンを採用していないのは，（上場）事業会社間に賃金格差というバラツキがあるためだと指摘されている。

最後に，繰り返すとおり，イオン・グループの純粋持株会社制は，遠心力による経営であるといえる。「遠心力経営」とは，基本的に事業会社へ権限と責任を移譲して緩やかに連帯しながら，商品，物流，ITなど事業会社間を横断する機能については，これらを集約化して相乗効果の最大化とコスト削減を生み出す経営スタイルであり，純粋持株本社がグループ全体を統括するセブン＆アイホールディングスによる「求心力経営」とは，きわめて対照的である。

　本節のまとめとして，小売業と純粋持株会社制について結論を整理してみよう。最初に，なぜ，小売業界では純粋持株会社制の導入が進んでいるのか。その答えは，国内当該市場の成熟化と縮小化などがあげられた。つまり，小売企業の本質とは，変化対応企業であることから，急速に変貌する内外の環境に対して既存の企業モデルに囚われることなく，柔軟にビジネスモデルを作り変えていく必要性がある。また，この際，純粋持株会社制は，事業の多角化や選択と集中による経営を実践することが容易であり，加えて各事業の実態を可視化しやすいという利点から，採用と導入が進展したものと考えられる。もう１つの論点としては，小売業界首位を巡って互いにしのぎを削っているセブン＆アイホールディングスとイオンが共に純粋持株会社制を採用する一方で，それぞれ異なる純粋持株会社経営を展開している最大の違いとは何か。すでに指摘したとおり，セブン＆アイホールディングスは求心力によるグループ経営であり，これに対し，イオンは遠心力によるグループ経営という違いがあった。この背景には，それぞれの企業がお互いのビジネスモデルを意識したうえで差別化したというものではないだろう。むしろ，その答えとは，それぞれの企業の発展のしかたや組織伝統の相違から，必然的に異なるグループ経営を展開しているものと考えるのがごく自然である。つまり，セブン＆アイホールディングスが求心力によるグループ経営を実行するのは，同社の発展が社内分社を繰り返して成長してきたため，完全子会社政策を採用しやすかったのに対し，イオンが遠心力によるグループ経営を推進するのは，同社がM＆Aという手段を通じて企業成長を遂げてきた影響が大きく，このような経緯から子会社の上場化と自立化，緩やかな連結を志向するグループ経営の体制が構築されたにちがいないのである。

5-4 大手ビール企業と純粋持株会社経営

5-4-1 国内大手ビール企業の組織変革

　沢山の業界があるなかで、上位企業がそろって純粋持株会社制へ移行を遂げているのは、ビール業界に見られる特徴である。キリン、アサヒ、サントリー、サッポロなどのトップ・ブランド企業は、いずれも事業持株会社制から純粋持株会社制へシフトしている。まず、大手ビール企業の中でもっとも早く純粋持株会社制を導入した企業は、サッポログループであった。もともと同社では、社内カンパニー制を採用してきたが、好調な不動産事業に比べて、本業である酒類・飲料事業の業績が著しく悪化した。このため、経営効率を高めて業績改善を図るには、完全分社化を通じたグループ再編が有効であると判断し、2003年、純粋持株会社である「サッポロホールディングス」の傘下に酒類事業、飲料事業、不動産事業、外食事業、その他事業（ホテルなど）がぶら下がるグループ体制に移行した。サッポロビールがグループ再編を断行した後、大手ライバルメーカー各社は、順次、純粋持株会社制への移行を遂げていった。業界最大手であるキリンビールもまた、社内カンパニー制を採用してきたが、国内酒類市場の縮小に伴う再生化、飲料、食品、医薬品などの成長分野の育成、グループが保有する経営資源の有効活用、グローバルなM&A展開など、2015年に向けたグループ長期経営構想を実現する目的から、2007年、「キリンホールディングス」へ移行する一方、その傘下に国内酒類、清涼飲料、医薬、健康・機能性食品、アグリバイオ、国際酒類、その他事業会社、グループ共通間接業務という各事業をぶら下げる体制を構築した。これに対し、サントリーは、もともと社内カンパニー制を採用してきたが、さらに意思決定のスピードや経営の効率化を高めるだけでなく、M&Aに企業成長を加速化、さらに将来の経営者を育成する目的から、2009年、「サントリーホールディングス」を設立してグループ経営と事業執行を分離する一方、グループ本社の傘下に食品（清涼飲料など）、酒類（ビール系飲料、ウィスキーなど）、ウエルネス（健康食品など）、ワインインターナショナル（ワインなど）、ビジネスエキスパート（グループ共通業務）をぶら下げる体制を構築した。
　さて、多くのライバル企業がコア事業の成熟化に伴い、脱本業やグローバル化を推進するため純粋持株会社制へグループ再編を進めるなか、アサヒグループだけは、全売上高に占める酒類の割合が6割以上と高く、また、スーパードライや

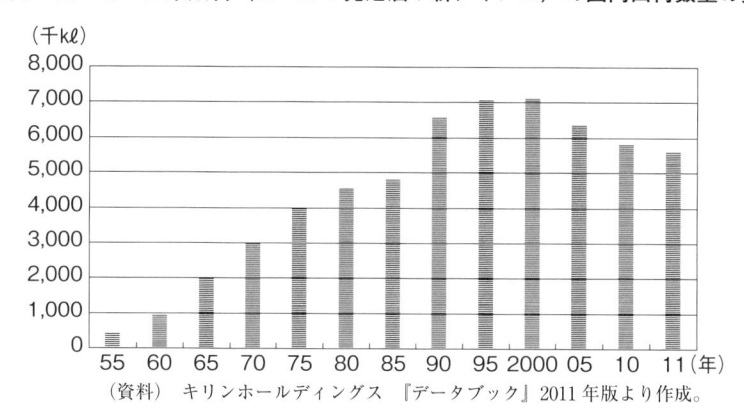

図表 5-10　ビール系飲料（ビール＋発泡酒＋新ジャンル）の国内出荷数量の推移

（資料）　キリンホールディングス『データブック』2011 年版より作成。

　三ツ矢サイダーなどロングヒット商品を持つため，これまで通りの本業重視，国内志向という自然体による経営によって高業績をキープできた。ところが，近年，国内ビール市場の縮小という致命的な事態が深刻化するに連れ，伝統的なビジネスモデルに依存するだけでは生き残れないと自覚し，2009 年「長期ビジョン 2015」を策定した。これは，2015 年までに連結売上高 2 兆〜2 兆 5,000 億円，海外売上高比率 20〜30％ を目指して，グローバル食品企業トップ 10 入りを目標とする大転換であり，この実現に向けて 2011 年，大手ビールメーカーでは最後発ではあるが，純粋持株会社である「アサヒグループホールディングス」の傘下に，酒類事業，飲料事業，食品事業，国際事業，その他事業がぶら下がる体制を構築した。つまり，同社では，グループ・グローバル経営を掲げ，世界中に拡散する経営資源を集約して最適配分し，新たな事業投資戦略を策定する一方で，各事業会社は，自立的な展開を行いながら，個々の市場において競争力向上を追求する体制に移行したのである。

　さて，大手ビール各社が一斉に純粋持株会社制へ移行した最大の理由とは何か。1 つは，少子高齢化や若者のアルコール離れに伴うビール系飲料（ビール，発泡酒，新ジャンル）市場の縮小があげられる。このため，大手各社は，国内志向型からグローバル志向（アジア・オセアニア）型への大転換を余儀なくされたのである。図表 5-10 は，ビール系飲料（ビール＋発泡酒＋新ジャンル）の国内出荷数量の推移（大手 5 社）を 5 年刻みで表したものだが，国内市場は 2000 年前後をピークにそれ以降は年々，低下の一途を辿っている。そして，2011 年現在の

図表 5-11　地域別ビール消費量の推移

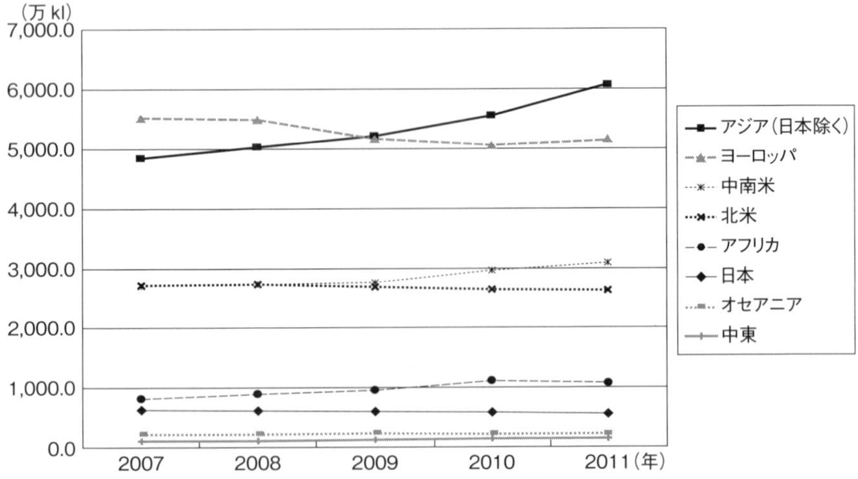

(万 kl)

凡例：アジア（日本除く）／ヨーロッパ／中南米／北米／アフリカ／日本／オセアニア／中東

（注）日本の消費量については、ビール・発泡酒・新ジャンルの合計。
（資料）キリン食生活文化研究所の各レポートをもとに作成。

水準は，ピーク時に比べると約2割減少し，これは，ちょうど24年前の1988年頃の水準まで戻ったことを意味するため，大手ビール各社の危機感を煽ることにつながったのである。また，ビール系飲料の内訳をみると，2002年当時の割合は，ビール62%，発泡酒37%がほとんどを占め，新ジャンルは皆無であった。ところが，2011年の内訳は，ビール50%，発泡酒15%と大幅に低下する一方，新ジャンルは34%まで拡大を遂げており，消費者の嗜好が大きく変化している様子もまた指摘される。

　2つ目の理由として，縮小する国内市場とは対照的に世界のビール消費量は，日本を除くアジア地域の成長が続いている。とりわけ，中国の旺盛な消費量は，人口の増加や生活水準の向上により2003年から9年連続で第1位を記録している。また，中南米地域やアフリカ地域における消費量もまた緩やかに増加している。特にブラジルでは，経済成長に伴う所得の増加から消費量が拡大している。これに対し，ヨーロッパ地域の消費量は年々低下しており，市場は縮小する傾向にある。また，北米地域の伸びもほぼ横ばいと市場は飽和状態であることが予想される。このように世界のビール市場は，新興国地域で市場が拡大する一方で，先進国地域の市場は縮小の一途を辿っている（図表5-11）。

　国内市場の縮小と海外市場（新興国市場）の台頭に加え，純粋持株会社制への

移行に強いドライブをかけた3つ目の理由として，大手ビール各社が総合的な食品企業への道を歩んでいることがあげられる。たとえば，サントリーグループは，真の「グローバル総合酒類食品企業」を掲げる一方で，アサヒグループもまた，「グループ・グローバル食品企業」を目指している。サッポログループは「食品価値創造事業」と「快適空間創造事業」の両方を達成する事業ドメインを目標としているし，キリングループは「食と健康」を進むべきドメインに掲げ，脱ビールと綜合飲料グループを公言している。つまり，今日の大手ビール各社は，伝統的な酒類事業や清涼飲料事業とその国際化事業そして食品事業を加えた4つの事業を多かれ少なかれ営んでいるのである。アサヒグループは，すでに述べたとおり，国内の酒類や飲料というコア事業で強いメガ・ブランドを持っているため，同業他社に比べると，本業重視の経営となる傾向が強い。たとえば，同社の食品事業では，ベビーフードの最大手である和光堂，フリーズドライ製品の天野実業を持株会社本社の傘下に取り入れ，在宅介護向けレトルト食品などの商品開発力の強化に乗り出すなど，より本業に近い事業領域に特化してきたが，それ以外の大手各社は，それぞれ独自の事業領域の開拓に注力している。たとえば，キリングループは，特に医薬・バイオケミカル事業に力を入れている。これは，協和発酵とキリンホールディングスの100％子会社であったキリンファーマ株式会社が合併して，2008年，医療用医薬品の製造・販売を行う「協和発酵キリン」が設立され，今日，グループ全体の16％の売上高まで育ってきている。一方，サントリーグループでは，その他事業の1つとして，近年の健康志向の高まりから，健康・ライフサイエンス事業へ参入している。サントリーウエルネスでは，ゴマの成分から作った「セサミン」や青魚のサラサラ成分を配合した「DHA＆EPA」，さらにスキンケア化粧品「F.A.G.E.（エファージュ）」など，テレビCMでもおなじみな健康食品をテレビやインターネットにより通信販売している。サントリーでは，なぜ，小売販売ではなく通信販売というやり方を採用しているのだろうか。1つは，一般的な食品と違い健康食品は，長期間，継続的に摂取して初めて効果が期待できるため，品切れまたは買い忘れを回避できるからである。もう1つは，科学的に裏付けのあるエビデンス（証拠）を伝えたいからである。仮にスーパーや薬局などの小売チャネルから商品を販売した場合，せっかく健康に役立つ商品を開発できたとしても，商品の山に埋もれてしまう危険性が高い。その意味からサントリーの健康食品は，顧客に対して科学的な裏付けのある情報を十分に周知させるため，もっとも多量な情報の発信力のある通信販売を採用し

たのである（秋場, 2006）。最後に，サッポログループは，不動産事業を展開しており，これまでも全体の業績向上に貢献してきた。たとえば，恵比寿ガーデンプレイスから社名変更したサッポロ不動産開発は「恵比寿ガーデンプレイス」などの都市開発，不動産の賃貸管理，エネルギー供給，ホテル・スポーツ施設運営等を手掛けており，高い収益を記録している。また，最近では，大手小売企業によるプライベート・ブランド（PB）戦略の重要なパートナーとしての役割も担っている。たとえば，セブン＆アイ・ホールディングスが手がけた高価格ビール「セブンプレミアム100％モルト」，イオンが投入した低価格ビール「トップバリュー・バーリアルラガービール」は，いずれもサッポロビールと共同で開発したものである。

　純粋持株会社制へ移行した4つ目の理由は，クロスボーダーM＆Aを効果的に運用するためである。つまり，大手ビール各社は，グローバルM＆Aという戦略的手段を活用して有望な海外市場（アジア，オセアニア）へのアクセスやグローバル食品企業への転換を実現しようとしているが，この際，純粋持株会社制へ移行することが，M＆A戦略のスピーディな実施とその効果を最大化する近道であったと理解されるものである。というのも，グループ経営と事業執行が分離されるため，個々の事業の役割と業績が可視化しやすい反面，グループ本社は，全体最適の立場から資源配分とグループ事業戦略の立案が可能になるからである。また，コア事業で蓄積した知識・ノウハウをグローバルM＆Aによって獲得した企業へ惜しみなく移転して競争力の向上を図る狙いもまたあげられる。たとえば，アサヒグループホールディングスでは，国内で大成功を収めたトップ・ブランドの商品開発力やマーケティング力をM＆Aによって手に入れた外国企業へ注ぎ込み，競争力のアップを図っている（日経ビジネス, 2011年9月5日号）。さらに，日本企業によるグローバルM＆Aは，近年における為替相場の円高現象の長期化とも相まってグローバルな合併・買収を実施するのに都合がよい環境が続いていることも見逃せない。実際に，大手各社は，米国，フランス，ブラジル，カナダ，中国，フィリピン，ベトナム，タイ，シンガポール，マレーシア，インドネシア，オーストラリア，ニュージーランドへ直接投資あるいはM＆Aを通じた事業の拡大を進めている。但し，急速な国際化やグローバル戦略の拡大に伴い，大手ビール各社では，グローバル人材の育成の遅れが深刻な課題として浮き彫りとなってきている。このため，大手各社はその育成や人材確保に余念がない。

　5つ目の移行理由としては，投資家的立場から，より客観的な判断を下せるか

らである。アサヒグループホールディングスのCEOは「数字しかみない。数字がすべて」と公言しているとおり（日経産業新聞，2011年8月19日），純粋持株会社制を通じて，勘やウンなどの主観的見方や裏付けのない理想主義はおおよそ排除でき，現実主義に基づく不可欠な判断を下せるようになった。また，自社の企業グループだけでなく，相手側の企業グループの実態が良きにつけ悪しきにつけ手に取るように把握しやすくなったことも大きい。たとえば，2009年頃，キリンとサントリーの経営統合が大筋合意されたにもかかわらず，最終的に破談となったのは，統合比率や人事，ブランドの問題よりも，創業家一族の取り扱いという問題がクローズアップされたからである。さらに，将来のグループ経営を担う幹部候補生の発掘もしやすくなった。社内カンパニー制のトップは，バーチャルな経営者に過ぎないのに比べ，純粋持株会社制では，各事業会社のトップに権限と責任など経営を委譲するため，人材の才能や能力を把握しやすくなる。最後に，次代を担う経営人材の育成もやりやすくなった。たとえば，キリンホールディングスでは，リーダー研修のテーマとして，実際のグループ会社の経営を事例に取り上げながら，グループ会社の経営者の前で戦略案を発表または提言している。

　さて，これら5つの理由以外にも，たとえば，間接業務サービスなどをシェアード・サービス化することで，グループ全体の効率化を図ることもあげられる。また，将来の成長事業へ経営資源の集中的な投入や不採算事業に対するテコ入れ，戦略的撤退，事業売却などを通じて，事業ポートフォリオとバランスシートを改善するなど，グループ経営の活性化を図る理由もまたあげられる。

　本項の最後に，これら大手ビール各社の純粋持株会社経営について整理してみよう。まず，日本の大手ビール企業は，移行時期については多少前後するものの，例外なく純粋持株会社制に移行している。そして，これを助長した主な理由として，国内酒類市場の縮小があげられる。今日の国内需要はピークを過ぎてしまった段階にあり，少子高齢化の到来を踏まえると，今後とも需要の減退は避けられない。これとは対照的に，日本を除くアジアやオセアニアの市場規模は，今後とも伸長することが予測されている。とりわけ，新興諸国の需要は，右肩上がりを記録しており，今後とも高い需要が見込まれ，大手ビール各社は，国際事業部門を立ち上げるなどしてグローバル戦略の展開に積極的である。また，大手ビール各社に共通する動きとしては，「グローバルな総合食品企業」への転換を掲げている。加えて，酒類や清涼飲料そして食品以外の新たな柱事業として，ビール各社は，医薬，健康，不動産などの異なる事業にもすでに進出しているが，こうし

たグローバル化や多角化を実現するため，時間を買うM＆A戦略を有効活用している。そして，これまで以上に投資家の立場から客観的に事業会社の成績評価を下そうとしている。すなわち，大手ビール各社は，2つの大転換を目指している。1つは，国内市場から海外市場へという市場の転換であり，もう1つは，ビール企業から総合食品企業へという事業の転換である。そして，これらを実現し得る戦略手段として，M＆Aが効果的であること，そして，組織デザインとしては，純粋持株会社制の導入がきわめて有効だと認識しているのである。

5-4-2　キリンホールディングスによる純粋持株経営

　キリングループは，大手ビール企業のみならず，日本企業の中でもっとも事業構造の転換に力を入れている企業の1つである。2007年，キリングループは純粋持株会社制へ移行したが，その出発点となったのは，2006年に策定されたキリングループ長期経営構想「キリン・グループ・ビジョン 2015（KV2015）」まで遡ることができる。これは，2007年当時のグループ規模を2015年までに約2倍まで拡大するという大転換を意味する。つまり，1907年の創立から100年もの歳月を費やした現在のグループ規模をわずか9年たらずの短期間で達成しようとする試みであり，この無謀とも思われる計画を実現する第一歩として，2007年，純粋持株会社制へ移行したのである。

　KV2015とは，消費者のビール離れに伴う縮小する国内市場における企業間競争の激化，グローバル食品企業との競争力の大きな格差などを懸念した同社が，これまで堅持してきた健全経営をかなぐり捨てて，たとえ借金経営に転落したとしても，将来，有望な国内外の事業や企業を合併・買収によって獲得して事業転換を図る目的から策定された挑戦的な将来構想であった。図表5-12は，ここ近年におけるキリンホールディングスの有利子負債とキリンホールディングスとアサヒグループホールディングスの自己資本比率の推移である。

　利子をつけて返済する必要がある有利子負債は，2006年まで低い水準で推移したが，2007年から現在に至るまで右肩上がりで増加している。2006年の段階で302,792百万円であった有利子負債は，2011年現在，約3.5倍に当たる1,144,798百万円まで急拡大している。また，会社の安全性の目安である自己資本比率は，2006年まで50％前後で安定して推移してきたが，2007年から今日に至るまで急低下を辿る一方，2011年現在は，29.9％まで悪化の一途を辿っており，こうした状況は，ライバルであるアサヒグループの自己資本比率の伸長とは，対照的な状

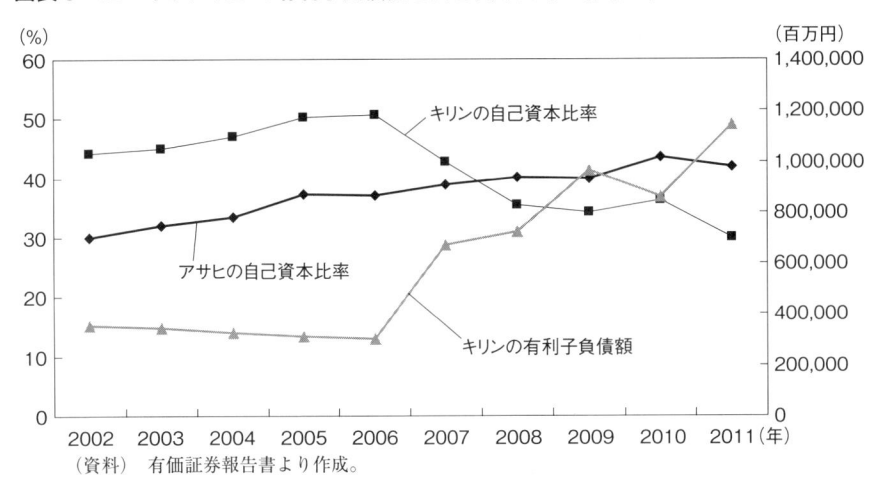

図表 5-12　キリン HD の有利子負債額と自己資本比率の推移（アサヒ HD との比較）

（資料）有価証券報告書より作成。

況を示している。キリングループでは，事業転換を図るべく，多額のキャッシュを M ＆ A の原資としてつぎ込んでいるため，有利子負債が膨張し，自己資本比率の悪化を招いているのである。

　「キリン・グループ・ビジョン 2015（KV2015）」の実現に向けて，最初に同社が取り組んだのは，グループ社員 23,800 人をホールディングスの社員 250 人によってマネジメントするというグループ組織の再編であり，それが純粋持株会社制の導入であった。今日，多くの日本企業が純粋持株会社制にシフトしているなか，キリンホールディングスの経営でユニークな点としては，次のような特徴があげられる。日経ビジネス，2008 年 3 月 3 日号によると，第 1 は，支配会社と事業会社の役員は，原則兼務としないことである。その理由とは，支配会社と事業会社の役割分担を明確化する狙いからである。なお，支配会社の社員はすべて事業会社からの出向社員から構成されているという。第 2 は，支配会社には，15 名程度からなる M ＆ A の専門チーム（戦略企画部）が設置され，世界中の有望事業や企業を随時モニタリングしている。また，M ＆ A を検討した担当者は，買収先へそのまま入り込み，グループ組織との一体化に向けた支援を行っている。第 3 は，各事業会社が稼ぎ出した純利益は，100% 支配会社が吸収するしくみである。支配会社は，集めた資金を配当金の支払いや新たな M ＆ A 投資そして各事業会社への再投資として利用している。また，支配会社の運営費もまた，各事業会社の売上高の 1.1% から徴収している。このようにキリンホールディングス

が事業会社から資金を集めて再投資するシステムの導入を決めたのは，各事業会社の資金を支配会社が一括管理する方が効率的だからであり，また，各事業会社の利害よりもグループ全体の成長を優先した投資を行うためである。第4は，各事業会社への投資については，EVA（経済的付加価値）でマネジメントすることである。EVA（Economic Value Added）とは，各事業会社の税引き後事業利益から投下資本にかかる資本コストを差し引いた余剰利益であり，各事業会社が一定期間（短期間）にどれだけの経済価値を生み出したのかを指すものである。第5は，ブランド（ロゴ）の統一である。これは，支配会社でブランドを集中的に管理しながら，各事業会社の売上高から一定割合の使用料を徴収する体制を構築している。

　キリンホールディングスが掲げた「キリン・グループ・ビジョン2015（KV2015）」の達成状況を見ると，残念ながら多額を費やしたクロスボーダーM＆Aにもかかわらず，その後の結果は不振にあえいでいる。2007年，オーストラリア乳業1位のナショナルフーズ，2009年にオーストラリアビール2位のライオンネイサンを完全子会社化するため，6,000億円にも及ぶ買収費用を投入したにもかかわらず，原材料の高騰などに苦しみ，のれんの償却などで減損損失を計上しており，国境を越えたM＆Aとその後のPMIの難しさがここで改めて浮き彫りとなっている。そこで，キリンホールディングスでは，2021年に向けた「キリン・グループ・ビジョン2021（KV2021）」を新たに旗揚げした。それによると，キリンビール，キリンビバレッジ，メルシャンなどをグループ内組織再編し国内綜合飲料事業の統括会社として「キリン株式会社」を新設すると共に，日本，オセアニア，ブラジル，東南アジアの各地域統括会社の設置を通じて，自律したスピーディ経営を推進しながら，支配会社である持ち株本社は，事業や地域を越えた経営資源移転と機能共有によるシナジー創出を促進する役割をより一層強化するとしている。

第6章

コングロマリット企業の
グループ経営

6-1 コングロマリット企業とは何か

　コングロマリット（Conglomerate）の研究は，これまで多様な分野で活発な議論がなされてきたが，なかでも，多角化戦略の研究において，その内容や実態の解明が進んできた。たとえば，Ansoff（1965）は，市場軸と製品軸のクロスからなる成長ベクトルのなかで，これまでとは異なる新しいタイプの顧客（市場）と非関連技術を通じた新製品分野へ進出する行為を「コングロマリット型多角化」と定義した。また，Barney（2002）によると，コングロマリットは，多角化でいうと非関連多角化（Unrelated Diversification）に該当し，それは総売上高の70%未満が同一業界であり，各事業のリンクや共通特性はないと定義している。つまり，コングロマリット企業とは，買収や合併を通じて，新市場・新製品分野へ進出する企業または事業部門間におけるアセットや情報の連結の程度がきわめて低い企業である。一方，これまでの多角化戦略の研究では，コングロマリット型多角化（非関連多角化）の割合がアメリカ企業と日本企業では，大きく異なる事実を明らかにしている。たとえば，Rumelt（1974）は，多角化のタイプを7つに分類しながら，1949-1969年までアメリカ企業の多角化行動について調査したところ，コングロマリット多角化に該当する非関連型の割合は，1949年（3.4%），1959年（6.5%），1969年（19.4%）のように急拡大を遂げた実態をすでに明らかにしている。これに対し，吉原他（1981）は，Rumeltによる多角化の分類と方

法に基づきながら，1958-1973 年までの日本企業の多角化行動を調査した結果，コングロマリット多角化を意味する非関連型の割合は，1958 年（8.8%），1963 年（7.6%），1968 年（6.8%），1973 年（6.8%）とアメリカ企業とは，逆に低下傾向にある実態を浮き彫りにしている。

　コングロマリットの語源とは，堆積岩の一種である「礫岩（れきがん）」まで遡ることができる。つまり，礫岩は，1つの塊のように見えても無数の石や砂の混在から構成されており，これがコングロマリットの由来といわれている。コングロマリット企業には，多様なタイプが存在する。たとえば，テレビ，ラジオ，新聞，インターネット，出版，音楽，映画など，多様なメディア事業を傘下に収める「メディア・コングロマリット」，銀行，証券，保険など広範囲にわたって金融サービスの提供を手がける「金融コングロマリット」，さらに，スポーツ事業を中心にファッション，クレジットカード，スポーツチーム運営，保険などを手がける「スポーツ・コングロマリット」など，様々である。

　Berg（1965）は，高度に多角化された企業を「統合化された企業」と「コングロマリット企業」に識別している。統合化された企業（Integrated Company）とは，川上から川下までの事業から編成された「垂直統合モデル」である。たとえば，図表 6-1 の上段は，典型的な鉄鋼メーカーの事業ラインを示すものだが，鉄鉱石を採掘する鉱山事業から最終製品を作り出す圧延機事業までが1つのサプライ・チェーンとして連結され，しかもすべての事業のエンドユーザーは，同一の市場である。これに対し，コングロマリット企業（Conglomerate Company）とは，図表 6-1 の下段のとおり，それぞれの事業毎に単一市場が存在する「水平統合モデル」である。このため，事業の分散度合いが増すにつれ，組織内の複雑性は上昇するため，これらを束ねる役割を担うグループ本社組織には，高度な調整テクニックが要求される。

　Berg による分類は，市場を切り口として「垂直統合」と「水平統合」に区別する試みだが，しかし，これでは，「水平統合モデル」を採用する企業は，みんな「コングロマリット企業」に該当されることになってしまう。そこで，さらなる精緻化を試みるため，ここでは多角化戦略の実証研究で有名な Rumelt の考え方に準拠しながら「コングロマリット企業」を定義してみよう。Rumelt（1974）は，1949-1969 年までアメリカ企業の多角化行動について調査した結果，多角化のタイプを「専業型」，「垂直型」，「本業・集約型」，「本業・拡散型」，「関連・集約型」，「関連・拡散型」そして「非関連型」の7つに分類した。そして，企業全

図表6-1 統合化された企業とコングロマリット企業

統合化された企業

鉱山事業 → 溶鉱炉事業 → 製鋼事業 → 圧延機事業 → マーケット

コングロマリット企業

家電事業 → マーケット
半導体事業 → マーケット
小型モーター事業 → マーケット
自動車部品事業 → マーケット
その他事業 → マーケット

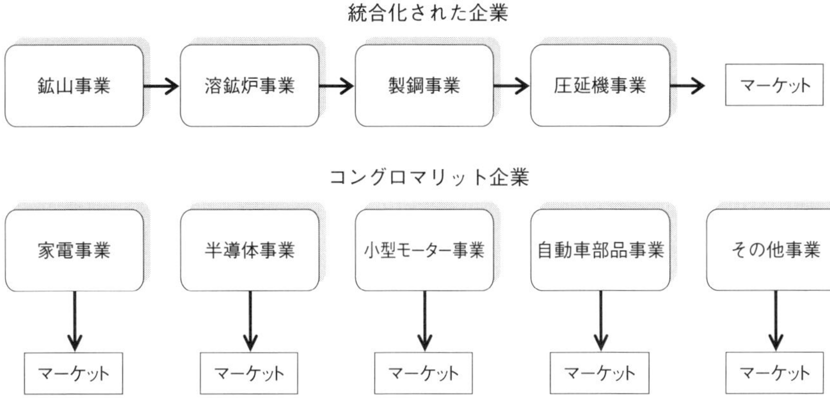

(出所) Berg (1965) p.270.

体の中で，最大の売上規模を持つ最大の単一事業の売上が全売上に占める比率を意味する特化率が95%以上のタイプは「専業型」，企業内に垂直的に関連を持った単位事業グループがある時，そのグループ全体の売上が全売上に占める垂直比率が70%以上のタイプを「垂直型」と位置づける一方，垂直比率70%未満・特化率70%以上のタイプは「本業型」に分類した。さらに，企業内に技術や市場が関連している単位事業グループがあるとき，最大の関連事業グループの売上が全売上に占める関連比率が70%以上のタイプは「関連型」，関連比率が70%未満のタイプは「非関連型」とした（なお，ここでは，垂直型は除外した。というのも，本節では，「水平統合モデル」について議論するため，対象外なのである）。このように諸条件を整理したうえで「水平統合モデル」を再分類したのが図表6-2である。まず，専業型は，本業に絞り込んでいるか，それとも本業比率が圧倒的に大きいタイプであり，このようなタイプをここでは，戦略的フォーカス（Strategic Focus）と命名する。一方，本業の周辺あるいは拡張領域へ進出する場合，そして，関連事業の周辺または拡張領域へ発展するタイプの場合，これらを「関連多角化企業」と位置づけた。最後に，すべての事業が非関連である場合，「コングロマリット企業」と定義した。なお，後述する多角化のディスカウントやプレミアムは，「関連多角化企業」と「コングロマリット企業」の両方のタイプを意味する「多角化企業」として論じている。というのも，コア事業に関連する領域へ多角化する場合と非関連な分野へ進出する場合では，確かに業績面にお

図表6-2　水平統合モデルの定義

戦略的フォーカス		多角化企業		
		関連多角化企業		コングロマリット企業
低レベルな多角化		適度に高レベルな多角化		大変高レベルな多角化
単一ビジネス	支配ビジネス	制約型の関連多角化	連結型の関連多角化	非関連多角化
収益の95%以上が単一事業に由来	収益の70%-95%が単一事業に由来	収益の70%以下がコア事業に由来する。そして、すべての事業は共有連結されている	収益の70%以下はコア事業に由来する。但し、各事業間の連結は、制限されている	収益の70%以下はコア事業に由来する。また、各事業間の連結は存在しない
Ⓐ	Ⓐ–Ⓑ	Ⓐ–Ⓑ–Ⓒ (三角)	Ⓐ–Ⓑ–Ⓒ (線)	Ⓐ　Ⓑ　Ⓒ

（資料）Rumelt（1974）による多角化タイプの分類を参考に作成。

ける成功の確率は、それぞれ異なるものの、組織形成の特徴を見ると、どちらもコア事業からの多角化戦略であるという部分では、本質的な違いはないと考えられるからである。

6-2　コングロマリット企業の現状

　ところで、世界のコングロマリット企業は、いったいどの程度存在するのだろうか。アメリカの大手経済誌フォーブス（Forbes）が毎年発表する「フォーブス・グローバル2000」は、売上高、利益、資産、市場価値の4つの項目から、世界の上場企業のうち上位2000社を選び出しているが、業種（Industry）欄に「コングロマリット」と明記されている企業の数は、図表6-3のとおりである。詳しい業種の分類基準等は不明だが、2010年版を集計した結果、世界のコングロマリット企業は2000社中僅か42社に過ぎず、きわめて少ないのが実態だ。おそらく、今日のビジネス環境は、グローバルな企業間競争の激化、PLC（製品寿命）の短命化、イノベーションの加速化が拡大しており、このため、多種多様な事業群を有し、しかも複雑な企業体であるコングロマリット経営には、不向きな時代である理由からであろう。

　さて、42社の内訳を国籍別にみると、アメリカ8社（General Electric, United Technologies, 3M, Emerson Electric, Danaher, ITT, Dover, Textron）、香港／

図表6-3　世界のコングロマリット企業

ランク	会社	国籍
2	General Electric	アメリカ
50	Siemens	ドイツ
82	Itausa	ブラジル
94	United Technologies	アメリカ
128	Hutchison Whampoa	香港／中国
164	Honeywell International	オーストラリア
169	3M	アメリカ
199	Wesfarmers	オーストラリア
225	Jardine Matheson	香港／中国
241	Royal Philips Electronics	オランダ
244	Alstom	フランス
254	Emerson Electric	アメリカ
298	LG Corp	韓国
321	Koc Holding	トルコ
366	Danaher	アメリカ
414	Sabanci Group	トルコ
504	ThyssenKrupp Group	ドイツ
518	Ingersoll‐Rand	アイルランド
533	Noble Group	香港／中国
570	Keppel	シンガポール
599	Sime Darby	マレーシア
613	ITT	アメリカ
657	Tyco International	スイス
672	Swire Pacific	香港／中国
722	Wharf（Holdings）	香港／中国
857	China Resources Ent	香港／中国
872	SK C&C	韓国
953	Grupo Carso	メキシコ
956	Dover	アメリカ
969	Bidvest Group	韓国
1014	Textron	アメリカ
1099	SembCorp Industries	シンガポール
1144	Remgro	韓国
1241	Smiths Group	イギリス
1408	Fraser & Neave	シンガポール
1432	Beijing Enterprises	香港／中国
1468	ALFA	メキシコ
1531	Far Eastern New Century	台湾
1658	WHSP‐WH Soul Pattinson & Co	オーストラリア
1707	CIR	イタリア
1857	GEA Group	ドイツ
1874	DCC	アイルランド

（資料）　Forbes（2010年版）をもとに作成。

中国7社（Hutchison Whampoa, Jardine Matheson, Noble Group, Swire Pacific, Wharf (Holdings), China Resources Ent, Beijing Enterprises），韓国4社（LG Corp, SK C&C, Bidvest Group, Remgro），ドイツ（Siemens, ThyssenKrupp Group, GEA Group），オーストラリア（Honeywell International, Wesfarmers, WHSP-WH Soul Pattinson & Co），シンガポール（Keppel, SembCorp Industries, Fraser & Neave）がそれぞれ3社，トルコ（Koc Holding, Sabanci Group），アイルランド（Ingersoll-Rand, DCC），メキシコ（Grupo Carso, ALFA）がそれぞれ2社，ブラジル（Itausa），オランダ（Royal Philips Electronics），フランス（Alstom），マレーシア（Sime Darby），スイス（Tyco International），イギリス（Smiths Group），台湾（Far Eastern New Century），イタリア（CIR）がそれぞれ1社であり，「コングロマリット企業」は，特定の国や地域へ集中するというよりも，少数ながら，世界中の広い地域で採用されている事実がここで浮き彫りとなった。また，世界のコングロマリット企業42社のうち，アジア国籍の企業が数多く見られるが，これは，香港／中国が華人企業グループ，韓国がチョボル（財閥）など，アジア地域に広く独特の企業形態が存在するためである。

　一方，今日のコングロマリット企業の世界的地位は，あまり高いとはいえない。ベスト10位内にランクされた企業はGEの1社のみであり，これにSiemensを加えた2社がベスト50位内，さらにブラジルのItausaとアメリカのUTCを加えた4社だけがベスト100位内にランクされるのみである。つまり，世界のコングロマリット企業42社のうち，約9割もの企業が100位以下という有り様であり，コングロマリット企業の存在感は，かなり薄いのが実態のようだ。

　それでは，コングロマリット企業の利益率はどうだろうか。先のフォーブスのデータから，世界の主な製造コングロマリット企業の売上高利益率を算出すると，コングロマリット企業のトップのGE（7.0％），次いでSiemens（3.0％），UTC（7.2％），Honeywell（7.0％），3M（13.8％）Royal Philips（1.8％）Emerson（8.2％）LG（1.0％），Danaher（10.3％）であった。この比率の高さを評価するため，非コングロマリット企業の利益率を計算してみると，たとえば，ソフトウエア＆サービス業界を調べると，IBM（14.0％），Microsoft（27.7％），Oracle（25.0％），Google（27.6％）であった。また，半導体業界を見ると，Intel（12.4％）であった。さらに，ハードウエア機器業界では，Apple（20.0％），Cisco Systems（17.1％）であった。このことから，コングロマリット企業は，非コングロマリット企業に比べ，相対的に利益率が低い事実が明らかとなった。非コングロマリット企

業の多くは，特定の業界に特化しているか，それともコア事業に関連する事業へのみ多角化しているため，コングロマリット・ディスカウントを回避できたからであると考えられる。

　ところで，フォーブスによるグローバル2000社のなかで，コングロマリット企業として明記された日本企業は，一社も存在しなかった。日本を代表するコングロマリット企業として，これまで認識されてきたソニー，日立製作所，東芝など大手総合電機メーカーは，どれもハードウエア機器メーカー（Technology Hardware and Equipment）と記載され，コングロマリットとして分類されていなかった。また，ミネラルウォーターから宇宙衛星までをビジネスとして取り扱っている総合商社は，貿易会社（Trading Companies）として分類されていた。そして，もはや日本の鉄道（Japan Railway）から日本の小売業（Japan Retail）へと大きく変貌しつつあるJR東日本は，伝統的な輸送業（Transportation）として区別されていた。さらに，プロ野球経営や金融事業にも進出している楽天は，ビジネス・サービス＆供給業者（Business Service & Supplies）に区分されていた。このようにフォーブスによる業種区分に準拠するかぎり，日本のコングロマリット企業は，今日，認められないという結果が浮き彫りとされた。

　次に，このようなコングロマリット経営の現状や実態については，いくつかの代表的な先行研究が存在する。たとえば，Berg（1969）によると，コングロマリット企業の本社スタッフは，関連多角化企業の本社スタッフに比べて数が少ないことがすでに明らかにされている。Markham（1973）は，コングロマリットを含む多角化企業の経営意思決定の所在について調査したところ，本社レベルの意思決定の割合が高いのは，投資決定である事実を明らかにしている。具体的に言うと，「価格決定」は51％が部門レベルで実施されていた。「広告宣伝」もまた，部門レベルが44％ともっとも多く，本社レベルの35％を上回った。「研究開発支出」は，本社レベルが45％を占める一方で，次いで最初に部門レベルで決め，それを本社レベルが最終的に決める方法である混合型が28％で続いた。「投資決定」では，本社レベルが80％を占め，ほぼ独占的に決定していることがわかった。Peters and Waterman（1982）は，もはや古典的名著となったエクセレント・カンパニーの条件の1つとして，他の事を考えず，自分の仕事（コア事業）に専念する（Stick to the Knitting）重要性を指摘し，むやみな多角化，総合化に警鐘を鳴らしている。Porter（1987）は，1950年から1986年までアメリカのコングロマリット企業33社が実施した多角化について調査した結果，そのほとん

どの企業が買収によって獲得した事業から，途中で撤退している事実を明らかにしている。それによると，既存事業との関連性に乏しい分野へ多角化した場合の撤退比率は，平均で74％という高い数字であり，新規分野の買収を通じた多角化の難しさを立証して見せた。Ries（1996）は，成功しているコングロマリット企業は，企業の歴史が共通して長い点を指摘している。確かに，GE, Siemens, 3M などを見ても，企業が誕生してからすでに100年以上の歳月が経過している。また，これらの企業は，どれも成熟業界で競争している点もまた一致している。

6-3　世界のコングロマリット企業

　コングロマリット企業の歴史を紐解いてみよう。コングロマリット企業の台頭は，1950年代後半から1960年代までの米国における企業買収ブームがその引き金とされている。この時代に登場したアメリカのコングロマリット企業としては，リットンインダストリーズ（Litton Industries Inc.），リングテムコボート（Ling-Temco-Vought），テクストロン（Textron）などが有名だが，なかでも，もっとも代表的なコングロマリット企業は，ITT（International Telephone and Telegraph）である。同社の伝説的なCEOであるハロルド・ジェニーン（Harold Geneen）は，通信機器，エレクトロニクス，自動車部品，ホテル，住宅，レンタカー，保険金融，食品などのサービス部門の企業買収を通じて事業の多角化を図り，同社を世界最大の複合事業体に育て上げた。在任中に買収を通じて獲得した企業は，世界70ヵ国，約400社とも言われ，1959年から1977年までの間，同社の売上高は7億6,500万ドルから約280億ドルまで急増する一方，利益もまた，2,900万ドルから5億6,200万ドルまで上昇を記録した。そして，さらに時価総額は，約15年間でなんと1155％も上昇した。しかしながら，ITTは，行き過ぎた利益一辺倒の買収が続いたため，これらすべての事業を健全に経営できなくなり，最終的に失敗を余儀なくされた。

　一方，こうしたITTに代わり，今日，世界最強のコングロマリット経営を実践するのは，アメリカのGEであり，その最大の功労者は，GEの長い歴史の中で約20年もの長きにわたって頂点に君臨してきたジャック・ウエルチである。1980年，ウエルチは，GEのCEOへ就任した直後，同社の事業ポートフォリオの再構築に着手した。これは，ナンバーワン・ナンバーツー政策（Number1,2

図表6-4　3つの円と投資優先度

	投資優先度Ⅰ (投資／成長)	投資優先度Ⅱ (成長／防衛の選択)	投資優先度Ⅲ (刈り取り)	投資優先度Ⅳ (売却／切捨て)
コア	ファイナンス 情　報 建設及びエンジニアリング 原子力			
ハイテク	素　材 航空機エンジン	医療システム 産業用エレクトロニクス	宇宙航空	
サービス	照　明 タービン	大型家電 輸　送 モーター 受注生産機器		
円外		小型家電	セントラルエアコン 大型変圧機	テレビ／オーディオ スイッチギア ワイヤー／ケーブル

(出所)　Rothchild (2007) 邦訳 p.203.

Policy) と呼ばれ，世界市場でナンバー1，ナンバー2以外の事業は，再建するか，売却するか，それとも閉鎖するという大胆な政策であった。ウエルチはまた，この政策を推進するため，3つの輪 (Three Cycle Concept) を提唱した。これは「コア (中核)」，「ハイテクノロジー」，「サービス」という3つの円を描き，既存の事業を3つのサークルのいったいどこに位置づけられるのか検証しながら，この円のどこにも入らなかった事業でしかも利益がでない事業，市場の成長力が低い事業，全社戦略に適応しない事業については，再建，売却そして閉鎖のどれかを決定する手法であった。こうした抜本的な取り組みを通じて，GEでは10万人以上もの人員が削減され，1981年から1983年まで合計118もの事業が処分された。他方，リストラを通じて得られた資金11億ドル以上を利用して190億ドルもの事業を新たに買収した。ウエルチによる3つの円と投資優先度のシナリオは，図表6-4のとおりである。

こうした取り組みによって，GEは，世界最高のコングロマリット経営を展開する企業まで上り詰めたが，それでは，同社のハイエンドなコングロマリット経営の本質とは何だろうか。それは，GEが単に独立したバラバラな事業を寄せ集めた企業体ではなく，グローバルに統合された多角化企業 (Global Integrated Diversity) であることに尽きるだろう。これまでの伝統的なコングロマリット企業とは，独立した諸事業を単に寄せ集めた集合体であった。それぞれ勝手に競争

を繰り広げる事業単位から構成された企業体のため，組織として共有化された価値観や文化は乏しく，全体的な連携活動やリソースの共有化が発揮されにくかった。これに対し，「グローバルに統合された多角化企業」は，個別事業単位で競争を繰り広げ，知識・ノウハウを蓄積しながら，共通する価値観や企業文化によって事業部門間における学習やリソースの移転，逆移転を有機的に繰り広げられる連携体である。「グローバルに統合された多角化企業」は，バラバラな諸事業の単なる寄せ集めではなく，組織全体で高い「家族性」を有するユニークな企業体を意味するものである。「家族性」とは，共通する価値観や企業文化によって組織全体があたかも家族の如く見えない糸で結束している組織構造を意味するものであり，このような性格が組織内の相互活動や相乗効果を引き出す重要な役割を演じているのである。こうした価値観の共有を重視するその証としてGEでは，目標を達成しても価値観を受容できないマネジャーと目標達成が未達成でも会社の価値観を共有して実行できるマネジャーを比較した場合，前者は，排除されるべき対象だが，後者は，改善のチャンスが与えられるべき対象であると位置づけている。

　それでは，GEが単なるバラバラな事業の融合体ではなく，共通の価値観や企業文化を併せ持つことができた真の理由とは何か。それは，世界でもっとも競争力のある企業になるには特別な社風が必要であり，贅肉を取り，小回りの利く企業，企業活動のスピードを速め，官僚主義を打破すべきとのウエルチの強い哲学に由来するものと考えられる。つまり，ウエルチは，人材やキャッシュなど資源の豊かさ，活動範囲の広さ，グローバル戦略など，大企業としての強みを持つGEに小さな企業の強みである，情熱や夢，機敏さと簡潔さ，現実主義と敏捷性を移植することで，理想的なコングロマリット経営を実現させたのである。

　また，ウエルチが掲げた「ナンバーワン・ナンバーツー政策」とは，単なるリストラの基準ではなく，実は社内のモチベーションを高める面でも強い貢献を果たしたことは見逃せない事実である。Saloner, Shepard and Podolny（2001）によると，ナンバーワン・ナンバーツー政策は，その基準が売上なのか，収益なのか，生産性なのか，成長なのか，イノベーションなのか，はっきりしていないにもかかわらず，GEの公式的なルールとして必要なのは，これが業績を重視する文化としての効果があったからであると主張している。たとえば，コングロマリットのような大企業の場合，各事業部門は，総じて内向きとなる傾向が強い。自部門の比較対象は，内部のその他部門となりやすいため，企業全体の業績は低迷

してしまい，それが多角化ディスカウントを引き起こす原因ともなるからである。ところが，ナンバーワン・ナンバーツー政策を掲げることで，GE の各事業部門のマネジャーは，高い次元の目標を設定して取り組まねばならず，ややもすると，保守的，安定志向に走りがちなマネジャーの態度を抑止する効果として，絶大なるパワーを発揮したのである。

　「伝統的なコングロマリット企業」から「グローバルに統合された多角化企業」へ大きく飛躍した唯一の企業である GE は，今日，世界中のコングロマリット企業の経営者が目標とすべきベンチマークとなっている。特に，グローバルな競争力を持つ強力な個が 1 つの GE（One GE）として，見事に統合された企業体としては，おそらく，世界でも唯一な存在と考えられるからである。現代のコングロマリット経営における基本的コンセプトの多くは，世界最高の企業である GE から生み出されてきたのであり，つまり，GE の経営を模倣して学ぶことこそが，コングロマリット経営を成功させる近道なのである（Bartlett and Ghoshal, 1997）。

　こうしたことから，GE が生み出した数々の経営コンセプトを世界中のコングロマリット企業がベンチマークとして模倣や学習に努めている。なかでも，ドイツのシーメンスは，一時期，最大の苦境に立たされたものの，GE 流のコングロマリット操作術を学習して実践に導入した結果，今日では，最適な事業ポートフォリオを構築して競争力の回復を遂げている。もともと，シーメンスは，通信機器をコア事業としてグローバルな成長を遂げてきたが，今では，通信機器のみならず，携帯電話や情報機器を売却または統合してしまった。シーメンスは，徹底的に GE のやり方を模倣しているが，但し，それはやみくもに完全コピーに終始することではなく，むしろ，模倣プラスアルファ（$+\alpha$）の徹底を図っている。つまり，GE 流を半分コピーするが，もう半分はシーメンス流とするものであり，こうした模倣プラスアルファという考え方は，イノベーションの世界では，単なるイミテーションではなく，これはエミュレーション（Emulation）と呼ばれている（薬師寺，2011）。たとえば，GE のナンバーワン・ナンバーツー・ポリシーによると，ナンバーワン・ナンバーツー以外の事業は，容赦なく清算か売却が採択されることを意味するが，これに対し，シーメンスは，相対的に競争力のない事業でも，たとえば，主力事業と関連性を有する事業のような場合，他社との提携の模索や本体から既存事業を切り離して上場化する場合もある（Von Pierer, 2005；日経ビジネス，2011 年 7 月 4 日）。また，シーメンスによる GE 流の学習は，ハードウエア面のみならず，ソフトウエア部分まで及んでいる。たとえば，シー

図表 6-5　3 社の特徴比較

	GE	UTC	Emerson
ランク（Forbes）	2位	94位	254位
事業ドメイン	エネルギー、医療、航空、家電、インフラなど	航空、軍事、空調、昇降機、防火・防犯など	プロセス、ネットワーク、冷凍空調、産業自動化、家電用機器、ツール、ストレージ
製造業以外の事業	金融、メディア	なし	なし
多角化の方向	成長市場	成熟市場（製造業一筋）	成熟市場
多角化政策	世界1位・2位	世界1位・2位	世界1位・2位
経営トップ	カリスマ型	現場重視型	コンセンサス型
研究開発	オープン型	クローズド型	クローズド型
M&A（買収後のブランド）	ブランド統合	ブランド残す	ブランド残す

（資料）各種資料により作成。

メンスの人事を見ると，現 CEO のペーター・レッシャー（Peter Löscher）氏は，過去，GE に在籍した経験を持っている。また，シーメンス・ジャパンの CEO である織畠潤一氏も，GE に努めた経験を有する人材である。このようにシーメンスでは，ハードとソフトの両面から GE 流を導入している。

　GE 流のコングロマリット経営は，今日，世界中の企業から複合事業体経営モデルの理想形として広く認識されている。しかしながら，コングロマリット経営で成功している企業は，必ずしも GE だけではない。たとえば，アメリカの製造コングロマリット企業であるユナイテッド・テクノロジーズ（UTC）やエマソン・エレクトロニックは，GE 流とは一線を画した独自のコングロマリット経営を展開しながらも高い利益率を誇っている。そこで，GE, UTC, Emerson の3社の特徴と違いを比較してみよう（図表 6-5）。

　フォーブス・グローバル 2000 で各社のランキングをみると，GE は2位，UTC は 94 位，Emerson は 254 位であり，GE が圧倒的な強さを示している。まず，GE はエネルギー，医療，航空，家電，インフラなどの製造業だけでなく，金融，メディアのような非製造業まで幅広く事業を手がけている。これは，GE が飛躍や成長が期待できるグローバルなメガ・マーケットを対象にナンバーワン・ナンバーツー戦略を展開している証左でもある。GE は，伝統的な特定事業に対して強い思いやこだわりを抱くこと以上に，成長や発展の可能性が高い有望

な領域ならば，業種や国を超え積極的に参入し，成功を収める能力と強い意志を兼ね備えたきわめて稀有な企業といえる。これに対して，UTC や Emerson は，GE が目指すその方向性とは逆に，伝統的なコア事業にフォーカスしながら，グローバルなニッチ・マーケットでナンバーワン・ナンバーツー戦略を挑んでいる。たとえば，UTC は，航空，軍事，空調，昇降機，防火・防犯など，製造業一筋に歩んでいる。Emerson もまた，プロセス，ネットワーク，冷凍空調，産業自動化，家電用機器，ツール，ストレージなど製造業にだけ特化している。このように GE の事業展開と一線を画すのは，GE という企業そのものがあまりにも稀有な存在のため，安易に追従すべきではない理由に加え，たとえ成熟した製造業のしかもニッチ・マーケットであっても，独自のバリュー・プロポジション (Value Proposition) を創造さえできれば，企業価値を高めることはいくらでも可能だからである。実際に，UTC や Emerson の売上高利益率は，GE と同等もしくはそれ以上の数字をしかも何十年にもわたり継続しており，成熟した市場において圧倒的な競争優位性を構築している。

　経営者のリーダーシップを比較すると，GE は，間違いなくトップダウン型であるといえるだろう。たとえば，過去，GE が米モトローラから導入した不良品を 100 万個当たり 3.4 個未満に抑える統計的品質管理手法であるシックス・シグマや 3 日間の集合研修から，業務に関する問題点や課題を洗い出し，解決策を模索するワーク・アウトなどは，明らかにトップがイニシアチブをとったものである。また，驚くべきことに GE では，150 年近い歴史があるにもかかわらず，これまでの CEO の数はわずか 9 人に過ぎない。そして，1981-2001 年までの 20 年間，CEO を務めたウエルチがそうであるように，CEO1 人当たりの平均在任期間は，実に長く 14 年にも及んでいる。これは，GE という巨大な企業体を 1 人の卓越したリーダーが把握・管理するためには数年単位ではなく，数十年単位の期間が不可欠だからである。また，GE では，CEO 経験者がすべて社内昇進者であることもまた注目に値する。これは，多種多様な事業部門から GE は構成されるため，もっとも GE を熟知した人物でないと巨大な組織全体を統合できないからである。GE のリーダーシップが内部人材によるカリスマ型であるのに対して，UTC は現場重視型，Emerson はコンセンサス型のリーダーシップであるという違いがある。たとえば，UTC では，すべてにおいて現場主義が貫かれている。具体的な事例をあげると，同社は，トヨタやパナソニックといった日本企業から学習した現場主義を通じて，高い生産性を達成する独自の全社的経営システムで

ある ACE（Achieving Competitive Excellence）を創造し，これが同社の中核的な組織能力として機能している。つまり，UTC では，現場主義を徹底して高い生産性を獲得しており，これは，ボトムアップ型のリーダーシップを重視している証左でもある。一方，Emerson は，最近になって伝統的な CEO のワンマン体制からチームワーク重視の体制へと移行した。同社は，もともと強力なリーダーシップによる経営体制を採用してきたが，経営規模や経営展開が次第に拡大するにつれ，1 人の CEO がすべてを統括するのは不可能だと判断された。そこで，Emerson では，5 人の経営トップが合議して意思決定する最高経営オフィス（Office of Chief Executive：OCE）体制へ移行した。

　研究開発を見ると，GE は，外部を積極的に活用するオープン・イノベーションに注力しているのに比べ，UTC や Emerson は，社内の中央研究所主義によるクローズド・イノベーションを採用している違いがある。ウエルチの時代から GE では，社内外を通じて優れた知識やアイデアを見つけ出し，これを吸収する学習する文化を重視してきた。つまり，これは知のアウトソーシングであり，社外に散在するベスト・プラクティスを学習し，ワーク・アウトを通じて組織全体に共有するを取り組みを強みとしてきた。また，今日でも，新しい知識やアイデアを新興国で開発し，それを先進国でも利用するリバース・イノベーションを展開するなど，オープン・イノベーションの取り組みに余念がない。一方，UTC や Emerson では，伝統的なインハウスによるイノベーションの開発にこだわっている。というのも，多くの企業が他社の動向や一時のブームに流された結果，逆に技術開発力を落としてしまったからである。そこで，中核的なイノベーションは，社内でやるべきだとの結論に達したのである。

　最後に，通常，事業の多様性の程度が高い企業体ほど，事業ごとの個性が大切に扱われるものである。たとえ，買収によって獲得した企業でも，買収した企業がこれまで磨き上げてきたブランドをそのまま残す方が競争優位につながるからである。逆に，事業の多様性の程度が低い企業では，各事業の一貫性や同質性が求められるため，買収した企業のブランドは，1 つに統合した方が得策であると判断される場合が多い。この点，GE では，興味深いことに事業ドメインが金融・サービス事業まで拡大しているにもかかわらず，買収によって獲得した企業のブランドを GE ブランドに統合する方策を採用しているのに対し，製造業へ事業ドメインを絞り込んでいる UTC や Emerson は，買収後もそのままブランドを残す政策を打ち出している。おそらく，GE では，グループ企業の一体化と家

族性を強く重視しているため，買収後，社名をGEで統一する傾向が強いことがあげられる。また，買収によって得た企業のブランドよりも，GEの方がはるかに強力なブランドなので，GEに統合している可能性も考えられる。一方，UTCやEmersonでは，たとえ買収した企業でも，これまで時間をかけて築き上げてきた企業ブランドを安易に捨て去るべきではないと考えている。このため，これらの企業では，持株会社の傘下に多様なブランドが存在する形態が採用されている。たとえば，UTCの傘下には，航空機エンジンの「プラット・アンド・ホイットニー」，エレベーターの「オーチス・エレベーター」，空調設備の「キャリア」など，世界一流の企業群が置かれているが，これらはどれも創業者の名前に由来するものである。

6-4 戦略的フォーカスのプレミアムとディスカウント

　関連多角化企業とコングロマリット企業を含む多角化企業の主なプレミアム（強み）とディスカウント（弱み）を浮き彫りにするため，まず，特定事業へ特化する「戦略的フォーカス」の強みと弱みについて考察する。戦略的フォーカス（Strategic Focus）とは，多角化戦略で言うと，非多角化，専業化を意味するものであり，コモディティ化が進んだ成熟期に力を発揮する有効なモデルと言われたり，あるいは，イノベーションの生起が専業企業を次々に生み出す原動力となっているとも言われている。画期的なイノベーションがこれまでワンタイプしかなかった製品を顧客別に無数のタイプの製品開発を可能にするからである。

　「戦略的フォーカス」のプレミアムとしては，まず，規模の経済性があげられる。「戦略的フォーカス」は，複数の事業部門へ資源や知識を分散化せず，特定の事業部門へ経営資源や知識・ノウハウを集中的に投入できるため，生産量の拡大に伴うコストダウン効果，学習効果を入手できる。また，特定の事業分野で強力なブランドを構築できれば，当該分野でデファクト・スタンダードを確立できるだけでなく，優れた人材の獲得，顧客のロックイン（囲い込み），容易な資金調達も可能となる。さらに，シンプルな経営構造なため，スピード感のあふれた企業経営を展開できることもまた強みである。第2は，企業価値の向上である。総花とも揶揄される総合メーカーや高度に多角化した企業と部品やキーデバイスを含む専業企業を比較すると，「戦略的フォーカス」の方が高業績の場合が多い。

Zook and Allen（2001）の調査によると，持続的な価値創造を実現している企業のほとんどがコア事業へ集中する企業で占められ，複数のしかも異なる事業部門を有する企業であればあるほど，価値破壊を起こしている実態がすでに明らかにされている。また，約80％もの市場リーダーはコア事業を1つもっている企業であるのに対し，コア事業が複数ある場合の市場リーダーは17％と少なく，さらにコングロマリット企業の場合は，わずか5％に過ぎないとする結果を明らかにしている。第3は，選択肢の自由度である。日沖（1998）によると，「戦略的フォーカス」は，複数の事業部門を抱えていない分，もっともすぐれた競争力のある原材料，部品，製品をフリーハンドで活用できるメリットがある。たとえば，Ries（1996）は，5つの市場で10％ずつマーケット・シェアを獲得するより1つの市場で50％を専有する方が戦略的には有効であると主張しているが，これは，5つのマーケットで低い市場地位を構築した場合，その他の事業部門が有する脆弱な資源やノウハウを活用する義務が発生してしまい，有効な競争戦略の策定と実施の足かせとなってしまうと論じている。

　これとは反対に「戦略的フォーカス」には，次のようなディスカウントが考えられる。第1は，専業企業のため事業間シナジーを期待できないことである。周知のとおり，「戦略的フォーカス」の場合，特定の技術，製品，市場に深く集中するため，多部門で創造された知識・ノウハウや複数の事業部門から生起される相乗効果のようなメリットは，初めから期待できない。第2は，一本足の事業のため生じるリスク集中の問題である。多くの企業では，外部環境の不断の変化へ柔軟に対応するため，複数の事業を展開することでリスクの分散化を図っている。すなわち，選択肢を複数準備していざという事態に備えるのである。これに対し，一芸に秀でる「戦略的フォーカス」は，特定の事業に深く特化するので潰しが利かず，リスクをもろに受けてしまう危険性を避けることができない。第3は，本業の成熟化である。これは，本業が成長段階に該当するならば，事業の将来性は当分，安定が見込めるため問題は発生しない。ところが，本業がすでに成熟段階に到達しているのであれば，もはやこれ以上のキャッシュフローを期待することは困難であり，企業経営そのものが窮地に陥る危険性が高まるのである。Zook（2007）は，本業の成熟化を克服する処方箋として，コア事業の再定義や徹底した検証を通じて隠れた資産（Hidden Assets）を見つけ出し，それをテコに事業転換を果たしていくべきと主張しているが，とはいえ，コア事業の成熟化は，「戦略的フォーカス」のウィークポイントであることは間違いない。

6-5 多角化企業のプレミアムとディスカウント

　一方，多角化プレミアム（Diversification Premium）とは，コングロマリット・プレミアム（Conglomerate Premium）とも言い換えられ，企業が多角化，複合化すればするほど，組織の効率性や収益性そして株式評価が拡大する現象を意味する。多角化企業（Diversification Firm）は，多角化のタイプで言うと，関連多角化（Related Businesses）と非関連多角化（Unrelated Businesses）の2つに区別できる一方で，経済や市場の成長期のモデルと言われたり，あるいは，オールラウンド志向，隣の芝生は青く見えるとも揶揄される。多角化プレミアムの内容には，主に3つあげられる。第1は，リスクの分散である。つまり，多角化企業は，沢山の引き出しを持っているため，黒字事業で得た利益を赤字事業の損失が相殺してしまいリスクはあるものの，本業の成熟化に伴うリスクを回避でき，企業経営の可能性を高めることができる。このようなリスク分散のメリットについて，シーメンスの前CEOであるハインリッヒ・フォン・ピーラー（Heinrich Von Pierer）は，次のように語っている。好不調のサイクルの異なる事業が集まればリスク分散となる。とりわけ，変化の激しい時代にこそ，その強みが発揮されるのだ（日本経済新聞，2004年10月19日）。つまり，多角化プレミアムとは，経済変動によって避けられない不採算事業による落ち込みに対して，リスク分散という保険をかけることである。たとえば，不況から，ある事業の需要が著しく低下し赤字に陥っても，その他の事業がそれを下支えして業績悪化を最小限に抑える効果が期待できる意義は大きいのである。

　第2は，資源の多重利用である。たとえば，多角化企業は，設備，物流，調達等の共有化，販売チャネルや人材や技術・ノウハウなどを事業部門間で相互に利用する「範囲の経済性」を享受できる。たとえば，Markides（2000）は，多角化した場合，次のような3つのアドバンテージを入手することが期待できると主張している。1つは，新製品分野に参入する原動力として働くことである。2つ目は，新市場においてライバルよりも早くそして低コストで必要とする能力を獲得できる。最後に，1つの知識を水平展開的に多重利用できることである。Markidesはまた，資源の多重利用として，キヤノンの成功を次のように分析している。キヤノンは，長年，カメラ事業という本業ビジネスを通じて，①販売代理店網を有効活用するコンピタンス，②光学とエレクトロニクスを組み合わせた

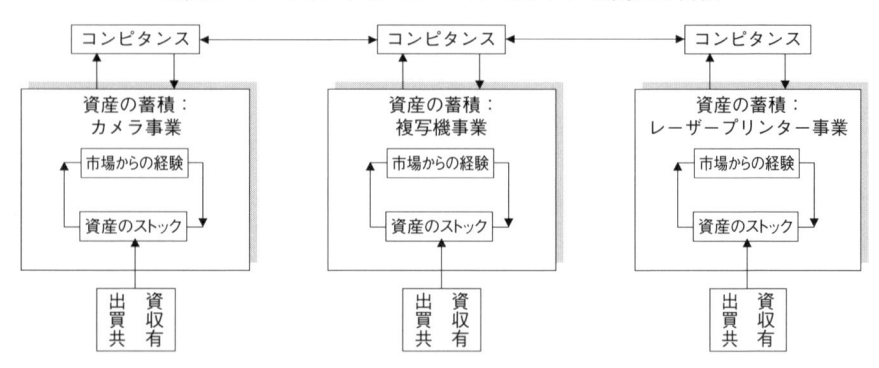

図表6-6　キヤノンのコア・コンピタンスと資産の蓄積

```
┌─コンピタンス─┐◄──┐   ┌─コンピタンス─┐◄──┐   ┌─コンピタンス─┐
└──────┘   │   └──────┘   │   └──────┘
  ▲       │     ▲       │     ▲
  │       └─────┤       └─────┤
┌─────────┐   ┌─────────┐   ┌─────────┐
│ 資産の蓄積：  │   │ 資産の蓄積：  │   │ 資産の蓄積：      │
│ カメラ事業    │   │ 複写機事業    │   │ レーザープリンター事業│
│┌─市場からの経験─┐│   │┌─市場からの経験─┐│   │┌─市場からの経験─┐ │
│└────▲────┘│   │└────▲────┘│   │└────▲────┘ │
│     │    ││   │     │    ││   │     │     │
│┌────▼────┐│   │┌────▼────┐│   │┌────▼────┐ │
││ 資産のストック  ││   ││ 資産のストック  ││   ││ 資産のストック   │ │
│└─────────┘│   │└─────────┘│   │└─────────┘ │
└─────────┘   └─────────┘   └─────────┘
  │              │              │
┌─┴─┬─┬─┐       ┌─┴─┬─┬─┐       ┌─┴─┬─┬─┐
│出 │買│資│       │出 │買│資│       │出 │買│資│
│資 │収│本│       │資 │収│本│       │資 │収│本│
│共 │  │共│       │共 │  │共│       │共 │  │共│
│同 │  │有│       │同 │  │有│       │同 │  │有│
└───┴─┴─┘       └───┴─┴─┘       └───┴─┴─┘
```

（出所）　Markides and Williamson（1994）p.156.

製品開発のコンピタンス，③大規模組み立てラインの生産性を向上するコンピタンスを生み出し蓄積してきた。ところが，これらのコンピタンスや能力は，本業だけでなく，新たに参入する複写機事業やレーザープリンター事業にもそのまま波及が可能だった。そこで，カメラ事業で蓄積したコンピタンスを梃子にして新規参入を試みた。その一方で，キヤノンは，複写機事業やレーザープリンター事業の展開を通じて，新たに生み出したコンピタンスや能力を今度は，本業であるカメラ事業へ逆に波及させて利用した（図表6-6）。つまり，多角化企業の強みとは，単に参入した事業で生み出したコンピタンスや能力を蓄積することではなく，個々に蓄積したコンピタンスや能力そして経験を相互に移転しながら，組織全体の新陳代謝を高める組織学習であり，これこそが，最大の多角化プレミアムであると結論づけている（Markides and Williamson, 1994）。

　第3は，権限や責任の拡散防止である。マルチビジネス企業の場合，各事業部門へ権限と責任が明確に移譲されるため，これらのあいまい化や不透明化を回避することができ，それらの拡散防止にも有効といわれている。つまり，各事業は，プロフィット・センターとして機能するため，統合された多角化企業（垂直統合モデル）が内包する権限や責任の拡散を未然に防止することもまた可能である。

　一方，多角化ディスカウント（Diversification Discount）は，「コングロマリット・ディスカウント」とも呼ばれ，その意味は，企業が多角化，複合化すると組織の効率性や収益性そして株式評価が著しく低下する現象である。ここで主な多角化ディスカウントについて取り上げると，第1は，スキル・バイアスの可能性

である。これは，企業内にシナジーの源泉となる知識・ノウハウが眠っていると勝手に思い込み，無理な組み合わせや統合を実行した結果，かえってマイナスのシナジー（アナジー）を生み出してしまう危険性である。つまり，トップマネジャーの多くは，多角化企業を目指す際，複数の関連した事業部門間における相乗効果を期待する。ところが，単に事業間の類似性や同質性が高いからという理由だけで，強引に連結してシナジーを要求しても，シナジーが効率的にしかも短時間に生み出されるという保障は全くない。シナジー生起の源泉とは，結局のところ，感情や個性を有する人材の手に委ねられているからであり，異なる事業部門の人材が演じる協働を軽視して，無理やり一方的にシナジーを要求するだけでは，逆に対立や葛藤を生み出して崩壊してしまうだけである。

　第2は，マネジメントの複雑性である。多角化経営は，非常に広範な事業を展開するため，いわば，事業の数ほど戦略もまた複数存在し，経営幹部にはきわめて複雑なマネジメントが要求される。つまり，あまりにも複雑なためマネジメントが難しい（Too Complex to Manage）という課題が本質的に潜んでいるのである。たとえば，Hall (1987) は，コングロマリット経営の難しさとして，企業内のすべての事業に画一的な経営を展開できない点について取り上げている。つまり，コングロマリット企業の本社組織は，有効な全社戦略を策定できず，各事業部門が策定した事業計画や個別戦略を積み上げて承認するだけの役割に陥ってしまう危険性がある。Markides (1995) は，ルメルトの分類を援用しながら，1950年代，1960年代そして1980年代において，再集中化（Refocusing）した企業と多角化（Diversifying）した企業の割合の推移を調べたところ，「再集中化」した企業の割合は，50年代から60年代までは1%台であったものが，80年代になると20.4%まで拡大したのに対し，「多角化」した企業の割合は，これとは逆に50年代から60年代までは22〜25%台のものが，80年代には8.5%まで一挙に下がった。つまり，50年から60年代までは，「多角化」する企業が拡大したのに比べ，80年代になると，「多角化」の縮小や既存事業への集約化を意味する「再集中化」した企業の割合が上がったことを突き止め，多角化企業における経営の難しさを改めて浮き彫りにしている。Ries (1996) は，多くのフォーカス企業がその後，コングロマリット化した結果，失敗を招くプロセスについて，次のように説明している。一般に，創業当時の企業は，製品・サービス，ターゲット市場などについて高度にフォーカスすることから出発する。ところが，その後，製品ラインの拡大，多角化，シナジー効果など，拡張への意欲が徐々に高まりを見せ

てコングロマリット企業へと成長する。しかしながら，コングロマリット化した企業では，いわゆる物理学でいう，閉じた世界の中では，急速に無秩序が進むことを意味するエントロピーが増大するため，企業経営の複雑性がより一層高まるだけでなく，高度なフォーカスは，もはや失われ機能しなくなる。このことから，成功企業の法則とは，コングロマリット化することではなく，戦略的フォーカスに徹することであると主張している。

　第3は，トップの情報処理能力の限界である。これは，統制範囲の原則（Span of Control）と呼ばれ，一人のトップがマネジメントできる部下や事業の数には，おのずと限界があり，その限界を超えてしまうと，意思決定の精度や効率性が著しく低下する法則である。このような統制範囲の原則に従うと，たとえ本業に近い領域へ水平多角化するとしても，多角化の度合いが高まるほど，トップマネジャーによるマネジメント能力は著しく減退するため，コントロール不全に陥ってしまう危険性が指摘される。また，コングロマリット経営を採用した場合，事業戦略の策定は，独立性の高い各事業へ大幅に委譲されるため，主観的なものに陥りやすくなる。トップによる情報処理能力の限界を指摘する論者として，Hall (1987) は，コングロマリット経営の難しさは，トップ・マネジメントが様々な事業の内容を深く理解しなければならないと指摘しながら，たとえば，製造業からサービス業まで手広く事業を手掛けるような企業の場合，組織の複雑性がことさら高まるため，トップ経営者が有する処理能力を大きく超えてしまう危険性をあげている。さらに，Milgrom and Roberts (1992) は，非関連分野へ拡張する問題として，次のように論じている。たとえば，異なる事業部がもたらす業績や新規投資提案の評価など，中央の意思決定者が正しい情報を知ることができなくなり，意思決定の精度が落ちる。そして，こうしたトップの情報処理能力に伴う問題が深刻化すると，業績の測定がこれまで以上にコスト高になると警告を発している。

　第4は，企業価値の低下である。つまり，多角化企業は，戦略的フォーカスに比べて株式評価が低く見積もられる傾向が強く，このため，著しく企業価値 (Corporate Value) を損ねるとの主張が，とりわけ，企業財務 (Corporate Finance) を専門とする研究者から指摘がなされている。たとえば，Lang and Stulz (1994) は，戦略的フォーカスのトービンのqについて調べた結果，多角化企業に比べて10％程度高かったことを明らかにしている。トービンのq(Tobin's q theory) とは，株式市場で評価された企業価値を資本の再取得価格で割った

比率である。Berger and Ofek（1995）は，多角化企業の株式価値は，それぞれの部門の単独企業価値の合計と比較すると，およそ13%から15%ほど低い結果を浮き彫りにしている。また，Lins and Servaes（1999）は，1992年から1994年までのドイツ，日本そしてイギリスの大企業における多角化の弊害について調査した結果，ドイツでは，重大な多角化ディスカウントを発見できなかったが，日本では10%，イギリスでは15%の重大な多角化ディスカウントの発生が確認された事実を浮き彫りにしている[50]。

　このように多角化企業を巡る議論は，多角化による価値破壊を支持する論者だけでなく，逆に多角化による価値創造を指摘する論者もまた多数存在しており，議論が二分されているのが実態のようだ（Besanko..Dranove and Shanley, 2000）。

6-6　鉄道企業によるコングロマリット経営

6-6-1　私鉄企業によるコングロマリット経営

　先に述べた「フォーブス・グローバル2000」によると，日本企業のうち明らかにコングロマリット企業と認められる企業は，調べた限り確認することはできなかった。本調査によるコングロマリット企業（非関連多角化企業）の分類基準が，図表6-2の「収益の70%以下はコア事業に由来しながら，各事業間の連結は存在しない」とする定義に基づくものかどうかは不明だが，とはいえ，今のところ，コングロマリットのような企業体は存在せず，むしろ，関連多角化企業がほとんどであるのが実態のようだ。おそらく，日本の経営者は，相乗効果や資源の多重利用を重視する経営を掲げる場合が多く，そのため，関連多角化企業となるにちがいないが，それでは，将来的にもコングロマリット企業は，登場しないのだろうか。実は，関連多角化企業体からコングロマリット企業体へ転換しつつある日本企業は存在するのであり，たとえば，鉄道企業などがあげられる。次に，非関連多角化を志向する日本企業として，大手私鉄企業グループを取り上げてみよう。大手私鉄ほど，非関連分野への進出に向けて独自のビジネスモデルを構築した企業は，ほかには例を見ないからである。一方，大手私鉄企業のやり方やビジネスモデルを模倣・学習し，非関連多角化の割合を徐々に高めつつある代表的な企業として，併せてJRグループを取り上げてみたい。とりわけ，東日本旅客鉄道のグループ経営は，私鉄企業のビジネスモデルに限りなく近く，注目に値す

るものである。

　日本の鉄道事業は，大別すると，大手私鉄企業グループとJRグループ各社にそれぞれ分けられる。現在，日本の大手私鉄各社は，東武鉄道，京成電鉄，西武鉄道，京王電鉄，小田急電鉄，東京急行電鉄（東急），京浜急行電鉄（京急），東京地下鉄（東京メトロ），相模鉄道（相鉄），名古屋鉄道（名鉄），近畿日本鉄道（近鉄），京阪電気鉄道，阪急電鉄，阪神電気鉄道，南海電気鉄道，西日本鉄道（西鉄）など16社が存在する。日本民営鉄道協会（民鉄協）の「大手民鉄の素顔」によると，全事業収益に占める鉄軌道部門収益の割合は，相模鉄道（100％），東京地下鉄（97.0％）が高い割合を占める一方で，それ以外の大手私鉄は，例外なく，本業以外の多角化を展開している。なかでも，東京急行電鉄（53.0％），近畿日本鉄道（58.3％），阪急電鉄（57.4％），阪神電気鉄道（39.7％），西日本鉄道（16.2％）各社は，多角化の度合いが高い企業に位置づけられる。

　これに対し，JRグループ各社は，北海道旅客鉄道（JR北海道），東日本旅客鉄道（JR東日本），東海旅客鉄道（JR東海），西日本旅客鉄道（JR西日本），四国旅客鉄道（JR四国），九州旅客鉄道（JR九州），日本貨物鉄道（JR貨物）という7社に分類される。1987年，当時の日本国有鉄道（国鉄）が分割民営化されて，6つの地域別旅客鉄道会社と1つの貨物鉄道会社であるJRグループ各社が誕生した。そして，私鉄企業の場合，関連分野に限らず，非関連分野にも広く多角化する傾向が強いのに比べ，JRグループ各社では，運輸業という本業の割合が高いこと，そして，本業に関連する事業分野へ進出するケースが多いという違いがあげられる。たとえば，東日本旅客鉄道（JR東日本）の場合，売上高に相当する営業収益と営業利益に占める運輸業の割合は，全体の約7割を占める一方で，多角化事業の内訳を見ると，小売業や飲食業のような「駅スペース活用事業」，ショッピング・オフィス事業を意味する「生活サービス事業」など，どちらの事業とも鉄道と密接な関連性を有する事業分野への進出であることが分かる。つまり，JR東日本では，1日1,659万人の人々が行き交う「駅」資源を最大限に活用できる事業領域を多角化戦略の方向性として掲げ，積極的な参入を試みているのである。

　さて，今日の大手私鉄企業の特徴は，①広範囲な事業領域，②非関連多角化への進出，③高い国際競争力という3点に要約することができる。最初に，私鉄企業の事業領域は，非常に多岐にわたる。たとえば，運輸業（鉄道，バス，タクシー，路面電車，索道，海運，レンタカー，貨物輸送，貨物取扱，航空輸送），不

動産業（仲介，販売，開発，賃貸，ビル・管理），建設事業（建設，請負，造園），小売業（デパート，スーパー，専門店，売店，無店舗コンビニ），観光・レジャー・サービス業（旅行代理店，遊園地，映画館，劇場，振興事業，スポーツクラブ，学童保育，施設管理，飲食業，ホテル，カルチャースクール），製造業（車輛，プラント建設），情報処理事業（ケーブル TV，情報処理，広告，金融，保険，カード），文化事業（美術館，学校）などである（正司, 1996；1998）。また，最近の私鉄企業の中には，これまでにないニュービジネスへ挑戦する企業も登場してきている。たとえば，近畿日本鉄道は，農業ビジネス，太陽光発電事業への参入を試みている。南海電気鉄道は，私鉄では初の試みであるクリーニング事業へ進出したり，沿線の病院と提携して外国人向けに医療ツアー商品を提供している。また，阪神電気鉄道は，シンガポールの大手医療機関であるラッフルズ・メディカル・グループに施設を提供して「医療ツーリズム」を企画している。さらに，小田急電鉄は，学童保育や学習塾という教育ビジネスへの進出をスタートさせるなど，大手私鉄企業グループは，非関連事業への新規参入を本格化させている。また，最近の大手私鉄の中には，大規模プロジェクトの中心的な役割を果たす企業も現れてきた。たとえば，東武鉄道は，東京都墨田区で話題を呼んでいる「東京スカイツリー」の事業者である。同じく，2014 年に竣工予定の「阿倍野橋ターミナルビル」は，近畿日本鉄道が事業主である。そして，これらの大手私鉄企業が抱える共通の課題とは，不人気路線の払しょくと沿線人口減少の防止，さらに不動産価格下落の下支えであり，その突破口として，巨大プロジェクトを立ち上げ，再起を期す試みを図っているのである。

このように今日の私鉄企業各社は，伝統的な多角化事業に加え，これまで参入しなかったような事業領域や大規模プロジェクトへの挑戦を積極的に進めてきている。おそらく，少子高齢化のような日本の構造変化に加え，ライフスタイルや購買行動の変化などから従来までの事業領域が成熟化しており，このため，時代のニーズにフィットする新たな事業領域の開拓や挑戦が望まれているがゆえの行動であるにちがいない。

最後に，日本の私鉄企業の経営は，世界的にもきわめて優れた企業経営として国内外からすでに高い評価を得ている。水谷（2008）によると，日本の私鉄企業は，運賃収入が鉄道事業費を上回るため，自立的な経営であるのに比べ，外国の一般的な鉄道は，運賃収入だけでは鉄道事業費を賄うことができず，このため，政府からの補助金なしでは成り立たないのが実態である（正司, 2004）。また，鉄

道のインフラ整備について比較すると，外国の場合，税金などの公的資金や補助金に頼らざるを得ないのに対し，日本の私鉄は，運賃収入だけで対応できるため，国や政府の援助を受ける必要がなく，独立した企業経営を志向している。さらに，外国の鉄道は，ヒトやモノを2つの異なる地点から地点まで輸送する単なる手段に過ぎないのに比べ，日本の私鉄企業は，鉄道事業を中核としながら，利用者や生活者に対するサービス事業までも幅広く手掛けている違いがある。

　ところで，大手私鉄各社は，ほぼ共通したビジネスモデルを展開している。それは，鉄道という強力なビジネス・プラットホームを構築し，そのビジネス・プラットホーム上で多様なビジネスを展開していることである。こうした私鉄企業独自のビジネスモデルは，一般的に「沿線開発ビジネスモデル」とも呼ばれ，その生みの親は，阪急電鉄の創業者である小林一三と言われている。「沿線開発ビジネスモデル」は，鉄道＋沿線開発＝沿線価値の向上を実現する考え方であり，具体的には，鉄道，交通，不動産，小売業などの各事業を連携し，これらの相乗効果を生起して沿線価値を高めることである。また，「沿線開発ビジネスモデル」は，これまで世界中の鉄道企業から模倣や学習の対象とされ，なかでも，国鉄分割の際，JR グループは，優れた私鉄経営のやり方を学習し，多くのベストプラクティスの吸収を図ったとされている（水谷，2008）。

　「沿線開発ビジネスモデル」とは，いったいどのような思想や哲学に基づくモデルなのだろうか。小林一三によると，鉄道のための地域開発事業ではなく，地域開発事業のための鉄道という思想に立脚するものである。つまり，鉄道とは，ヒトやモノを出発地から目的地まで運ぶ単なる輸送業ではなく，地域の社会や文化を生み育てる重要な戦略的手段として位置づけていることである。この背景には，鉄道事業の運賃は認可制のため規制されており，かってに料金設定を変えて高い収益を獲得することはできない影響が潜んでいる。そもそも，私鉄企業が運賃を引上げようとする場合，国土交通省へ運賃の改定を申請する。それを受けて所轄官庁である国土交通省は申請内容を吟味する一方で，運輸審議会へ諮問に出す。そして，運輸審議会において申請内容を審議しながら，公聴会を開き国民の意見に耳を傾ける。こうした長いプロセスを経て運賃改定の方向性が定まれば，物価問題を議論する関係閣僚会議にかけられ，ここで了解されれば，国土交通大臣が認可するという一連のプロセスを経由しなければならない。鉄道とは，一連の制約条件があるため，利益を上げるには限界があるのに比べ，小売やサービスは顧客を相手にするため，いくらでも利益を稼ぐことは可能である。そこで，私

鉄企業各社は，鉄道沿線を開発して土地の評価額を高め，その開発利益から儲けるという発想に辿りついたのである。

　次に，創業者である小林一三が今日の阪急電鉄を築き上げるまでの足跡を辿ってみよう。1907年，「箕面有馬電気軌道」の専務取締役に就任した小林一三は，鉄道開業にあたり，簿価の安い沿線用地（825,000m²）を広く買収した。というのも，買収した沿線用地は，住宅地として恵まれた土地であったことから，輸送需要を高めるため不動産事業を展開するためであった。1910年，鉄道開業した後，土地住宅分譲を開始したが，この際，小林は，今でいう住宅ローン販売方式を初めて採用した。その結果，割賦販売方式の利用を通じて分譲住宅の販売はすぐに完売した。一方，輸送需要のさらなる拡大のため観光地開発にも着手した。1910年，箕面の地に箕面動物園を開園した。1911年，宝塚の土地に宝塚新温泉を開業して人気を博した。また，1913年，宝塚新温泉の集客を高めるため，閉鎖した室内プールを再利用して少女による唱歌隊を結成した。これが今日の宝塚歌劇団の前身にあたる。1918年，現在の宝塚音楽学校の前身である宝塚音楽歌劇学校が創立され，1924年には，宝塚大劇場を開場した。1925年，今度は遊園地ルナパークを開業させ，翌年には動物園，植物園も開業させた。次々に新規事業を立ち上げた小林一三が次に手がけたのは，1929年，日本初の画期的なターミナル百貨店の創業である。当時，郊外地から都心部へ向かう通勤者や利用客が急増する一方，一日13万人もの乗客が乗り降りする阪急梅田駅が有する集客力を活かすべく，駅直結の阪急百貨店を開業した。小林一三が手がけたビジネスは，これだけではない。大阪阪急野球協会（後の阪急ブレーブス）という球団の創設，西宮球場の建設，東宝映画の発足や電車内の中づり広告の開発まで，数多くのビジネスやアイデアを企画・開発した天才的なクリエイターであった。小林一三が生み出した「沿線開発ビジネスモデル」は，その後，さらに進化を遂げることになる。たとえば，バスやタクシーなどを手がける交通事業は，駅から自宅までをフィーダー輸送（Feeder Transport）するものである。その主な狙いとしては，沿線人口の増加や生活者に対する利便性の向上があげられる。また，スーパー，専門店，売店，無店舗コンビニのような小売業は，駅前および駅付近へ店舗を立地開発することで，沿線の生活者＝消費者である住民たちを囲い込む効果を狙ったものである。

　それでは，次に，阪急電鉄以外の私鉄大手各社による「沿線開発ビジネスモデル」について取り上げる。鉄道事業は，一般に「下り」より「上り」が混雑する

など，通常，「上り」と「下り」では乗客数に格差が生じる。具体的に言うと，時間帯により乗客数は変化する。たとえば，通学・通勤の時間帯は「上り」が混雑して「下り」は空きが発生する。これとは反対に，帰宅の時間帯は「下り」が混雑して「上り」は空きが生じる。さて，どうすれば空き車両に対して乗車数を増やし稼働率をあげられるだろうか。ここでは，「下り」方面の稼働率をアップする工夫に絞って議論してみよう。おそらく，下りの稼働率をあげるには，主に3つの方策が考えられる。1つは，「下り」方面に誘うプロモーション活動を展開することである。たとえば，京王電鉄グループでは，高尾山スタンプラリーや高尾山修行体験合宿を企画して「下り」方面に対する遡及を高めている。2つ目は，すでに論じたとおり，「下り」方面にある郊外に魅力ある施設・しくみを作る施策である。日本の私鉄は，江戸時代の巡礼の影響から，寺社仏閣への参詣客を輸送する目的として建設されたものが多いといわれるが，今日の私鉄各社は「下り」方面にゴルフ場，リゾート施設，ホテルなどを開発して特に土日の休日の期間における「下り」への誘導を促進している。最後に，「下り」の方面に大学等を誘致する施策である。たとえば，東京急行電鉄では，企業や工場，ゴルフ場の誘致よりも，むしろ，大学誘致を積極的に行ってきた。東急沿線に大学を誘致するアイデアは，東急グループの創始者である五島慶太によって進められた。五島が積極的に大学を誘致した目的は，鉄道の利用者増加による運賃収入の確保と路線のイメージアップのためであった。実際に，東急沿線に誘致された主な大学をあげると，東京工業大学，日本医科大学，東京学芸大学，東京都立大学などがあげられるが，なかでも慶應義塾大学に対する日吉の誘致は，今でも有名な話である。なぜ，慶應義塾大学がこの地へやって来たのか。大正末期，慶應義塾大学は，もともとの三田の校地が手狭となった。このため，一部移転の候補地を探していたところ，昭和3年，東京横浜電鉄（現：東急）から沿線の日吉台の土地約7万坪を無償提供するとの申し出があり，検討の末，この地に購入分・借地・無償提供分を合わせ，約13万坪を確保した。これが現在の日吉キャンパスの始まりとされる。今日の東急東横線日吉駅の1日の乗降客は約12万6千人にも達し，これは，自由が丘駅や菊名駅よりも多い人数であり，大学誘致戦略のその効果は，きわめて甚大であったことがすでに証明されている。

　「沿線開発ビジネスモデル」は，これまで大手私鉄各社の有効な儲け方として機能してきた。ところが，最近，その有効性や輝きに陰りが見え始めてきている。そのキッカケとなる出来事は，バブル不況の時代に大手私鉄各社が膨大な不良資

産を抱えたことである。つまり，不動産価格がもっとも高い時期にリゾートやホテルの開発のため，土地を積極的に取得したものの，バブルの崩壊による影響から地価は大暴落してしまい，このため，多大な含み損を抱えることとなってしまったのである。また，少子高齢化時代の到来も深刻な問題である。たとえば，東京急行電鉄によると，東急沿線の人口は，2036年まで増加するものの，その主役は65歳以上の高齢者たちであると予測している。具体的に言うと，65歳以上の高齢者の割合は，2006年に16%だったものが，2036年には，全体の29%まで増加する見込みである。これとは逆に15-64歳までの年齢人口は，2030年から減少し始めることが推定されている。このように東急沿線では，客層の中心がシニア世代へ移行しつつあり，消費意欲の旺盛な年代が急速に減りつつある。また，沿線住民らの可処分所得も減少しており，しかも住宅ローンや教育費が圧し掛かってきているため，慎ましい生活を送る家庭が次第に増えている。かつて東急沿線は，若者やアーティストたちも暮らすおしゃれな路線であり，また，比較的，裕福な人々が住むため，ビジネスモデルもまた高級化路線を重視してきた。ところが，将来の沿線は，少子高齢化が一段と進み，これからは慎ましく質素な沿線住民が増加することが予測され，伝統的な高級化戦略の抜本的な転換を余儀なくされている。そこで，東京急行電鉄が目玉として打ち出した打開策は，住み替え促進戦略である。この事業は，沿線外から流入する若者世代には，駅上や沿線の社有地を賃貸住宅として提供する。これに対し，賃貸からの住み替えファミリー世代には，子育てが終了して高齢者となった住民で一軒家を持て余している住民，坂道や階段が多い場所に家があるため，高齢者の身では住みづらい思いを強めている住民たちの家をリノベーションして提供する。そして，リフォーム住宅からの住み替えシニア世代には，介護付き老人ホームのような人にやさしい高齢者住宅を提供するなど，沿線住民のライフスタイルの変化に合わせて居住環境や住宅を変えてゆく取り組みがスタートしている。その他，沿線開発ビジネスモデルの有効性が低下する理由には，鉄道ターミナル駅の集客力の低下があげられる。駅の老朽化や駅に併設する百貨店の魅力度が弱体化してきた結果，人々を集め止めることができなくなり，沿線開発ビジネスモデルの有効性の衰退に強い影響を及ぼしている。このため，近年では，百貨店のリニューアルや大型複合施設の開業など，大規模な駅前の再開発計画が進んでいる。さらに，長引く消費不振の影響は甚大である。不況の長期化に伴い，国内消費は低下の一途を辿っている。また，堅調に推移するコンビニエンス・ストアやネット・スーパーそしてネット宅配と

いう小売業における新業態の台頭から、私鉄各社の小売事業は、軒並み業績の悪化に苦しめられている。そこで、最近では、店舗数の縮小や人員の削減というリストラに加え、駅前スーパーの店舗改装や品ぞろえの工夫、さらにプライベート・ブランド商品の開発など、小売事業の立て直しを図ろうと努力している。

　大手私鉄各社は、鉄道＋沿線開発＝沿線価値の向上という「沿線開発ビジネスモデル」によって、長い間、成功を手にしてきた。ところが、最近、同ビジネスモデルの有効性が低下してきており、このため、私鉄企業各社は、グループ全体で「沿線開発ビジネスモデル」の再構築に取り組んでいる。それは、非関連多角化をさらに展開して新事業の開拓に乗り出すことに加え、これまで手がけてきた既存事業の再生と強化を図ることであり、その主な取り組みについては、先にも触れたとおりである。つまり、「沿線開発ビジネスモデル」そのものの有効性は、今日の厳しい現状においてもいまだ続いているため、ビジネスモデルそのものを根本からイノベーションするのではなく、市場やビジネスのダイナミックな変化にも柔軟に適応できるようにビジネスモデルをリノベーションすることである。

6-6-2　JRグループによるコングロマリット経営

　次に、JRグループによるコングロマリット経営について触れてみよう。今日、JRグループでは、複数の多角化事業を通じて成功を収めている。JR（Japan Railways）グループは、1987年、それまでの日本国有鉄道が分割民営化されて地域ごとの法人単位に編成されたことが起源とされるが、このような変革の際、当時の日本国有鉄道が手本としたのは、日本の私鉄経営のやり方であった。すなわち、今日のJRグループが本業の運輸業だけでなく、小売・流通、不動産、ホテルそして金融から、最近では、ドラッグストア、農業、病院、観光レジャーまで数多くの多角化事業を手がけるようになったその背景には、大手私鉄各社による儲け方を模倣し学習した過去が存在するのである。そして、現在のJRグループの本業以外の売上高や営業利益は、それを本業とする企業に匹敵する規模までなってきている。たとえば、流通大手企業との売上高比較を見ると、JR本州3社（JR東日本、JR東海、JR西日本）の合計は2兆7,000億円にも達し、これは、セブン＆アイやイオンに次いだ規模に相当するものである。さらに営業利益で比較すると、JR本州3社は1,792億円であり、これは、イオンを上回る第2位に該当する。つまり、今日の「JR」とは、日本旅客鉄道（Japan Railways）としての「JR」という意味だけではなく、日本流通業（Japan Retail）としての「JR」

という性格も併せ持っているのである（日経ビジネス，2008年11月10日号）。

　まず，JR本州3社の事業構成について調べてみると，JR東日本は，運輸業，駅スペース活用事業（流通），ショッピング・オフィス事業（不動産），その他（ホテル，広告，クレジットカード，サービスなど）から構成されている。JR東海は，運輸業，流通業，不動産業，その他（ホテル，旅行，広告など）によって形成されている。JR西日本は，運輸業，流通業，不動産業，その他（ホテル，旅行，広告など）から構成されている。つまり，JR本州3社の事業は，どれも運輸，流通，不動産，その他という柱から構成されることが分かる。次に，売上高のセグメント別構成比を見ると，JR東日本の場合，運輸68％，流通15％，不動産9％，その他8％であり，特に流通や不動産のような事業の売上高が年々成長している。JR東海の場合は，運輸77％，流通13％，不動産3％，その他8％であり，本業である運輸の割合が大きい反面，不動産は割合も売上高も共に小さい。JR東日本やJR西日本の運輸比率に比べ約10％程度高く，本業重視の傾向が強いその主な理由は，おそらく，東海道新幹線という強力な稼ぎ頭があるからにちがいない。最後に，JR西日本の場合は，運輸67％，流通17％，不動産6％，その他11％であり，多角化戦略としてはJR東日本のスタイルに似ている。

　ここで，大手私鉄企業とJR本州3社によるグループ経営を比較すると，大手私鉄企業の場合，地域密着型のネットワークのため，沿線の利用者や生活者のライフスタイルまで踏み込みやすい。このため，グループ経営は，非関連事業群から構成された編成になりやすいのに比べ，JRグループの場合，全国に張り巡らされた強力な広域ネットワークが存在するため，どうしても運輸を中心とする事業構成となりやすく，利用者や生活者のきめ細かなサービスまで踏み込みづらい。このため，駅ナカビジネスなど，鉄道の事業基盤を有効活用できる事業群から構成されたグループ経営となりやすいのである。

　さて，JR本州3社の事業内容を見ると，運輸を除き売上高の割合が高いのは，流通である点では一致している。よって，基本的なビジネスモデルは，運輸と流通をクルマの両輪の如くグルグル回す経営であると表現できる。こうした運輸と流通を組み合わせて儲けるやり方をここでは「JR^2ビジネスモデル」と呼びたい。「JR^2ビジネスモデル」とは，鉄道（Japan Railways）としての「JR」と流通（Japan Retail）としての「JR」という，2つのJR事業の相乗効果で儲けるしくみを意味するが，このしくみの背景には，主に2つの理由があげられる。1つは，鉄道と流通の相性の良さである。たとえば，JRが有する駅という場は，小売事

図表 6-7　JR 本州 3 社によるセグメント売上高

(単位：百万円)

JR 本州 3 社		平成 22 年度	平成 23 年度	平成 24 年度
運輸業	JR 東日本	1,757,993	1,721,921	1,705,793
	JR 東海	1,130,256	1,158,085	1,171,328
	JR 西日本	797,490	806,460	839,072
流通業	JR 東日本	387,103	385,891	396,168
	JR 東海	180,334	187,553	196,683
	JR 西日本	201,995	201,322	233,542
不動産業	JR 東日本	226,932	223,293	229,636
	JR 東海	42,938	40,177	37,285
	JR 西日本	70,953	75,767	93,576
その他	JR 東日本	201,693	206,247	200,575
	JR 東海	133,103	117,267	103,031
	JR 西日本	119,695	129,955	121,488
合計	JR 東日本	2,573,721	2,537,352	2,532,172
	JR 東海	1,486,631	1,503,082	1,508,327
	JR 西日本	1,190,133	1,213,504	1,287,678

(資料) 各社有価証券報告書より作成。

業の立地条件としてはまさに理想的な環境にあり，巨大な集客力を作り出すことができる一方で，JR の流通は，圧倒的な集客力を持つ駅を最大限に活用できる事業である。もう 1 つは，「沿線開発ビジネスモデル」でも触れたが，鉄道とは，もともと公共性が高く，法律によって厳しく制限されているため，運賃収入によって儲けるやり方には限界がある。たとえば，図表 6-7 は，JR 本州 3 社における売上高の推移を示したものだが，このなかで運輸業を見ると，東海道新幹線というドル箱路線を持つ JR 東海や九州新幹線の全線開業に伴う山陽新幹線との相互直通運転を始めた JR 西日本では，確かに業績がアップしているものの，東京，名古屋，大阪など大都市圏では，年々輸送人員の低下が深刻化しており，今後とも収益の拡大ができる保障は何もない。また，鉄道に対する顧客満足とは，コスト・パフォーマンスの良し悪しではなく，定刻運行を通じて安心で安全なサービスを実現することにあり，これは私鉄でも同様である。一方，変化対応業としての流通とは，顧客満足を第一の目的として企業が何でも自由にやれ，しかも収益の制限などないため，創意工夫次第では，巨大な利益を生み出すことも可能である。図表 6-7 における流通業の項目を見ると，基本的に業績は各社とも総じて上昇傾向にあるが，なかでも JR 東日本の動向は，特に注目すべきである。

同社は，流通業を「駅スペース活用事業」，不動産業を「ショッピング・オフィス事業」と呼んでいる。そして，「ショッピング・オフィス事業」とは，ショッピングセンターの運営事業とオフィスビル等の貸付業に区別されるが，このうち，ショッピングセンターの運営事業（ルミネ，アトレ）は，本来，不動産ではなく，流通業として分類されるべきであるとするならば，JR東日本の流通事業の規模は，さらに大きくなるのである。

　それでは，JR本州3社のうち，ここでは，非関連多角化に注力しているJR東日本を取り上げ，同社のグループ経営と流通事業のビジネスモデルについて詳しく触れてみよう。ここで同社の流通事業を取り上げるその主な根拠とは，繰り返すまでもなく，鉄道会社にとって主力である運輸業は法律によって拘束されているため，今後は高い収益はあまり見込めないが，駅資源やその魅力度を最大限に活かすことができる流通業は，鉄道企業における第2の事業の柱として，高い可能性を秘めているからである。

　有価証券報告書等によると，JR東日本グループは，事業持株会社であるJR東日本の傘下に連結子会社72社，持分法適用関連会社3社がそれぞれ事業や役割を分担するシンプルな企業グループを形成している（平成24年3月31日現在）。同社では，キャッシュイン（現金の流入）の拡大を志向する事業（企業）とキャッシュアウト（現金の流出）の低減を志向する事業（企業）ないしグループを横断する業務を通じて，コストの低減を志向する事業（企業）のクロスから，各事業の特性とグループ会社の位置づけを明らかにしている（図表6-8）。

　図表6-8を見ても分かるとおり，キャッシュインの拡大を目指す事業は，SC，オフィス，ホテル，クレジットカードや小売・飲食が該当する。一方，キャッシュアウトの低減やグループ共通コストの低減を目指す事業には，情報・財務・人材サービス，駅業務・清掃整備・リネンサプライ，建設コンサルタント・設備保守，地域冷暖房があげられる。このような位置付けのなかで，JR東日本グループが今後とも重視しているのは，キャッシュインを目指す事業である。たとえば，SC，カード，小売・飲食など生活サービス事業については，2017年度までに本業である運輸業以外の営業収益を全体の約4割まで引き上げる目標をすでに掲げている。そこで，以下では，JR東日本グループの事業のうち，とりわけ，流通業のビジネスモデルについて触れてみよう。

　同社が流通事業の強化に本格的に乗り出したのは，いまから10年以上前に遡ることができる。JR東日本は，2000年，「駅」空間の可能性を最大限に引き出

図表 6-8　JR 東日本グループの事業（企業）の位置関係

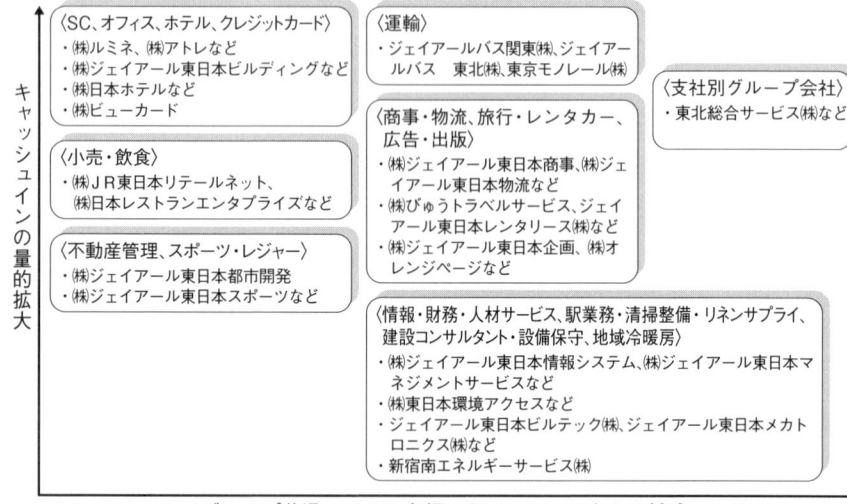

キャッシュインの量的拡大 ↑

〈SC、オフィス、ホテル、クレジットカード〉
・㈱ルミネ、㈱アトレなど
・㈱ジェイアール東日本ビルディングなど
・㈱日本ホテルなど
・㈱ビューカード

〈小売・飲食〉
・㈱JR東日本リテールネット、
　㈱日本レストランエンタプライズなど

〈不動産管理、スポーツ・レジャー〉
・㈱ジェイアール東日本都市開発
・㈱ジェイアール東日本スポーツなど

〈運輸〉
・ジェイアールバス関東㈱、ジェイアールバス　東北㈱、東京モノレール㈱

〈商事・物流、旅行・レンタカー、広告・出版〉
・㈱ジェイアール東日本商事、㈱ジェイアール東日本物流など
・㈱びゅうトラベルサービス、ジェイアール東日本レンタリースなど
・㈱ジェイアール東日本企画、㈱オレンジページなど

〈情報・財務・人材サービス、駅業務・清掃整備・リネンサプライ、建設コンサルタント・設備保守、地域冷暖房〉
・㈱ジェイアール東日本情報システム、㈱ジェイアール東日本マネジメントサービスなど
・㈱東日本環境アクセスなど
・ジェイアール東日本ビルテック㈱、ジェイアール東日本メカトロニクス㈱など
・新宿南エネルギーサービス㈱

〈支社別グループ会社〉
・東北総合サービス㈱など

→ グループ共通コストの負担、キャッシュアウトの低減

（資料）　大西（2010）を参考に作成。

した「駅」づくりを目指す「ステーションルネッサンス」構想を高らかに掲げた。それまでの駅は，「旅客」が乗り降りするためだけに駅を利用する「通過する駅」に過ぎなかった。このため，駅は暗く汚いというイメージが浸透していた。しかし，これからの新しい駅は，多機能型のトイレやエスカレーターやエレベーターを備え，しかもバリアフリーのような健常者だけでなく高齢者や障害者にもやさしい快適性を持ち，さらに，駅改札内外でショッピングや飲食を楽しむ空間を作るなど，「顧客」を創造して人々が集い集まるような駅へと変身させるのが主要な目的であった。そして，このような「ステーションルネッサンス」構想に沿って数々の戦略が打たれたが，そのうちの1つが駅スペース活用事業のような駅のナカとソトの両方に各種の商業スペースを創造して駅の魅力度を向上させる取り組みであった。

　ジェイアール東日本企画の駅消費研究センターによると，買い物やサービスを利用する地点と駅との距離関係から，駅消費のパターンは3つのタイプに分類される。最初は，駅改札内において消費するタイプであり，これは通称「駅ナカ」と呼ばれ，主な商業施設として，キオスク，コンビニエンス・ストア（NEWDAYS），SC（エキュート，グランスタ），ショッピングモール（Dila）そ

して小売店・飲食店などがあげられる。2つ目は，駅改札外で消費するタイプであり，ここでは「駅ソト」と命名しよう。その主な商業施設には，駅ビル SC（ルミネ，アトレ）があげられる。最後は，駅前徒歩5分圏で消費するタイプであり，ここでは「駅ソバ」と名づけよう。その主な商業施設には，ホテルメッツのようなビジネスホテル事業が該当する。

　駅消費研究センターは，駅ナカと駅ソトを合わせて「駅関連商業施設」と呼んでいるが，2009年，同センターが実施した首都圏駅消費実態調査の結果によると，駅関連商業施設の利用率は，約5割（内訳として，駅ナカのみ 6.4%，駅ナカと駅ソトの両方 9.9%，駅ソトのみ 30.4%）となっており，とりわけ，女性の利用が高くなっている。また，駅ナカと駅ソトでは売れ筋商品が異なり，駅ナカでは，コーヒーなど飲料や最寄品の購入が高く，駅ソトでは，衣料品，ファッション品，弁当，食料品などが売れている。たとえば，駅ナカビジネスに該当するコンビニでは，朝に健康食品，夕方は半生菓子のように時間帯によって売れ筋商品を切り替え集客力を高めたり，給料日後の飲料品コーナーには，いつもより高価格のプレミアムビールを品揃えるなど，駅ナカ顧客の微妙な心理をうまく突く仮説と検証が繰り返され，売れ筋商品の品ぞろえに成功を収めている。また，駅ナカのショッピングセンターでは，夕方，ノミュニケーションを楽しむビジネスマンが家族に対するせめてもの罪滅ぼしとして，ケーキなどの生菓子をお土産に購入する場合が多いという（週刊ダイヤモンド，2009年10月10日号）。このように，駅ブラする顧客が衝動買いを起こすようなユニークな商品を多数品揃えることで顧客を魅了し，飽きさせない工夫など，駅ナカの魅力度をアップする勘どころとしては，次のような取り組みが重要である。第1は，空間演出であり，駅構内の滞在時間を長くするため，駅の快適性や利便性を高める目的から，清潔さや華々しさそして癒しのある空間を創造することである。たとえば，駅空間のイメージを変えるため，店舗のレイアウトに間接照明を導入したり，アロマで満たされたトイレにするなどの随所に工夫が施されている。第2は，高級化であり，これは比較的高額で特に女性に人気のある商品やサービスを品揃えることで駅の価値を落とさないことである。第3は，販売促進であり，駅の価値や消費を絶やさないため，定期的にキャンペーンやイベントそして特売品の販売などを開催して顧客を飽きさせないことである。最後に，グループ会社の枠を越えた連携であり，これは，グループ会社の制約に拘らず，人気やサービスの高いショップを外部から集めて駅ナカの魅力度を向上させることである。実際に，駅ナカには，無印良品，ユニク

ロそして吉野家など，人気店舗が数多く出店されている。

　一方，駅ソトには，ルミネやアトレなどショッピングセンター（SC）が設置されている。ルミネは，主にターミナル駅に併設されるため，ファッション特化型 SC であるのに対し，アトレは，小型駅に設置されるため地域密着型 SC として，たとえば，雑貨品や高級食品などを主に取り扱っている。今日，ルミネとアトレの業績は，高い営業利益で推移しているが，それでは，なぜ，鉄道事業を成り立ちとする JR 東日本が駅ソト小売業で成功を収めることができたのだろうか。まず，意識改革の徹底があげられる。たとえば，ルミネでは，何もしなくてもヒトが集まる立地の優位性という甘えから，これまで慢性的な待ちの商売姿勢という古い体質が染み付いていた。このため，変化対応業である小売業で成功するには，古い体質や文化からの脱却を図る必要がある。そこで，顧客満足（CS）を追求する前に従業員満足（ES）の強化に乗り出した。これは，現場で働く店長や販売員の ES ができなければ，CS など実現できないとする考えからである。たとえば，同社では，店長となるコア人材の育成に努めている。テナント売上の成否のカギとは，現場を指揮する店長の力量や販売スキルにかかっているため，最適な人材を選び育てることが大切だからである。また，店長のみならず，顧客と接する販売員の接客力もまた，テナントの成功に不可欠な力である。このため，同社では，ルミネスト大会という販売員コンテストを開催して，接客に対する意識と接客力の向上に取り組んでいる。その他，同社では，年に 10％〜15％のテナントを随時入れ替える策もまた実施している。これは，テナントのマンネリ化の防止と売場の鮮度を常に保つ理由からである（週刊ダイヤモンド，2009 年 10 月 10 日号）。

　JR 東日本グループは，これまでの古い体質や価値観に終止符を打ち，新たな方向へ進もうとしている。それは，何事も自然体にやっていれば儲かるという長年，鉄道で培ってきた発想や考え方を大きく転換して，顧客志向を基盤とする変化対応企業へ抜本的に舵を切ることである。鉄道という強力な事業基盤を持ち，そのうえに多様な小売・流通事業を展開する JR 東日本グループは，今後，他社を圧倒した競争優位性を有する企業グループとして，君臨する可能性を秘めた存在といえるだろう。

6-7 韓国の財閥とコングロマリット経営

6-7-1 韓国企業の財閥経営

　近年，飛躍的に国際競争力を向上させている韓国企業は，財閥（チェボル：Chaebol）と呼ばれる特有の企業グループ構造を形成している。そこで，韓国の財閥とグループ経営について触れてみよう。

　韓国財閥の歴史を簡単に紐解くと，もともと韓国は，地理的に近接しており，いち早く経済発展を遂げた日本モデル（終身雇用，年功序列，家族主義）を積極的に取り入れ学習に努めてきた。その結果，1960年代以降，韓国経済は目覚ましい発展を遂げ，これは「漢江の奇跡」とも呼ばれた。ところが，1997年，タイの通貨下落をきっかけにアジア各国の通貨が暴落して通貨危機が起こり，韓国の金融機関は，多額の不良債権を抱え信用不安が悪化した。その結果，大宇グループの破綻や現代グループの解体など，上位30財閥のうち14財閥が倒産に見舞われる深刻な事態に陥った。デフォルトという緊急事態に対して，韓国は，IMF（国際通貨基金）に緊急融資を要請し，その管理下に置かれることとなった。

　さて，韓国がこのような破局的な状況を招くキッカケとなったのは，通貨危機の問題だけではない。もう一方で，韓国企業が抱える構造的課題として財閥問題の影響もまた見逃せない。というのも，韓国の財閥では，所有と経営の未分離，相互債務保証，莫大な借入金，系列会社同士の循環出資と高い内部持分率，船団式経営，「大馬不死」神話に基づく過度な積極的経営などが最終的に国家破たんを招く重要な原因としてつながったからである（独立行政法人労働政策研究・研修機構，2004）。このため，韓国では，財閥のリストラクチャリングに着手した。たとえば，経営の透明性確保（連結財務諸表作成の義務化など），系列企業間の相互債務保証の禁止，負債比率の引き下げ，コア事業の選定，コーポレート・ガバナンスの改善（社外取締役選任の義務化など）を強く求めながら，中小規模の財閥には，事業の選択と集中や財務構造の改善などを要求した。このような一連の改革が功を奏し，財閥は再び光を放つ一方で，今日では，事業規模の拡大やグループの系列企業を増加させるなど，好調な韓国経済をけん引する原動力として重要な役割を果たしている。

　韓国の財閥については，すでにいくつかの代表的な研究がなされている。たとえば，服部（1988）は，韓国における「財閥」の所有形態を3つのタイプに分類

している。「オーナー独占型」は，創業者一族が個人名義で大量の株式を直接的に所有しているタイプである。これに対し，「中核企業支配型」は，最初に創業された母企業が株式を所有する形で多角化したタイプである。「相互持ち合い型」は，中核企業が傘下企業の株式を所有して支配するだけでなく，グループ企業同士でも株式を持ち合うタイプである。日本の株式持ち合いとは，企業グループに参加している企業による円環状の構造を意味するのに比べ，韓国の場合，中核企業等を媒介として最終的にはオーナーの所有へと収斂していく特質を有する。すなわち，企業グループに対して，創業者一族が圧倒的な支配力を有する点が韓国における財閥の決定的な特徴であると主張している。これに対し，Fukuyama (1995) は，韓国を「低信頼社会」に該当する国家であるとしながらも，なにゆえ「チェボル」という大規模ネットワーク組織が形成されたのかについて説明している。まず，Fukuyama は，一国の繁栄や競争力について，その国の社会に備わる信頼の水準という文化的特質によって決定されるものと主張する。信頼 (Trust) とは，他人を信じて自発的にコミュニティーを作る能力を指すものであり，自発的社交性の高い社会（たとえば，ドイツ，日本，アメリカ）は，大規模な企業や組織が生み出され豊かな社会資本が発達する傾向が強いのに対し，自発的社交性の低い社会（たとえば，中国，フランス，イタリア）では，親族関係にない者を信頼したがらないため，ファミリービジネスのような小さな企業組織が発達したものであると論じている。こうした視点に立つと韓国は，巨大企業の存在と集中化された産業構造が見られる点では，「高信頼社会」に該当するため，比較的日本などに近いものの，家族構造という点からすると，中国のように家族志向が強く，むしろ，「低信頼社会」に該当するため，小規模なファミリービジネスが発達しやすいという，矛盾した性格を併せ持つ特異な国家のように映るが，それでは，なにゆえ今日の韓国に巨大企業が存在するのか。Fukuyama によると，経済発展を目的に政府が巨大複合企業を積極的に支援育成したからであり，よって，財閥とは，自然的に生まれたものではなく，意図的に作られた産物であると分析している。最後に，Fukuyama は，日本の「系列」と韓国の「チェボル」の主な相違点として，次のように指摘している。第1に，「チェボル」は，金融機関を中心に形成されたネットワーク組織ではないのに対し，日本の「系列」は，銀行を核とした企業グループである。第2に，日本の「系列」とは，垂直統合型構造であるのに対し，「チェボル」は，多部門が並列する水平統合型の構造をなしている。第3に，日本の「系列」に比べると韓国の「チェボル」は，創業者一

族による少数支配された高度に集権化されたネットワーク組織な点である。

　さて，これらの先行研究を踏まえながら，韓国財閥の基本的な特徴について整理すると，それは，主に4つあげられる。第1は，個人，家族そして親族によって支配または所有され，しかも世襲制である。たとえば，グループ企業が発行する全株式のうち，オーナー本人，夫人，子息などの創業者一族と系列企業が保有する株式の比率を表わす「内部持ち分比率」を見ると，10大財閥平均は55.7%と高く，創業者一族の支配体制がおおよそ浮き彫りとなった。また，これを財閥別にみると，サムスン62.2%，現代50.4%，SK50.2%，LG42.9%，ロッテ60.6%，現代重工業73.4%，GS64.4%，韓進48.6%，ハンファ58.5%，斗山59.4%となり，10大財閥のなかでも，現代重工業，GSそしてサムスンでは，オーナー支配の程度が高い事実が鮮明となった（韓国公正取引委員会）。

　第2は，オーナー経営者を強力に補佐するしくみが構築されている。韓国財閥では「オーナー経営者」を頂点として，グループ系列企業の「専門経営者」とグループ経営の参謀組織である「会長秘書室」がトライアングルのような体制を構築している。とりわけ，「会長秘書室」は，オーナー経営者の雑用をこなして奉仕する部署ではなく，事業の選択と集中，グローバル経営，ブランド・マネジメント，新規事業開発など，グループ全体のコントロールパワーとして中核的な役割を担っており，このため，大規模な組織構造となりやすい。具体的に「会長秘書室」の役割を上げると，たとえば，ある系列企業が単独で新規投資できないような場合，業績好調なその他のグループ企業から資金を集めて充当したり，大規模プロジェクトを進行する際，人材不足が発生するような場合，その他のグループ企業から優れた人材をかき集めてその任に当てるなど，系列企業が有する経営資源をグループ全体で使い回したり，逆にグループ全体で保有する知識・ノウハウを系列企業へ移転するなど，グループ・シナジーの推進役としての機能を果たしている（金，2010）。

　第3として，「財閥」は，一国の国民経済を事実上支配している。韓国において「財閥」とは，単に企業グループの形態を意味するものではなく，今日の韓国経済を実質的に支えている重要な存在であり，換言すると，巨大な財閥＝韓国経済そのものであるといってもよい。たとえば，4大財閥（サムスン，現代，SK，LG）の売上高は，韓国におけるGDPの50%超を占めている。そのうち，サムスングループのGDPに占める割合はもっとも多く，約20%を稼ぎ出している。また，サムスングループの輸出高は，韓国の輸出額全体の20%（5,552億ドル）規

模にも達している。このように巨大な「財閥」が韓国経済の屋台骨を支えている一方で，財閥の肥大化が招く負の部分もまた深刻である。たとえば，韓国中小企業の衰退を招く点があげられる。つまり，韓国における中小企業とは，言い換えれば，単なる業者に過ぎず，一向に競争力が身に付かない状況が続いている。また，創業者一族に巨額の富みが集中化する構造のため，不公平感が深刻化したり，メディアをにぎわす裁判にまで発展することもまた少なくない。たとえば，イ・ゴンヒサムスングループ会長には，背任と脱税で起訴された経歴がある。チョン・モング現代自動車グループ会長もまた，背任と横領で起訴されている。チェ・テウィンSKグループ会長は，過去，背任と証券取引法違反の罪に問われているなど，財閥オーナーたちによるスキャンダルは後を絶たない。

　第4は，高度に多角化された大規模企業集団なことである。韓国公正取引委員会によると，「企業集団」は，個人や企業が経営や事業を支配する2社以上のグループであるのに対し，「大規模企業集団」は，同じ集団に属する企業の資産合計が5兆ウォン（3,500億円）以上を指すものと定義され，このような大規模企業集団を一般に「財閥」と呼んでいるが，近年，韓国独自の財閥構造は，大きな曲がり角に差し掛かっている。たとえば，財閥の特徴の1つとして「循環出資」構造があげられる。これは，韓国の巨大なコングロマリット企業に見られるグループ内の系列企業同士で大量の株式を保有し合う形態である。具体的には，オーナーや創業者一族がグループの中核企業の株式を大量に保有して，これを基点に系列企業がA社→B社→C社→D社→A社のように資本関係でつながる独自のしくみをつくりながら，創業者一族は，グループ企業の株式保有が少ないにもかかわらず，グループ全体の経営戦略や人事まで絶対的な権限をふるうことができるやり方である。図表6-9は，サムスングループによる循環出資構造である。Choi.,Kwak and Yoo（2008）による研究，日本経済新聞など記事を参考にすると，2012年現在，創業者一族は，建築・エネルギー管理・造園設計・不動産管理などの環境・資産事業，フードサービス・食材流通・館内飲食店などのトータルフードサービス事業，リゾート・ゴルフクラブの開発・運営のリゾート事業の3分野を運営する「サムスンエバーランド」へ出資している。非上場企業であり持株会社のような存在である「サムスンエバーランド」は，83の系列企業を傘下に収め，その出資構造は，オーナー一族である李ファミリーが46.03％（オーナーであるイ・ゴンヒ氏3.72％，長男のイ・ジェヨン氏25.1％，長女と次女がそれぞれ8.37％，その他0.48％）を出資する大株主として，同グループを事実上，支配・所有して

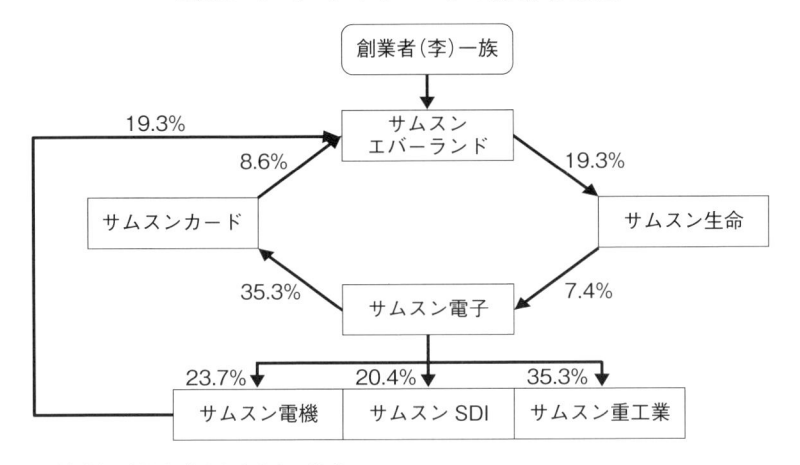

図表6-9 サムスングループの循環出資構造

```
                    創業者(李)一族
                         │
                         ▼
         19.3%      サムスン
    ┌──────────→  エバーランド
    │         8.6%↗         ↘19.3%
    │     サムスンカード    サムスン生命
    │         ↑35.3%          ↓7.4%
    │         サムスン電子
    │    23.7%↙  20.4%↓  35.3%↘
    └─ サムスン電機  サムスンSDI  サムスン重工業
```

(資料) 新聞記事などをもとに作成。

いる。そして「サムスンエバーランド」は，グループ企業である「サムスン生命」に対して19.3％出資する一方，「サムスン生命」は，グループ企業の「サムスン電子」へ7.4％出資，「サムスン電子」は，グループ企業の「サムスンカード」へ35.3％出資，さらに「サムスンカード」は，グループ中核企業である「サムスンエバーランド」へ8.6％出資する循環的な出資構造を形成している。さらに付け加えると，「サムスン電子」は，「サムスン電機」，「サムスンSDI」，「サムスン重工業」へそれぞれ23.7％，20.4％，17.6％の出資を通じて支配しているが，このうち「サムスン電機」は，グループ中核企業である「サムスンエバーランド」へ19.3％出資する大株主となっている。このようなオーナー一族を中心にグループ企業同士が複雑に株式を持ち合う循環出資構造は，サムスンのみならず，韓国の財閥に広く見られる特徴として定着している一方で，こうした循環出資構造が，創業者一族による企業グループの支配を可能たらしめる強力な装置として作用している。

6-7-2 サムスングループの経営と戦略

三星，LG，現代，SKという4大グループのうち，質・量とも最大規模を誇る企業グループとして，三星（以下，サムスングループ）があげられる。同社ホームページによると，サムスングループとは，1938年3月1日，創立者である李

秉喆（イ・ビョンチョル）氏によって設立され，もとは韓国産の干した魚や野菜，フルーツを中国東北部や北京へ輸出する仕事からスタートした。その後，1970年代になって重工業，化学工業，石油化学工業へ参入する一方で，1980年代になると，エレクトロニクス，半導体，高分子化学，遺伝子工学，光通信，航空宇宙産業，ナノテクノロジー，ネットワークアーキテクチャーなどの分野へ参入を果たした。現在のサムスングループは，エレクトロニクス部門，重化学工業部門，金融部門，商業・サービス部門，その他部門から構成され，グループ全体の売上高は273兆ウォン（約19兆円），グループ全体の従業員数は約40万人を誇る世界屈指の多角化多国籍企業（DMNC）まで登りつめた。

このようなサムスングループは，創業当時，優れた日本企業のやり方（Best Practice）を移植・模倣することからスタートした。サムスングループでは，経営理念として「事業報国」，「人材第一」，「合理追求」を掲げているが，このうち「事業報国」は，トヨタ自動車による「産業報国」から，そして「人材第一」は，新日鉄の「人を育て，人を活かす」から学んだとも言われている。また，グループ全体の約60％の利益を稼ぎ出すサムスン電子は，1970年代前半，三洋電機やNECから技術の供与や学習を受けるなど，積極的に日本企業からの知識吸収を図り，大きな効果を上げたとされている（曺・尹, 2005）。それでは，なぜサムスンのみならず，多くの韓国企業が日本モデルの模倣と学習を図ったのだろうか。それは，もともと韓国が日本の植民地であったからである。両国は，日本海を跨いで地理的に近接している。さらに，両民族の類似性や同質性の高さなど，いろいろ考えられるが，とはいえ，日本モデルのイミテーションを徹底することを通じて，サムスンを含む多くの韓国企業は，後発者の優位性（Late Mover Advantage）を獲得できたことは間違いない。つまり，無意識それとも意図的なのかは別にして韓国企業は，日本モデルの追従に努めることで，先発者の優位性（First Mover Advantage）は諦めるものの，日本企業が試行錯誤の末，積み重ねてきた経験やプロセスをスキップして，もっとも効果的なソリューションを最速で入手するのみならず，過大な投資の負担や失敗に伴うリスクをいとも簡単に回避できたのである。

さて，サムスングループの経営の転機は，1990年代前半に訪れる。それは，1987年，会長に就任した李　健熙（イ・ゴンヒ）氏が「第2創業」を宣言し，1993年，従来の経営方針を抜本的に転換する「新経営」構想を打ち出したことである。李　健熙氏は，新経営を宣言するに当たり，サムスンの従業員に向けて

「妻や子供以外はすべてを変えろ」と強く要求した。というのも，当時の韓国では，規制緩和や市場開放に伴う外資参入などグローバル競争が進む一方で，サムスングループにおいても，組織の肥大化や品質の悪化が徐々に浮き彫りとなっていたからである。そこで「新経営」構想では，従来までの「安かろう・悪かろう」を前提とする「量を追求する経営」から顧客のニーズを充足させる「質を重視する経営」への転換を掲げ，国際化（Global），複合化（Synergy），情報化（Speed）に対応し，21世紀の超一流企業となることを目指したのである。李（2005）は，「新経営」構想の骨子および実現に向けたステップとして，①現在の自分の位置づけと把握，②社員の自律的変化，③社員として規律ある行動の拠り所となるサムスン憲法，④同じ方向性を目指す，⑤質重視の経営，⑥国際化，複合化，情報化，⑦21世紀の超一流企業を目指す，という7つのポイントをあげているが，とはいえ，サムスングループは，「新経営」構想を推進した結果，1993年から2011年までの18年間で売上高は6倍，営業利益は13倍まで成長できたのである。

　ところで，李　健熙（イ・ゴンヒ）氏によるトップ・マネジメントを陰で支える参謀組織として，同社では，人事・組織，財務・投資，IR，法務，合併・買収，経営診断などを統括する「会長秘書室」が設置されている。サムスングループでは，秘書室（〜1998）→構造調整本部（1998〜2006）→戦略企画室（2006〜2007）→未来戦略室（2011〜）のように時代とともに名称を変えてきたが，かつては最大400名の戦略スタッフが所属して時期もあったという（御手洗，2011）。このような参謀組織の機能や役割とは何か。全・韓（1997）は，増加する系列企業を管理するための規定を制度化すること，そして，権限委譲と責任経営のもと経営成果の評価と統制を確立するという，2つの理由から参謀組織は生まれたと述べながら，その主な機能として，①資金や人材の獲得・配分・調整機能，②組織内外の情報収集と分析および企画機能，③監査など内部統制機能という3つを取り上げている。また，韓国経済新聞社（2002）は，全体的な地図（未来戦略）を描くパス・ファインダー（道案内），経営環境の急変に対して警鐘を鳴らす早期警戒機，そして，グループ各社の経営を操縦する管制塔の役割を果たしているとも指摘している。さらに，張（2009）によると，公式な影響力を超えた非公式組織であり，会長を補佐して系列企業の主な意思決定を行い，系列企業の経営成果を監視し，役員の人事を決定する権力のある組織と定義している。

　現在の参謀組織である「未来戦略室」は，企業グループ内から選抜された優秀

な150名の戦略スタッフによって構成され，組織のトップである室長の傘下に経営革新支援チーム（財務担当），戦略1チーム（サムスン電子と電子関連系列会社の業務調整・事業支援の担当），戦略2チーム（電子系列会社を除いた金融・化学サービス関連企業の業務支援を担当），コミュニケーションチーム（広報と企画を担当），要人支援チーム（系列会社の要人をグループ次元で調整），経営診断チーム（監査業務を担当）という6チームが配置されている（石田，2012）。そして，「未来戦略室」は，従来よりも新興国戦略の立案と実行という機能が新たに付与されている一方，「未来戦略室」に所属するメンバーの多くは，将来的には系列企業のトップを担う幹部候補者である一方で，未来戦略室は，これらAクラスの人材を養成する育成機関としての役割もまた果たしている。しかしながら，会長秘書室の欠点とは，お互いに似たような考え方を持つ同質的な集団のため，非常に排他的であり，また，重要な意思決定の場面において集団思考（Group Think）のミスを犯す危険性も存在することが懸念されている（張，2009）。

次に，サムスンによるグループ経営（技術学習）の原動力について，曺・尹（2005）の指摘に準拠しながら，整理してみたい。第1の原動力は，オーナー経営者による強力なリーダーシップである。韓国では，財閥オーナーが絶対的な権力を持ってグループ経営を支配することを「皇帝経営」と呼んでいる。たとえば，サムスンなど韓国企業では，人事や投資など重要な意思決定において，財閥オーナーによる鶴の一声で決定してしまうことが少なくない。実際に，ある財閥オーナーは，自分のクルマ好きというだけで自動車事業への参入を決めてしまった企業もあるそうだ。また，韓国の財閥企業は，ホテルや病院そして大学まで運営しているケースが多いが，これは，皇帝たる財閥オーナーが，自分の利害を満たす目的からホテルや病院などサービス業への進出を決めているからである（金，2010）。こうした財閥オーナーによる強いイニシアチブは，グループ経営における意思決定の面で色濃く反映されている。たとえば，その1つは「逆張り経営」である。日本企業の多くは，好景気になると投資行動を活発化させ，不景気になると投資行動を控えるという「順張り経営」を選択する傾向が強い。不景気に直面すると，将来を見据えた設備投資よりも，現在の危機的状況をどう打開するのかに関心が集まるため，企業経営全体が消極的となり，リストラやコスト削減など守りの経営に終始するパターンに陥ってしまう。これに対し，サムスンなど韓国企業は，不景気になると設備投資を活発に行い，好景気の時には投資を抑えるという「逆張り経営」を推し進める。不景気の段階にリスクを恐れず，積極的に

設備投資を増やせば，景気が循環して訪れた好景気の段階において，競合他社に先駆けて市場占有率を高められるからである。たとえば，サムスンの主力事業である半導体，液晶パネル，携帯電話そしてテレビなどの成功は，どれも財閥オーナーのリーダーシップに伴う逆張り戦略が功を制したと結果と言われている。また，財閥オーナーによる支配的なリーダーシップは，「恐怖経営」とも呼ばれる企業文化を生み出す源泉となっている。「恐怖経営」とは，サムスンの役員や社員には，解雇の恐怖，目標達成という重圧感，厳しい規律と激しい内部競争など，きわめて高いストレスが恒常的にかかっており，このため，組織的な疲労度が相当蓄積されているとも言われている。

　第2は，経営者育成システムである。創業者が掲げた「人材第一」という経営理念，また，李会長による「ひとりの天才が10万人を養う」との持論からも明らかなとおり，サムスングループでは，将来，企業を支えるグローバル・グループ人材の育成に余念がない。サムスン流の育成システムとは，優れた人材を早期に選抜し，これをグループの中核的な系列企業と「会長秘書室」との間で定期的な配置転換を行いながら，当該人物の性格や特性さらに得意分野を把握し，そのうえで適材を適所に配置する方法を制度化している。具体的に言うと，入社してから約10年程度，系列企業の現場で働いた後，「会長秘書室」へ4〜5年の間派遣される。その後，トップマネジャーとして系列企業へ再び派遣されるのである。こうした育成システムを通じて，将来を担うエリート人材たちは，個別企業の利益やモノの考え方を学ぶ一方で，グループ全体としての利益やモノの見方・考え方を実践的かつ体系的に修得することができるのであり，その意味からも「会長秘書室」の存在意義は，きわめて大きいのである。

　第3は，グループ内協力と知識共有である。サムスングループでは，グループ企業が積極的に協力して共同研究や開発に取り組み，過去，デジタル・テレビやプラズマディスプレイ（PDP）のような新製品の開発に成功し大きな成果を収めてきた。この背景には，研究所，事業部，工場の間で，頻繁なヒトの移動による技術移転と知識共有が恒常的に繰り返されているからであり，企業間ボーダーが低く，グループ全体の風通しの良さという組織間関係の特徴がよく現れている。金（2010）は，LED事業におけるグループ内協力の成功について，次のように語っている。それによると，まず，サムスン電子とサムスン電機にそれぞれ分散されていた優秀な人材をLEDのための別会社へ集め，必要な資金はサムスン生命が用意し，水原市にある成均館大学にサムスンが作った専門学科（半導体システ

ム学科, 携帯電話学科) から基礎研究者をプロジェクトに参加させるというものであった。

　第4は, グループ内競争と組織学習である。2011年の段階で81社ほど存在するサムスングループのメンバーは, グループ内協力や知識共有とは逆に, 厳しいグループ内競争にさらされる。が, その一方で, その副次的効果である組織学習を蓄積することができる。具体的には, 定期的に「会長秘書室」が中心となってグループ系列企業をA, B, Cで評価し, この成績でもって専門経営者や社員たちのボーナスや昇進に反映させている。「会長秘書室」の経営診断チームは, 国内外のグループ企業を何ヵ月もかけて徹底的に監査し不正を見つけだし, また, 人事チームは, 地縁や血縁に縛られず, 客観的に人事考課を行うなど, グループ内競争に力を入れている (韓国経済新聞社, 2002)。その一方で, グループ系列企業は, 激しいグループ内競争に打ち勝つため, 組織学習という機会が与えられ, 競争力の強化や改善に取り組んでいる。このようにサムスングループには, 緊密な協力体制と厳しい競争状態という, 相反するメカニズムが組み込まれており, これがグループ総合力の向上と競争優位性の源泉として, 作用している。

　韓国の財閥企業は, オーナー一族によるグループ支配, 創業者の経営理念やオーナー経営者の価値観を共有する「会長秘書室」の存在など, 独自のしくみやシステムを構築して良好なグループ経営マネジメントを展開してきた。とりわけ, グループの系列企業の経営に深く介入する「会長秘書室」の存在は, もし, 所有と経営が分離している日本企業の場合であれば, 現場の専門経営者との葛藤を引き起こして混乱を招く火種となるはずなのに, 韓国の財閥企業では, 絶対的な支配者であるオーナー経営者と表裏一体である関係から, むしろ, グループ経営の原動力として「会長秘書室」が有効に機能している実態は, 大変に興味深い。今後, 巨大化したコングロマリット企業をうまく運営・管理するための1つの組織戦略として, このような財閥企業のやり方は, きわめて有益だと考えられる。

Part 4：グループ経営の未来

第7章

グループ経営を再考する

7-1　各章のポイントと論点

　本章では，第1章から第6章まで（パート1からパート3まで）の考察を振り返り，各章のポイントまたは重要な論点について再考する一方，新たに浮き彫りとされた知見についても併せて論じてみたい。

　第1章の「グループ経営とは何か」では，グループ経営の基本について検証した。具体的には，グループの意味や概念定義，会社法やアカウンティングで定めるグループの範囲基準，実際の企業グループの諸形態，企業グループのオープン化と国際化，企業グループの目的と主な論点について触れた。まず，「グループの意味」では，主に社会性昆虫などの生き物が形づくる群れや集団のメカニズムについて考察した。その結果，一見するとバラバラな行動をしているように見えて，実は，個体の相互作用を通じて，秩序ある全体を創造する優れた能力と構造を有していることがわかった。そして，生き物が持つ卓越した能力や構造を精査することで，企業が形成するグループ経営の論理やメカニズムを再発見できるだけでなく，全く新しい次世代のグループ経営の姿を探求する手掛かりとなることも理解された。

　「企業グループの範囲と性格」では，企業グループを構成する諸要素について論じた。その結果，親会社，子会社（連結子会社，連結上場子会社），持分法適用会社（非連結子会社，関連会社）がここで明らかにされた。また，親会社との連動性の強さから，企業グループの構成要素を分類する実態についても考察した。その結果，企業グループの中でも親会社と協力して相乗効果を生み出すことを基

準とするグループ会社群と経営理念やブランドの共有を基準に分けられたグループ会社群がここで浮き彫りとされた。一方，親会社が形成するネットワークは，親会社へ出資する「株主」，親会社が出資する「子会社」，「サプライヤー」，「顧客」から構成される一方で，子会社が作り出すネットワークは，筆頭株主である「親会社」，子会社が出資する「孫会社」，「サプライヤー」，「顧客」，さらに企業グループ内における「その他子会社」がその主な構成メンバーである違いもここで確認された。

「企業グループの形態」では，その基本的な形態として，「垂直統合型」，「水平統合型」，「ミックス型」という3タイプの可能性を提示した。その結果，それぞれの企業グループ・タイプの内容や特徴が明らかとなる一方で，これら3つの形態については，どのタイプの企業グループがもっとも理想的かを問うものではなく，グループ経営を展開する企業が自社を取り巻く内外の経営環境を踏まえながら，最適だと思われるタイプを選択するものであることが分かった。

「企業グループのオープン化と国際化」では，最初に，企業グループの内と外を区別する境界について議論した。その結果，伝統的な資本関係を通じた閉鎖的なネットワークだけでなく，グループ経営目標を達成するため必要な経営資源を有する外部企業とも積極的に手を結ぶオープン・ネットワークという2つのネットワークの実態がここで明らかにされた。次に，企業グループの国際化は，同質性や均質性の高い従来までの企業グループの限界を踏まえつつ，今後は異質性や多様性を取り込むことでグローバル・チャレンジを成功させるグローバル・グループ経営あるいはグループ・グローバル経営という新たな方向性が提示された。

最後に「企業グループの目的と論点」では，企業グループの目的とその目的を達成するため必要な組織的な検討課題が取り上げられた。その結果，企業グループの最大の目的は，企業グループやグループ経営に取り組みながら，シナジーを生起して単体では決して得ることができない資源または能力を創造することである事実が浮き彫りとなった。また，無理なシナジー活動は，かえってマイナスのシナジーを生んでしまうため，もっとも避けるべきであることも指摘された。次に，シナジーの生起に必要な組織的な課題についても議論がなされた。その結果，部分最適と全体最適の統合では，どちらか一方だけを重視するのではなく，部分最適と全体最適の統合の達成が最大の課題であることが明確となった。OR思考からAND思考への転換では，どちらか一方（ORの思考）ではなく，どちらとも（ANDの思考）という複眼的な思考が強く要求されることが分かった。さら

に，遠心力と求心力のバランスでは，通常，遠心力＝親会社，求心力＝子会社のように考えられがちだが，実はそうではなく，親子が一体となって遠心力と求心力を生み出している論理が新たに提示された。

第2章の「グループ経営の実態」では，国際的な視点から，グループ経営の実態に関する検討がなされた。具体的には，グループ経営とは外国発ではなく，日本発のものである一方，日米のグループ経営に対する考え方や認識の違いが議論された。また，日本企業のグループ経営のその主な特徴についても取り上げられた。さらに，日本企業によるグループ経営の失敗の真因とは何かについても，詳しく検討された。

「日本発のグループ経営」では，国際的なグループ経営の研究について触れられた。その結果，グループ経営とは，おそらく日本発の概念であり，長い時間をかけて国内でその導入と精緻化が積み重ねられてきたのに対し，海外では，もともと企業経営＝グループ経営なため，その概念すら存在しない可能性がわかった。

「日本型グループ経営の特徴」では，日本企業のグループ経営の主な特徴について検討がなされ，その結果，①グループ規模が大きい，②親会社と子会社が共に上場を果たしている，③親会社・子会社・孫会社における時価総額のねじれ現象という，3点について指摘がなされると共に，その具体的な内容について論じられた。

「グループ経営失敗の本質」では，なぜ日本企業のグループ経営はうまくいかないのかについて検討した。まず，文献サーベイでも，日本企業に対するインタビュー調査からも，グループ経営の運営に満足している企業は，かなり少ない印象を個人的にも得ているが，それでは，なにゆえグループ経営の実行に対して不満足な傾向が強いのだろうか。本節では，この点について検討した結果，「親会社の立ち位置」，「親会社のグループ統制」，「子会社の立ち位置」，「子会社のグループ貢献」という，日本型親子関係に横たわる（ここでは「固定化された秩序」と命名した）主に4つの硬直性がグループ経営の成功を阻害する最大の要因である可能性が高いことがここで明らかにされた。

第3章の「全社戦略としてのグループ経営」では，グループ経営を全社戦略の視点から取り上げ検証した。具体的には，現在，浮き彫りにされている戦略観について触れ，その後，全社戦略とグループ経営の関係について触れた。

まず「戦略観のジャングル」では，今日，多様な戦略観が指摘されるなか，ここでは，最近，主張された主に2つの戦略観（リレーショナル・ビューと人的資

本ビュー）を取り上げ，それぞれの内容を明らかにした。

「全社戦略とグループ経営」では，グループ経営を全社レベルの戦略に位置付けながら，グループ経営とは，企業間を対象とする「ネットワーク・レベル」と事業間を意味する「コーポレート・レベル」という戦略階層に該当するマネジメントであることが浮き彫りにされた。

第4章の「グループ経営研究の変遷」では，これまでの日本におけるグループ経営の歩みについて，具体的な企業のグループ再編のケースを交えながら説明した。とりわけ，グループ経営の研究がちょうど活発化した2000年前後に着目し，その主な理由や背景について検証した。その結果，この時代に起こった次のような出来事がグループ経営研究を助長する原動力として，強く作用したことがおおよそ明らかとなった。第1に，グループ経営に関連する法律や制度が整備された影響が大きい。第2に，専業企業に比べると，総合企業のパフォーマンスが著しく低下し，この対策として選択と集中やリストラが強く求められた。第3に，敵対的買収などM&Aの件数が飛躍的に拡大した影響である。また，この時期に実施された日本を代表する企業グループの再編の様子として，日本の大手家電メーカーによるグループ再編の様子が取り上げられた。他方で，これまでのグループ経営に関する研究領域として，「グループ戦略マネジメント」，「グループ組織マネジメント」，「グループ人材マネジメント」，「グループ・ナレッジ・マネジメント」そして「グループ知財マネジメント」という5つの角度から接近し，それぞれの内容や論点について考察した。

「グループ戦略マネジメント」では，グループ経営のための戦略を策定しその実施の中心的役割を果たすグループ本社組織に焦点をあて，機能と役割，規模，原理そしてスタイルについて触れながら，実際のグループ経営のための戦略立案を担う「グループ経営本部」の役割と効果等について，これまで発表された調査研究を取りまとめた。

「グループ組織マネジメント」では，時代別に企業グループ組織の変遷を追った。具体的には，財閥と言われる戦前を起源とする企業集団と独立系といわれる戦後を起源とする企業集団それぞれについて触れた。そして，80年代に広く普及した「企業グループ」または「グループ連邦経営」と90年代以降における「グループ連結経営」による組織的な特徴を比較し，検討した。

「グループ人材マネジメント」では，グループ人材の実態に焦点をあて，グループ内人材移動と人材交流，グループ内共通基盤，グループ・コア人材の育成，

グループ人材戦略の論点について触れた。その結果，グループ人材の育成はいまだ不十分であり，さらなる強化が求められる点が浮き彫りとなった。また，グループ内における交流人事のより一層の活発化が求められる点などがここで明らかとなった。

「グループ・ナレッジ・マネジメント」では，知識（ナレッジ）の本質に関する議論を踏まえながら，グループ内の企業群がそれぞれ有する独自の知識を一社で独占せず，グループ全体で相互に移転または共有してグループ知識を作り出すグループ・ラーニングについて論じられた。さらに，グループ・ラーニングの促進剤として，グループ内で学習する文化を構築する重要性についても触れた。

「グループ知財マネジメント」では，知的財産の本質について触れたうえで，「守りの知財経営」から「攻めの知財経営」への転換の重要性と「攻めの知財経営」を推進するグループ知財組織の形成について議論がなされた。その結果，知財経営の意義が再認識されると共に，グループ知財組織の特定化もまた，併せて浮き彫りとされた。

第5章の「持株会社によるグループ経営の方向性」では，事業持株会社による場合と純粋持株会社による場合におけるグループ経営を取り上げて比較した。まず，事業持株会社によるグループ経営では，グループ内の中核会社が「連結上場子会社」，「持分法適用会社」，「連結子会社」という3つの場合における企業事例を紹介した。一方，純粋持株会社によるグループ経営は，その移行実態と企業革新そして有効性を浮き彫りにしながら，日本企業のうち，純粋持株会社制への移行が拡大している業界として，小売業の大手企業であるセブン＆アイ・ホールディングス・グループとイオン・グループにおけるグループ経営の実態を明らかにする一方で，食品（ビール）業界におけるグループ持株経営の拡大とキリンホールディングスの実態について分析した。

第6章の「コングロマリット企業によるグループ経営」では，コングロマリットの定義や多角化との関連性について触れながら，世界のコングロマリット企業の現状を浮き彫りとした。そして，コングロマリット企業の特徴をより明確にするため，特定事業に特化する戦略フォーカス企業と多角化された企業の強みと弱みをそれぞれ浮き彫りにした。最後に，コングロマリット経営の事例として，大手私鉄企業やJRグループのような鉄道企業による成功例について，その具体的内容を明らかにする一方で，近年，グローバルビジネスの世界で高い国際競争力を発揮する韓国企業による財閥経営に着目し，とりわけ，サムスングループによ

る皇帝経営の成功要因等について，その内容を明らかにした。

7-2 グループ経営のテンプレート

　この数年間に発表されたグループ経営に関する研究の動向をみると，企業グループを統括する本社組織の改革を通じた本社力にフォーカスする指摘が数多くなされている。たとえば，小沼・河野（2005）は，次世代のグループ経営は，企業形態論よりも，経営者と本社の価値創造能力が求められると論じている。山田（2010）もまた，低成長期に突入した現在，新たな組織課題として本社組織のスリム化・効率化を取り上げ，具体的には，グループ経営，グローバル対応，社会的責任対応が本社改革のキーコンセプトであると主張している。松田（2010）は，グループ経営の重要な役割を担う本社の機能として「見極める力」，「連ねる力」，「束ねる力」という3つの力が必要であると指摘している。最後に，藤本（2012）は，日本企業の本社の悲観的な行動や考え方に強い懸念を示している。

　このように近年の研究の方向性は，グループ本社組織の改革や機能に焦点が集まっているが，ここで改めて，これまでのグループ経営に関する研究や主張について改めて総括すると，図表7-1のようないくつかのテンプレート（型）に整理が可能である。すなわち，グループ経営とは「シナジー型」と「自主独立型」に大別され，さらに「シナジー型」は，「プラットホーム型」と「リーダーシップ型」に区別ができる。

　まず，「自主独立型」は，個別の事業や企業を単に寄せ集めとして考え，グループを構成するメリットまたは強みを考慮しないモデルである。このモデルは，グループの構成要素である事業や企業をなるべく統制せず，むしろ，親会社から積極的に資源移転や権限委譲を通じて自主独立させる一方で，これらの各構成要素のイニシアチブにブレーキをかけない程度に緩やかな統制をはかるグループ経営を目指すものである。このため，個別の事業や企業の独立性は高く，事業または企業間におけるつながりは基本的に発生しない。それでは，なにゆえグループ経営として，このような「寄せ集め型」が存在するのか。それは，グループの経営理念として「自主独立」を掲げている日立のケースからもわかる通り，日本企業の多くは，子会社が親会社を超えて成長を遂げることが，もっとも好ましいグループ経営の姿であると理解していたからである。

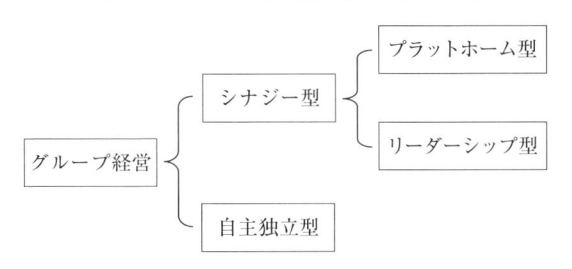

図表7-1　グループ経営のテンプレート

```
                    ┌─ シナジー型 ┬─ プラットホーム型
グループ経営 ┤            └─ リーダーシップ型
                    └─ 自主独立型
```

　これに対し，「シナジー型」とは，事業と事業，企業と企業の業際部分に着目し，業際（Inter-Business）への資源集中や資源共有など，相互作用を通じて単体では得られない新たな価値を創造することを目的としている。この背景には，生き物や企業がグループや集団を形成するのは，単なる偶然ではなく，群れることによって新しい方法や技術が開発されたり，あるいは完成品を創造できるはずだとする前提条件が潜んでいる。

　ところで，「シナジー型」は，さらに「プラットホーム型」と「リーダーシップ型」に分類が可能である。「プラットホーム型」は，中核的なコア事業をプラットホーム（基盤）としながら，戦略的波及効果のある各事業を連結させるグループ経営である。このため，企業グループの求心力であるカリスマリーダーがたとえ不在でも，強力な基盤的事業さえあれば，シナジーワークは大きな影響を受けることなく，グループ・シナジーの生起は期待できる。「プラットホーム型」は，学習するグループ組織を創造できるメリットがある反面，シナジーワークを維持するために必要なコスト負担が高くつくデメリットもまた併せ持つ。こうした「プラットホーム型」に該当する典型的な企業としては，JRグループがあげられる。JRグループでは，たとえ強力なリーダーシップが不在でも，旧国鉄から引き継いだ鉄道事業を基盤として，沿線開発事業や駅ナカ事業など戦略的波及効果が期待できる事業を運営し，グループ価値の最大化に成功を収めている。

　一方，「リーダーシップ型」とは，グループ経営者の力強いイニシアチブを求心力として，異なる事業間または企業間をタイトに結びつけ，グループ・シナジーを生起するグループ経営である。よって，グループ経営者が清く正しい判断を下し続けるかぎり，連続的なグループ利益を手に入れることができるが，もしも誤った状況判断や意思決定がなされた場合には，グループ全体に大きな損失を与えてしまう危険性を内包するモデルである。この型に該当する企業ケースでは，

日本電産グループがあげられる。同グループは，160社以上の子会社群を有するグローバルな企業グループであり，これまで国内外36社もの企業買収を行い，買収後の統合マネジメント（Post Merger Integration：PMI）をことごとく成功させてきた偉大な企業である。日本電産グループは，一代で同社を築き上げた経営者である永守重信氏のカリスマ的なリーダーシップと時代の先を読む先見性そして旺盛な行動力によって，企業グループを1つにまとめるだけにとどまらず，業績不振の子会社群の企業再生も自身の手によって実現してきた。たとえば，1つの有名なエピソードとして，買収した三協精機製作所（現：日本電産サンキョー）の企業再生では，毎週2泊3日のペースで出張し，ポケットマネー1,200万円の予算を使い，約12ヵ月間に一般社員と主任クラス計1,056人と52回の昼食懇談会を持ち，課長以上の管理職計327人と25回の夕食懇談会を実施するなど「餌付けーション」と「飲みニケーション」を通じて，社員の意識改革に成功している（日本経済新聞社編，2004）。

ところで，このような「リーダーシップ型」によるグループ経営の持続的な成功のカギを握るのは，「グループ経営本部」のようなリーダーを補佐する賢い参謀本部の存在がきわめて重要だと考えられる。たとえば，サムスングループの今日的成功は，カリスマ経営者を陰で支える「秘書室」が有効に機能した影響が非常に大きいといわれている。これに対し，日立グループが長年，グループ経営に苦しんできたその背景には，早くから「グループ戦略本部」が設置されてきたにもかかわらず，実際には，ほとんど機能せず，形骸化してきたことに加え，カリスマ的なグループ経営者の不在が相まって，当初，期待したほどの効果や成果が得られなかったとも評価できるのである。

最後に，本節の冒頭でも触れたとおり，最近のグループ経営に関する研究動向を見ると，主に本社力をテーマに取り上げたものが数多く存在するが，しかし，本社を強化または改革するだけでは，理想的なグループ経営を運営・実行できるとは思えない。今回，浮き彫りにした「シナジー型」に該当する2つのタイプをよく検証してみると，いずれも本社力の重要性を直接的に支持するものではなかった。「プラットホーム型」は，圧倒的なパワーを持つコア事業がいわばグループの求心力として働き，グループ・シナジーのトリガーともなっているため，たとえ強い本社力が不在でも，シナジーワークにとって致命的な影響を与えるものとは考えにくい。これに対して「リーダーシップ型」は，グループ・シナジーに積極的なカリスマ経営者の存在とトップ・マネジメントの知恵袋である参謀組織

部門が十分にその役割を果たすことさえできれば，むしろ，それ以上の過剰な本社力は，有効なシナジーワークにとって，むしろ，弊害として働く可能性が高いとも考えられる。

　「戦略的波及効果」を誘発する強力なコア事業の存在，グループの求心力でありシナジーのトリガーであるカリスマ経営者の存在，経営者のリーダーシップを舞台の陰から支える参謀組織の存在というこれらの諸要素こそ，シナジーの効いたグループ経営に必要なポイントなのであり，おそらく，グループ経営に成功（満足）している企業では，これら3つの成功要因のいくつかを兼ね備えている可能性が高いと考えられる。

第8章

グループ経営のゆくえ

8-1　グループ・ビジネスモデルの創造

　これまでのビジネスの世界は，ユニークな製品・サービスを生み出してライバルと差別化を図り，企業成長を手入れる「イノベーション」の時代であった。製品・サービスを巡る差別化競争下では，ライバルが持ちえない知識・ノウハウを持つことが重要であり，戦略論では，これを「見えない資産」「コア・コンピタンス」という言葉で表現している。ところが，たとえ厳しい製品・サービスによる差別化競争に勝利したとしても，その後，多くの製品・サービスは，新興国のグローバル企業の手によって瞬く間に模倣され，そして，これらの新興国企業が模倣を通じて，新たに生み出した低価格な製品・サービスが市場へ大量に投入されることによって，日本企業の製品・サービスは，スペシャルなものからコモディティ（大衆）なものへと転落し，急速な市場競争力の減退を余儀なくされる事態を招いた。

　他方，過去のビジネス世界は，製品・サービスによる差別化に加え，「売れる仕組み」の差別化によって売上の拡大を図る時代でもあった。売れるしくみ（Marketing）とは，売ること（Selling）を無くす意味と理解され，たとえば，メディアやネットワークが発達している日本では，企業同士が膨大な広告宣伝費をつぎ込み，新製品や新サービスの販促合戦を繰り広げているが，デフレ不況の長期化に伴う消費者の可処分所得の低下に加え，大量消費を嫌って慎ましい生活を送ることを美徳とする嫌消費世代の若者が増加の一途を辿っていることから，以前に比べると，マス・マーケティングの有効性は低下の一途を辿っているのが実

態のようだ。

　イノベーション万能の時代そしてマス・マーケティング全盛の時代がいよいよ斜陽傾向を迎えるなか，最近，これまで日の目を見なかったビジネスモデルに注目が集まっている。ビジネスモデル（Business Model）は，「儲ける仕組み」を意味するものであり，事業そのものを差別化して主に利益を稼ぎ出すことである。伝統的な「モノを作る仕組み」や「売れる仕組み」から，「儲ける仕組み」の方向性へ興味や関心が徐々にシフトしするなか，今日のハイ・パフォーマーな企業は，これら3つの仕組みを同時に兼ね備えている可能性が高い。たとえば，ファッションカジュアル最大手のファーストリテイリングのユニクロでは，それぞれ3つの仕組みをすべて併せ持っている。「モノを作る仕組み」では，大手素材メーカーである東レとヒートテックを共同開発したとおり，高機能素材だが，低価格でモノを作る仕組みを完成させている。「売れる仕組み」では，大手家電量販店のビックカメラと共同店舗の開設という画期的な売れる仕組みを開発し，さらなる顧客の訴求と売上の拡大に努めている。さらに，「儲ける仕組み」では，製造から小売までを統合する SPA（Speciality store retailer of Private label Apparel）システムを導入して，たとえ単価が安くても，利益を捻出できるような稼ぐ方法をすでに完成させている。

　それでは，次に「モノを作る仕組み」「売れる仕組み」そして「儲ける仕組み」という3つの仕組みを具体的に比べてみよう。まず，「モノを作る仕組み」は，イノベーションを通じて製品・サービスの差別化を図り，成長を実現することだが，周知のとおり，近年，新たに生まれたイノベーションは，ライバル企業によって容易に模倣され，瞬く間に価格競争に巻き込まれ，大衆化してしまう現象が起こっており，競争優位が短期的に終わる問題が浮上している。「売れる仕組み」は，いわゆるマーケティングの差別化を図りながら，売上を伸ばす仕組みの開発だが，近年，経済環境や社会状況の変化から，以前に比べるとマス・マーケティングの有効性は低下している。最後に，「儲ける仕組み」は，ビジネスモデルの差別化によって利益の拡大を目指す行為だが，これまで，日本企業があまり注目してこなかったせいか，近年，ひと際関心が寄せられている。ビジネスモデルは，イノベーションやマーケティングに比べると，多種多様な要素から構成されるため因果関係が複雑であり，ライバルはそう簡単に模倣することができず，相対的に持続的かつ長期的な競争優位を構築できるとされている。

　さて，これからのグループ経営で肝要なのは，本節で触れたこれら3つの仕組

みを企業グループのレベルまで高めることである。つまり,「モノを作る仕組み」,「売れる仕組み」,「儲ける仕組み」をグループレベルで開発して成長と売上そして利益を達成することであるが,このうち,グループ・イノベーションとグループ・マーケティングは,すでに今日のグループ経営を志向する企業によって実践されているのに対し,グループ・ビジネスモデルの構築は,いまだ十分とは言えないのが現状のようだ。まず,グループ・イノベーションは,グループ各社の知を結集して新創造を実現することやグループ全体で使い回すことである。たとえば,日立建機による電動建機の開発では,親会社の日立建機が設計・開発,日立産機システムがモーターとインバーター,新神戸電機がリチウムイオン電池をそれぞれ分担して開発するなど,グループ各社の叡智を結集してイノベーションを達成している。同じく,日立建機による国産最大級のAC駆動式ダンプトラックの開発では,日立製作所が九州新幹線「つばめ」用に開発した電機式AC駆動システムをそのまま転用している。また,トヨタグループでは,クルマづくりとイエづくりに多くの共通点が存在するため,グループの総合力を活かしてトヨタホームという住宅事業を展開している。具体的に言うと,豊田自動織機がプラグイン・ハイブリットのEV充電装置,ジェイテクトが自宅用エレベーター,トヨタ車体が電動式段差解消機,豊田通商が土地,住宅資材全般,アイシンがシャワートイレ,防犯ブラインドシャッター,家庭用燃料電池,電動ブラインドシャッター,住宅用アルミ部材・木造住宅用金具,デンソーがエキュート(給湯器)や空調機,トヨタ紡績が高通風網戸,トヨタ自動車東日本がトヨタホームの設計・生産,豊田合成が遮音材,LED照明,東海理化が電子錠をそれぞれ開発し分担している。

　また,グループ・マーケティングは,グループ各社が連携して売れる仕組みを構築し,実行することである。たとえば,日立グループでは,テレビCMでもお馴染みな「日立の樹」を流すことで,グループ・プロモーションを実施している。また,自社が開発したイノベーションをグループ各社が所有する販売チャネルを利用してマーケットに供給する仕組みもまたあげられる(範囲の経済)。さらに,イオンやセブン&アイなど大手総合小売企業では,グループが共同して開発したプライベート・ブランド(Private Brand：PB)商品をコンビニ,GMS,スーパーなど,グループの各事業へ分散的に供給し販売する体制を構築している。

　これに対し,グループ・ビジネスモデルは,グループ全体で儲ける仕組みを作りあげる,あるいは,これまでの競争ゲームのルールを変えることである。これ

は，イノベーションが成長の追求，マーケティングが売上（量）の追求であるのに対し，ビジネスモデルは，利益（質）の追求を目的とする違いがある。これまでの企業グループによるイノベーションやマーケティングは，すでに数多く取り組まれてきたが，グループ全体で儲ける仕組みを構築するという概念は，グループ経営を志向する企業の多くに欠落してきた点であり，逆に言うと，今後は，ますます画期的なグループ利益モデルが登場する可能性が高い。今日，すでに浮き彫りとされているグループ・ビジネスモデルの一例として，たとえば，「まるごとソリューション」と命名したパナソニックによる収益モデルの構築があげられる。これは，企業グループが有する「強い単品」を「そろえ・つなげ」さらに「メンテナンス・サービス」を掛け合わせる取り組みであり，具体的には，パナソニック株式会社エコソリューションズ社の中に，100人を超える規模の「まるごとソリューションズ本部」を設置しながら，「100本の矢」と名づけたまるごとソリューション事業のビジネスモデルを100本生み出し，1兆円の利益を創出する目標を目指している。このように，グループ経営を志向する企業にとってグループを横断したビジネスモデルの創造は，これからの新たな挑戦的課題なのである。

8-2　グループ経営の革新に向けて

　日本企業にとってグループ経営の魅力とは何か。それは，日本が得意とするチームまたは集団の力や総合力を最大限に活かせるマネジメント手法という点である。すでに触れたとおり，欧米では，グループ経営という言葉は基本的に存在せず，関心の度合いは高くない。また，欧米では，親子関係についても100％出資が基本であり，日本のように親子が共に上場するスタイルは，原則としてあり得ない。さらに，欧米では，特定の事業領域に絞り込み，経営資源や組織能力を集中する戦略を得意とする一方で，フルラインで事業展開する総花的経営は，むしろ避けるべきと考える場合が多い。過去，ビジネスモデルの多くは，外国から輸入され国内に移植され消化されてきた。もちろん，なかには，コンビニエンス・ストアや宅急便など，日本発のビジネスモデルが世界へ発信されることも起こった。ところが，グループ経営という概念は，日本で生まれしかも日本だけに定着しているという事実から考えると，おそらく，これは日本人の性格や日本流の企

業組織や企業風土から派生した模倣困難性の高い概念であり，もしこれが正しいのなら，グループ経営は，日本企業によるいわば必勝パターンであると言えるかもしれない。すなわち，欧米企業が得意とする個対個の戦い方に対して，日本企業は，グループ全体で競争することが最も得策だといえるのである。[51]

　ここで，グループ経営の革新に向けた今後の課題をあげると，第1は，連結決算のためのグループ化という考え方は，もはや意味をなさないことである。過去，日本では，親会社の受け皿として子会社を利用する親会社中心主義であったが，その後，親子を対等に評価するという会計主義へ移行し，その結果，子会社の戦力化に伴う連結経営が生まれた。しかし，グループ経営とは，単に親子をつなげるだけでは何の価値も生み出さない。大切なのは，連結を通じて何を生み出しどんな価値を創造するかという収益モデルを構築することであり，その点では，アカウンティングの世界で指摘された連結の議論は，きわめて表層的なものであったと言わざるを得ない。第2は，形骸化したグループ経営である。これは，知と知の連結経営の時代に入ったはずなのに，水面下では，日本企業に深く染みついた子会社を大いに利用する発想，親会社による子会社支配が今なお残存するため，これでは，グループ価値の創造は，不可能に近いと考えられる。第3は，企業グループが有する資源や能力の探索とフル活用である。グループの優れた資源や能力を探索して利用し尽くすという点では，グループ経営を志向する企業の多くがいまだ不十分な取り組みとなっている場合が散見される。たとえば，日立グループでは，最近，グローバル人財マネジメント戦略を策定した。これは，グローバル人財本部を立ち上げて，国内外の日立グループ全社員約30万人を対象とする「グローバル人財データベース」を構築するものである。日立によると，このデータベースを通じて「グループ・グローバルの人財の可視化」と「人的リソース配分などのマクロ経営数値の把握」を試み，日立グループ全体とカンパニー・グループ会社ごとのグローバル人財マネジメントの施策・立案に活用できると発表しているが，こうした取り組みは，近年になってやっと始まったばかりである。

　上記のようないくつかの課題（連結経営からの脱却，形骸化したグループ経営からの脱却，グループ資源や能力の探索とフル活用）を克服する重要な処方箋として，本節では，トップ・マネジメントによるリーダーシップとそれを補佐するグループ経営本部機能の設置と強化を提唱したい。なぜなら，サムスンのような財閥企業は，複雑なコングロマリット経営にもかかわらず，強力なリーダーシップとトップを補佐する参謀組織が一体となってグループ経営を成功に導いている

からである。この点については，日本が韓国企業から謙虚に学ぶ必要があるだろう。一方，日本の企業グループの場合，その多くは，グループ経営本部のような参謀組織をすでに設置しているはずなのに，実際には，有効に活用されておらず，いわば，宝の持ち腐れとなっている場合が多い。グループ経営を志向する企業のトップが陥りがちな罠は，幾度も組織構造をいじくり回し，挙句の果てにその時に流行した企業モデルを無防備に採用する傾向が強いことがあげられるが，いろいろと試行錯誤しているにもかかわらず，期待以上の大きな成果を生み出せないその主な理由は，トップ・マネジメントがおかしなリーダーシップを実行しているか，それとも，トップ支える参謀組織が不在または無機能化している場合がほとんどである。したがって，グループ経営の成功に必要な真の原動力は，これまでにないまったく新しい発想を創造することや，単に模索することではない。むしろ，すでに明らかにされてはいるものの，十分な機能を果たしていないとか，もはや形骸化してしまった要因・要素をあぶり出し，これらを忠実に改善していくことがもっとも肝要であり，突然，降って湧いたような画期的なアイデアこそ，多くの場合，信頼できないし失敗の元凶であると考えた方が正しい。

　それでは，トップ・マネジメントとグループ経営本部による共創については，どんな青写真を描くことができるだろうか。まず，最初に取り組むべきミッションは「ルールの決定」である。企業グループの形成にあたり，「ルールの決定」は，おそらく，もっとも基本的な取り決めであり，企業グループを安定化させるプラットホームとして重要である。実は，グループ経営を志向する企業のうち，グループ価値の創造が思うようにいっていない企業の多くが，ルールづくりを疎かにしているか，それとも，ルールそのものが形骸化している場合が多いように思える。第2章でも触れたとおり，特に，日本企業の親子関係は，一部の企業を除いて親会社優位・子会社劣位というグループ企業文化が未だに根強く蔓延っており，改善されていないからである。

　グループ経営の第1歩である「ルールの決定」の中味は，主に3つのポイントがあげられる。第1は，企業グループを構成するメンバーは，本質的にみな立場を平等とすることを保障すべきである。もちろん，グループ経営を進行する親会社と子会社では，立ち位置の違いから上下関係は避けられないが，とはいえ，子会社として与えられた責任や権限そして自由度は，最大限尊重されるべきであり，また，維持しなければならず，親会社といえども，土足で踏み込んではならない子会社の聖域を十分に確保してやる必要がある。

第2は，運命共同体という認識の強化である。グループ経営による成果が比較的良好だと考える企業は，たとえ異なる事業や組織で働いていたとしても，グループの企業と社員は，同じ船に乗っている運命共同体であるという価値観の共有がなされている。たとえば，エアラインのANAグループでは「私たちはグループで事業をやっている」「グループ全員が一致団結して戦いを克服する」という価値観を大切にしている。また，和の精神を尊ぶキヤノンは「新家族主義」を掲げ，グループ社員が会社と共に繁栄する大切さを企業グループの行動指針としている。

　第3は，自立と協調のバランスである。グループの企業と社員は，一方では，グループからの自律した行動を追求しながら，他方では，お互いに協調し助け合う精神が求められる。つまり，複眼的な行動やモノの考え方が重要であり，こうした自立と協調のバランスの必要性を繰り返し徹底することが肝要である。

　このように企業グループを形成する基本的な「ルールの決定」が定まったら，次の段階は，グループに所属する個別企業をグループ全体の総合力でもって支える仕組みとグループ各社の力を結集して総合力を発揮する仕組みの両方を実現するために必要な4つのプロセスを明らかにすべきである。というのも，これら4つのステップを確実に実行することでグループ経営の成功の確率を飛躍的に高められるからである（図表8-1）。

　第1のステップは，グループ企業がそれぞれ所有する資源や能力の棚卸しである。これは，競争や協力する前に，自分たちの武器をしっかりと確認する必要が

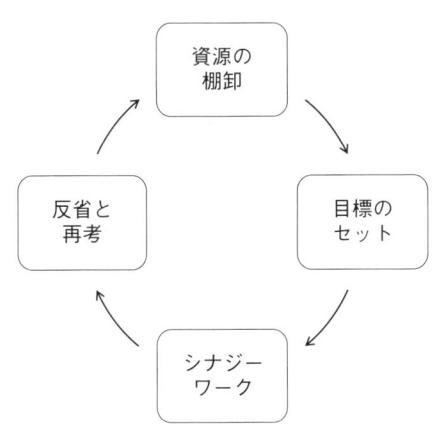

図表8-1　グループ経営の成功に必要な4つのステップ

資源の棚卸 → 目標のセット → シナジーワーク → 反省と再考 →（資源の棚卸へ戻る）

ある。つまり,「何をすべきか」という個別または全体の目標を決定する前に「だれが何を持っているのか」について徹底的に精査すべきである。なぜなら,個別または全体の目標を決めるには,何よりもまず個別または全体の武器や課題を浮き彫りにしておくことが必要だからである。

　第2のステップは,目標のセットである。これは,グループ企業がそれぞれ自分の市場で競争するため,グループとしてどんなサポートや協力ができるのか,そして,グループ企業が持つ資源や能力を結集した際,どんな価値創造が可能なのかについて,それぞれ目標を設定することである。具体的には,グループ企業がそれぞれどんな戦略的目標を掲げ,何を必要としているのかについて,グループ全体で情報の共有ができなければ,有効な支援は難しい。また,グループ全体の目標が明確でなければ,たとえグループ企業が持つ資源や能力をかき集めたとしても,グループ価値の創造は生まれないのである。

　第3のステップは,シナジーワークである。資源や能力の棚卸しと目標のセットがなされた後は,いよいよ相互作用から生まれるシナジーの生起である。たとえば,個別企業をグループで支援する際にシナジーが期待されるだろう。また,グループ全体の資源や能力を結集する際にもシナジーが生まれる可能性は高い。シナジーの生起に必要な個別または全体の資源や能力のつばつけと進むべき方向性は,すでに明らかにされているため,スムーズな相互作用と価値創造を期待できるのである。

　最後に,第4のステップは,反省と再考である。ここでは,シナジーワークの実施に伴う効果の測定や問題点の抽出を検討することである。特に,反省と再考が求められる点として,1つは,個別企業に対するグループ全体としての支援の善し悪しに関する分析・評価である。もう1つは,グループ全体の力の結集において,その効果と仕組みなどに関する分析・評価である。こうした分析と評価を通じて,企業は,次の段階におけるグループ経営の成功を確実にできるのである。

　このようにグループ企業の価値とグループ全体の価値の達成に向けてグループ経営に活力を与え,これを力強く推進するトップ・マネジメントと参謀組織は,なによりも欠くことのできない重要な存在と断言できる。

おわりに

　グループ経営とは，M＆A，多角化，企業統治など実に様々な戦略テーマを包括する素材のため，何かつかみどころが難しい内容である。また，グループ経営から生み出される価値創造の測定や評価についても，おそらく企業ごとに見方が異なり，これを標準化するには困難を極めるものと考えられる。さらに，今日の日本企業は，新興国市場へのアプローチや急速なグローバル化が引き起こした難題など，目の前にある危機への対応に追われているせいか，あれだけ多くの企業においてエスカレーションしたグループ経営熱とも呼べる現象は，今ではすっかり冷めてしまった感じが強く，その影響のせいか，グループ経営に取り組む研究者・実務家たちの関心もまた，残念ながら，急速に衰退しているようにも思える。

　とはいえ，本書では，こうしたグループ経営について，ビジネスの視点だけでなく，生物学，社会学，心理学，経済学など多様な角度から考察してきた。様々な角度から観察することで新たな知見や応用が可能と考えたからである。また，過去から現在までのグループ経営に関連する研究成果を可能な限り調べながら，主要な理論または実証研究について振り返ってきた。さらに，組織論の視点から伝統的なコングロマリット経営と最近の純粋持株会社経営を取り上げ，事例を交えながらグループ経営の在り方についても検討を行った。その結果，得られた結論は，何度も繰り返したとおり，あまりにもシンプルで単純な答えだった。それは，むやみにあれこれと新しいやり方や発想に時間を費やすのではなく，トップ・マネジメントと参謀組織が一体となってグループ経営を推し進めることに加え，これを可能にすべく，水面下で潜んでいる日本型親子関係という悪習慣を断ち切ることが必要であり，これを可能にした企業だけがグループ経営から生み出された果実を手に入れることができるというものであった。

　今回，グループ経営に関する本を取りまとめると心に決めてから，出版に漕ぎ着けるまで，かなりの長い歳月と労力を費やしてしまった。というのも，この間，公私にわたり筆者を取り巻く環境が慌ただしく変化したからである。時間は与えられるものではなく，自分で作り出すものであるはずなのに，沢山の言い訳をして時間を有効に活用できなかった事実は，謙虚に反省しなければならない。また，

デフレ経済や為替の円高基調がますます深刻化する一方で，国際化の圧力がより一層強まるなか，従来からグループ経営に力を入れてきた日本企業の関心は，目先の利益を追求する短期的な視点に注がれ，中長期的なスパンから腰を据えてグループ経営の精緻化を試みる余力を失ってしまい，結果として，グループ経営研究そのものの価値や意義が大きく後退してしまった影響も少なくない。とはいえ，厳しいビジネス環境が進展するなかで日本企業が世界中の企業と対抗するためには，日本人が持つ文化性や自国の優位性を最大限活用しうる問題解決方法を開発して向上させる取り組みが不可欠な課題であり，その意味では，グループ経営とは，誤解を恐れずに言うと，日本企業独自のビジネスモデルであり，今後ともその重要性は，一向に色あせないと確信している。

　本書が完成するにあたり，いつものように数多くの方々からご協力やご支援を頂いた。とりわけ，同文舘出版株式会社取締役である市川良之氏には，2004年に出版した編著『日本企業のグループ経営と学習』，そして，2005年に出版した単著『トライアド経営の論理』に引き続き，本書の出版を快く承諾して頂いた。記して深く感謝申し上げる。また，本書の出版にあたり，勤務する高千穂大学から出版助成を頂戴したことも記さなければならない。最後に，妻の亜紀と長男の文武には，いつも精神的な面でサポートを受けている。ありがとうの言葉を送り，感謝の気持ちとしたい。

注　記

1. 「日本人＝集団主義」，「欧米人＝個人主義」とする考えは，あまりにもステレオタイプ的な文化論のため，危険な通説であるとする批判的な見解もまた存在する。詳しくは，山岸（2002），高野（2008）を参照のこと。
2. 詳しくは，眞鍋（2011）を参照。
3. 2013年7月，東証1部に上場する日立金属が日立電線を吸収合併して新たに「日立金属」となる予定である。
4. 実際にコングロマリット・ディスカウントに陥った企業ケースを紹介しよう。日立製作所は，日立化成工業，日立建機，日立ハイテクノロジーズなど，合計16社もの優良子会社を所有する大手総合電機メーカーとして有名だが，2006年2月末における上場子会社16社合計の時価総額は3兆4,751億円であったのに対し，親会社である日立製作所本体の連結時価総額は2兆7,652億円とそれを大きく下回り，今日でも，子会社価値優位の傾向は続いている（佐藤，2006）。
5. AND思考法に準拠する企業経営の実践や理論方法の構築は，国内外において多数散見される。ここでは，そのいくつかをランダムに拾い上げてみよう。たとえば，ソニーの共同設立者の一人である盛田昭夫は，1980年代後半に"グローバルに考えローカルに行動する"精神を意味するグローバル・ローカライゼーションの重要性を主張し，ソニーの国際化のあり方について説明した。Bartlett and Ghoshal（1989）は，多角化多国籍企業の理想的な形態として，グローバル統合とローカル適応の両方を達成する組織モデルを統合ネットワーク（Integrated Network）を提唱した。Bruch and Ghoshal（2004）は，効果的なグローバル・マネジャーについて，集中力（Focus）と持続力（Energy）の相対する2つの要素を組み合わせた目的意識のあるマネジャーこそ，理想であると主張した。一方，Day and Schoemaker（2006）は，遠くに目をやりながら，特定の人物に注意を向けることなく，群衆の中から犯人を探し出すスプラッタービジョン（Splatter Vision）と呼ばれるFBIの犯人探しの訓練方法を事例に取り上げながら，中心と周辺の両方に視野をおく重要性について言及した。先述したMartin（2007）は，優れたリーダーの意思決定に共通する特徴は，直線的で単純なロジカル・シンキングではなく，矛盾や対立から創造的な解決策を生み出す統合思考（Integrative Thinking）であると主張した。大薗・清水・竹内（2008）は，トヨタの優れた経営について調査し，その結果，トヨタには変革と改善を促す「拡張力」と逆に拡張と変革を抑える「結合力」という矛盾する組織知が存在する。すなわち，矛盾を内包する経営力こそトヨタに繁栄をもたらした本質であると指摘し，"AND"の思考法の重要性をここで浮き彫りにしている。
6. 世界最大のトータルヘルスケア・カンパニーであるジョンソン・エンド・ジョンソン（J&J）では，自社の経営スタイルを「分社分権化経営」と命名している。グループ内で子会社という概念は存在せず，世界57カ国250社以上の企業群からなるファミリー企業（Family of Companies）という考え方が広く定着しているからである。また，J&Jの本社の役割は，基本的に事業部門間におけるヒトの動きを支援するなど，クリアリングハウス（Clearinghouse：情報交換所）のような存在であり，資源の獲得や配分そして資源移転などのすべては，各事業部に権限が移譲されているのが実態のようだ（Saloner, Shepard and Podolny, 2001）。
7. 不採算事業から撤退して規模を縮小しながら，成長分野へ事業を拡大する概念を"Shrink and Grow"という。

8 旭化成と同様にグループ・リストラクチャリングを展開する（した）日本企業として，たとえば，ケミカルズ事業からヘルスケア事業にコア事業を転換させた三菱ケミカル・ホールディングス，従来の合成繊維事業から新たな稼ぎ頭として医薬品事業を創造した帝人，伝統的な繊維事業から研磨材事業へ利益の源泉がシフトした富士紡ホールディングス，さらに得意とする印刷技術を応用して今では液晶用反射防止フイルムで世界シェア 7 割を独占している大日本印刷，旧来の繊維事業から自動車ブレーキ用摩擦材で世界シェア 15% 超を占める企業に変身した日清紡ホールディングス，そして魚から抽出される魚油を使用して医薬品の原液や健康食品などのファインケミカル事業へ売上高の構成がシフトしている日本水産などがあげられる（日本経済新聞, 2010 年 4 月 10 日）。
9 但し，すべての日本企業がこれに該当しない。たとえば，日立建機など優良上場子会社群が親会社の業績を下支えしてきた日立グループのような場合，投資家は，子会社群の企業価値や業績に強い関心を持つにちがいない。
10 とりわけ，知識レベルよりもやる気やモチベーションのような感情資本（Emotional Capital）に関する親子間の相違は，明らかにちがいない。
11 Venkatraman and Subramaniam（2002）は，3 つの時代から戦略論の進化を考察している。第 1 世代は，戦略を複数のビジネスのポートフォリオとして見る視点であり，第 2 世代は，戦略を能力のポートフォリオとして考える視点，そして，第 3 世代は，知識経済時代において戦略を関係性のポートフォリオとして見る視点である。
12 利益保護のメカニズムのうち，因果関係の曖昧性（Causal Ambiguity）とは，資源や能力と競争優位との間に横たわる因果関係を曖昧にすることで，模倣を試みる企業に対して効果的な参入障壁を創造する模倣困難性であり，時間圧縮の不経済（Time Compression Diseconomies）とは，模倣を試みる企業が資源や能力を獲得するには，開発された状況や当時の置かれた状況など，その空間や過去を再生する必要がある模倣困難性のことである。
13 また，企業は現場に起業家を作り出すことに重点を置かねばならず，ヒトを管理可能コスト，取替え可能部品として管理するのではなく，組織資産，知識の体現者として認識しなければならないとも主張している。
14 Ulrich（1997）は，人的資本こそ企業の中心的な役割であると述べながら，とりわけ，人事部門の新たな役割として，戦略パートナー（Strategic Partner），管理のエキスパート（Administrative Expert），従業員のチャンピオン（Employee Champion），変革のエージェント（Change Agent）という 4 つの項目をあげている。O'Reilly and Pfeffer（2000）は，平凡な社員によって構成された企業にもかかわらず，偉大な業績をあげる企業の存在に注目した結果，これらの企業では，社員たちの隠れた価値（Hidden Value）を引き出すことに成功したからであると述べ，その創出方法について触れている。Bruch and Ghoshal（2002, 2004）は，集中力（Focus）と持続力（Energy）を尺度にマネジャーのタイプを 4 つに分類しながら，実際の企業へ調査を行った。その結果，先送り型（Procrastination）タイプは 30%，逃避型（Disengagement）タイプは 20%，散漫型（Distraction）タイプは 40%，目的志向型（Purposefulness）タイプは 10% となり，結果として，おおよそ 90% のマネジャーがムダな時間を浪費している事実を明らかにしながら，真の優れたリーダーとは，集中力（Focus）と持続力（Energy）の両方を兼ね備えた目的志向型マネジャーである事実を発見している。
15 同社の M & A 戦略の歴史は，1990 年代後半前と後に分けられる。渡邉・天野（2007）によると，前半の期間は，創業以来，主力である精密小型モーターの国際競争力強化を目的とした M & A であり，後半の期間は，グループ経営の競争力強化を目指した M & A

16 樋口（1995）は，あるべき本社の姿として，未来志向の価値パターンを追求し自己実践の行動パターンを有する2つの条件をあげ，これら2つの条件を満たす本社を「フロンティア本社」と命名している。
17 この背景には，ユニリーバの母体が英国とオランダの大企業同士が合併して誕生した経緯がこの体制に強い影響を及ぼしているのは確実だが，とはいえ，そうした2本社制がユニリーバの今日的なグローバル競争優位性に大きく貢献している可能性は高い。
18 Foss（1997）によると，本社組織の根本原理とは，プラスを創造しマイナスを避けることであると指摘している。
19 Grant（2003）は，オイルメジャー（Amoco, BP, Elf, ENI, Exxon, Mobil, Shall, Texacoの計8社）本社のコーポレート・プランニング部門におけるスタッフ数の推移を調査した結果，たとえば，Amocoは1990年90名，1993年60名，1996年30名，さらにBPでも，1990年48名，1993年12名，1996年3名のとおり，すべての企業でコーポレート・スタッフ数が激減している事実を明らかにした。そして，これとは対照的に各事業部門のプランニング・スタッフ数は，たとえばMobilが470名，ENIは416名と大きく増加していることから，戦略計画の立案・管理は，本社部門の手から各事業部門主導へ変化している可能性を示唆した。
20 Young（1993）の調査によると，社員約5万人の消費財多国籍企業における本社スタッフ数は227人であり，これは全体の僅か5％に過ぎず，小さな本社組織が進んでいることを明らかにしている。
21 アクティビスト・センターの特徴としては，①企業価値を高めるバリューマネジメント，②グループ・シナジー戦略の策定と実施，③子会社・事業部への投資に対するリターンの評価，④最適なポートフォリオを作成して有望な事業分野への資金配分，⑤全社組織のコーチまたはメンターのような存在という，主に5つの特徴を兼ね備えていることがあげられる。
22 その他として，関西電力では，2003年6月，グループ経営推進体制の強化を図るため，これまでの「グループ経営推進室」を再編して新たに「グループ経営推進本部」を設置した。りそなホールディングスは，2005年6月，グループ企業価値の最大化に向けた全社的な戦略立案機能，グループ経営管理の高度化を目的とする「グループ戦略部」を設置した。オムロンでは，2007年3月，グループ経営戦略の整合性と実効性そして完遂性を高める目的から，経営戦略部，コーポレート・コミュニケーション部，経営IR部，CSR推進部，海外地域統括機能部門そしてリレー事業強化プロジェクトを横断的に統括・管理する社長直轄組織である「グループ戦略室」を新設した。NTTデータは，2007年7月にグループ経営の強化，国際事業展開のさらなる推進のため，グループ事業推進部，国際事業推進本部を経営企画部に統合した後「グループ経営企画本部」に改称した。ニッスイでは，2009年3月にグローバルに展開するグループ経営を最適化する機能として「グローバル・グループ経営推進会議」を設ける一方，その専任事務局を担う「グローバル・グループ経営推進室」を社長直轄として設置した。日本ハムは，2009年4月，企業戦略室，経営企画部，広報IR部を管轄する一方，グループ経営のより一層の推進を目的とする社長直轄の「グループ経営本部」を新設した。パナソニックは，2010年4月，グループ経営強化のため，モノづくりイノベーション本部とIT革新本部を統合する「グループ経営革新本部」を新設した。
23 ここでは，グループ経営本部による編集力を明らかにするため，便宜的に本社の求心力と子会社の遠心力を取り上げたが，遠心力と求心力の考え方については，第1章の1-5-6

を参照のこと。
24 H社に対するインタビュー（2008年11月26日）。
25 持株会社の経営者は，三菱の場合，創業者である岩崎一族がその任にあたり，三井は，中上川彦次郎，益田孝，団琢磨，池田成彬ら職業経営者に権限が委譲された。詳しくは，小田切（1992）を参照のこと。
26 小田切（1992）は，企業集団が包括的な産業体系を構成する主な理由として，次のような2点をあげている。1つは，企業集団を形成することで景気循環等の影響を緩和することである。もう1つは，メンバー企業との合弁事業を通じて新規事業への進出が容易となることである。
27 90年代末以降の相次ぐ都市銀行の再編の様子を見ると，1996年，三菱銀行と東京銀行が合併して東京三菱銀行となる一方，2002年，三和銀行と東海銀行が合併してUFJ銀行となり，2006年，東京三菱銀行とUFJ銀行が合併して三菱東京UFJ銀行が設立された。また，1990年，太陽神戸銀行と三井銀行が合併してさくら銀行（太陽神戸三井銀行）となる一方，2001年，さくら銀行と住友銀行が合併して三井住友銀行が設立された。さらに2002年，第一勧業銀行と富士銀行が合併してみずほ銀行が設立された。つまり，これまで「六大企業集団」の求心力として役割を担ってきた三井，三菱，住友，富士，三和，第一勧業という大銀行は，現在，三菱東京UFJ銀行（三菱＋三和），三井住友銀行（三井＋住友），みずほ銀行（第一勧銀＋富士）という3つのメガバンクに整理・統合されてしまった。
28 その他，「六大企業集団」の再編を促進したその背景としては，次のような理由があげられる。第1は，金融ビックバン，不良債権処理による影響である。第2は，企業の資金調達の方法が伝統的な間接金融から直接金融への転換である。第3は，個人株主の拡大と外国人持株比率の上昇である。
29 今井・金子（1988）によると，財閥と企業グループの違いは，財閥は強い連結，企業グループは弱い連結というコントロールの程度にあるという。
30 企業の境界問題を議論している論者は今井だけではない。下谷（1996）は，企業の境界について，組織の準外部化と準内部化という概念を用いてこれを明らかにしている。下谷によると，日本の大企業は「企業」，「企業グループ」，「企業系列」という3つの重層的な境界を有しており，これらを使い分けることが日本の企業システムの柔軟性であると指摘する。そして，日本企業は，本体の内部単位を積極的に分解しそれを企業の外へ「準外部化」しながら，同時に，下請や流通などもともと本体の外部に存在する企業群を内部単位と同調させる「準内部化」を通じて本体の戦略に組み込むことで，これら重層的な企業の境界を作り出していることを明らかにしている。
31 アークでは，「連邦経営」とは表現せず「連峰経営」と命名している。
32 伊藤（2000）は，コーポレート・ブランド経営（Corporate Brand Management）の重要性についても明らかにしている。これは，顧客，株主，従業員から構成され，これらの構成要素のすべての価値を高める取り組みである。そのうえでコーポレート・ブランド経営に必要な1つ目の条件とは，企業理念の重要性があげられる。つまり，個別企業の場合と同様，グループ・ビジョンや理念の役割は，企業グループにおいても非常に重要である。たとえば，J＆Jが企業理念である「我が信条」を経営の中核に据えることで永続的な好業績を記録しているように，エクセレント・カンパニーの多くは，単に利益を目的とするのではなく，企業理念の実現を最大のミッションに掲げているからである。つまり，社員一人ひとりに求心力として企業理念を浸透させることで，個々の考え方に秩序が生まれるため，かりにグループ各社の自立性を高めたとしても，活動のばらつき度合いは低下する

のである．また，社員間における意思疎通やコミュニケーションでも，個々のルールが共有化されているため，調整コストは低く抑えることが可能である（寺澤，2000）もう1つの条件は，「顧客価値」，「株主価値」，「従業員価値」をすべて満足させるようなビジネスモデルを創造することである．とりわけ，欧米企業は「従業員価値」よりも「株主価値」を重視する一方，日本企業は，「株主価値」よりも「従業員価値」を重視する傾向が強かった．しかし，真の正しい答えとは「株主価値」，「従業員価値」どちらも共に大切であるだけでなく，「顧客価値」の創造もまたあわせて重要なことである．つまり，価値創造の経営とは「顧客価値」，「株主価値」，「従業員価値」を個々に満足させるのではなく，3つの価値要素を同時に満足させることである．

33 小田切（1992）は，企業内部を市場とみなすべき必然性はないことから，企業内部労働市場を「内部労働システム」と呼んでいる．
34 三菱マテリアルでは，従来の人事部門を"人財部門"に変更しているが，これは同社が「人は財産である」との意思を浸透させたい観点によるものからである．このように今日の日本企業では，「人材」を使わず「人財」を使用するケースが徐々に増えつつある．
35 過去，東芝ではグループ企業の自主独立を進めるため，東芝本体の総合企画部に関係会社7社の実習生を7名受け入れた．その狙いは，中長期経営計画の策定・企画のノウハウを学んでもらうことに加え，東芝の次のグループ戦略を理解してもらうことであった（日本経済新聞社編，1991）．
36 高井（1996）は，東芝のグループ経営を取り上げ，同社では出向・逆出向制度を新たな事業展開に必要な知識・情報を学習するための制度として活用している実態を浮き彫りにしている．
37 日本企業の現場では，以前から製品開発を担う技術者，エンジニアのレベルで逆出向制度が導入され，大きな効果をあげていることがすでに確認されているが，この代表的な事例として，自動車業界のトヨタがあげられる．また，自動車の設計思想（アーキテクチャー）は，組立を担当するセットメーカーと約3万点とも言われる原材料や部品をセットメーカーへ納入するサプライヤーが共同で製品開発する，「すり合わせ型」あるいは「統合型」とも呼ばれている．
38 一方，企業の流動化行動の事例として岩崎（1996）は，キリンのグループ経営を取り上げている．それによると同社では，グループ全体としての適材適所の視点に立ち，キリン本体とグループ各社およびグループ各社間での出向，逆出向，水平出向を指す交流人事の促進がグループ本社を中心に進められている一方，グループ間で人材交流を通じた，ノウハウ，知識の移転，学習の移転が意図的に試みられていると指摘している．
39 日本経済新聞，2011年6月8日．
40 日本経済新聞，2007年4月09日，p.17.
41 日経産業新聞，2007年1月22日，p.23.
42 日経産業新聞，2007年9月04日，p.23.
43 森田（2005）．
44 日経産業新聞，2005年12月27日，p.23.
45 日本経済新聞社編（1991），pp.140-141.
46 日本経済新聞社編（1991），pp.151-152.
47 最近，総合電機メーカーでは，巨額な赤字をキッカケに子会社で手腕を振るった人材を本体社長として抜擢するケースが拡大している．たとえば，日立製作所では，2009年4月，子会社の日立プラントテクノロジーと日立マクセルの会長を兼務する川村隆氏が社長として就任した．また，2010年4月，子会社の日立グローバルストレージテクノロジーズの

CEOであった中西宏明氏が社長に就任した。さらに，低迷するソニーは，2012年4月，子会社のソニー・コンピュータエンタテインメント（SCE）のCEOであった平井一夫氏を社長に抜擢するなど，傍流経験者の起用が増えるようになってきた。

48 Zahra and George(2002)またはTodorova and Durisin(2007)は，Cohen and Levinthalが示した考え方を再考しながら，それぞれ独自の知識の吸収能力モデルを提唱している。

49 PVとは，ある一定以上の踏力を超えると，バルブが閉じてリヤーへの油圧をカットしてリヤーロックを防止する装置であり，高度な加工精度が要求される，車種ごとに形状が異なる，他工場での代替生産が難しい特徴を有するものである。

50 中野・吉村（2004）は，日本企業を対象に多角化の弊害を調査した結果，ディスカウントの実態をここで明らかにしている。

51 日本で企業グループの活動が活発なのは，日本の社会が伝統的に集団主義を好むことに関係があると指摘されている（日本経済新聞編，1991）。つまり，狭い国土の中で水田稲作作業をするには，ムラ集団の形成が何よりも不可欠であり，伝統的なムラ構造が相互扶助の精神を養成しただけでなく，日本人の集団主義の形成に大きな影響を及ぼしたとも考えられる。

参考文献

〈外国語文献〉

Adolph, A., J. Pettit and M. Sisk (2009), *Merge Ahead*, McGraw-Hill.（ブーズ・アンド・カンパニー訳『成長戦略と M&A の未来』日本経済新聞出版社, 2010 年。）

Ambos, B. and V. Mahnke (2010), "How do MNC headquarters add value?," *Management International Review*, 50, 4, pp.403-412.

Ambos, T. C. and J. Birkinshaw (2010), "Headquarters' attention and its effect on subsidiary Performance," *Management International Review*, Vol.50, No.4, pp.449-469

Andrews, K. R. (1971), *The Concept of Corporate Strategy*, Dow Jones-Irwin.（山田一郎訳『経営戦略論』産業能率短期大学出版部, 1976 年。）

Ansoff, I. (1957), "Strategies for Diversification," *Harvard Business Review*, Sep.-Oct., pp.113-124.（関美和訳「多角化戦略の本質」『Diamond ハーバード・ビジネス』Apr., pp.138-154, 2008 年。）

Ansoff, I. (1965), *Corporate Strategy*, Mcgraw-Hill.（広田寿亮訳『企業戦略論』産業能率大学短期大学出版部, 1969 年。）

Badaracco, J. L. Jr. (1991), *The Knowledge Link : How Firms Compete through Strategic Alliances*, Harvard Business School Press.（中村元一・黒田哲彦訳『知識の連鎖―企業成長のための戦略同盟』ダイヤモンド社, 1991 年。）

Barney, J. B. (2002), *Gaining and Sustaining Competitive Advantage, Second Edition*, Prentice Hall.（岡田正大訳『企業戦略論：競争優位の構築と持続　基本編』ダイヤモンド社, 2003 年。）

Bartlett, C. A. and S. Ghoshal (1989), *Managing Across Borders*, Harvard Business School Press.（吉原英樹訳『地球市場時代の企業戦略』日本経済新聞社, 1990 年。）

Bartlett, C. A. and S. Ghoshal (1997), *The Individualized Corporation : A Fundamentally New Approach to Management*, HarperBusiness.（グロービス・マネジメント・インスティテュート訳『個を活かす企業』ダイヤモンド社, 1999 年。）

Bartlett, C. A. and S. Ghoshal (2002), "Building Competitive Advantage Through People," *MIT Sloan Management Review*, Winter, Vol.43, No.2, pp.33-41.

Besanko, D., D. Dranove and M. Shanley (2000), *Economics of Strategy, Second Edition*, Wiley & Sons.（奥村昭博・大林厚臣監訳『戦略の経済学』ダイヤモンド社, 2002 年。）

Berg, N. (1965), "Strategic Planning in Conglomerate Companies," *Harvard Business Review*, May-June, pp.79-92.

Berg, N. (1969), "What's Different about Conglomerate Management?," *Harvard Business Review*, Nov.-Dec., pp.112-120.

Berg, N. A. (1977), "The Conglomerate : Its Strategy and Structure," *Business and Economic History*, pp.36-51.

Berger, P. and E. Ofek (1995), "Diversification's effect on firm value," *Journal of Financial Economics*, Vol.37, pp.39-65.

Birkinshaw, J., P. Braunerhjelm, U. Holm and S. Terjesen (2002), "Why do some Multinational Corporations Relocate Their Corporate Headquarters," *Strategic Management Journal*, Volume27, Issue7, pp.681-700.

Blaxill, M. and R. Eckardt (2009), *The Invisible Edge : Taking Your Strategy to the Next*

Level Using Intellectual Property, Portfolio.（村井章子訳『インビジブル・エッジ：その知財が勝敗を分ける』文藝春秋，2010 年。）

Boldrin, M. and D. K. Levine（2008）, *Against Intellectual Monopoly*, Cambridge University Press.（山形浩生・守岡桜訳『反知的独占：特許と著作権の経済学』NTT 出版，2010 年。）

Boston Consulting Group（2007）, "*Beyond the Great Wall : Intellectual Property Strategies for Chainese Companies,*" www.bcg.com.

Bourgeois, L. J.（1980）, "Strategy and environment：A conceptual integration," *Academy of Management Review*, Vol.5, pp.25-39.

Bouquet, C. and J. Birkinshaw（2008）, "Weight versus voice: How foreign subsidiaries gain attention from corporate headquarters," *Academy of Management Journal*, Vol.51, No.3, pp.577-601.

Bruch, H. and S. Ghoshal（2002）, "Beware of Busy Manager," *Harvard Business Review*, February, pp.62-69.（マクドナルド京子訳「マネジャーが陥る多忙の罠」『Diamond ハーバード・ビジネス』May, pp.119-130, 2012 年。）

Bruch, H. and S. Ghoshal（2004）, "*A Bias for Action,*" Harvard Business School Press.（野田智義訳『意志力革命：目的達成への行動プログラム』ランダムハウス講談社，2005 年。）

Campbell, A. and K. S. Luchs（1992）, *Strategic Synergy*, Butterworth Heinemann.

Chandler, A. D.（1962）, *Strategy and structure*：*chapters in the history of the industrial enterprise*, M. I. T. Press.

Chandler, A. D.（1991）, "The Functions of the HQ Unit in the Multibusiness Firm," *Strategic Management Journal*, Vol.12, pp.31-50.

Chesbrough, H.（2003）, *Open Innovation : The New Imperative for Creating and Profiting from Technology*, Harvard Business School Press.（大前恵一朗訳『ハーバード流イノベーション戦略のすべて』産業能率大学出版部，2004 年。）

Chesbrough, H.（2006）, *Open Business Models : How to Thrive in the New Innovation Landscape*, Harvard Business School Press.（栗原潔訳『オープンビジネスモデル：知財競争時代のイノベーション』翔泳社，2007 年。）

Chesbrough, H., W. Vanhaverbeke and J. West（2006）, *Open Innovation : Researching a New Paradigm*, Oxford University Press.（長尾高弘訳『オープンイノベーション：組織を越えたネットワークが成長を加速する』英治出版，2008 年。）

Chesbrough, H.（2007）, "Why Companies Should Have Open Business Models," MIT *Sloan Management Review*, Vol.48, No.2, pp.22-28.

Choi, J. H., S. K. Kwak and H. S. Yoo（2008）, "The Effect of Divergence between Cash Flow Right and Voting Right on Audit Hour and Audit Fee per Audit Hour," *Seoul Journal of Business*, Vol.14, No.1, pp.55-77.

Christensen, C. M.（1997）, *The Innovator's Dilemma : When New Technologies Cause Great Firms to Fail*, Harvard Business School Press.（伊豆原弓訳『イノベーションのジレンマ―技術革新が巨大企業を滅ぼすとき』翔泳社，2001 年。）

Cohen, W. M. and D. A. Levinthal（1990）, "Absorptive capacity: A new perspective on learning and Innovation," *Administrative Science Quarterly*, 35, pp.128-152.

Collins, J. C. and J. I. Porras（1994）, *Built to Last : Successful Habits of Visionary Companies*, Harpercollins.（山岡洋一訳『ビジョナリー・カンパニー―時代を超える生

存の原則』日経BP社，1995年。)
Collis, D. J. and C. A. Montgomery (1997), *Corporate strategy : Resources and the scope of the firm*, McGraw-Hill.
Collis, D. J. and C. A. Montgomery (1998), "Creating Corporate Advantage," *Harvard Business Review*, May-Jun., pp.70-84.（西村裕之訳「連結経営時代の全社戦略：事業ごとのコンピタンスを束ねシナジーを創り出す」『Diamondハーバード・ビジネス』Feb.-Mar., pp.10-25, 1999年。)
Collis, D. J. and C. A. Montgomery (2005), *Corporate strategy : A Resource-Based Approach*, McGraw-Hill.（根来龍之・蛭田啓訳『資源ベースの経営戦略論』東洋経済新報社，2004年。)
Day, G. S. and P. J. H. Schoemaker (2006), *Periperal Vision : Detecting the Weak Signals that Will Make or Break Your Company*, Harvard Business School Press.（三木俊哉訳『強い会社は「周辺視野」が広い』武田ランダムハウスジャパン，2007年。)
De Wit, B. and R. Meyer (2005), *Strategy Synthesis : Resolving Strategy Paradoxes To Create Competitive Advantage*, South-Western.
Dierickx, I. and K. Cool (1989), "Asset Stock Accumulation and Sustainability of Competitive Advantage," *Management Science*, Vol.35, No.12, pp.1504-1511.
Dranikoff, L., T. Koller and A. Schneider (2002), "Divestiture：Strategy's Missing Link," *Harvard Business Review*, May, Vol.80, pp.75-83.（西尚久訳「よい事業分割，悪い事業分割：グループ再編に欠かせない選択肢」『Diamondハーバード・ビジネス』Aug., pp.72-84, 2002年。)
Dyer, J. H. (2000), *Collaborative Advantage : Winning Through Extended Enterprise Supplier Networks*, Oxford University Press.
Dyer, J. H. and H. Singh (1998), "The Relational View：Cooperative Strategy and Sources of Interorganizational Competitive Advantage," *The Academy of Management Review*, Vol.23, No.4, pp.660-679.
Dyer, J. H. and H. Singh (2000), "Using Alliances to Build Competitive Advantage in Emerging Technologies," in G. S. Day and J. H. Schoemaker(eds.) *Wharton on Managing Emerging Technologies*, John Wiely & Sons.（小林陽太郎訳『ウォートンスクールの次世代テクノロジー・マネジメント』東洋経済新報社，2002年。)
Dyer, J. H. and K. Nobeoka (2000), "Creating and Managing High Performance Knowledge-sharing Network：The Toyota Case," *Strategic Management Journal*, Vol.21, No.3, pp.345-367.
Egelhoff, W. (2010), "How the parent HQ adds value to the MNC," *Management International Review*, 50, pp.413-431.
Eisenhardt, K. M. and S. L. Brown (1999), "Patching: Restitching Business Portfolios in Dynamic Markets," *Harvard Business Review*, May-Jun., pp.72-82.（有賀裕子訳「パッチング：俊敏な組織改編の新手法」『Diamondハーバード・ビジネス』Aug.-Sep., pp.105-121, 1999年。)
Eisenhardt, K. M. and C. D. Galunic (2000), "Coevolving: At Last, a Way to Make Synergies Work," *Harvard Business Review*, Vol.78, No.1, pp.91-101.（有賀裕子訳「共進化のシナジー創造経営」『Diamondハーバード・ビジネス』Aug., pp.44-59, 2001年。)
Foss, N. J. (1997), "On the Rationales of Corporate Headquarters," *Industrial and Corporate Change*, March, No.6, pp.313-338.

Fukuyama, F. (1995), *TRUST: the Social Virtues and the Creation of Prosperity*, Free Press. (加藤寛訳『信なくば立たず』三笠書房, 1996年。)

Furrer, O. (2011), *Corporate Level Strategy : Theory and Applications*, Routledge.

Galbraith, J. R. and D. A. Nathanson (1978), *Strategy Implementation : The Role of Structure and Process*, West Publishing Co. (岸田民樹訳『経営戦略と組織デザイン』白桃書房, 1989年。)

Geneen, H. and A. Moscow (1984), *Managing*, Doubleday. (田中融二訳『プロフェッショナルマネジャー』プレジデント社, 2004年。)

Ghoshal, S. and L. Gratton (2003), "Integrating the Enterprise," *MIT Sloan Management Review*, 44, No.1, pp.31-38.

Goold, M. and A. Campbell (1987), "Many best Ways to Make Strategy," *Harvard Business Review*, Nov.-Dec., pp.70-76. (編集部訳「多角化企業の戦略決定3方式の強みと弱み」『Diamondハーバード・ビジネス』Feb.-Mar., pp. 4-11, 1988年。)

Goold, M. and A. Campbell (1987), *Strategies and styles : The role of the centre in managing diversified Corporations*, Blackwell.

Goold, M. and A. Campbell (1998), "Desperately Seeking Synergy," *Harvard Business Review*, Sep.-Oct., pp.131-143. (西尚久訳「シナジー幻想の罠」『Diamondハーバード・ビジネス』Aug., pp.96-109, 2002年。)

Goold, M., A. Campbell and M. Alexander (1994), *Corporate-Level Strategy : Creating Value in the Multibusiness Company*, Wiely.

Goold, M., D. Pettifer and D. Young (2001), "Redesigning the Corporate Centre," *European Management Journal*, 19 (1), pp. 83-91.

Goold, A. and D. Young (2005), "When Lean Isn't Mean," *Harvard Business Review*, 83, pp. 16-18.

Goold, A., D. Collis and D. Young (2007), "The Size, Structure, and Performance of Corporate Headquarters," *Strategic Management Journal*, 28, pp. 383-405.

Govindarajan, V. and C. Trimble (2012), *Reverse Innovation : Create Far From Home, Win Everywhere*, Harvard Business School Press.

Grant, R. M. (1991), *Contemporary Strategy Analysis*, Blackwell.

Grant, R. M. (2003), "Strategic Planning in a Turbulent Environment : Evidence from The Oil Majols," *Strategic Management Journal*, 24, pp.491-517.

Gratton. L. and S. Ghoshal (2003), "Managing personal human capital : New ethos for the 'volunteer' employee," *European Management Journal*, 21, pp.1-10.

Hall, G. E. (1987), "Reflections on Running a Diversified Company," *Harvard Business Review*, Jan.-Feb., pp.84-92. (編集部訳「事業部門への適切なコントロールが成功のカギ」『Diamondハーバード・ビジネス』Apr.-May., pp.21-33, 1987年。)

Hamel, G. (1999), "Bringing Silicon Valley Inside," *Harvard Business Review*, Sep.-Oct., pp. 70-84. (有賀裕子訳「伝統的組織にシリコンバレーをつくる」『Diamondハーバード・ビジネス』Apr.-May., pp.25-43, 2000年。)

Hamel, G. (2000), *Leading the Revolution*, Harvard Business School Press. (鈴木主税・福嶋俊造訳『リーディング・ザ・レボリューション』日本経済新聞社, 2001年。)

Hamel, G. and C. K. Prahalad (1994), *Competing for the Future*, Harvard Business School Press. (一條和生訳『コア・コンピタンス経営：大競争時代を勝ち抜く戦略』日本経済新聞社, 1995年。)

Hamermesh, R. and R. E. White (1984) "Manage Beyond Portfolio Analysis," *Harvard Business Review*, Jan.-Feb., pp.103-109.（編集部訳「ポートフォリオ分析を超えた経営を」『Diamond ハーバード・ビジネス』Apr.-May., pp.58-65, 1984 年。）

Hamermesh, R. (1986), "Making Planning Strategic," *Harvard Business Review*, Jul.-Aug., pp.115-120.（編集部訳「ポートフォリオ・プランニングを成功させる条件」『Diamond ハーバード・ビジネス』Oct.-Nov., pp.14-22, 1986 年）

Handy, C. (1992), "Balancing Corporate Power：A new Federalist Paper," *Harvard Business Review*, Vol.70, pp.59-72.（小牟田康彦訳「企業経営の"連邦主義"原理」『Diamond ハーバード・ビジネス』Apr.-May., pp.4-15, 1993 年。）

Hansen, M. T. (2009), "When internal collaboration is bad for your company," *Harvard Business Review*, Apr., pp.82-88.（関美和訳「コラボレーションの損得勘定」『Diamond ハーバード・ビジネス』Sep., pp.68-78, 2009 年。）

Hansen, M. T. and N. Nohria (2004), "How to Build Collaborative Advantage," *MIT Sloan Management Review*, Vol.46, No.1, pp.22-30.

Haspeslagh, P. (1982), "Portfolio Planning：Uses and Limits," *Harvard Business Review*, Jan.-Feb., pp.58-73.（編集部訳「ポートフォリオ・プランニングその活用と限界」『Diamond ハーバード・ビジネス』May.-June., pp.26-45, 1982 年。）

Hitt, M. A., R. D. Ireland and R. E. Hoskisson (2009), *Strategic Management：Competitiveness and Globalization, Concepts, 8_{th} Edition*, South Western.（久原正治・横山寛美訳『戦略経営論：競争力とグローバリゼーション』センゲージラーニング, 2010 年。）

Hungenberg, H. (1993), "How to ensure that headquarters add value," *Long Range Planning*, Vol.26, Issue6, Dec., pp.62-73.

Iansiti, M. and R. Levien (2004), "*The Keystone Advantage*," Harvard Business School Press.（杉本幸太郎訳『キーストーン戦略：イノベーションを持続させるビジネス・エコシステム』翔泳社, 2007 年。）

Immelt, J. R., V. Govindarajan and C. Trimble (2009), "How GE is disrupting itself," *Harvard Business Review*, Oct., pp.56-65.（関美和訳「GE リバース・イノベーション戦略」『Diamond ハーバード・ビジネス』Jan., pp.123-135, 2010 年。）

Kanter, R. M. (1989), *When Giants Learn to Dance：Mastering the Challenge of Strategy Management and Careers in the 1990s*, Simon & Schuster.（三原淳雄・土屋安衛訳『巨大企業は復活できるか：企業オリンピック「勝者の条件」』ダイヤモンド社, 1991 年。）

Knight, C. F. and D. Dyer (2005), *Performance Without Compromise：How Emerson Consistently Achieves Winning Results*, Harvard Business School Press.（浪江一公訳『エマソン妥協なき経営──44 年連続増収を可能にした PDCA の徹底』ダイヤモンド社, 2008 年。）

Koestler, A. (1978), *Janus：A Summing Up*, Random House.（田中三彦・吉岡佳子訳『ホロン革命』工作舎, 1983 年。）

Kono, T. (1999), "A Strong Head Office Makes a Strong Company," *Long Range Planning*, Vol.32, No.2, pp.225-236.

Lang, L. H. P. and R. M. Stulz (1994), "Tobin's Q,Corporate Diversification,and Firm Performance," *Journal of Political Economy*, (102), pp.1248-1280.

Learned, E. P., C. R. Christensen, K. R. Andrews and W. D. Guths (1965), *Business Policy*

: *Text and Cases*, Homewood, 1965.

Leonard-Barton, D. (1992), "Core Capabilities and Core Rigidities : A Paradox in Managing New Product Development," *Strategic Management Journal*, 13-5, pp.363-380.

Lincoln, R. J. and L. C. Ahmadjian (2001), "Shukko (Employee Transfers) and Tacit Knowledge Exchange in Japanese Supply Networks : The Electronics Industry Case," in Nonaka, I and T. Nishiguchi (eds.) *Knowledge Emergence : Social, Technical, and Evolutionary Dimensions of Knowledge Creation*, Oxford University Press.

Lins, K. and H. Servaes (1999), "International Evidence on the Value of Corporate Diversification," *Journal of Finance*, 45, pp.31-48.

Lorsch, J. W. and S. A. Allen (1973), *Managing Diversity and Interdependence*, Harvard University Press.

Markham, J. W. (1973), *Conglomerate enterprise and public policy*, Harvard Business School Press.

Markides, C. C. (1995), *Diversification, Refocusing and Economic Performance*, MIT Press.

Markides, C. C. (1997), "To Diversify or Not to Diversify," *Harvard Business Review*, Nov.-Dec., pp.93-99.（白鳥東吾訳「多角化を成功に導く戦略的資産の活用」『Diamond ハーバード・ビジネス』Feb.-Mar., pp.44-52, 1998 年。）

Markides, C. C. (2000), *All The Right Moves : A Guide to Crafting Breakthrough Strategy*, Harvard Business School Press.（有賀裕子訳『戦略の原理：独創的なポジショニングが競争優位を生む』ダイヤモンド社, 2000 年。）

Markides, C. C. (2002), "Corporate Strategy : The Role of the Centre," in A. Pettigrew, H. Thomas and T. R. Whittington (eds.) *Handbook of strategy and management*, Sage.

Markides, C. C. and P. J. Williamson (1994), "Related diversification, core competences and corporate performance," *Strategic Management Journal*, Vol.15, pp.149-165.

Martin, R. (2007), *The Opposable Mind : How Successful Leaders Win Through Integrative Thinking*, Harvard Business School Press.（村井章子訳『インテグレーティブ・シンキング：優れた意思決定の秘密』日本経済新聞出版社, 2009 年。）

McKern, B. and J. Naman (2003), "The Role of the Corporate Center in Diversified International Corporations," in B. McKern (eds.) *Managing the Global Network Corporation*, Routledge.

Meyer, C. and E. Bonabeau (2001), "Swarm Intelligence A Whole New Way to Think About Business," *Harvard Business Review*, May, pp.106-114.（スコフィールド素子訳「昆虫に学ぶ自己組織化のメカニズム　群知能の活用がブレークスルーを起こす」『Diamond ハーバード・ビジネス』Jan., pp.111-122, 2002 年。）

Milgrom, P. and J. Roberts. (1992), *Economics, Organization and Management*, Prentice Hall.（奥野正寛・伊藤秀史・今井晴雄・西村理・八木甫訳『組織の経営学』NTT 出版, 1997 年。）

Miller, P. (2010), *The Smart Swarm : How Understanding Flocks, Schools, and Colonies Can Make Us Better at Communicating, Decision Making, and Getting Things Done*, Avery.（土方奈美訳『群れのルール：群衆の叡智を賢く活用する方法』東洋経済新報社, 2010 年。）

Mintzberg, H. (2004), *Managers Not MBAs : A Hard Look at the Soft Practice of Managing and Management Development*, Berrett-Koehler.（池村千秋訳『MBA が会社を滅ぼす』日経 BP 社，2006 年。）

Mintzberg, H., B. Ahlstrand and J. Lampel（1998）, *Strategy Safari : A Guided Tour Through the Wilds of Strategic Management*, Free Press.（齋藤嘉則監訳『戦略サファリ：戦略マネジメント・ガイドブック』東洋経済新報社，1999 年。）

Nahapiet, J. and S. Ghoshal（1998）, "Social capital, intellectual capital, and the organizational advantage," *Academy of Management Review*, Vol.23, pp.242-266.

Nonaka, I. and H. Takeuchi（1995）, *The Knowledge-Creating Company : How Japanese Companies Create the Dynamics of Innovation*, Oxford University Press.（梅本勝博訳『知識創造企業』東洋経済新報社，1996 年。）

Nye, J. S. Jr.（2004）, *Soft Power : The Means To Success In World Politics*, PublicAffairs.

Oijen, A. V. and S. Douma（2000）, "Diversification Strategy and the Roles of the Centre," *Long Range Planning*, Vol.33, Issue4, August, pp.560-578.

O'Reilly, C. A. and J. Pfeffer（2000）, *Hidden Value : How Great Companies Achieve Extraordinary Results with Ordinary People*, Harvard Business School Press.（有賀裕子・廣田里子訳『隠れた人材価値：高業績を続ける組織の秘密』翔泳社，2002 年。）

Pasternack, B. A. and A. J. Viscio（1998）, *The Centerless Corporation : Transforming Your Organization for Growth and Prosperity*, Simon & Schuster.（日本ブーズアレンアンドハミルトン訳『センターレスコーポレーション―ポスト持株会社の組織モデル』プレンティスホール出版，1999 年。）

Penrose, E. T.（1959）, *The Theory of the Firm*, Blackwell.（末松玄六訳『会社成長の理論［第二版］』ダイヤモンド社，1980 年。）

Peters, T.（1992）, *Liberation Management*, Knopf.（大前研一訳『自由奔放のマネジメント：ファッションの時代』ダイヤモンド社，1994 年。）

Peters, T. and R. H. Waterman（1982）, *In Search of Excellence: Lessons from America's Best-run Companies*, HarperCollins.（大前研一訳『エクセレント・カンパニー―超優良企業の条件』講談社，1983 年。）

Pfeffer, J.（1994）, *Competitive Advantage through People*, Harvard Business School Press.

Pfeffer, J.（1998）, *The Human Equation : Building Profits by Putting People First*, Harvard Business School Press.（佐藤洋一訳『人材を生かす企業』トッパン，1998 年。）

Pfeffer, J. and R. I. Sutton（1999）, "Knowing "What" to Do is not Enough : Turning Knowledge into Action," *California Management Journal*, Vol.42, No.1, Fall, pp.83-107.

Pfeffer, J. and R. I. Sutton（2000）, *The Knowing-Doing Gap*, Harvard Business School Press.（長谷川喜一郎・菅田絢子訳『変われる会社、変われない会社―知識と行動が矛盾する経営』流通科学大学出版，2000 年。）

Porter, M. E.（1980）, *Competitive Strategy : Techniques for Analyzing Industries and Competitors*, Free Press.（土岐坤・服部照夫・中辻萬治訳『競争の戦略』ダイヤモンド社，1982 年。）

Porter, M. E.（1985）, *The Competitive Advantage : Creating and Sustaining Superior Performance*, Free Press.（土岐坤・中辻萬治・小野寺武夫訳『競争優位の戦略：いかに高業績を持続させるか』ダイヤモンド社，1985 年。）

Porter, M. E.（1987）, "From Competitive Advantage to Corporate Strategy," *Harvard Business Review*, May.-Jun., pp.43-59.（編集部訳「競争優位の戦略「企業戦略」を再考する」『Diamond ハーバード・ビジネス』Feb., pp.54-77, 2007 年。）

Porter, M. E., H. Takeuchi and M. Sakakibara (2000), *Can Japan Compete?*, Basic Books. (マイケル・E・ポーター, 竹内弘高, 榊原磨理子『日本の競争戦略』ダイヤモンド社, 2000年。)

Prahalad, C. K. and R. A. Bettis (1986), "The Dominant Logic：A New Linkage Between Diversity and Performance," *Strategic Management Journal*, Vol.7, pp.485-501.

Prahalad, C. K. and G. Hamel (1990), "The Core Competence of the Corporation," *Harvard Business Review*, May-Jun., pp.79-91. (編集部訳「コア・コンピタンス経営」『Diamondハーバード・ビジネス』Feb., pp.136-155, 2007年。)

Prahalad, C. K. and V. Ramaswamy (2004), *The Future of Competition : Co-Creating Unique Value with Customers*, Harvard Business School Press. (有賀裕子訳「価値共創の未来へ」ランダムハウス講談社, 2004年。)

Provan, K. G. (1983), "The Federation as an Interorganizational Linkage Network," *Academy of Management Review*, 8-1, pp.79-89.

Raynor, M. and J. L. Bower (2001), "Lead from the Center：How to Manage Divisions Dynamically," *Harvard Business Review*, May, pp.93-100. (スコフィールド素子訳「戦略本社の共創リーダーシップ」『Diamondハーバード・ビジネス』Aug., pp.80-92, 2001年。)

Ries, A. (1996), *Focus : The Future of Your Company Depends on It*, HarperCollins Business. (島田陽介訳『フォーカス―市場支配の絶対条件』ダイヤモンド社, 1997年。)

Rivette, K. and D. Kline (2000a), *Rembrandts in the Attic*, Harvard Business School Press. (荒川弘熙監修『ビジネスモデル特許戦略』NTT出版, 2000年。)

Rivette, K. and D. Kline (2000b), "Discovering New Value in Intellectual Property," *Harvard Business Review*, Jan.-Feb., pp.2-12. (有賀裕子訳「知的財産のレバレッジ戦略」『Diamondハーバード・ビジネス』Jul., pp.98-113, 2001年。)

Rothchild, W. E. (2007), *The Secret to GE's Success*, McGraw-Hill. (中村起子訳『GE世界一強い会社の秘密』インデックス・コミュニケーションズ, 2007年。)

Rumelt, R. P. (1974), *Strategy, Structure, and Economic Performance*, Harvard University Press. (鳥羽欣一郎・山田正喜子・川辺信雄・熊沢孝訳『多角化戦略と経済成果』東洋経済新報社, 1977年。)

Saloner, G., A. Shepard and J. Podolny (2001), *Strategic Management*, Wiley & Sons. (石倉洋子訳『戦略経営論』東洋経済新報社, 2002年。)

Saxenian, A. (1994), *Regional Advantage*, Harvard Business School Press. (大前研一訳『現代の二都物語』講談社, 1995年。)

Schnaars, S. P. (1991), *Marketing Strategy : A Customer-Driven Approach*, Free Press.

Slater, R. (2000), *The GE Way Fieldbook : Jack Welch's Battle Plan for Corporate Revolution*, McGraw-Hill. (宮本喜一訳『ウエルチの戦略ノート』日経BP社, 2000年。)

Stalk, G. Jr. (2005), "Rotate the Core," *Harvard Business Review*, Vol.83, No.3, pp.18-19.

Sullivan, P. H. (2000), *Value-Driven Intellectual Capital*, Wiley & Son. (森田松太郎監修『知的経営の真髄：知的資本を市場価値に転換させる方法』東洋経済新報社, 2002年。)

Szulanski, G. (1996), "Exploring internal stickiness：Impediments to the transfer of best practice within the firm," *Strategic Management Journal*, 17 (Special Issue), pp.27-43.

Teece, D. (1986), "Profiting from technological innovation：implications for integration, collaboration, licensing, and public policy," *Research Policy*, pp.285-305.

Tichy, N. M. and S. Sherman (1993), *Control Your Destiny or Someone Else Will*,

Harperbusiness.（小林規一訳『ジャック・ウエルチの GE 革命』東洋経済新報社，1994年。）

Todorova, G. and B. Durisin (2007), "Absorptive Capacity：Valuuing a Reconceptualization," *Academy of Management Review*, Vol.32, No.3, pp.774-786.

Ulrich, D. (1997), *Human Resource Champions*, Harvard Business School Press.（梅津祐良訳『MBA の人材戦略』日本能率協会マネジメントセンター，1997 年。）

Venkatraman, N. and M. Subramaniam (2002), "Theorizing the Future of Strategy：Questions for Shaping Strategy Research in the Knowledge Economy," in A. Pettigrew, H. Thomas and R. Whittington. (eds.) *Handbook of Strategy and Management*, Sage.

Von Hippel, E. (1994), "Sticky Information and the Locus of Problem Solving：Implications for Innovation," *Management Science*, Vol.40, April, pp.429-439.

Von Pierer, H. (2005), "Transforming an Industrial Giant," *Harvard Business Review*, Feb., pp.114-122.（「編集部訳「眠れる巨人」の変革　シーメンス：GE に学び，ドイツの価値観を守る」『Diamond ハーバード・ビジネス』Nov., pp.52-65, 2005 年。）

Walter, I. (2001),"Shareholder Value Management of General Electric Capital Services," 岡田浩之訳「GE キャピタルの株主価値経営：コングロマリット・ディスカウントを超えて」『Diamond ハーバード・ビジネス』Jan., pp.137-144, 2001 年。

Ward, K., A. Kakabadse and C. Bowman (2005), *Designing World Class Corporate Strategies：Value Creating Roles for Corporate Centres*, A Butterworth-Heinemann Title.

Warren, R. L. (1967), "The Interorganizational Field As a Focus for Investigation," *Administrative Science Quarterly*, Vol.12, pp.396-419.

Welch, J. (2001), *Jack：Straight from the Gut*, Business Plus.（宮本喜一訳『ジャック・ウエルチ：わが経営　上下』日本経済新聞社，2001 年。）

Williamson, O. E. (1975), *Markets and Hierarchies*, The Free Press.（浅沼萬里・岩崎晃訳『市場と企業組織』日本評論社，1980 年。）

Young, D. (1993), *The Headquarters Fact Book*, Ashridge Strategic Management Centre.

Zahra, S. A. and G. George (2002), "Absorptive Capacity：A Review, Reconceptualization, and Extention," *Academy of Management Review*, 27, pp.185-203.

Zook, C. (2007), *Unstoppable*, Harvard Business School Press.（山本真司・牧岡宏訳『コア事業進化論』ダイヤモンド社，2008 年。）

Zook, C. and J. Allen (2001), *Profit From the Core：Growth Strategy in an Era of Turbulence*, Harvard Business School Press.（須藤実和監訳『本業再強化の戦略』日経BP 社，2002 年。）

〈邦語文献〉

青木章通 (2010)「グループポイントカードによる市場関連多角化の支援」『企業会計』Vol.62, No.5, pp.25-32.

青島矢一・加藤俊彦 (2003)『競争戦略論』東洋経済新報社。

青野勝之 (2000)「子会社から見た連結経営と効率的なグループ経営」『Business research』918, pp.44-49.

秋場良宣 (2006)『サントリー知られざる研究開発力』ダイヤモンド社。

秋山高志 (2008)「企業グループに於ける知識創造と組織間ネットワークのマネジメント」

『経済論叢』181（1），pp.84-103.

アーサーアンダーセンビジネスコンサルティング（2000）『持株会社：戦略と導入ステップ』東洋経済新報社．

足立龍生・山崎　直・宇垣浩彰（2010）「純粋持株会社体制におけるグループ経営上の落とし穴」『Mizuho Industry Focus』Vol.89, pp.1-19.

安倍　誠（2002）「第5章　韓国：通貨危機後における大企業グループの構造調整と所有構造の変化—三星・LG・SKグループを中心に—」星野妙子編『発展途上国の企業とグローバリゼーション』アジア経済研究所．

安倍　誠（2011）『韓国財閥の成長と変容——四大グループの組織改革と資源配分構造』岩波書店．

飯田秀郷（2006）「グループ会社化における知的財産管理のあり方」『知財管理』Vol.56, No.1, pp.25-36.

井口嘉則・三浦克人（1999）『グループ連結経営戦略テキスト：親会社主義を脱しグループ企業価値創造を』日本能率協会マネジメントセンター．

石川博友・山岡　清（1968）『コングロマリット経営—アメリカ資本主義の生んだ買取哲学』ダイヤモンド社．

石倉洋子（2009）『戦略シフト』東洋経済新報社．

井関利明・佐野陽子・石田英夫編（1982）『労働市場と情報』慶應義塾大学出版会．

伊丹敬之（1984）『新・経営戦略の論理：見えざる資産のダイナミズム』日本経済新聞社．

伊丹敬之（1987）『人本主義企業』筑摩書房．

伊丹敬之・松永有介（1985）「中間労働市場」『日本労働協会雑誌』312, 5月, pp.11-19.

伊丹敬之・加護野忠男（1989）『ゼミナール 経営学入門』日本経済新聞社．

伊丹敬之・中野　誠・加藤俊彦（2007）『松下電器の経営改革』有斐閣．

一條和生（1998）「知の創造を目指し経営を革新せよ」『週刊東洋経済』1月24日号, pp.86-89.

出井伸之（1996）「強力な本社による進化する組織の構造」『Diamondハーバード・ビジネス』May, 巻頭言．

出井伸之（2002）『非連続の時代』新潮社．

伊藤邦雄（1991）「企業のグループ経営：系列から束ねへ」『日本経済新聞』11月12日号．

伊藤邦雄（1998）「やさしい経済学：グループ経営を問い直す」『日本経済新聞』7月14日-23日号．

伊藤邦雄（1999a）「連結経営が迫る日本型マネジメントの再構築」『Diamondハーバード・ビジネス』Dec.-Jan., pp.22-33.

伊藤邦雄（1999b）『グループ連結経営：新世紀の行動原理』日本経済新聞社．

伊藤邦雄（2000）『コーポレート・ブランド経営』日本経済新聞社．

伊藤秀史・菊谷達弥・林田修（2003）「親子会社間の多面的関係と子会社のガバナンス」花崎正晴・寺西重郎編『コーポレート・ガバナンスの経済分析』東京大学出版会, pp.51-80.

稲上　毅（2002）「出向・転籍という雇用慣行：終身雇用圏と外部市場化のはざまで」『日本労働研究雑誌』No.501, April, pp.57-59.

稲上　毅（2003）『企業グループ経営と出向転籍慣行』東京大学出版会．

今井賢一（1988）「企業グループとネットワークの経済学的考察」『オフィス・オートメーション』Vol.9, No.4, pp.43-48.

今井賢一（1989）「企業グループ」今井賢一・小宮隆太郎（1989）『日本の企業』東京大学出

版会，pp.131-161.
今井賢一・金子郁容（1988）『ネットワーク組織論』岩波書店．
岩崎尚人（1996）「キリンのグループ経営」『日本型グループ経営の戦略と手法［2］製造業編』中央経済社．
引頭麻実編（2013）『JAL再生：高収益企業への転換』日本経済新聞出版社．
上野恭裕（2001）「純粋持株会社解禁後の日本企業の組織構造」『經濟研究』47(1), pp.53-71.
上野恭裕（2011）『戦略本社のマネジメント：多角化戦略と組織構造の再検討』白桃書房．
上野剛史（2008）「イノベーションを促進するIBMのグローバル知財戦略」『週刊ダイヤモンド』9月6日号, pp.112-114.
内田和成（2009）『異業種競争戦略』日本経済新聞出版社．
遠藤泰弘（1988）『分社経営の実際』日本経済新聞社．
大須賀政夫（1977）「集団経営（関連会社）は何故必要か」山城　章編（1977）『関連会社の経営』中央経済社．
大坪　稔（2005）『日本企業のリストラクチャリング：純粋持株会社・分社化・カンパニー制と多角化』中央経済社．
大坪　稔（2008）「親会社‐上場関係会社間における資本関係の変化に関する実証研究」『日本経営学会誌』第22号, pp.27-40.
大薗恵美・清水紀彦・竹内弘高（2008）『トヨタの知識創造経営』日本経済新聞出版社．
大西秀磨（2010）「グループ経営ビジョンに基づくグループ価値向上への取り組み」『JRガゼット』Vol.274, pp.13-16.
岡田依里（2003）『知財戦略経営』日本経済新聞社．
岡林秀明・須賀柾晶・西村秀之（2008）『小林一三』アスペクト．
小川　進（2000）『イノベーションの発生論理：メーカー主導の開発体制を超えて』千倉書房．
小河光生（2001）『分社経営―最適組織はカンパニー制か持ち株会社か』ダイヤモンド社．
小川　洋（2008）「グループ経営時代の育成法」『日経ビジネスマネジメント』Autumn, pp.76-79.
奥　康平（2010）「戦略的なグループ経営における持株会社本社制の有効性」『阪南論集，社会科学編』45（2）, pp.1-22.
奥島孝康（1967）「関係会社の法人格：フランスにおける《Groupes de sociétés》の概念を中心として」『早稲田法学会誌』17, pp.1-54.
奥村　宏（1983）『新・日本の六大企業集団』ダイヤモンド社．
小田切宏之（1992）『日本の企業戦略と組織：成長と競争のメカニズム』東洋経済新報社．
恩地祥光（2007）「なぜある企業は持ち株会社制に移行したのか」『販売革新』11月号, pp.24-28.
加護野忠男（1999）『競争優位のシステム：事業戦略の静かな革命』PHP研究所．
加護野忠男（2003）「多角化企業の雲行きが怪しくなっている理由」『プレジデント』41, pp.121-123.
加護野忠男（2004）「子会社化ブームにみるグループ経営の死角」『プレジデント』42, pp.97-99.
加護野忠男・野中郁次郎・榊原清則・奥村昭博（1985）『日米企業の経営比較』日本経済新聞社．
加護野忠男・上野恭裕・吉村典久（2006）「本社の付加価値」『組織科学』40(2), pp.4-14.
金児　昭（1999）『連結の経営』日本経済新聞社．

鎌田裕美・山内弘隆（2010）「鉄道会社の多角化戦略に関する分析」『交通学研究』(54)，pp.95-104.
河合隼雄（1992）『子供と学校』岩波書店．
河合隼雄（1997）『母性社会　日本の病理』講談社．
河合隼雄・茂木健一郎（2008）『こころと脳の対話』潮出版社．
川喜多　喬・岩村正彦・高木晴夫・永野　仁・藤村博之（1997）『グループ経営と人材戦略』総合労働研究所．
韓国経済新聞社（2002）『サムスン電子：躍進する高収益企業の秘密』東洋経済新報社．
企業経営協会編（1963）『関係会社の管理／研究と事例』中央経済社．
菊池浩之（2005）『企業集団の形成と解体』日本経済評論社．
菊谷達弥・斉藤隆志（2007）「完全子会社化はどのようなときに行われるか」宮島英昭『日本のM＆A：企業統治・組織効率・企業価値へのインパクト』東洋経済新報社，pp.139-173.
岸　宣仁（2009）『知財の利回り：世界の頭脳が収奪される』東洋経済新報社．
木嶋　豊（2007）『カーブアウト経営革命』東洋経済新報社．
岸本隆正・近野　康・後藤智己・小池貴之・加福秀亘（2005）「事業構造の変革を迫られる総合電機メーカー」『知的資産創造』10月号，pp.70-81.
橘川武郎（1996）『日本の企業集団：財閥との連続と断絶』有斐閣．
金　顕哲（2010）『殿様経営の日本＋皇帝経営の韓国＝最強企業のつくり方』ユナイテッド・ブックス．
日下公人（1995）『闘え，本社：新しい日本よ，こんにちは』PHP研究所．
楠木　建（2010）『ストーリーとしての競争戦略：優れた戦略の条件』東洋経済新報社．
桑名義晴・岸本寿生・高井　透（1999）「日本企業の競争優位性とグローバル・ラーニング」『世界経済評論』8月号，pp.15-24.
経済産業省・特許庁（2010）『事業戦略と知的財産マネジメント』発明協会．
玄田有史（2002）「リストラ中高年の行方」玄田有史・中田喜文編『リストラと転職のメカニズム』東洋経済新報社．
郷原　弘（1977）「関連会社とは何か」山城　章編『関連会社の経営』中央経済社，pp.37-68.
河野英子（2005）「競争力に貢献する人材育成システム―ゲストエンジニア制度：企業の境界を超えて連続する技術者のキャリア」『組織科学』Vol.39, No.1, pp.69-80.
河野豊弘（1985）「本社組織の規模と機能についての実態調査」『組織科学』Vol.19, No.3, pp.15-24.
古城武士（1991）『子会社を経営する人の社長学』中経出版．
小沼　靖（2002）『日本企業型グループ・リストラクチャリング』ダイヤモンド社．
小沼　靖・河野俊明（2005）「次世代グループ経営モデルの構築」『知的資産創造』1月号，pp.44-57.
小本恵照（2005）「純粋持株会社への移行の動機」『年報経営分析研究』(21), pp.47-55.
佐伯弘文・柴田昌治（2008）『親会社の天下り人事が子会社をダメにする』日本経済新聞出版社．
酒向真理（1998）「日本のサプライヤー関係における信頼の役割」藤本隆宏・西口敏宏・伊藤秀史編『リーディングス サプライヤー・システム』有斐閣．
坂本和一（1997）『GEの組織革新：21世紀型組織への挑戦』法律文化社．
坂本和一・下谷政弘（1987）『現代日本の企業グループ：「親子関係型」結合の分析』東洋経

済新報社。
佐々木一彰（2008）「企業組織における本社機能と規模の検討」『経済集志』第 77 巻, 第 4 号, pp.575-587.
佐藤文昭（2006）『日本の電機産業再編へのシナリオ：グローバル・トップワンへの道』かんき出版。
佐藤義信（1988）『トヨタグループの戦略と実証分析』白桃書房。
佐野睦典・山本　功（1994）「大企業再生戦略（中）」『野村総合研究所』pp.2-29.
GE コーポレート・エグゼクティブ・オフィス（2001）『GE とともに：ウエルチ経営の 21 年』ダイヤモンド社。
重竹尚基（2002）「取締役会改革で会社が変わる 3 つのポイント」『Diamond ハーバード・ビジネス』Apr., pp.58-69.
島田克美（1998）『企業間システム：日米欧の戦略と構造』日本経済評論社。
島本慈子（2002）『子会社は叫ぶ：この国でいま, 起きていること』筑摩書房。
下谷政弘（1993）『日本の系列と企業グループ：その歴史と理論』有斐閣。
下谷政弘（1996）『持株会社解禁：独禁法第九条と日本経済』中央公論社。
下谷政弘（1998）『松下グループの歴史と構造―分権・統合の変遷史』有斐閣。
下谷政弘（2006）『持株会社の時代：日本の企業結合』有斐閣。
正司健一（1996）「大手私鉄グループの事業戦略と駅」『国民経済雑誌』173,(2), pp.23-43.
正司健一（1998）「大手私鉄の多角化戦略に関する若干の考察：その現状と評価」『国民経済雑誌』177,(2), pp.49-63.
正司健一（2004）「わが国の都市鉄道整備補助制度についての一考察」『国民経済雑誌』190,(6), pp.33-51.
鈴木孝之（2009）「純粋持ち株会社制に移行したイオンのグループ戦略の見方」『商業界』62(2), pp.40-45.
鈴木敏之（2008）『挑戦　我がロマン』日本経済新聞出版社。
関口秀子（2006）『六大企業集団系譜図表』雄松堂出版。
全　龍昱・韓　正和（1997）『韓国三星グループの成長戦略』日本経済新聞社。
宗石　譲（2002）「連邦経営を支える経営者の早期育成」『Diamond ハーバード・ビジネス Leadership Strategy』Summer, pp.104-106.
園田智昭（2005）「持株会社による企業グループ管理の課題：特にシェアードサービスの導入について」『三田商学研究』第 48 巻第 1 号, pp.127-136.
高井　透（1996）「東芝のグループ経営」『日本型グループ経営の戦略と手法［2］製造業編』中央経済社。
高井　透（2004）「グループ学習の本質」藤井　耐・松崎和久『日本企業のグループ経営と学習』同文舘出版。
高井　透（2006）「第 2 章　グローバル・グループ経営」松崎和久編著『戦略提携』学文社, pp.25-40.
高井　透（2007）『グローバル事業の創造』千倉書房。
高井　透・酒井一郎・岸本寿生・桑名義晴（2000）「日本企業のグローバル・グループ戦略」『世界経済評論』9 月号, pp.46-56.
高井　透・山田敏之・松崎和久（2002）「日本企業のグローバル学習の実態」『東アジア持続的成長の諸条件』桜美林大学産業研究所, pp.111-183.
高梨　昌（1994）『変わる日本型雇用』日本経済新聞社。
高野研一（2000）『グループ経営時代の人材マネジメント』東洋経済新報社。

高野陽太郎（2008）『「集団主義」という錯覚―日本人論の思い違いとその由来』新曜社。
高橋浩夫（2000）「小さな本社論：IBM と日立のコーポレート・ヘッドクォーターに関連して」『Business Research』11, pp.68-79.
高宮　晋（1961a）『関係会社管理』ダイヤモンド社。
高宮　晋（1961b）「関係会社の管理」『ビジネスレビュー』Vol.9, No.1, pp.1-17.
竹田育広（2011）「駅ナカ・マーケティング」『商経学叢』第 57 巻第 3 号, pp.407-431.
團　泰雄（2001）「企業グループにおける若年・中堅層出向の展開」『日本経営学会誌』第 7 号, pp.71-83.
團　泰雄（2004）「企業グループにおける処遇・教育訓練機会の企業間格差：その意味と近年の変化」『商経学叢』第 51 巻第 2 号, 近畿大学, pp.45-65.
知的財産マネジメント第 2 委員会第 1 小委員会（2008）「グループ企業価値最大化に向けたグループ知財マネジメントに関する一考察：知財組織・機能・権利帰属の集中・分散の選択方法」『知財管理』Vol.58, No.10, pp.1327-1337.
張　世進（2009）『ソニー VS. サムスン：組織プロセスとリーダーシップの比較分析』日本経済新聞出版社。
曺　斗燮・尹　鍾彦（2005）『三星の技術能力構築戦略：グローバル企業への技術学習プロセス』有斐閣。
寺澤直樹（2000）『グループ経営の実際』日本経済新聞社。
寺本義也（1988）「グループ経営の強化法」『日経産業新聞』12 月 5 日号。
寺本義也（1989a）「グループ経営の新たな課題と視点 – 戦略経営の新次元」『明治学院論叢』（通号 442）pp. 67-83.
寺本義也（1989b）「ネットワーク組織論の新たな課題 – 企業グループの再構築とパワーの役割」『組織科学』Vol.23, No.1, pp.4-14.
寺本義也（1990）『ネットワークパワー：解釈と構造』NTT 出版。
寺本義也（1992）「共・進化を促進するネットワーク型分業 – 日本型企業グループの変容」『ビジネスレビュー』Vol.40, No.2, pp.19-31.
寺本義也（1994）『日本型グループ経営の戦略と手法（1）情報・サービス産業編』中央経済社。
寺本義也（1996）『日本型グループ経営の戦略と手法（2）製造業編』中央経済社。
寺本義也（2005）『コンテクスト転換のマネジメント』白桃書房。
飛田　努（2007）「企業グループ内の事業関連性と企業価値創造：上場子会社の再編を素材として」『年報財務管理研究』(18), pp.72-81.
塘　誠（2008）「日本の純粋持株会社におけるマネジメント・コントロール上の課題」『成城大學經濟研究』(180), pp.23-46.
塘　誠（2009）「日本の純粋持株会社におけるポートフォリオ・マネジメント」『成城大學經濟研究』(183/184), pp.119-143.
仲上　哲（2009）「セブン＆アイとイオン – 小売業界二強の形成とビジネスモデル」『阪南論集，社会科学編』45 (1), pp.1-14.
中島　済・小沼　靖・荒川　暁（2002）「ペアレンティング：本社組織の新しいミッション」『Diamond ハーバード・ビジネス』Aug., pp.48-59.
永田晃也・佐々木達也（2002）「日本企業の知的財産マネジメントにおける戦略パフォーマンスの決定要因」『組織科学』Vol.35, No.3, pp.15-25.
永田晃也（2004）『知的財産マネジメント：戦略と組織構造』中央経済社。
中野　誠・吉村行充（2004）「多角化企業のバリュエーション：ファンダメンタルズと投資

戦略による分析」『証券アナリストジャーナル』42（1）, pp.80-93.
永野　仁（1989）『企業グループ内人材移動の研究』多賀出版。
永野　仁（1996）『日本企業の賃金と雇用：年俸制と企業間人材配置』中央経済社。
中村邦夫（2002）「松下電器：グループ力の原点」『Diamond ハーバード・ビジネス』Aug., pp.36-47.
中谷　巌（1984）「企業グループの経済機能：日本企業の行動原理を探る」『季刊　現代経済』pp.14-23.
中谷　巌（2008）『資本主義はなぜ自壊したのか』集英社インターナショナル。
西口敏宏（2007）『遠距離交際と近所づきあい：成功する組織ネットワーク戦略』NTT 出版。
西村友幸（1998）「連邦型ネットワークにおける組織間学習」『經濟學研究』47（4）, pp.203-218.
西山昭彦（1998）『出向の達人』読売新聞社。
西山賢吾（2012）「日本企業の親子上場の状況(11 年度)」『NOMURA EQUITY RESEARCH』pp.1-6.
日経ビジネス編（1993）『小さな本社：経営革新への挑戦』日本経済新聞社。
日本経済新聞社編（1991）『テラムで読む日本の企業グループ』日本経済新聞社。
日本経済新聞社編（2004）『日本電産：永守イズムの挑戦』日本経済新聞社。
額田和英（2008）「グループ人事」『人材教育』January, pp.26-29.
沼上　幹（2009）『経営戦略の思考法：時間展開・相互作用・ダイナミクス』日本経済新聞出版社。
根ヶ山光一編（2001）『母性と父性の人間科学』コロナ社。
根岸英典（2008）『経営の参考書：中堅企業がホールディングス制を導入するまで』日経 BP 企画。
根本　孝（2001）『e- ラーニング：日本企業のオープン学習コミュニティー戦略』中央経済社。
根本　孝（2004）『ラーニング組織の再生：蓄積・学習する組織 vs 流動・学習しない組織』同文舘出版。
根本　孝・諸上茂登（2000）「グローバル学習の実態研究」『グローバル経営と本社の組織学習の実態研究』明治大学社会科学研究所。
野田　稔（2005）『組織論再入門』ダイヤモンド社。
長谷川英祐（2010）『働かないアリに意義がある』メディアファクトリー。
畠山芳雄（1998）『関係会社ビックバン：グループ経営の時代』日本能率協会マネジメントセンター。
服部民夫（1988）『韓国の経営発展』文眞堂。
林　道義（1996）『父性の復権』中央公論社。
林　道義（1999）『母性の復権』中央公論社。
林　道義（2002）『家族の復権』中央公論社。
林　倬史（2002）「企業間競争のグローバル化と特許戦略」『組織科学』Vol.35, No.3, pp.4-14.
原田行明（1987）「変容迫られる企業グループ経営とその戦略」『Diamond ハーバード・ビジネス』Dec.-Jan., pp.112-119.
日沖博道（1998）『フォーカス喪失の罠：総合企業没落の時代』ダイヤモンド社。
東山弘子（2006）『母性の喪失と再生』創元社。
樋口正夫（1995）『本社を変えろ：小さいだけでは，よい本社といえない』日本能率協会マネジメントセンター。

平野光俊（2003）「企業グループ経営改革における組織モードと個人情報の非対称性の変容」『経営研究』No.50, pp.1-37.
平山俊三（1998）『楽しい出向―ストレスをためないための77ヵ条』日本経済新聞社。
福岡伸一（2009）『動的平衡：生命はなぜそこに宿るのか』木楽舎。
福嶋誠宣（2009）「日本企業のグループ経営におけるマネジメント・スタイルの研究」『神戸大学 ワーキング・ペーパー』1月号, pp.1-46.
藤田　誠（2005）「知的財産戦略と組織マネジメントに関する実証分析 特許権を中心に」『早稲田商学』第406号, pp.263-291.
藤本隆宏（2004）『日本のもの造り哲学』日本経済新聞社。
藤本隆宏（2012）『ものづくりからの復活：円高・震災に現場は負けない』日本経済新聞出版社。
堀新太郎・竹田年朗（2002）「ポストモダンの人材マネジメント」『Diamond ハーバード・ビジネス』Aug., pp.84-95.
牧戸孝郎（2009）「グループ経営のあり方と子会社上場の是非」『會計』175（6）, pp.783-795.
松尾聿正・水野一郎・笹倉淳史（2002）『持株会社と企業集団会計』同文舘出版。
増島　勝（1992）『品質を上げればコストは下がる：TDK式「新・源流管理」IQS』ダイヤモンド社。
松崎和久（2005）『トライアド経営の論理』同文舘出版。
松崎和久編（2006）『戦略提携』学文社。
松崎和久（2010）「日本企業のグループ経営と人材戦略」『経営論集』57（1・2）, pp.269-291.
松田千恵子（2010）『グループ経営入門―グローバルな成長のための本社の仕事』税務経理協会。
眞鍋政義（2011）『精密力：日本再生のヒント 全日本女子バレー32年ぶりメダル獲得の秘密』主婦の友社。
真鍋誠司・延岡健太郎（2002）「ネットワーク信頼の構築：トヨタ自動車の組織間学習システム」『一橋ビジネスレビュー』50（3）, pp.184-193.
マラブー, カトリーヌ（2007）「弁証法の可能性：矛盾によって歴史はつくられてきた」『Diamond ハーバード・ビジネス』Apr., pp.68-80.
丸島儀一（2002）『キヤノン特許部隊』光文社。
丸島儀一（2008）「事業競争力のための知的財産権」『京都マネジメント・レビュー』14, pp.177-193.
三木義雄（1967）『関係会社管理の知識』日本経済新聞社。
三品和広（1997）「『蓄積』対『組み合わせ』―日米比較の仮説」『一橋ビジネスレビュー』第45巻第2号, pp.75-83.
水谷文俊（2008）「私鉄経営とビジネスシステム」『一橋ビジネスレビュー』SUM., pp.34-45.
水野裕司（2004）『日立 技術王国再建への決断』日本経済新聞社。
水永正憲（2004）「分社・持株会社制と人材管理革新」『オペレーションズ・リサーチ』10月号, pp.617-622.
溝上憲文（2008）「みずほ式「即成栽培」「横串人事」の内側」『プレジデント』12月1日号。
三菱総合研究所経営コンサルティング部（1992）『三菱総研　戦略革新ノート』プレジデント社。
御手洗久巳（2011）「韓国企業のグローバル経営を支える組織・機能：サムスン電子を事例として」『知的資産創造』11月号, pp.22-39.
宮内義彦（1996）「経営戦略の自由度を高める持株会社システム」『持株会社の原理と経営戦

略』ダイヤモンド社．
宮島英昭（2011）『日本の企業統治：その再設計と競争力の回復に向けて』東洋経済新報社．
宮本惇夫（2008）『躍進する駅ナカ小売業』交通新聞社．
宮本　大（2006）「企業グループ内労働移動と個別企業の成果との関係」『ITEC Working Paper』pp.1-25．
武藤泰明（1997）『持ち株会社のすべて：日本の企業経営はこう変わる』日本経済新聞社．
武藤泰明（2003）『持株会社経営の実際』日本経済新聞社．
本川達雄（1992）『ゾウの時間ネズミの時間：サイズの生物学』中央公論社．
森川英正（1978）『日本財閥史（教育社歴史新書 日本史 123）』教育社．
森田義一（2005）「CHO の役割」『人材教育』April, pp.24-27．
森田義一（2008）「グローバル人材の創り方」『日経ビジネスマネジメント』Autumn, pp.80-85．
森本伊知郎（2005）「機能志向のグループ本社組織への再編」『知的資産創造』1月号, pp.58-71．
森本博行（2002）「全体最適のグループ経営戦略」『Diamond ハーバード・ビジネス』Aug., pp.60-71．
薬師寺泰蔵（2011）『国家の勢い』NTT 出版．
八代充史（2000）「出向・転籍者と中途採用者：45 歳以上ホワイトカラーの社外からの受け入れ実態」『三田商学研究』第 43 巻第 5 号, pp.75-92．
八代充史（2002）『管理職層の人的資源管理：労働市場論的アプローチ』有斐閣．
安田隆二（1996）「持株会社を機能させる組織デザイン」Diamond ハーバード・ビジネス編集部編『持株会社の原理と経営戦略』ダイヤモンド社, pp.113-137．
山倉健嗣（1993）『組織間関係』有斐閣．
山岸俊男（2002）『心でっかちな日本人：集団主義文化という幻想』日本経済新聞社．
山口一臣（2002）「米国製パン業におけるコングロマリット合併規制, 1970-1980 年代：TT コンチネンタル・ベーキング社の事例を中心として」『成城大學經濟研究』(156), pp.1-44．
山崎　清（1986）『アメリカのビッグビジネス―企業文明の盛衰』日本経済新聞社．
山崎　攻（2010）「管理知財から経営知財へ」『知財管理』Vol.60, No.5, pp.721-738．
山城　章編（1961）『関係会社―その経営と管理』中央経済社．
山城　章編（1977）『関連会社の経営』中央経済社．
山田一郎（1961）「技術革新と企業集団化」『經營學論集』33, pp.21-38．
山田一郎（1971）『企業集団経営論』丸善．
山田英司（2010）『グループ経営力を高める本社マネジメント：低成長期の組織戦略』中央経済社．
山田敏之（2004）「グループ学習と組織文化・組織間文化」藤井　耐・松崎和久『日本企業のグループ経営と学習』同文舘出版．
山田英夫（1995）『逆転の競争戦略』生産性出版．
山中信義（2004）『成熟した製造業だから大きな利益が上がる』日本能率協会マネジメントセンター．
山本　寛（2008）『転職とキャリアの研究：組織間キャリア発達の観点から［改訂版］』創成社．
横山禎徳・安田隆二（1992）『コーポレート・アーキテクチャー』ダイヤモンド社．
吉川廣和（2007）『壁を壊す：老舗企業の破壊的改革』ダイヤモンド社．

吉原英樹（1986）『戦略的企業革新』東洋経済新報社。
吉原英樹（1989）『現地人社長と内なる国際化―グローバル経営の課題』東洋経済新報社。
吉原英樹（1992）「現地イノベーションと逆移転：富士ゼロックスの事例」『国民経済雑誌』166 巻（1），pp.19-35.
吉原英樹・佐久間昭光・伊丹敬之・加護野忠男（1981）『日本企業の多角化戦略』日本経済新聞社。
吉村典久（1998）「純粋持株会社制度の解禁と企業行動への影響に関する一考察」『経済理論』（281），pp.177-197.
吉村典久（2007）『日本の企業統治：神話と実態』NTT 出版。
米倉誠一郎（1996）「持株会社の歴史とパラダイム転換へのインパクト」ダイヤモンド・ハーバード・ビジネス編集部『持株会社の原理と経営戦略』ダイヤモンド社。
米山茂美・渡部俊也（2004）『知財マネジメント入門』日本経済新聞社。
頼　誠（2011）「小売業の純粋持株会社：求心力と遠心力のバランスをめぐって」『商大論集』63（1/2），pp.15-39.
李　廷珉（2010）「韓国チェボル（財閥）企業の内部組織的特性―所有構造と支配構造を中心に―」『経済論集』第 8・9 号，ノースアジア大学総合研究センター経済研究所。
李　昌烈（2005）「自ら変わらなければ生き残れない」日本に根付くグローバル企業研究会＆日経ビステック（2005）『サムスンの研究』日経 BP 社，pp.54-70。
若林直樹（1995）「グローバル企業の"コーポレート・ガバナビィリィティ"本社の戦略的機能について」『山口大學經濟學會』43, pp.343-371.
若林秀樹（2009）『日本の電機産業に未来はあるのか』洋泉社。
鷲澤　博（1997）「中間組織における労働移動ネットワークの形成―出向制度の新しいコンセプトの展開」斉藤毅憲『組織と人的資源の経営学』税務経理協会。
渡辺　明（1984）『コングロマリット研究』ミネルヴァ書房。
渡辺　茂（1999）「分権化で問われる統合型企業の本社機能」『知的資産創造』4 月号，pp.44-55.
渡辺　茂（2002）「ピュアカンパニー」『知的資源創造』4・5 月号，pp.24-31.
渡邉　渉・天野倫文（2007）「グローバル競争優位の構築と移転：日本電産の M&A 戦略」宮島英昭編『日本の M&A：企業統治・組織効率・企業価値へのインパクト』東洋経済新報社。

〈資　料〉
IBM　アニュアル・リポート
アーク　有価証券報告書
旭化成　有価証券報告書
アサヒグループホールディングス　有価証券報告書
旭硝子　有価証券報告書
ANA　有価証券報告書
イオン　有価証券報告書
AEON MAGAZINE（2008）「時代を超えてお客様と向かい合う企業へ」Vol.24.
石田　賢（2012）「Korea Watch サムスン研究　第 2 回　未来戦略室」東洋経済日報〈http://www.toyo-keizai.co.jp/news/koreawatch/2012/post_4894.php〉
伊藤忠商事　有価証券報告書
Emerson　アニュアル・リポート

参考文献

大阪ガス　有価証券報告書
大阪ガス　ホームページ
韓国公正取締委員会　資料
キリン・ホールディングス　有価証券報告書
キヤノン　有価証券報告書
コニカミノルタ・ホールディングス　有価証券報告書
コマツ　有価証券報告書
サッポロホールディングス　有価証券報告書
サムスン　アニュアル・リポート
サントリーホールディングス　有価証券報告書
GE　アニュアル・リポート
Siemens　アニュアル・リポート
JRグループ各社　有価証券報告書
シチズン　有価証券報告書
3M　アニュアル・リポート
セブン＆アイホールディングス　有価証券報告書
セブン＆アイホールディングス『コーポレートアウトライン 2011』
ソニー　有価証券報告書
第一生命保険　有価証券報告書
タカラトミー　有価証券報告書
帝人　有価証券報告書
東京急行電鉄　有価証券報告書
DOWAホールディングス　有価証券報告書
東レ　有価証券報告書
トヨタ自動車　有価証券報告書
日産自動車　有価証券報告書
日清紡ホールディングス　有価証券報告書
日本電産　有価証券報告書
パナソニック　有価証券報告書
パナソニック　ホームページ
阪急電鉄　有価証券報告書
日立製作所　有価証券報告書
日立製作所　研究開発および知的財産報告書：2004.
日立製作所（1985）『日立製作所史 4』
HOYA　有価証券報告書
富士フイルムホールディングス　有価証券報告書
Forbes「The Forbes Global 2000」
　　〈http://www.forbes.com/lists/2010/18/global-2000-10_The-Global-2000_Rank.html〉
三菱東京フィナンシャル・グループ　有価証券報告書
三菱商事　有価証券報告書
みずほフィナンシャルグループ　有価証券報告書
みずほフィナンシャルグループ　ホームページ
ヤマトホールディングス　有価証券報告書
UTS　アニュアル・リポート

ワタミホールディングス　有価証券報告書
レコフ　ホームページ

〈調　査〉
　駅消費研究センター「首都圏 駅消費実態調査結果レポート」『EKISUMER』Vol.5, 2010年7月号。
　企業研究会「第35回　企業グループマネジメント研究部会」（2009）「グループ経営における求心力と遠心力のバランス」『Business Research』2, pp.76-79.
　キリン食生活文化研究所「世界主要国のビール消費量」レポート Vol.13, 22, 29, 33, 39。
　キリンホールディングス『データブック』2011年版。
　経済産業省・特許庁（2007）『戦略的な知的財産管理に向けて：技術経営力を高めるために〈知財戦略事例集〉』。
　経済産業省 経済産業政策局（2011）『企業活動基本調査報告書　第1巻　総合統計表』（社）経済産業統計協会。
　公正取引委員会『企業集団の実態について　第7次調査報告書』2001年5月。
　厚生労働省『国民生活基礎調査』平成22年。
　国立社会保障・人口問題研究所　統計資料。
　社団法人日本機械工業連合会（2010）『平成21年度グローバル時代の技術開発戦略（事業戦略／R&D戦略／知財・標準化戦略の三位一体戦略）についての調査研究報告書』 事業／R&D／知財・標準化三位一体戦略調査専門部会。
　東京都産業労働局（2003）『企業の本社機能変容とその影響に関する調査報告』。
　東洋経済新報社（2011）『日本の企業グループ』。
　独立行政法人労働政策研究・研修機構（2004）「韓国のコーポレート・ガバナンス改革と労使関係」『労働政策研究報告書』No.10。
　特許庁『平成23年度　知的財産活動調査』。
　特許庁『特許行政年次報告書』2011年版。
　特許庁（2008）「イノベーション促進に向けた新知財政策：グローバル・インフラストラクチャーとしての知財システムの構築に向けて」『イノベーションと知財政策に関する研究会報告書』。
　日本労働研究機構・（財）高年齢者雇用開発協会（1999）「出向・転籍の実態と展望」『調査研究報告書』No.126。
　日本生産性本部編（1973）『わが国における関係会社の実態：アンケート報告書』日本生産性本部。
　日本民営鉄道協会『大手民鉄の素顔』。
　Forbes『Forbes the Global 2000』2010年版。
　みずほ総合研究所（2008）『グループ人材マネジメント：グループ人材マネジメントの現状と今後に向けた提言』みずほリポート。

〈新聞記事〉
　日経産業新聞　2000年3月27日記事
　日本経済新聞　2003年5月13日記事
　日本経済新聞　2004年10月19日記事
　日経産業新聞　2005年2月23日記事
　日本経済新聞　2005年04月21日記事

日経金融新聞　2005 年 9 月 26 日記事
日経産業新聞　2005 年 12 月 27 日記事
日本経済新聞　2006 年 10 月 06 日記事
日経産業新聞　2007 年 1 月 22 日記事
日本経済新聞　2007 年 4 月 09 日記事
日経産業新聞　2007 年 9 月 04 日記事
日経金融新聞　2007 年 11 月 30 日記事
日本経済新聞　2007 年 12 月 03 日記事
日本経済新聞　2008 年 12 月 10 日記事
日本経済新聞　2008 年 12 月 11 日記事
日本経済新聞　2009 年 01 月 21 日記事
日本経済新聞　2009 年 06 月 06 日記事
日本経済新聞　2010 年 4 月 10 日記事
日本経済新聞　2011 年 6 月 8 日記事
日経産業新聞　2011 年 8 月 19 日記事

〈雑　誌〉
JR ガゼット「グループ経営の現状」　2010 年 ,Vol.274
週刊ダイヤモンド　2006 年 1 月 21 日号
週刊ダイヤモンド　2007 年 12 月 15 日号
週刊ダイヤモンド　2009 年 10 月 10 日号
週刊ダイヤモンド　2012 年 6 月 16 日号
週刊東洋経済　2012 年 2 月 25 日号
日経ビジネス　1994 年 10 月号
日経ビジネス　2002 年 1 月 28 日号
日経ビジネス　2007 年 1 月 8 日号
日経ビジネス　2007 年 10 月 22 日号
日経ビジネス　2008 年 3 月 3 日号
日経ビジネス　2008 年 11 月 10 日号
日経ビジネス　2008 年 12 月 8 日号
日経ビジネス　2009 年 2 月 2 日号
日経ビジネス　2009 年 4 月 27 日号
日経ビジネス　2009 年 7 月 20 日号
日経ビジネス　2010 年 1 月 25 日号
日経ビジネス　2010 年 2 月 8 日号
日経ビジネス　2010 年 3 月 22 日号
日経ビジネス　2010 年 6 月 7 日号
日経ビジネス　2010 年 7 月 5 日号
日経ビジネス　2011 年 7 月 4 日号
日経ビジネス　2011 年 9 月 5 日号
日経ものづくり　2009 年 7 月号

索　引

― 和文事項索引 ―

〔あ行〕

アーク ………………………………… 16, 150
アーサーアンダーセン・ビジネスコンサルティング ……………………………… 228
アクティビスト ………………………… 112
旭化成 …………………………………… 49
アサヒグループホールディングス ……… 243
アシュリッジ・ストラテジック・マネジメント・センター ……………………… 108
アップサイド・バイアス ………………… 27
圧力分析 ………………………………… 70
　5つの―― ……………………………… 70
ANA グループ ………………………… 313
アナジー ………………………………… 25
阿倍野橋ターミナルビル ……………… 273
天下り …………………………………… 60
アンチパテント（特許軽視）…………… 191
AND 思考 ……………………………… 35
AND の才能 …………………………… 36
暗黙知 ………………………………… 176

イオン・グループ ……………………… 237
イオンリテール株式会社 ……………… 238
異業種間競争 ………………………… 178
異業種格闘技 ………………………… 178
意匠権 ………………………………… 190
委託型 ………………………………… 204
一時的な競争優位 ……………………… 71
5つの圧力分析 ………………………… 70
移動型知識 …………………………… 175
イノベーションジャム ………………… 199
イノベーションのジレンマ …………… 177
医療ツーリズム ……………………… 273
因果関係が曖昧 ……………………… 182
インターナショナル …………………… 109
　――企業 …………………………… 110
インテル・キャピタル ………………… 200
インテレクチャル・ベンチャーズ ……… 203
インペリアリスト ……………………… 112

ウォルト・ディズニーカンパニー ……… 24
後ろ向きのグループ経営 ……………… 91
内なる国際化 …………………………… 96
売れる仕組み ………………………… 308

駅関連商業施設 ……………………… 283
駅消費研究センター ………………… 282
駅ソト ………………………………… 283
駅ソバ ………………………………… 283
駅ナカ ………………………………… 282
エクセレント・カンパニー …………… 57
エコ・パテント・コモンズ …………… 202
恵比寿ガーデンプレイス ……………… 246
エマソン・エレクトロニック ………… 262
エミュレーション …………………… 261
M&A（企業の合併・買収）…………… 55
M 型組織 ……………………………… 96
遠心力 ………………………………… 36
　――経営 …………………………… 237
沿線開発ビジネスモデル ……………… 274

OR 思考 ………………………………… 35
OR の抑圧 ……………………………… 36
欧米型キャリアパス …………………… 173
大きな本社 …………………………… 103
大きな本社組織 ……………………… 114
オークマ ……………………………… 220
オーケストレーター …………………… 93
大阪ガスグループ ……………………… 13
オーチス・エレベーター ……………… 265
オートフォーカス特許侵害事件（1992 年）
　……………………………………… 192
オーナー経営者 ……………………… 287
オーナー独占型 ……………………… 286
オーバー・エクステンション戦略 …… 22
オープン・イノベーション ………… 17, 177
オープン・ビジネスモデル …………… 198
オープン学習コミュニティー戦略 …… 168
オフショアリング ……………………… 106
思い残し ……………………………… 156
親会社 …………………………………… 7

――孝行型 148
――中心型人事 169
――中心主義 35
――の管理部門によるコントロール 60
――の立ち位置 58
親子上場 50

〔か行〕

カーブアウト 54
会社分割制度 84
会社法 85
会長秘書室 287
快適空間創造事業 245
外部学習 179
外部活用主義 55
外部ネットワーク 17
外部労働市場 152
学習する文化 185
隠れた資産 266
価値創造型リーダー 170
金のなる木 43
株式交換・移転制度 84
株式の公開買い付け 214
株主／銀行家 123
株主総合投資利益率 113
ガラスの家企業 195
環境特許共有資産 202
関係性 71
――の逆転 54
――マーケティング 71
関係優位性 73
韓国公正取引委員会 287
感情資本 75
間接的協業 4
関連会社 8
関連多角化 267

キーストーン 4
基幹事業関連会社 14
企業価値 270
企業活動基本調査報告書（総合統計表） 103
企業間グループのマネジメント 81
企業間雇用者移動 179
企業再生支援機構法 151
企業財務 270
企業集団統合型 155

企業組織再編税制 84
企業調査会 159
企業内グループのマネジメント 81
企業内大学 168
企業内労働市場 152
企業優位性 76
技術フォーラム 199
機能＆サービス 119
機能分担会社 9
基本計画立案者 122
木も森も両方とも見る 34
逆出向 153, 158
逆張り経営 292
キャッシュアウト 281
キャッシュイン 281
キヤノン 313
キャピタル・ゲイン 44
キャリア 265
――チャレンジ制度 164
吸収能力 183
求心力 36
――経営 241
教育訓練型 156
境界のない企業 186
業際 303
共進化 23, 144
競争同位 71
競争優位性 76
競争劣位 71
共通基盤 153
共同化 176
協働障壁 184
恐怖経営 293
協豊会 30, 179
業務学習 144
キリン・グループ・ビジョン 2015 248
キリン・グループ・ビジョン 2021 250
キリン経営スクール 171
キリンファーマ株式会社 245
キリンホールディングス 242
キルビー特許侵害事件（1991 年） 192
木を見て森を見ず 30

クアルコム 196
組み合わせ 45
――型 45

索　引　347

グループ ……………………………………… 3
　——・エグゼクティブ ……………… 165
　——・グローバル経営 …………… 19, 20
　——・グローバル食品企業 ………… 245
　——・コストダウン ………………… 28
　——・シナジー ……………………… 20
　——・ナレッジ・マネジメント
　　………………………………… 30, 92, 175
　——・ブランディング ……………… 29
　——・マーケティング …………… 309
　——横断人事会議 ………………… 163
　——学習 …………………………… 179
　——価値経営 ……………………… 55
　——価値創造型 …………………… 148
　——価値破壊型 …………………… 147
　——五原則 ………………………… 214
　——CSR 憲章 ……………………… 55
　——人材マネジメント ……………… 92
　——戦略本部 ……………………… 55
　——戦略マネジメント ……………… 91
　——創発型人事 …………………… 169
　——組織マネジメント ……………… 91
　——知財戦略 ……………………… 204
　——知財組織 ……………………… 204
　——知財マネジメント ……………… 92
　——内共通基盤 …………………… 166
　——内特許プール制度 …………… 204
　——ポイントカード ………………… 29
　——法人税制 ……………………… 85
　——マップ ………………………… 147
　——連結経営 ……………………… 55
　——連峰経営 ……………………… 151
　——連邦経営 …………………… 55, 150
グループ経営：
　前向きの—— ……………………… 91
　——理念 …………………………… 55
グレード制度 ………………………… 166
グローカリゼーション ……………… 182
クローズド・イノベーション ……… 177
クローズド・ビジネスモデル ……… 198
グローバル …………………………… 109
　——企業 ………………………… 110
　——人財本部 …………………… 163
　——戦略 ………………………… 109
　——総合酒類食品企業 ………… 245
　——な新・総合生活産業 ……… 235

　——に統合された多角化企業 …… 259
グローバル・グループ ……………… 18
　——経営 …………………………… 19
　——経営推進会議 ………………… 19
　——経営推進室 …………………… 20
「グローバル & グループ経営」……… 19
クロスポリネーター ……………… 131
群知能 ………………………………… 6

経営学的アプローチ ……………… 139
計画管理型 ………………………… 124
経済学（産業組織）的アプローチ … 139
経済学的アプローチ ……………… 139
形式知 ……………………………… 176
系列 ………………………………… 144
ゲスト・エンジニア制度 …………… 48
ゲスト・ストラテジスト …………… 158
現金の流出 ………………………… 281
現金の流入 ………………………… 281
研究開発戦略 ……………………… 200

コア・コンピタンス …………… 176, 177
コア・リジディティ ……………… 177
効果的なガバナンス・プロセスの確立 … 73
交渉力の共同 ……………………… 23
高信頼社会 ………………………… 286
合成の誤謬 ………………………… 31
皇帝経営 …………………………… 292
後発者の優位性 …………………… 290
コーポレート・スタッフ …………… 61
コーポレート・レベル ……………… 78
コーポレート開発 ………………… 119
子会社 ………………………………… 7
　——の株式公開 …………………… 52
　——劣位型 ……………………… 147
顧客満足 …………………………… 284
国際通貨基金 ……………………… 285
国内総生産 ………………………… 31
国民生活基礎調査 ………………… 231
国立社会保障・人口問題研究所 … 231
小魚企業 …………………………… 195
個人情報の非対称性 …………… 162
コスト・リーダーシップ …………… 80
　——と差別化の統合戦略 ……… 80
固定化された秩序 ………………… 56
コニカミノルタホールディングス株式会社

………………………………………	220
5人のルール ………………………	111
コマツみどり会 …………………	187
雇用職業総合研究所 ……………	159
雇用保障 …………………………	154
コラボレーション学習 …………	179
コラボレーションルーム ………	199
コングロマリット ………………	251
──・ディスカウント …………	32
──・プレミアム ………………	33
──型多角化 ……………………	251
──企業 …………………………	252
コンセプト・ラウンジ …………	200
コンテクスト ……………………	168
コントロール・コンフィギュレーション	
………………………………………	102
コンピタンス・ベースト・ビュー …	70
コンプリメント効果 ………………	21

〔さ行〕

30-30-30-10ルール ………………	111
最高経営オフィス ………………	264
最高人事責任者 …………………	163
最高知財責任者 …………………	196
再集中化 …………………………	269
再スタート ………………………	157
財閥 ………………………………	133
──を起源とする企業グループ …	131
財務管理型 ………………………	124
財務統制型 ………………………	123
サッポロホールディングス ……	242
サプライ・チェーン・マネジメント …	31
差別化 ……………………………	80
サムスンSDI ……………………	289
サムスンエバーランド …………	288
サムスンカード …………………	289
サムスン重工業 …………………	289
サムスン生命 ……………………	289
サムスン電機 ……………………	289
サムスン電子 ……………………	289
3S …………………………………	74
3P …………………………………	75
産業活力再生特別措置法 ………	193
産業競争力委員会 ………………	192
産業構造ビュー …………………	70
産業財産権 ………………………	190

三協精機製作所（現：日本電産サンキョー）	
………………………………………	304
サントリーウエルネス …………	245
サントリーホールディングス …	242
GEキャピタルサービス …………	24
シェアード・サービス・センター …	29
JR（Japan Railways）グループ …	278
JR^2ビジネスモデル ……………	279
JR本州3社 ………………………	279
JBCCホールディングス株式会社 …	220
事業協力会社 ……………………	9
事業兼営持株会社 ………………	212
事業戦略 …………………… 76,	200
事業部・関係会社混合制 ………	212
事業部組織 ………………………	14
事業部の管理部門によるコントロール …	60
事業持株会社 ……………… 56,	212
資源の価値 ………………………	70
資源の希少性 ……………………	70
資源の代替可能性 ………………	71
資源の模倣不完全性 ……………	71
自己組織化 ………………………	4
自社で生み出したアイデアでなければ価値がない問題 …	184
自主研究会：自主研 ……… 30,	179
自主独立型 ………………………	302
シスコシステムズ ………………	16
シスベル …………………………	202
死蔵特許 …………………………	202
持続的イノベーション …………	177
持続的な競争優位 ………………	71
実用新案権 ………………………	190
シナジー・バイアス ……………	26
シナジー型 ………………………	303
シナジー効果 ……………………	21
シナジートラップ ………………	28
シナジーワーク …………………	314
自前主義 …………………………	55
シャーク企業 ……………………	196
社会資本 …………………… 75,	184
社会消費品小売総額 ……………	232
従業員排出型 ……………………	155
従業員満足 ………………………	284
上場による売却益 ………………	44
集団思考 …………………………	292

集中化	80
集中型	205
出向	152, 153
——先強化型	155
出資会社	8
循環出資	288
準企業内部労働市場	152
純粋持株会社	84, 218
順張り経営	292
上限 100 人の法則	110
上場連結子会社	7
少数無力型	124
使用総資本利益率	113
商標権	190
情報の粘着性	183
情報の非対称性	129
食品価値創造事業	245
職務主義のグレード制	166
ジョブチャレンジ制度	164
自律創造型人事	169
自律連携モデル	146
新経営	290
人材移動	152
人材獲得競争	163
人材交流	153
人的資本ビュー	74
新ビジネスの創造	23
人本主義	74
垂直的企業集団	131
垂直統合	23
——型	10
水平出向	153
水平的企業集団	132
水平統合型	12
スキル・バイアス	27
スケール・コンフィギュレーション	102
スコープ・コンフィギュレーション	102
スタンドアローン	119
ステーションルネッサンス	282
精鋭事務局型	124
生産管理部	179
生産シナジー	22
静止画症候群	70
セブン&アイホールディングス・グループ	232
善意による信頼	187
全社戦略	76
——トライアングル	97
戦術創造型	124
全体最適	30
選択と集中	34
先発者の優位性	290
専門知識の買いだめ問題	184
戦略学習	144
戦略観	69
——のジャングル	69
戦略管理型	124
戦略計画型	122
戦略サファリ	69
戦略事業会社	14
戦略実現者	123
戦略創造型	124
戦略提携	17
戦略的グループ経営	142
戦略的柔軟性	95
戦略的撤退	78
戦略的波及効果	77
戦略的フォーカス	265
戦略統制型	123
戦略の調整	23
戦略評価型人事	169
戦略分析モデル	146
相互関係	23
相互特殊化資産の構築と管理	73
相互持ち合い型	286
創生 21 計画	86
組織間関係	71
組織間ネットワーク	140
組織間文化	185
ソリューション・ラボ	130

〔た行〕

大規模参謀型	124
大事務センター型	124
ダイナミック・シナジー	22
第 2 創業	290
多角化ディスカウント	268
多角化プレミアム	267
妥協コスト	26
タテの学習	11

小さな本社	103
——組織	114
チェボル	286
蓄積	45
——型	47
知財信託	204
知財戦略	200
——のマネジメント（知財マネジメント）	200
知財の活用	200
知財の創造	200
知財立国	193
知識	175
——移転	181
——の受信者	183
——の多様性	4
——の発信者	183
——変換	176
——放棄	178
知識共有	180
——ネットワーク	179
——ルーチンの創造	73
知的財産	189
——活動調査	194
——基本法	189, 192, 193
——権	189
——推進計画	193
——戦略本部	193
知的資本	75
知的独占	193
中核会社	9
中核企業支配型	286
調整型マネジャー	170
調整コスト	26
強い工場・弱い本社	95
低信頼社会	286
適応的模倣	4
テクストロン	258
デファクト・スタンダード	17
テンセグリティ	36
電動建機の開発	309
伝統的関係会社管理	142
伝統的な輸送業	257
東京スカイツリー	273
統合化された企業	252
統合された多様性	186
統合創発モデル	146
投資シナジー	22
統治能力	94
東レ経営スクール	170
DOWAホールディングス	225
トービンのq	270
独裁型	125
独占禁止法（独禁法）	84
独立系企業集団	136
——を起源とする企業グループ	131
特許行政年次報告書 2011 年版	190
特許権	190
特許重視	191
特許法	192
ドメイン別分社制	86
ドメインを走行すること	76
ドメインを定義すること	76
富山化学工業株式会社	12
トヨタグループ	10, 309
トヨタ式生産システム	188
トヨタホーム	309

〔な行〕

内的一貫性	77
内部学習	179
内部知識移転	175
内部統制コスト	51
内部粘着性	183
内部持ち分比率	287
内面化	176
なわばり	4
ナンバーワン・ナンバーツー政策	258
二重在籍	157
日清紡ホールディングス	225
日本型キャリアパス	172
日本電産グループ	304
日本流通業	278
日本旅客鉄道	278
ねじれ現象	54
ネットワーク・パワー	142

ネットワーク・レベル ……………… 78
農耕民族型購買 …………………… 187
ノウハウの共有 ……………………… 23
能力主義のグレード制 …………… 166

〔は行〕

ハードウエア機器メーカー ……… 257
パートナーズ・イン・イノベーション … 200
買収開発 ……………………………… 17
買収後の統合マネジメント ……… 304
破壊的イノベーション …………… 177
パテント・コモンズ ……………… 200
パテント・トロール ……………… 202
パテント・プール ………………… 202
花形事業 …………………………… 43
パナソニック株式会社エコソリューションズ社 ……………………………… 310
バリュー・プロポジション ……… 263
バリューチェーン型 ……………… 49
パルミサーノ・レポート ………… 192
パロアルト研究所 ………………… 120
漢江の奇跡 ………………………… 285
反省と再考 ………………………… 314
販売シナジー ……………………… 22

非株式公開会社 …………………… 238
光ファイバー特許侵害事件（1989年）… 192
非関連多角化 ………………… 251, 267
ビジネス・エコシステム …………… 4
ビジネス・サービス＆供給業者 … 257
ビジネス・スタッフ ……………… 61
ビジネス・ネットワーク …………… 3
ビジネス・レベル ………………… 79
ビジネスモデル …………………… 308
ビジネスモデル創造型マネジャー … 170
非柔軟性コスト …………………… 26
ビジョナリー・カンパニー ……… 36
ビジョン連結会社 …………… 9, 215
日立建機 …………………………… 309
日立の樹 …………………………… 309
100本の矢 ………………………… 310
表出化 ……………………………… 176
標的企業 …………………………… 196
非連結子会社 ……………………… 7

フィーダー輸送 …………………… 275

フィナンシャル連結会社 …… 9, 215
フォーブス ………………………… 254
───・グローバル 2000 ……… 254
付加価値ペアレンティング ……… 99
富士ゼロックス株式会社 ………… 12
富士フイルム株式会社 …………… 12
富士フイルムビジネスエキスパート株式会社 ……………………………… 12
富士フイルムホールディングス … 12
富士紡ホールディングス ………… 225
父性原理 …………………………… 117
2つの束ねとすり合わせ ………… 127
部分最適 …………………………… 30
部門間コラボレーション ………… 27
プライベート・ブランド ………… 246
プラット・アンド・ホイットニー … 265
プラットホーム型 ………………… 303
フリーエージェント ……………… 156
プロセス革新型マネジャー ……… 170
プロトコル ………………………… 168
プロパテント ……………………… 191
プロポーショニング・バルブ …… 188
分散型 ……………………………… 205

ペアレンティング ………………… 116
───・バイアス ………………… 27
併設型 ……………………………… 205
ヘッドクォーター・ヒエラルキー症候群 … 35
編集力 ……………………………… 129
弁証法 ……………………………… 35

貿易会社 …………………………… 257
放任型 ……………………………… 125
補完的パートナーの選択 ………… 73
保護・権利化 ……………………… 200
ポジショニング・ビュー ………… 70
捕食回避 …………………………… 4
母性原理 …………………………… 117
ホロン ……………………………… 34
本社・子会社関係 ………………… 175
本社一括採用 ……………………… 164
本社組織は戦略に従う …………… 109
本社不要論 ………………………… 94

〔ま行〕

マイキャリア・リサーチ ………… 165

前向きのグループ経営 …………… 91
負け犬 ……………………………… 43
マネジメント・シナジー ………… 22
マネジメント連結会社 ……… 9, 215
まるごとソリューション ………… 310
まるごとソリューションズ本部 … 310
マルチ・リージョナル戦略 ……… 109
マルチディビジョン ……………… 92
マルチドメスティック戦略 ……… 109
マルチナショナル ………………… 109
　──企業 ………………………… 109
マルチビジネス …………………… 92

見えない刃 ………………………… 196
見える資源の共有 ………………… 23
みずほ総合研究所 ………………… 167
ミックス型 ………………………… 13
密着型知識 ………………………… 175
3つの輪 …………………………… 259
ミニマリスト ……………………… 112
箕面有馬電気軌道 ………………… 275
未来工業 …………………………… 220
未来戦略室 …………………… 291, 292

むだ骨を折る問題 ………………… 184

メタ学習 …………………………… 144

儲ける仕組み ……………………… 308
目標のセット ……………………… 314
持分法 ……………………………… 84
　──適用会社 …………………… 8
モノを作る仕組み ………………… 308
模倣プラスアルファ（＋α） …… 261
森を見て木を見ず ………………… 30
問題児 ……………………………… 43

〔や行〕

ヤング・レポート ………………… 192

ユナイテッド・テクノロジーズ … 262

ユニクロ …………………………… 308
ユニット間協働 …………………… 184

要素還元主義 ……………………… 30
よく分からない問題 ……………… 184
ヨコの学習 ………………………… 11
4大財閥 …………………………… 287

〔ら行〕

リーダーシップ型 ………………… 303
リーンな本社組織 ………………… 114
リソース・ベースト・ビュー …… 70
リットンインダストリーズ ……… 258
リバース・イノベーション ……… 182
リレーションシップ・マネジメント … 71
リングテムコボート ……………… 258
リンケージ ………………………… 119

ルールの決定 ……………………… 312

連携開発 …………………………… 16
連結化 ……………………………… 176
連結子会社 ………………………… 7
連結財務諸表制度 ………………… 84
連結事業部制 ……………………… 212
連結上場子会社 …………………… 7
連結戦略局 ………………………… 130
連結納税制度 ……………………… 84
連結力 ……………………………… 129
連合国最高司令官総司令部 ……… 133
レントシーキング ………………… 193
連邦主義 …………………………… 140
連邦的コンテクスト ……………… 140

ローカル・グループ ……………… 18
六大企業集団 ………………… 132, 135

〔わ行〕

ワタミ ……………………………… 226

― 欧文事項索引 ―

[A]

A & D 17
ABB 114
Absorptive Capacity 183
ACE 264
Achieving Competitive Excellence 264
Acquisition and Develop 17
Activist 112
Adaptive Mimicking 4
Anergy 25
Ashridge Strategic Management
　Centre 108
Asymmetric Information 162

[B]

Banker 123
Barriers to Collaboration 184
Boundaryless Company 186
BPO 106
Building and Managing Co-specialized
　Assets 73
Business Ecosystems 4
Business Model 308
Business Process Outsourcing 106
Business Service & Supplies 257
Business-Level Strategy 76

[C]

C & D 16
Centrifugal Force 36
Centripetal Force 36
Chief Human Resources Officer 163
CHO 163
Choosing Complementary Partners 73
CIPO 196
Cisco Systems 16
Co-evolution 23
Co-Evolution 144
Combination 176
Combined Business Creation 23

Competitive Advantage 76
Compliment Effect 21
Conglomerate 251
Conglomerate Company 252
Conglomerate Discount 32
Conglomerate Premium 33
Connect & Develop 16
Control Configuration 102
Coordinated Strategies 23
Core Competence 176
Core Rigidities 177
Corporate Advantage 76
Corporate Finance 270
Corporate Governability 95
Corporate Strategy Triangle ... 97
Corporate University 168
Corporate Value 270
Corporate-Level Strategy 76
Cost of Compromise 26
Cost of Coodination 26
Cost of Inflexbility 26
Creating　Knowledge Sharing Routines 73
Cross-Pollinator 131
CS 284
Curve Out 54

[D]

Defacto Standard 17
Diversification Discount 268
Diversification Premium 267
Diversity of Knowledge 4
Domain Definition 76
Domain Navigation 76
Dynamic Synergy 22

[E]

Economic Value Added 250
Emotional Capital 75
Employee horizontal Transfer 153
Employee Reverse Transfer 153
Employee Transfer 153

Emulation 261
ES 284
Establishing Effective Governance
　Processes 73
EVA 250
Explicit Knowledge 176
External Network 17
Externalization 176

【F】

Fallacy of Composition 31
Federalism 140
Federative Context 140
Feeder Transport 275
Financial Control 123
First Mover Advantage 290
FIV 214
Five forces Analysis 70
Forbes 254
Future Inspiration Value 214

【G】

GDP 31
GE 165, 256
GECS 24
GHQ 131, 133
General Headquarters／Supreme
　Commander for the Allied Powers 133
Glass House 195
Global 109
Global Group Management 19
Global Integrated Diversity 259
Global Strategy 109
Glocalization 182
Goodwill Trust 187
Gross Domestic Product 31
Group 3
Group Branding 29
Group Cost down 28
Group Global Management 19
Group Knowledge Management 30
Group Think 292

【H】

Harold Geneen 258
Headquarters-Subsidiary Relationship ... 175

Hidden Assets 266
Hoarding of Expertise Problem 184
Holon 34
HOYA 19
Human Capital View 74

【I】

IMF 285
Imperfectly Imitable Resources 71
Imperialist 112
Indirect Collaboration 4
Industry Structure View 70
Information Asymmetry 129
Initial Public Offering 52
Innovate America 192
Innovation Jam 199
Integrated Company 252
Integrated Cost Leadership／
　Differentiation Strategy 80
Integrated Diversity 186
Intellectual Capital 75
Intellectual Monopoly 193
Intellectual Ventures 203
Inter-Business 303
Internal Collaboration 27
Internal Consistency 77
Internal Knowledge Transfer 175
Internal Stickiness 183
Internalization 176
International 109
International Telephone and Telegraph
　......... 258
Inter-Organizational Culture 185
Interrelationship 23
Interunit Collaboration 184
Invisible Edge 196
IPO 52
ITT 258
IV 203

【J】

Japan as No1 149
Japan Railways 278
Japan Retail 278

索引

[K]

Keystone ……………………………………… 4
Knowledge ………………………………… 175
　——Conversion …………………………… 176
　——Killing ……………………………… 178
　——Sharing …………………………… 180
　——Sharing Network …………………… 179
　——Transfer …………………………… 181
KV2015 ……………………………………… 248
KV2021 ……………………………………… 250

[L]

Late Mover Advantage …………………… 290
Learning Culture …………………………… 185
Ling-Temco-Vought ……………………… 258
Litton Industries Inc. …………………… 258

[M]

Master Planner …………………………… 122
Minimalist ………………………………… 112
Minor ………………………………………… 195
Multi-Business ……………………………… 92
Multi-Division ……………………………… 92
Multi-Domestic Strategy ………………… 109
Multi-national …………………………… 109
Multi-Regional Strategy ………………… 109

[N]

Needle-in-a Haystack Problem ………… 184
Non Practicing Entity …………………… 202
Not See the Forest for the Trees ……… 30
Not See the Trees for the Forest ……… 30
Not-Invented-Here Problem …………… 184
NPE ………………………………………… 202
Number1,2 Policy ………………………… 258

[O]

OCE ………………………………………… 264
Office of Chief Executive ……………… 264
Offshoring ………………………………… 106
Open Innovation …………………………… 17
Operating Holding Company …………… 212
Orchestrator ……………………………… 93
Over Extension …………………………… 22

[P]

P & G ……………………………………… 16
PARC ……………………………………… 120
Parenting Bias …………………………… 27
Patent Troll ……………………………… 202
PB …………………………………………… 246
Pooled Negotiating Power ……………… 23
Post Merger Integration : PMI ……… 304
President's Commission on Industrial
　Competitiveness ……………………… 192
Procter and Gamble ……………………… 16
Pure Holding Company ………………… 218
Purpose-Process-People …………………… 75
PV …………………………………………… 188

[Q]

QMS ………………………………………… 182
Qualcomm ………………………………… 196
Quality Maturity System ……………… 182

[R]

Rare Resources …………………………… 71
Receiver …………………………………… 183
Reductionism ……………………………… 30
Refocusing ………………………………… 269
Related Businesses ……………………… 267
Relational Advantage …………………… 73
Relational View …………………………… 71
Rent seeking ……………………………… 194
Return on Capital Employed …………… 113
Reverse Innovation ……………………… 182

[S]

Scale Configuration ……………………… 102
SCM ………………………………………… 31
Scope Configuration …………………… 102
See Both the Trees and the Forest …… 34
Selection and Concentration …………… 34
Self-Organization ………………………… 4
Sender ……………………………………… 183
Shared Know-How ………………………… 23
Shared Service Centre …………………… 29
Shared Tangible Resources ……………… 23
Shareholder ……………………………… 123
Shark ……………………………………… 196

Siemens	256
Sisvel	202
Skill Bias	27
Social Capital	75, 184
Socialization	176
SPA	308
Speciality store retailer of Private label Apparel	308
Sticky Information	183
Stranger Problem	184
Strategic Alliance	17
Strategic Control	123
Strategic Executive Team Challenge	171
Strategic Flexibility	95
Strategic Planning	122
Strategic Shaper	123
Strategic Spillover	77
Strategy-Structure-System	74
STRETCH	171
Sub Optimization	30
Substitutability	71
Supply Chain Management	31
Swart Intelligence	6
Synergy Bias	26
Synergy Effects	21
Synergy Trap	28

[T]

Tacit Knowledge	176
Take Over Bit	52, 214
Target	196
Technology Hardware and Equipment	257
Tensegrity	36
Textron	258
The Innovator's Dilemma	177
The Rule of Five	111
30-30-30-10 Rule	111
Three Cycle Concept	259
TKS	170
TOB	52, 214
Tobin's q theory	270
Total Optimization	30
Total Shareholder returns	113
TPS	179, 188
Toyota Production System	179
TQC	182
Total Quality Control	182
Trading Companies	257
Transportation	257

[U]

Unrelated Businesses	267
Unrelated Diversification	251
Upside Bias	27
UTC	262

[V]

Valuable Resources	70
Value Proposition	263
Value-Added Parenting	99
Vertical Integration	23
View	69
Visionary Company	36
VRIO	70

[W]

War for Talent	163

[Z]

Zaibatsu	133

― 和文人名索引 ―

〔あ行〕

青島矢一 …………………………………… 69
青野勝之 …………………………………… 57
秋場良宜 ………………………………… 246
秋山高志 ………………………………… 180
足立龍生 …………………………… 219, 222
天野倫文 …………………………………… 90

李　健熙（イ・ゴンヒ）…………… 290
李　秉喆（イ・ビョンチョル）…… 289
井口嘉則 ………………………………… 124
石倉洋子 …………………………………… 36
伊丹敬之 ……………………… 21, 74, 86, 152
一條和生 ………………………………… 108
出井伸之 …………………………………… 48
伊藤邦雄 ………………………………… 3, 83
稲上　毅 …………………………… 154, 167
今井賢一 ………………………………… 138

上野恭裕 …………………………… 109, 228
宇垣浩彰 …………………………… 219, 222
内田和成 ………………………………… 178

大須賀政夫 ……………………………… 138
小河光生 ……………………………… 44, 99
奥島　孝康 ……………………………… 136
奥村昭博 …………………………………… 43
奥村　宏 ………………………………… 133
恩地祥光 ………………………………… 222

〔か行〕

加護野忠男 ……………………… 43, 50, 108
加藤俊彦 ……………………………… 69, 86
河合隼雄 ………………………………… 117

菊谷達弥 …………………………………… 52
岸本寿生 ……………………………… 18, 19
金　顕哲 ………………………………… 287

日下公人 …………………………………… 94

楠木　建 …………………………………… 70
桑名義晴 ……………………………… 18, 19

河野俊明 …………………………… 102, 302
郷原　弘 ………………………………… 137
小沼　靖 …………………………… 102, 124, 302
小林一三 ………………………………… 274

〔さ行〕

斉藤隆志 …………………………………… 52
酒井一郎 …………………………………… 19
榊原清則 …………………………………… 43
坂本和一 ………………………………… 138
酒向真理 ………………………………… 187
佐々木一彰 ……………………………… 113
佐野睦典 ………………………………… 124

ジェニーン, ハロルド ………………… 258
重竹尚基 ………………………………… 111
島本慈子 …………………………………… 58
下谷政弘 …………………………… 136, 138, 228
正司健一 ………………………………… 273

〔た行〕

高井　透 …………………………… 18, 19, 179
高梨　昌 ………………………………… 154
高野研一 ………………………………… 166
高橋浩夫 ………………………………… 108
高宮　晋 ……………………………… 83, 137
竹田年朗 ………………………………… 167
團　泰雄 …………………………… 154, 167

曺　斗燮 ………………………………… 290
全　龍昱 ………………………………… 291

寺澤直樹 ……………………………… 41, 44
寺本義也 ………………………………… 142

飛田　努 …………………………………… 52

〔な行〕

仲上　哲 …………………………… 237
中谷　巖 ………………………… 31, 134
永野　仁 …………………………… 155
中野　誠 ……………………………… 86
永守重信 …………………………… 304

西山賢吾 ……………………………… 51

沼上　幹 ………………………… 26, 69

根本　孝 …………………………… 168

野田　稔 ……………………………… 41
野中郁次郎 …………………………… 43
延岡健太郎 ………………………… 187

〔は行〕

バーネビック，パーシー ………… 111
長谷川英祐 …………………………… 4
服部民夫 …………………………… 285
林　道義 …………………………… 117
原田行明 …………………………… 52
韓　正和 …………………………… 291

ピーラー，ハインリッヒ・フォン …… 267
日沖博道 …………………………… 266
樋口正夫 …………………………… 111

藤本隆宏 ………………………… 95, 302

ボーゲル，エズラ ………………… 149
堀　新太郎 ………………………… 167

〔ま行〕

牧戸孝郎 ……………………………… 50
増島　勝 ……………………………… 36
松崎和久 ……………………………… 18
松田千恵子 ………………………… 302
松永有介 …………………………… 152
真鍋誠司 …………………………… 187

マラブー，カトリーヌ …………… 36
三浦克人 …………………………… 124
三木義雄 …………………………… 137
三品和広 ……………………………… 45
水谷文俊 …………………………… 273
御手洗久巳 ………………………… 291
宮内義彦 …………………………… 228
宮本　大 …………………………… 154

武藤泰明 …………………………… 239

本川達雄 ……………………………… 5
森川英正 …………………………… 133

〔や行〕

薬師寺泰蔵 ………………………… 261
安田隆二 ……………………………… 97
山崎　直 ……………………… 219, 222
山城　章 …………………………… 137
山田一郎 ……………………… 83, 137
山田英司 …………………………… 302
山田敏之 ……………………………… 18
山田英夫 …………………………… 178
山本　功 …………………………… 124
山本　寛 …………………………… 154

尹　鍾彦（ユン・ジョンオン）…… 290

横山禎徳 ……………………………… 97
吉原英樹 ……………………… 22, 96
吉村典久 …………………………… 108
米倉誠一郎 ………………………… 228
頼　誠 ……………………………… 240

〔ら行〕

レッシャー，ペーター …………… 262

〔わ行〕

若林直樹 ……………………………… 94
渡辺　茂 ……………………………… 28
渡邉　渉 ……………………………… 90

― 欧文人名索引 ―

[A]

Adolph, A. ·· 96
Ahmadjian, L. C. ······································ 154
Alexander, M. ····································· 78, 96
Allen, J. ··· 42, 266
Allen, S. A. ··· 116
Ambos, B. ·· 96
Ambos, T. C. ·· 96
Ansoff, I. ·· 22, 251

[B]

Badaracco, J. L. Jr. ·································· 175
Barney, J. B. ·· 251
Bartlett, C. A. ···································· 74, 75
Berg, N. ······································ 115, 252, 257
Berger, P. ·· 271
Birkinshaw, J. ···································· 95, 96
Blaxill, M. ··· 195
Boldrin, M. ··· 193
Bonabeau, E. ··· 6
Bouquet, C. ·· 96
Bower, J. L. ··· 95
Bowman, C. ·· 96, 102
Braunerhjelm, P. ······································ 95
Brown, S. L. ··· 23

[C]

Campbell, A. ······································ 21, 78, 96
Chandler, A. D. ································ 96, 123, 220
Chesbrough, H. ·· 177
Choi, J. H. ·· 288
Christensen, C. M. ··································· 177
Cohen, W. M. ·· 183
Collins, J. C. ·· 36
Collis, D. J. ··· 77, 97
Cool, K. ·· 182

[D]

De Wit, B. ··· 78
Dierickx, I. ·· 182

[D] (cont.)

Douma, S. ·· 98
Dranikoff, L. ·· 99
Dyer, J. H. ···································· 71, 179, 188

[E]

Eckardt, R. ··· 195
Egelhoff, W. ··· 96
Eisenhardt, K. M. ······································ 23

[F]

Fukuyama, F. ·· 286
Furrer, O. ··· 24

[G]

Galbraith, J. R. ································· 114, 225
Galunic, C. D. ·· 23
Geneen, H. ··· 258
Ghoshal, S. ······································· 74, 75, 184
Goold, M. ································· 21, 78, 96, 99
Govindarajan, V. ······································ 182
Gratton, L. ·· 75

[H]

Hall, G. E. ··· 269
Hamel, G. ·································· 21, 36, 120, 176
Handy, C. ·· 140
Hansen, M. T. ···································· 27, 184
Hitt, M. A. ·· 81
Holm, U. ·· 95
Hoskisson, R. E. ······································· 81
Hungenberg, H. ·· 96

[I]

Iansiti, M. ·· 3
Immelt, J. R. ·· 182
Ireland, R. D. ··· 81

[K]

Kakabadse, A. ···································· 96, 102
Koestler, A. ··· 34
Koller, T. ·· 99

Kwak, S. K. 288

[L]

Lang, L. H. P. 270
Leonard-Barton, D. 177
Levien, R. 3
Levine, D. K. 193
Levinthal, D. A. 183
Lincoln, R. J. 154
Lins, K. 271
Löscher, P. 262
Lorsch, J. W. 116

[M]

Mahnke, V. 96
Markham, J. W. 257
Markides, C. C. 99, 269
Martin, R. 35
McKern, B. 99
Meyer, C. 6
Meyer, R. 78
Milgrom, P. 270
Miller, P. 4
Mintzberg, H. 69
Montgomery, C. A. 77, 97

[N]

Nahapiet, J. 184
Naman, J. 102
Nathanson, D. A. 114, 225
Nobeoka, K. 179
Nohria, N. 184
Nonaka, I. 176

[O]

Ofek, E. 271
Oijen, A. V. 98

[P]

Pasternack, B. A. 98
Peters, T. 110, 257
Pettifer, D. 99
Pettit, J. 96
Pfeffer, J. 74, 177
Pierer, H. V. 267
Podolny, J. 24, 260

Porras, J. I. 36
Porter, M. E. 23, 36, 41, 43, 70, 257
Prahalad, C. K. 18, 21, 176

[R]

Ramaswamy, V. 18
Raynor, M. 95
Ries, A. 269
Roberts, J. 270
Rumelt, R. P. 251

[S]

Sakakibara, M. 36, 43
Saloner, G. 24, 260
Saxenian, A. 176
Schneider, A. 99
Servaes, H. 271
Shepard, A. 24, 260
Singh, H. 71
Sisk, M. 96
Stalk, G. Jr. 112
Stulz, R. M. 270
Sullivan, P. H. 194
Sutton, R. I. 177
Szulanski, G. 183

[T]

Takeuchi, H. 36, 43, 176
Terjesen, S. 95
Trimble, C. 182

[V]

Viscio, A. J. 98

[W]

Walter, I. 23
Ward, K. 96, 102
Waterman, R. H. 110, 257
Williamson, O. E. 96

[Y]

Yoo, H. S. 288
Young, D. 99

[Z]

Zook, C. 42, 266

《著者紹介》

松崎　和久（まつざき・かずひさ）

1963年　神奈川県生まれ。
1988年　中央大学商学部卒業。
住友建機株式会社を経て、
1994年　明治大学大学院経営学研究科修士課程修了。
財団法人機械振興協会経済研究所研究員を経て、
1999年　高千穂大学商学部助教授。
現在　同大学経営学部教授。
〈専攻〉経営戦略論、国際経営論、イノベーション論など。

主な著書
『経営戦略の理論と実践』（共著）芙蓉書房　2009年
『戦略提携』（編著）学文社　2006年
『トライアド経営の論理』（単著）同文舘出版　2005年
『日本企業のグループ経営と学習』（編著）同文舘出版　2004年
『グローカル経営』（共著）同文舘出版　2004年

《検印省略》

平成25年6月25日　初版発行　　略称：グループ経営

グループ経営論
―その有効性とシナジーに向けて―

著　者　　松　崎　和　久
発行者　　中　島　治　久

発行所　同文舘出版株式会社
東京都千代田区神田神保町1-41　〒101-0051
電話　営業(03)3294-1801　編集(03)3294-1803
振替 00100-8-42935　http://www.dobunkan.co.jp

©K.Matsuzaki　　　　　　　　印刷・製本：萩原印刷
Printed in Japan 2013

ISBN 978-4-495-38251-3